WILHELM WEISCHEDEL

DER GOTT DER PHILOSOPHEN

ZWEITER BAND

WILHELM WEISCHEDEL

DER GOTT
DER PHILOSOPHEN

GRUNDLEGUNG
EINER PHILOSOPHISCHEN THEOLOGIE
IM ZEITALTER DES NIHILISMUS

ZWEITER BAND

ABGRENZUNG UND GRUNDLEGUNG

NYMPHENBURGER VERLAGSHANDLUNG
MÜNCHEN

2. Auflage 1972

Lizenzausgabe für die
Nymphenburger Verlagshandlung GmbH., München

© 1971 by Wissenschaftliche Buchgesellschaft, Darmstadt

Satz: Graphischer Betrieb W. Zander

Druck und Einband: Wissenschaftliche Buchgesellschaft, Darmstadt

ISBN 3-485-03538-6 [Bd. II] · 3-485-03539-4 [Kpl.]

Printed in Germany

INHALT

2. Kapitel
Zeitgenössische Ansätze zu einer Philosophischen Theologie

VIERTER TEIL

PHILOSOPHIEREN UND SINNPROBLEMATIK

1. *Kapitel*

Aspekte des Philosophierens

2. *Kapitel*

Das Philosophieren zwischen Sinngewißheit und Nihilismus

FÜNFTER TEIL
GRUNDLEGUNG DER PHILOSOPHISCHEN THEOLOGIE

1. Kapitel
Die philosophische Grunderfahrung

2. Kapitel
Gott als das Vonwoher der Fraglichkeit

DRITTER TEIL
AUSEINANDERSETZUNGEN

§ 98. Die Aufgabe des zweiten Bandes

Der erste Band dieses Buches hat mit einem offensichtlichen Scheitern der Bemühung um Philosophische Theologie geendet. Und dies nicht nur, weil sich — in der Einleitung — das Wesen des Philosophierens, wie es heute in seiner vollen Konsequenz hervorzutreten beginnt, als radikales und damit doch offenbar jede sachhaltige philosophisch-theologische Aussage zunichte machendes Fragen gezeigt hat. Auch der umfassende Blick auf die Geschichte der Philosophischen Theologie, wie er im I. Teil versucht worden ist, hat das gleiche bestätigt. Philosophische Theologie ist zwar seit dem Beginn des abendländischen Denkens immer wieder unternommen worden; ja, sie hat, wie sich erwiesen hat, auf weiten Strecken im Mittelpunkt der philosophischen Bemühungen gestanden. Aber jede philosophisch-theologische Konzeption, kaum daß sie hervorgetreten ist, ist immer wieder durch eine andere abgelöst worden und hat so rein durch die Tatsache ihres Verschwindens das Ungenügen ihrer Begründung an den Tag gebracht. Das ist umso deutlicher geworden, je mehr sich die Darstellung der Gegenwart genähert hat. Kant, Schleiermacher, Fichte, Schelling, Hegel konnten nicht erörtert werden, ohne daß zugleich die Fragwürdigkeit ihrer philosophisch-theologischen Entwürfe offenkundig gemacht worden wäre. Schließlich ist dann der II. Teil dem Verfall der Philosophischen Theologie nachgegangen, wie er sich vor allem in der Zeit von Hegel bis zur Gegenwart vollzogen hat. Auch hier ist es, wie sich im Zuge der Darstellung ergeben hat, nicht bei einer bloßen Verwerfung philosophisch-theologischer Bemühungen geblieben, so schroff sie sich auch gelegentlich ausgesprochen hat. Bei Nietzsche und bei Heidegger hat sich gezeigt: Am Ende tritt doch wieder eine Art von Philosophischer Theologie hervor, freilich in einer vielfältig verschleierten Form und so, daß im strengen Sinne keine Begründung dafür gegeben wird. So legt sich auch von den historischen Untersuchungen her der Schluß nahe, daß Philosophische Theologie heute unmöglich ist.

Doch mit all dem sind die Schwierigkeiten einer erneuten Beschäftigung mit der philosophisch-theologischen Problematik noch nicht erschöpft. Denn wenn der Blick auf die Gegenwart fällt, dann zeigt sich als erstes, daß die Philosophische Theologie grundsätzlich angegriffen und in ihrer Möglichkeit bestritten wird, und zwar vonseiten des radikal gefaßten christlichen Glaubens. Wird heute der Versuch unternommen, Philosophische Theologie zu betreiben, so kann er nicht davon absehen, sich diesem Angriff zu stellen. Das geschieht im 1. Kapitel des III. Teiles. Dabei könnte zweitens die Möglichkeit auftauchen, daß sich jener Versuch auf gegenwärtige positive Bemühungen um die Begründung einer Philosophischen Theologie stützte. Darum sind diese nach der Stichhaltigkeit ihrer Argumentationen zu befragen. Davon handelt das 2. Kapitel des III. Teiles. Sollte sich zeigen, daß sie in sich selber fragwürdig sind, dann scheint der Boden schlechthin weggezogen zu sein. Dann aber gerät die Bestimmung des Philosophierens als des radikalen Fragens in eine bedrohliche Nähe zum Nihilismus. Die Auseinandersetzung mit diesem wird zu dem Problem von Sinn und Sinnlosigkeit führen. Mit diesen Fragen beschäftigt sich der IV. Teil. Dabei erhebt sich in voller Dringlichkeit die Frage, ob und wie denn in dieser manifest gewordenen Situation überhaupt noch ein gegründetes Philosophieren möglich sein kann. In dieser Hinsicht sind die tieferen Wurzeln der Möglichkeit, überhaupt Philosophie zu treiben, bloßzulegen. Damit ineins kann, gesetzt, das Vorhaben glücke, eine neue, die Radikalität des Fragens ebenso wie den Nihilismus in sich aufnehmende Grundlegung der Philosophie Gestalt gewinnen. Sie ihrerseits kann dazu führen, daß auch die Frage nach der Möglichkeit einer auf diesem Grunde sich erhebenden Philosophischen Theologie neu gestellt wird, die freilich um ihres erschütterten Fundamentes willen von anderer Art sein muß als die traditionelle. Mit der Ausarbeitung dieser Problematik befaßt sich der V. Teil. Mit ihm werden der zweite Band und damit die ganze Untersuchung ihr Ende finden.

1. Kapitel
Die theologische Bestreitung
der Möglichkeit einer Philosophischen Theologie

§ 99. Die Streitthese

Der vorige Paragraph hat ausgesprochen, und fast der gesamte erste Band hat gezeigt, daß sich die Philosophische Theologie nicht ungestört entfalten kann. Sie wird ständig irritiert durch die Tatsache, daß es eine andere Region gibt, in der vom gleichen die Rede ist wie in ihr: von Gott. Dieser andere Bereich ist der der Religion im allgemeinen und genauer — nämlich im Hinblick auf eine Philosophische Theologie, wie sie hier und jetzt entwickelt werden soll — der christliche Glaube. Mit diesem hat sich daher der Versuch, in der Gegenwart Philosophische Theologie zu treiben, auseinanderzusetzen.

Nun ist die Haltung des Glaubens und der christlichen Theologie zu der Möglichkeit einer Philosophischen Theologie höchst mannigfaltig, wie im ersten Band ausführlich dargelegt worden ist. Das gilt insbesondere für die Zeit von den Anfängen des Christentums bis zum Ende des Mittelalters. Zwar wird immer wieder — am eindrucksvollsten von Origenes, von Augustinus, von Anselm, von Thomas — eine Versöhnung von Vernunft und Glauben angestrebt (vgl. §§ 18, 20, 23, 26). Und doch bricht immer wieder die Erfahrung ihrer Unversöhnlichkeit durch, und der Glaube usurpiert alle Möglichkeit eines Redens von Gott. Das beginnt schon mit der Behauptung des Apostels Paulus, die Philosophie sei eine Torheit (vgl. § 15). Das geht weiter zu der Frage Tertullians, was es denn zwischen dem Philosophen und dem Christen für eine Ähnlichkeit gebe (vgl. § 15). Diese Position verschärft sich noch bei einigen Theologen des Mittelalters, etwa in der These des Petrus Damiani von der blinden Weisheit der Philosophen oder darin, daß Bernhard von Clairvaux das philosophische Fragen als schändliche Neugier abtut (vgl. § 22). Auch die Neuzeit ist nicht frei von solchen Tendenzen. Erinnert sei nur an Pascals schroffe Verwerfung des Gottes der Philosophen zugunsten des Gottes Abrahams, Isaaks und Jakobs, wie sie im Vorwort zitiert worden ist.

Äußerungen von ähnlicher Schärfe finden sich auch innerhalb der protestantischen Theologie, von der die Philosophische Theologie unter dem Namen der natürlichen Theologie oft bekämpft wird. Die Reformatoren selber sind freilich noch zwiespältig. Einerseits beklagt es Melanchthon, daß die Kirche „Aristoteles statt Christus ergriffen" habe und daß „durch die Platonische Philosophie die christliche Lehre erschüttert worden" sei [1], und Luther wendet sich gegen den „Fabeldichter Aristoteles" [2]. Andererseits aber spricht Luther doch auch positiv von der natürlichen Theologie. Die „natürliche Vernunft erkennt, daß die Gottheit etwas Großes vor allen andern Dingen" sei. „So laßt uns hier auch aus der Natur und Vernunft lernen, was von Gott zu halten sei ... So weit reicht das natürliche Licht der Vernunft, daß sie Gott für einen gütigen, gnädigen, barmherzigen, milden achtet" [3]. Ähnlich äußern sich Theologen der lutherischen Orthodoxie des 16. und 17. Jahrhunderts, die zum Teil die scholastischen Positionen wiederholen.

[1] Melanchthon, Loci, CR 21, 86, zit. nach F. Loofs, Leitfaden zum Studium der Dogmengeschichte, Halle ⁴1906, S. 2.

[2] Luther, In Augustinum, WA IX, 23, 7, zit. nach Loofs, a. a. O., S. 690.

[3] Luther, WA IXX, 205 f., 27 ff., zit. nach K. Leese, Recht und Grenze der natürlichen Theologie, Zürich 1954, S. 32 f.

Erst in unserem Jahrhundert ist — nach dem Vorgang Kierkegaards — die Bestreitung der Möglichkeit einer Philosophischen Theologie wieder zu einem Höhepunkt gelangt. Als charakteristisch dafür seien zwei Äußerungen führender Theologen der Gegenwart zitiert. Karl Barth schreibt: „Die natürliche Theologie" ist „a limine: schon auf der Schwelle, abzulehnen. Sie kann nur der Theologie und Kirche des Antichrist bekömmlich sein"[4]. Und Rudolf Bultmann stellt fest: „Es bleibt . . . dabei, daß alles menschliche Reden von Gott außerhalb des Glaubens nicht von Gott redet, sondern vom Teufel"[5]. Philosophische Theologie wird also hier zur Verkündigung des Antichrist und zur Satanologie gestempelt. Das Kriterium, von dem her das geschieht und das Bultmann ausdrücklich nennt, ist der Glaube.

Was aber verschafft dem Glauben die Befugnis, alles natürliche und vernünftige Reden von Gott, alle Philosophische Theologie, von vornherein abzuweisen? Was ist dieser Glaube, und woher nimmt er seine Autorität? Wie begründet er sich so, daß er sich als die einzige Instanz für alles Denken über Gott und göttliche Dinge ansetzen darf? Diese Fragen sollen in den folgenden Paragraphen beantwortet werden, und zwar in der Weise, daß zunächst einige der gegenwärtigen protestantischen Theologen in dieser Hinsicht genauer befragt werden[6].

§ 100. Barths Auseinandersetzung mit der Philosophischen Theologie

1. Verwerfung der natürlichen Theologie

Es liegt aus der Sache heraus nahe, für die im vorigen Paragraphen aufgeworfene Problematik als Paradigma Karl Barth heranzuziehen, weil bei ihm der Angriff des Glaubens auf die Philosophische Theologie, die er als natürliche Theologie bezeichnet, seinen kräftigsten Ausdruck findet. Das zeigt schon der Titel der Schrift, deren zentrales Thema der Streit um die natürliche Theologie bildet. Sie ist in aller nur möglichen Schroffheit und unter ausdrücklicher Nennung des Gegners überschrieben: „Nein!

---

[4] Karl Barth, Nein! Antwort an Emil Brunner, München 1934, S. 63.
[5] Rudolf Bultmann, Glauben und Verstehen, Gesammelte Aufsätze, Band I, Tübingen 1933, S. 303.
[6] Vgl. dazu auch den Aufsatz des Verfassers: Philosophische Theologie im Schatten des Nihilismus, sowie die daran anschließende Diskussion mit den Theologen G. Noller, H.-G. Geyer, W. Pannenberg und R. W. Jenson, ferner mit dem Philosophen W. Müller-Lauter, hrsg. unter dem obigen Titel von J. Salaquarda, Berlin 1971. Zu W. Pannenberg vgl. überdies § 108.

Antwort an Emil Brunner"[1]. Charakteristisch für die Heftigkeit der Auseinandersetzung ist, daß unmittelbar auf das Vorwort eine „Zornige Einleitung" folgt (N 7).

Barth schleudert seinem theologischen Partner ein so hartes Nein entgegen, weil dieser in seiner Schrift „Natur und Gnade"[2] die natürliche Theologie restituieren will. Barth zitiert ihn mit seinem entscheidenden Satz: „Es ist die Aufgabe unserer theologischen Generation, sich zur rechten theologia naturalis zurückzufinden" (N 7; B 44). Eben das aber hält Barth für einen Verrat am Wesen der Theologie. Daher fordert er mit Leidenschaft, sich „von aller ‚rechten' oder ‚unrechten' theologia naturalis ... entschlossen abzuwenden" (N 8).

Doch was bedeutet in diesem Streit der Ausdruck „theologia naturalis"? Bei der Beantwortung dieser Frage ist zu beachten, daß Brunner auch in seiner Befürwortung einer natürlichen Theologie protestantischer Theologe in einem ausgesprochenen Sinne bleibt. Es geht ihm nicht um eine eigenständige, um ihrer selbst willen betriebene Philosophische Theologie, sondern darum, als Voraussetzung für die Möglichkeit, auf die Offenbarung Gottes zu hören, eine dem Menschen von Natur aus zukommende Gotteserkenntnis aufzuweisen; es liegt ihm also an „einer christlichen theologia naturalis". Seine grundlegende These lautet, es gebe schon im vorgläubigen Dasein des Menschen „einen Anknüpfungspunkt für die göttliche Erlösungsgnade". Dieser liege im formalen Wesenscharakter des Menschen, in seinem „Menschsein" (B 17 f.), in seinem Sein als „Vernunftwesen", in seinem „Personsein" (B 40), in seiner „Verantwortlichkeit" (B 18).

Dieser Hinweis wird von Barth als „Selbstverständlichkeit" abgetan (N 17). Es gibt auch für ihn „eine unbestrittene und unbestreitbare formale Bestimmung des Menschen als einer selbstbewußten Person" (N 28): „daß der Mensch eben der Mensch, das heißt verantwortliches und vernünftiges Subjekt ist" (N 24). Dieser Tatbestand verweist jedoch nach Barths Auffassung nicht, wie Brunner will, auf Offenbarung und Glauben, sondern kommt dem Menschen „auch als Sünder" zu (N 17). Nichts am formalen Wesen des Menschen bildet also von sich aus einen Anknüpfungspunkt für das Hören des Wortes Gottes. Daher vermag, was darüber ausgesagt werden kann, auch nicht die Basis für eine natürliche Theologie zu bilden.

Doch Barth beläßt es nicht bei diesem formalen Einwand. Er argumentiert spezifisch theologisch; denn auch Brunner versucht seine Ehrenrettung

---

[1] Karl Barth, Nein! Antwort an Emil Brunner, München 1934 (zit. als „N").
[2] Emil Brunner, Natur und Gnade. Zum Gespräch mit Karl Barth, Tübingen 1934 (zit. als „B").

der natürlichen Theologie letztlich auf der theologischen Ebene. Brunner bezeichnet nämlich die oben genannten formalen Bestimmungen des Menschseins, „das Subjektsein . . . und die Verantwortlichkeit", als „Gottebenbildlichkeit des Menschen". Diese soll in ihrem formalen Sinne „durch die Sünde . . . nicht aufgehoben" sein (B 10). Darum kann von ihr her eine natürliche Theologie entwickelt werden. Aber Barth will auch in einer solchen Gottebenbildlichkeit kein mögliches Fundament einer natürlichen Theologie anerkennen, und zwar aus einem Grunde, der zum Eigentümlichen seiner theologischen Konzeption gehört: weil „der Mensch . . . ‚durch und durch ein Sünder' ist" (N 26).

In sein entscheidendes Stadium tritt der Streit, wenn Brunner nun behauptet, in den allgemeinen anthropologischen Bestimmungen, also in der Vernünftigkeit, Personhaftigkeit, Verantwortlichkeit und Gottebenbildlichkeit des Menschen, sei auch eine Art von natürlicher Erkenntnis Gottes eingeschlossen: die Möglichkeit nämlich, Gott in seiner Schöpfung zu erblicken. So redet Brunner von einer „Erkennbarkeit Gottes in seinem Werk" (B 12). „Die ganze Welteinrichtung ist . . . eine Manifestation Gottes" (B 36). Das aber heißt: Es gibt etwas, „was der natürliche Mensch von Gott . . . weiß" (B 19 f.). Eben darin könnte, wie Brunner andeutet, eine natürliche Theologie ihre Basis finden.

Hiergegen erhebt Barth seinen schärfsten Protest. Die „menschliche Vernunft" ist von sich selber her „blind für Gottes Wahrheit" (N 34). Von der „angeblichen natürlichen Gotteserkenntnis" (N 61) gilt: Sie erkennt nicht „den einen wahren Gott, den dreieinigen, Schöpfer Himmels und der Erden, der uns rechtfertigt in Christus und heiligt durch seinen Geist". Jener Gott, der durch die natürliche Vernunft erkennbar sein soll, ist für Barth nicht mehr als eines der „Geschöpfe der weltanschaulichen Phantasie des Menschen", also ein Götze, und er stellt die Frage: „Ist denn Götzendienst . . . nur eine etwas unvollkommene Vorform des Dienstes des wahren Gottes" (N 18 f.)?

Das Ergebnis ist also, daß nach der Behauptung Barths das Postulat einer natürlichen Theologie, wenn es nicht überhaupt eine Selbstverständlichkeit ausdrückt, das Faktum der durchgängigen Sündhaftigkeit des Menschen überspringt und den Begriff des wahren Gottes verfehlt. Daher wendet sich Barth mit aller Leidenschaft gegen eine Philosophische Theologie von der Art, wie Brunner sie entwerfen will. „Man kann, mit wirklicher Theologie beschäftigt, an der sog. natürlichen Theologie immer gerade nur vorbeikommen wie an einem Abgrund, in den man, wenn man nicht stürzen will, nun einmal nicht hineintreten soll. Man kann ihr nur als d e r großen Versuchung und Fehlerquelle mit Schrecken und Entrüstung den Rücken kehren" (N 12). Von da aus kommt Barth zu jenem feindseligen Satz, der bereits im vorigen Paragraphen zitiert worden ist: „Die natürliche Theologie ... ist ... a limine: schon auf der Schwelle, abzulehnen. Sie kann nur der Theologie und Kirche des Antichrist bekömmlich sein" (N 63).

Fragt man, von woher Barth zu solchen schroffen Verwerfungen gelangt, dann zeigt sich: Es geschieht von offenbarungstheologischen Voraussetzungen her. Die erste ist der bereits erwähnte Gedanke der allgemeinen und durchgängigen Sündhaftigkeit des natürlichen Menschen, die sich auch in der Verkehrtheit seines unmittelbaren Gottesverständnisses ausspricht. Denn im Zustand der Sünde kommt ihm keine Freiheit zu, nicht einmal die, sich für oder wider Gott zu entscheiden. Die „Freiheit zur Erkenntnis des wahren Gottes ist ein Wunder, eine Freiheit Gottes, nicht eine von unseren Freiheiten". Dem entspricht die zweite als offenbarungs-theologische Voraussetzung aufgestellte These, die Behauptung von der alleinigen Wirksamkeit Gottes. Gegen den „Traum unserer Freiheit" stellt Barth die unumschränkte „Freiheit Gottes" (N 52 f.). Das besagt aber, daß jede natürliche, vom Menschen ausgehende Gotteserkenntnis ausgeschlossen wird. „Der Heilige Geist ... bedarf keines Anknüpfungspunktes als dessen, den er selber setzt" (N 56).

Doch was fängt Barth mit den doch unstreitig vorhandenen, aber nicht unmittelbar oder mittelbar aus der christlich verstandenen Offenbarung Gottes stammenden religiösen Phänomenen an: mit dem auch im außerchristlichen Bereich sich findenden und in diesem Sinne natürlichen Gottesbewußtsein; mit der ursprünglichen Gottessehnsucht des Menschen als dem Verlangen nach einem höheren Wesen, nach dem Unendlichen, Göttlichen; mit dem Reichtum der in der Geschichte aufgetretenen Versuche Philosophischer Theologie? Das sind doch Fakten, und Fakten kann man nicht durch einen Handstreich beseitigen, nicht einmal durch einen theologischen. Einen solchen aber unternimmt Barth. Er will all jene religiösen und philosophisch-theologischen Phänomene durch die Behauptung entwerten, daß sie Fakten der sündigen Existenz des Menschen und damit vor Gott unwahr seien. So zeigt sich an diesem Punkte eine — in ihrer Einseitigkeit ebenso imponierende wie erschreckende — Gewalttätigkeit des Theologen, der von den Prinzipien der allgemeinen Sündhaftigkeit des Menschen und der alleinigen Wirksamkeit Gottes her sich gegen alles abblendet, was nicht in der Offenbarung seinen Ursprung hat.

Woher aber hat Barth die Sicherheit, mit der er diesen seinen zentralen Gesichtspunkt vertritt? Offenbar von nirgends anders her als aus seinem Glauben. So läuft denn die Untersuchung darauf hinaus, zu prüfen, ob es in der Tat außerhalb des Glaubens keine Möglichkeit gibt, von Gott zu reden, ob also alle andern religiösen Phänomene, außer den offenbarungstheologischen, und darunter insbesondere die Philosophische Theologie, zurecht in den Abgrund der Unwahrheit gestürzt werden müssen.

Mit dieser Frage wird sich der 4. Abschnitt des vorliegenden Paragraphen ausdrücklich befassen.

2. Scheinbare Abmilderung des Kampfes

In einem zweiundzwanzig Jahre nach der eben besprochenen Schrift erschienenen Aufsatz über „Die Menschlichkeit Gottes" [3] scheint Barth seine schroffe Verwerfung der Philosophischen Theologie abzuschwächen. Er berichtet — und zwar unter ausdrücklichem Bezug auf seine frühere Kontroverse mit Brunner — von einer „Wendung im Denken evangelischer Theologie, in der wir heute — nicht im Gegensatz, aber doch im Unterschied zu einer früheren Wendung begriffen sind". Jene sei aus der Absetzung von einer vorhergehenden Theologie entsprungen, in der mehr vom religiösen Menschen als von Gott die Rede gewesen sei. Demgegenüber habe damals alles daran gelegen, auf die „Göttlichkeit Gottes" (M 3), auf den „Weg ... von oben nach unten" aufmerksam zu machen. Das aber habe in der Konsequenz zu einer radikalen Abwertung des Menschen, auch und gerade in seinem philosophisch-theologischen Tun, geführt. Jetzt dagegen — so schreibt Barth 1956 — sei der Augenblick für eine Revision jenes harten Verdammungsurteils, für einen „neuen Ansatz und Angriff" (M 7 f.) gekommen.

Ihren Ausgangspunkt nimmt diese neue Wende davon, daß Barth selber den Eindruck bekommt, in der Losreißung von der Welt und vom Menschen erhalte der Gottesbegriff einen Zug von Abstraktheit, und zwar so sehr, daß der Gott des Christentums „mit der Göttlichkeit des Gottes der Philosophen immer mehr oder schon wieder größere Ähnlichkeit" hat „als mit der des Gottes Abrahams, Isaaks und Jakobs" (M 9). Demgegenüber glaubt Barth, jetzt darauf achten zu müssen, „daß man von Gott nicht reden kann, ohne vom Menschen zu reden" (M 19), „daß die Göttlichkeit des lebendigen Gottes ... ihren Sinn und ihre Kraft nur im Kontext seiner Geschichte und seines Dialogs mit dem Menschen und also in seinem Zusammensein mit diesem hat" (M 10). Damit aber erhält das im früheren Stadium des Denkens Barths völlig durchgestrichene Sein des Menschen wieder Bedeutung. Es kommt zu einer „Bejahung des Menschen" (M 22); Gott „verwirft das Menschliche nicht". Dieses aber ist eine Sache „des ganzen Bestandes derjenigen Fähigkeiten und Möglichkeiten, die dem Menschen ... eigentümlich sind". So betrifft es auch — was für den jetzt

[3] Karl Barth, Die Menschlichkeit Gottes, Zollikon/Zürich 1956 (zit. als „M").

8

erörterten Problemzusammenhang wichtig ist — den Menschen „als vernünftig denkendes . . . Wesen" (M 16 f.).

Wenn so die Vernunft in gewissen Graden von der von Barth früher so leidenschaftlich ausgesprochenen allgemeinen Verwerfung alles Menschlichen ausgenommen wird, dann könnte man vermuten, daß auch eine Art natürlicher Gotteserkenntnis — als Basis für eine Philosophische Theologie — wieder in ihr Recht eingesetzt werde. In diese Richtung scheint es zu weisen, wenn Barth dem Begriff der Analogie nun einen gewissen Spielraum einräumt (vgl. M 16). Freilich: Dabei kommt es nicht zu einer Analogie im strengen Sinne des Wortes: daß nämlich aus der Gottebenbildlichkeit des Menschen auf das Wesen Gottes als des Urbildes geschlossen werden könnte. Denn die von Barth gemeinte Analogie ist nicht unmittelbar gegeben und feststellbar, sondern wird nur von Fall zu Fall verwirklicht, sofern es nämlich „Gott als dem Schöpfer und Herrn des Menschen unbenommen bleibt, es auch im menschlichen Wirken und in dessen Ergebnissen, deren Problematik ungeachtet, je und je zu Gleichnissen seines eigenen ewig guten Wollens und Tuns kommen zu lassen" (M 18). Mit dieser Rückführung auf den unergründlichen Willen Gottes ist aber die Natürlichkeit der Analogie und damit auch ihre Fähigkeit, die Grundlage für philosophisch-theologische Aussagen zu bilden, abgeschnitten.

Der Mensch wird also auch jetzt noch ganz und gar von der Offenbarung her gesehen. Es ist ein „Irrtum, als ob man vom Menschen reden könne, ohne zuerst . . . vom lebendigen Gott geredet zu haben" (M 20). Immer noch steht über allem die schrankenlose Allmacht Gottes. „Es geht um Gottes souverän in ihm selbst begründetes und allein durch ihn selbst bestimmtes, begrenztes, geordnetes Zusammensein mit dem Menschen" (M 10). Aller Möglichkeit einer wenn auch noch so eingeschränkten natürlichen Theologie muß also der Glaube vorausgehen. Die Theologie „kann . . . nur im Blick auf Jesus Christus und von ihm her denken . . . Sie ist angewiesen auf die Heilige Schrift" (M 18). Wird aber so jede natürliche Theologie diesem Kriterium der Theologie überhaupt unterworfen, dann verliert sie ihren natürlichen Charakter und wird höchstens zu einer stets fragwürdigen und im Grunde überflüssigen Ausprägung eines peripheren Elementes der Theologie des Glaubens. Einer sich als eigenständig gebärdenden Philosophie aber gilt auch weiterhin der harte Kampf Barths.

3. Philosophie und Theologie

Noch einmal, 6 Jahre später, macht Barth den Versuch, dem philosophisch-theologischen Gesichtspunkt gerecht zu werden. In seinem Aufsatz über „Philosophie und Theologie"[4] geht er so weit, „mindestens so etwas wie eine Analogie der Bemühungen dort und hier" zuzugestehen. Deren Voraussetzung ist, daß, was der Theologe und der Philosoph je auf ihre Weise erblicken und aussprechen, „Momente der einen ganzen Wahrheit" sind (P 95 f.). Die Analogie findet sich dann etwa darin, daß der Theologe auf der einen Seite von Schöpfer und Geschöpf, der Philosoph auf der anderen Seite von Idee und Erscheinung, von Transzendenz und Existenz oder von Sein und Dasein redet. Betrachten sich die beiden Partner unter diesem Aspekt, dann kann es zu einer wechselseitigen Anerkennung kommen, die in der Einsicht beruht, „daß es auf seinem anderen Weg auch je dem Anderen um sie (sc.: die eine ganze Wahrheit) und nur um sie gehen möchte" (P 94).

Von diesem Gesichtspunkt aus müßte die Theologie der Offenbarung auch eine Philosophische Theologie an ihrer Seite dulden. In der Tat gibt es Äußerungen Barths, die auf eine solche Toleranz schließen lassen. Barth betont, die Wahrheit im Sinne eines verfügbaren Besitzes liege weder einseitig beim Theologen noch einseitig beim Philosophen. Es habe „keiner von beiden die Macht, als ein sie Besitzender, ihr also Überlegener zu denken und zu reden, sie auf den Plan zu führen, für seine eigene Sache und gegen die des Anderen sprechen zu lassen". Daher auch werde von einem „Sieg und Triumph, von einer Erledigung des Theologen durch den Philosophen oder des Philosophen durch den Theologen keine Rede sein können" (P 94 f.).

Bei genauerem Zusehen zeigt sich freilich, daß es mit einem solchen friedlichen Nebeneinander doch nicht so weit her ist, wie es zunächst den Anschein hat. Das tritt deutlich hervor, wenn sich Barth daran macht, die bei aller Analogie doch bestehenden Unterschiede zwischen dem Theologen und dem Philosophen herauszuarbeiten. Ihre Verschiedenheit drückt sich für ihn darin aus, daß „die Probleme ihrer Forschung und Lehre", die „an sich dieselben sind, ... in entgegengesetzter Ordnung und Folge" auftreten (P 93). Auf eine kurze Formel gebracht, deren Elemente Barth selber angibt, heißt das: Der Weg geht in der Theologie primär von oben nach unten, in der Philosophie primär von unten nach oben.

Angesichts dieses konträren Vorgehens der beiden Wissenschaften ist es, wie Barth selber betont, mit der Neutralität vorbei. „Hier wird die Situation kritisch, ja unheimlich. Hier könnte die Aussicht auf eine Schlichtung des Streites ... sehr dunkel werden" (P 97). Der Philosoph und der Theologe stoßen hier auf einen „unvermeidlichen Konflikt ihres

---

[4] Karl Barth, Philosophie und Theologie. In: Philosophie und christliche Existenz, Festschrift für Heinrich Barth, Basel/Stuttgart 1960 (zit. als „P").

Denkens und Redens" (P 95). Denn selbstverständlich hat für Barth die Richtung von oben nach unten — das Vorausgehen der Anrede Gottes vor dem Reden des Menschen — den Vorrang, und zwar den absoluten Vorrang. Hier gibt es für den Theologen „keine Alternative, kein Überlegen, keine Diskussion, keine Konzession". Er muß von seiner Position aus notgedrungen die umgekehrt verlaufende Denkrichtung des Philosophen — so wie Barth, freilich reichlich vereinfachend, sie versteht — abweisen. Es gibt für ihn „so etwas wie ein blitzendes Schwert, das ihm den Weg des Philosophen abschneidet". Zwischen dem Theologen und dem Philosophen besteht „ein Gegensatz, in welchem jedenfalls von einer — der theologischen — Seite" aus „von sachlicher ‚Toleranz' nicht die Rede sein kann" (P 100 f.).

Die Position des späteren Barth ist also im Grunde keine andere als die aus der Zeit der im 1. Abschnitt dieses Paragraphen geschilderten Auseinandersetzung mit Brunner. Und auch jetzt wird wieder deutlich, was letztlich hinter der eindeutigen Ablehnung jeglicher philosophischen Bemühung im Bereich des Gottesproblems steht: der Glaube als die Überzeugung, „daß Jesus Christus die eine, ganze Wahrheit ist, durch die ihm (sc.: dem Theologen) der Weg seines Denkens und Redens ebenso strikt gewiesen, wie der philosophische Weg abgeschnitten ist" (P 101). Der Glaube also ist das unumstößliche Kriterium für die Wahrheit jeder anderen menschlichen Betätigung und damit auch für das Unterfangen einer Philosophischen Theologie.

4. Die Wirklichkeit Gottes und der Glaube

Nachdem sich in dreifacher Hinsicht gezeigt hat, daß in der Sicht Karl Barths das, was den Theologen daran hindert, die Möglichkeit einer Philosophischen Theologie zuzugestehen, der Glaube ist, wird es erforderlich, dessen Recht, jeden von ihm abweichenden Versuch einer Gotteserkenntnis zu verwerfen, ausdrücklich zu untersuchen. Was also versteht Barth unter dem Glauben, und was verschafft diesem in seinen Augen eine so unbedingte Autorität?

In seinem allgemeinsten Sinne bestimmt Barth den Glauben als „Begegnung". „Gott begegnet mir"; „uns tritt Gott entgegen". Und zwar Gott im christlichen Verstande, nämlich in der ganzen Fülle seines trinitarischen Wesens. „Dieses ‚ich glaube' vollzieht sich ganz und gar in einer Begegnung mit Einem, der nicht der Mensch ist, sondern Gott der Vater, Sohn und Heiliger Geist" (G 18 f.).[5]

---

[5] Barl Barth, Dogmatik im Grundriß, Stuttgart 1947 (zit. als „G").

Die Bestimmung des Glaubens als Begegnung schließt ein, daß es sich bei dem Begegnenden — also bei Gott — nicht um ein ausgedachtes, sondern um ein wirkliches Wesen handelt. Das gehört zum Charakter der Begegnung. Darin, daß mir etwas unmittelbar entgegentritt, daß es mir also begegnet, erweist es sein Wirklichsein. Das wird denn auch von Barth eindringlich betont. Der Begegnende in der Begegnung des Glaubens ist „der Gott, der sich als der wirkliche Gott erweist" (G 46).

Im Paragraphen 127 wird in der Interpretation des Begriffs der Wirklichkeit gezeigt werden: Als wirklich werden eine Sache oder eine Person dann erfahren, wenn sie von sich selber her dem Begegnenden in den Weg treten. Eben darum legt Barth entscheidendes Gewicht darauf, im Vorgang des Glaubens alle Initiative dem Menschen zu nehmen und sie Gott zuzusprechen. Dieser ist es, „welcher uns Menschen nicht auf Grund unseres Suchens und Findens, Fühlens und Denkens, sondern immer wieder nur durch sich selbst offenbar ist und offenbar wird" (G 46). „Diese Begegnung ... beruht nicht auf einer menschlichen Möglichkeit und menschlichen Initiative ... Es ist Gottes Geschenk, Gottes freies, von unserer Seite durch nichts vorbereitetes Geschenk, wenn wir ihm begegnen ... dürfen" (G 20 f.).

Doch was bedeutet der Ausdruck „Wirklichkeit", wenn er auf Gott angewandt wird? Was ist gemeint, wenn Barth behauptet, Gott sei „eine Wirklichkeit mitten in unserer Welt" (II/1, 232)[6]? Eben in dieser unserer Welt wird er ja nicht unmittelbar sichtbar oder hörbar. Eine solche direkte Begegnung lehnt Barth im übrigen auch selber ab. „Erkenntnis Gottes im Glauben ist grundsätzlich immer ... indirekte Erkenntnis Gottes, Erkenntnis Gottes in seinen Werken, und zwar in diesen seinen besonderen Werken: in der Bestimmtheit und in dem Gebrauch gewisser geschöpflicher Wirklichkeiten zum Zeugnis der göttlichen Gegenständlichkeit. Der Glaube unterscheidet sich dadurch vom Unglauben, vom Irrglauben, vom Aberglauben, daß er sich bescheidet mit dieser indirekten Erkenntnis Gottes" (II/1, 17).

Dem eben zitierten Satze gemäß müßte es die Fähigkeit „gewisser geschöpflicher Wirklichkeiten" sein, zum „Zeugnis der göttlichen Gegenständlichkeit" zu dienen. Läuft das aber nicht auf eine Art von kosmologischem oder physikotheologischem Gottesbeweis hinaus? Derartige Beweise lehnt Barth jedoch aufs schärfste ab. Die natürliche Vernunft ist nicht imstande, Gott zu erfassen. „Zur Natur Gottes des Vaters, des Sohnes und des Heiligen Geistes gehört es ..., daß er nicht erkennbar ist auf Grund des Vermögens des menschlichen Erkennens" (G 28). Aber ein

---

[6] Karl Barth, Die kirchliche Dogmatik, Zollikon/Zürich. Zitiert wird nach den Bandzahlen: II/1, ³1948; III/1, ³1957; IV/1, 1953; IV/2, 1955.

Gottesbeweis ist für den Menschen auch nicht notwendig. Es ist vielmehr „Gott . . ., welcher auf Schritt und Tritt sich selber beweist: Da bin ich, und indem ich bin und lebe und handle, wird es überflüssig, daß ich noch bewiesen werde". In diesem Sinne redet Barth von einem „göttlichen Selbstbeweis" (G 47). Doch auch dieser Gedanke führt eine Schwierigkeit mit sich. Gott wird ja nach dem oben Gesagten nicht unmittelbar in der welthaften Wirklichkeit sichtbar. Auch die „Schöpfungserkenntnis ist . . . Glaubenserkenntnis im tiefsten und letzten Sinn. Sie ist nicht etwa ein Vorhof, in dem die natürliche Theologie Raum fände" (G 66). Auch hier reicht also die menschliche Vernunft nicht aus. Es bedarf vielmehr einer „Erleuchtung der Vernunft"; sie aber ist nichts anderes als „der christliche Glaube" (G 28). Es bleibt somit dabei: Für Barth ist die Möglichkeit, Gott in der Wirklichkeit und als Wirklichkeit zu erkennen, ganz und ausschließlich eine Sache des Glaubens.

Doch damit wird sich der Philosophische Theologe nicht zufrieden geben. Er wird fordern, daß ihm diese Gott genannte Wirklichkeit, wenn nicht bewiesen und nicht als unmittelbar präsent aufgewiesen, doch wenigstens in einer Spur innerhalb der auch ihm bekannten Wirklichkeit aufgezeigt werde, wenn anders Gott, wie oben dargetan worden ist, sich „mitten in unserer Welt" manifestiert. Barth antwortet: Das Wo der Begegnung mit Gott ist das Wort Gottes. „Erkenntnis Gottes findet da statt, wo es sich faktisch ereignet, daß Gott spricht" (G 29). „Gott ist uns außerhalb seines Wortes verborgen" (G 24). In diesem aber „offenbart" er sich (G 21).

Sich offenbaren nun heißt so viel wie sich zu erkennen geben. Daher spricht Barth ausdrücklich von einer „Erkenntnis des Glaubens", in dem Gott „Gegenstand menschlicher Anschauung und menschlichen Begreifens" wird (II/1, 13 f.). Der Glaube ist „ein kognitives Geschehen" (IV/1, 847). So kann Barth den dritten Abschnitt seiner Auslegung des Glaubens in seiner „Dogmatik im Grundriß" überschreiben: „Glauben heißt Erkennen" (G 27). Damit ist freilich keine neutrale Kenntnisnahme gemeint, sondern ein Erkennen im Vertrauen auf die Wahrheit des zugesprochenen Wortes; deshalb trägt der zweite Abschnitt der genannten Schrift den Titel: „Glauben heißt Vertrauen" (G 17).

Doch noch immer ist die Frage nach dem Wo der Begegnung Gottes mit dem Menschen nicht zureichend beantwortet. Es geht jetzt darum, wo denn jenes Wort gesprochen wird, auf das sich der als vertrauendes Erkennen verstandene Glaube richtet. Barth antwortet: da, wo Gott sich in der menschlichen Welt kundtut, wo er „zu uns gekommen" ist (G 46). Das aber ist ein Geschehnis in der konkreten geschichtlichen Wirklichkeit des Menschen. „Die christliche Botschaft ist durchaus auch eine historische Botschaft" (G 88). Genauer ist der Ort der Kundgabe des Wortes Gottes das Ereignis des Kommens Jesu Christi. Barth sagt ausdrücklich: „In ihm begegnet uns Gott" (G 20). Er ist der, „in welchem Gott selber auf Erden sichtbar und wirksam geworden ist" (G 49). Der Glaube ist „die schlichte Kenntnisnahme von dem ihm vorangehenden Sein und Werk Jesu Christi" (IV/1, 847).

Der Mensch, der an die Wahrheit des in Jesus Christus erschienenen Wortes Gottes zu glauben sich gedrungen weiß, steht also, wenn er wirklich zu einer Begegnung mit Gott kommen will, vor der von Kierkegaard eindrucksvoll geschilderten Situation, den Zwischenraum zwischen jenem Ereignis und seiner Gegenwart überbrücken zu müssen. Das aber besagt: Um das vor knapp zweitausend Jahren Geschehene als die entscheidende Wahrheit anerkennen zu können, muß er zu der Überlieferung, die von jenem Ereignis Kunde gibt, Zutrauen haben. Zutrauen aber heißt, wie Barth überzeugend darlegt, so viel wie Glauben. So wird der Glaube als Begegnung mit Gott, der sich als Glaube an das in Jesus Christus geoffenbarte Wort darstellt, aus der Sache heraus zum Glauben an die bezeugende Überlieferung.

Dieser Konsequenz sucht Barth dadurch zu entgehen, daß er die Gotteserkenntnis — und zwar offenbar so, wie sie zu jeder Zeit, auch in der Gegenwart, statthaben kann — allein auf Gottes Wirksamkeit zurückführt. „Gotteserkenntnis ist eine schlechterdings ... von Gott her gewirkte, bestimmte Erkenntnis" (G 30). „Ist das Faktum, daß Gottes Sohn auch Menschensohn wurde und ist, inmitten all der sonstigen Fakten des Weltgeschehens als dieses erkennbar — wie dann anders als durch seine Selbstoffenbarung? ... Welche Autorität ... vermöchte es denn, uns dieses Faktum zu verbürgen, wenn es sich nicht auch in ihrem (sc.: der Kirche) Zeugnis selbst verbürgte? Ist es uns verbürgt, dann durch sich selber" (IV/2, 137). Mit diesem Gedanken der Selbstoffenbarung Gottes, so konsequent er in der Linie des Denkens Barths liegen mag, wird aber das Problem umgangen. Daß es gleichwohl bestehen bleibt, wird daraus ersichtlich, daß auch Barth — u. a. in dem zuletzt angeführten Zitat — vom „Zeugnis", also im Falle der zeitlichen Trennung von Geschehnis und Bericht von der Überlieferung reden muß.

Damit verschiebt sich der Ort der Bewahrheitung: von den „Tatsachenwahrheiten", als die Barth „die Wahrheit Jesu Christi" auch bezeichnen kann (G 31), auf die Wahrheit der Verkündigung und Überlieferung. Diese betrifft im besonderen die heiligen Schriften, die „das Zeugnis der Apostel und Propheten als Zeugnis von Gottes Selbstzeugnis" bringen (G 14). Nur wenn diese Schriften in ihrer Darstellung der Geschichte Jesu Christi und der ihm vorangehenden Gottesoffenbarungen sich als wahr erweisen, kann der Mensch der Wahrheit jener Geschehnisse vertrauen. Das aber heißt: Der Glaube an Jesus Christus und an die Begegnung mit Gott ruht auf dem Glauben an die Bibel. Deren Schriften werden daher auch von Barth konsequenterweise als der eigentliche Ort der Präsenz Gottes für den heutigen Menschen angesehen. „Gott ist der, der da ist im Buch des Alten und Neuen Testamentes, das von ihm redet" (G 47).

Der Art, wie im Vorstehenden in aller Kürze aus den Äußerungen Barths und aus deren Konsequenzen das Verhältnis von Glauben an Jesus Christus und Glauben an die heiligen Schriften herausgearbeitet wird, würde Barth selber vermutlich widersprechen. In seinem Selbstverständnis hat der Glaube zum Gegenstand nicht „die ‚Historien‘ des Alten und Neuen Testamentes", sondern er ist „ein gehorsames Fürwahrhalten", dessen Objekt „der lebendige Jesus Christus selbst" ist (IV/1, 849 f.). Aber Barth behauptet, wie eben gezeigt worden ist, gleichwohl, daß diese Schriften der Ort der Begegnung mit Gott sind. Eben das aber läßt sich nicht neutral feststellen, sondern muß geglaubt werden. Oder man läßt alles in einem Zirkel enden, so wie es Barth etwa in dem folgenden Satz tut: „Daß die Bibel zuverlässig Grund legt für unsere Erkenntnis und für unser Bekenntnis, daß sie die Wahrheit redet, ... das ist seinerseits darin und darum wahr, daß uns die Bibel von Gottes eigenem Zeugnis von sich selbst, daß sie von Jesus Christus Zeugnis gibt" (III/1, 24). Der Zirkel ist offensichtlich: die Heilige Schrift soll das, wodurch sie als Wahrheit bezeugt wird, selber ihrerseits bezeugen.

Die Schwierigkeit vergrößert sich noch, wenn man hinzunimmt, daß jene das christliche Grundereignis bezeugenden Schriften in so großem zeitlichen Abstand von der Gegenwart geschrieben worden sind, daß es umfänglicher exegetischer Bemühungen bedarf, um das in ihnen Gemeinte mit einiger Sicherheit herauszuarbeiten. Hier tritt ein zweites Stadium im Geschehen der Überlieferung zu jenem ersten hinzu: die Überlieferung in der Kirche. Barth redet davon, „daß Gott in der Kirche Jesu Christi erkannt wird, das heißt, daß jenes Subjekt den Redenden und Hörenden gegenständlich gegenwärtig ist, daß der Mensch in der Kirche wirklich vor Gott steht" (II/1, 1). Das aber läßt sich auf keine Weise allgemeingültig aufzeigen. Daß Gott in der Kirche präsent ist, ist vielmehr seinerseits Gegenstand des Glaubens. Insofern ist es nur konsequent, wenn Barth selber den Gedanken der Anwesenheit Gottes in der kirchlichen Verkündigung eine „Voraussetzung" nennt (II/1, 2). Und zwar ist es eben die Voraussetzung der kirchlichen Verkündigung als solcher, sofern diese nämlich „mit dem Anspruch auftritt, wahr zu sein" (G 27).

Das ist eine unbedingte und fraglose Voraussetzung des ganzen Denkens Barths. Zwar wird auch der Verkündigung eine bestimmte Fraglichkeit zugesprochen, aber nur eine solche, die von Gott ausgeht, keine, die aus dem menschlichen Nachdenken stammt. „Erkenntnis Gottes im Raume der christlichen Kirche weiß wohl darum, daß sie in ihrer Wirklichkeit begründet und insofern in Frage gestellt ist durch Gottes Wort ... Aber eben darum kann Erkenntnis Gottes sich selbst nicht in Frage stellen, kann sie, will sie sich selbst verstehen, nicht von einem Ort außerhalb ihrer selbst her fragen: ob sie wirklich sei? Nur vom Worte Gottes her kann diese Frage an sie gerichtet sein" (II/1, 2).

Das besagt für den Glauben: Er ist vor aller weltlichen Infragestellung sicher. „Die der Kirche geschenkte Erkenntnis Gottes ... muß ... es ablehnen, ihre Wirklichkeit von irgend einem Ort aus zur Diskussion zu stellen, muß ... mit der Feststellung ihrer eigenen Wirklichkeit den Anfang machen ... Sie kann ... nicht hinter ihre eigene Wirklichkeit zurückgehen" (II/1, 2 f.). „Denn ein Gott, dessen Erkenntnis von außen angegriffen oder auch nur angreifbar ist, ... ist offenbar nicht Gott" (II/1, 5).

Damit ist der Punkt erreicht, an dem deutlich wird: Der Glaube im Sinne Barths kann sich der philosophischen Befragung nicht in seiner Wahrheit erweisen. Daß er Wahrheit verbürge, ist eine bloße Behauptung. Blickt man nun auf die Tatsache zurück, von der in den ersten drei Abschnitten dieses Paragraphen die Rede war: daß Barth vom Glauben aus alle Möglichkeit einer Philosophischen Theologie aufs schroffste abweist, dann zeigt sich: Diese Verwerfung geschieht nicht aus einer sich selbst infragestellenden und am Ende dieses Prozesses sich gesichert gewinnenden Position heraus. Vielmehr ist, vom Aspekt des nicht Glaubenden her, wie der Glaube selber, so auch die These von der Unmöglichkeit eines philosophischen Redens von Gott eine reine unbegründbare Voraussetzung. Der Angriff Karl Barths, mag er mit noch so großer Verve vorgetragen werden, ist ohne Kraft der Überzeugung.

§ 101. *Gollwitzers Auseinandersetzung mit der Philosophischen Theologie*

1. Abwertung der Philosophie

Sehr viel weiter als Karl Barth läßt sich Helmut Gollwitzer auf die Problematik der Philosophischen Theologie ein. Seine Auseinandersetzung mit dieser hat ihren Niederschlag insbesondere in dem mit dem Verfasser geführten Streitgespräch gefunden, das unter dem Titel „Denken und Glauben" veröffentlicht worden ist[1].

In dieser Diskussion zeigt sich, daß der Theologe seinen philosophischen Partner ernst zu nehmen gesonnen ist, auch wenn dieser sich ausdrücklich als Nicht-Glaubenden bezeichnet und demgemäß die Möglichkeit einer

---

[1] Helmut Gollwitzer und Wilhelm Weischedel, Denken und Glauben, Ein Streitgespräch, Stuttgart o. J. (1965).

christlichen Theologie bestreitet und auch wenn für ihn das radikale Fragen die genuine philosophische Haltung ist. Gollwitzer meint gleichwohl, sich mit dem Philosophen auf „ein Gespräch echter Art" einlassen zu können, und zwar darum, weil auch er selber zwar Glaubender, aber als solcher doch „immer auch Nichtglaubender" (5) und damit also zugleich Denkender im weltlichen Sinne sei. Demgemäß ist es für ihn „eine durchaus offene Frage . . ., wie sich im christlichen Sinne Glauben und Denken zueinander verhalten und ob das Christentum wirklich unvermeidlich Opfer des fortschreitenden Denkprozesses sei, ob es sich also wesenhaft negativ zum Anspruch des Denkens verhalte" (2 f.). Ja noch mehr: Einer der Grundgedanken Gollwitzers ist das Anselmsche „Ich glaube, um einzusehen". In diesem Zusammenhang betont er, daß „die fides ihren Weg zum intellectus, zur Einsicht in den Sinn ihrer Aussagen immer nur im Durchgang durch alle an diese zu stellenden Fragen machen kann" (5). Schließlich behauptet Gollwitzer sogar, es werde „die Frage, ob, wie und wieweit der Glaube sich vor der Vernunft ausweisen kann, zu einem unabweisbaren Problem" (64).

Dieses Ernstnehmen, das der Theologe dem fragenden Philosophen entgegenbringt, hat freilich seine Grenzen. Denn er läßt sich in der Bastion, in der er sich befindet, nicht wahrhaft erschüttern. Er bleibt im Grunde unangetastet durch die Infragestellung seines Glaubens, die vom Philosophen ausgeht. „Für den Glaubenden" sind „die Vorentscheidungen . . . schon gefallen"; diese werden nicht mehr im Blick auf ihre Wahrheit diskutiert, also nicht mehr eigentlich infragegestellt; es geht vielmehr nur um ihre „Klarstellung" dem Partner gegenüber (5).

Gollwitzer redet allerdings gelegentlich von einer „radikalen Fraglichkeit der christlichen Botschaft". Aber damit meint er nicht, daß diese von außen her infragegestellt werde, sondern er denkt nur an die innere „Anfechtung", in der der Glaubende erfährt, „daß er weder Besitzer der Glaubenswahrheit ist, noch daß sie ihn in der Weise besitzt, daß ihm das unerschütterte Vertrauen eine durchgehende, ununterbrochene Erfahrung wäre" (96). Letztlich wird diese Anfechtung überhaupt nicht als wirkliche Gefährdung empfunden; es wird ihr vielmehr sofort ein Sinn gegeben. Gollwitzer bestimmt diesen — in Übereinstimmung mit Luther — dahin, daß die Anfechtung „dazu diene, daß Glaube Glaube bleibt und Gott Gott". Zudem wird die Anfechtung als „das Vorübergehende" charakterisiert, als „ein unvermeidlicher Durchgang des Glaubens". Das aber besagt: In ihr wird der Glaube nicht wirklich und in seinem vollen Umfang zur Frage. In diesem Sinne schreibt Gollwitzer: „Genau gegen diese Meinung, das, was die Anfechtung ihm (sc.: dem Glaubenden) sagt, die Gründe, die sie ihm, um ihn in Frage zu stellen, vorhält, dies alles sei die Wahrheit, anzukämpfen, ist der tröstliche Befehl, den er vom Worte der

Verheißung inmitten der Finsternis vernimmt" (97 f.). Wenn aber so die philosophische Infragestellung des Glaubens nur die Gestalt der vorübergehenden Anfechtung hat, dann wird sie zuletzt nicht ernst genommen. So behauptet Gollwitzer denn auch: „Die christliche Botschaft . . . ist nicht Ergebnis menschlichen Denkens . . . und ist deshalb auf das Fazit der Philosophie weder angewiesen noch von ihm her zu gefährden" (234). Der Philosophie gegenüber behält das Gefühl der Sicherheit die Oberhand vor dem Bewußtsein der Bedrohtheit.

Fragt man dieser Haltung tiefer nach, dann zeigt sich: Sie gründet darin, daß der glaubende Theologe die Frage des Philosophen nicht eigentlich auf sich bezieht, sondern sie sofort an einen anderen, höheren Adressaten weiterleitet. „Alle an ihn gestellten Fragen gibt er weiter an diejenige Instanz, mit der im Dialog zu stehen seine theologische Existenz ausmacht: an die christliche Botschaft". Es gibt also für ihn eine Autorität, an die er wohl Anfragen richtet, die er aber nicht mehr infragestellt oder infragestellen läßt; entscheidend ist immer nur, daß „wir Fragen an die christliche Botschaft richten und die Fragen hören, die diese Botschaft an uns richtet" (5 f.). Dadurch aber wird der Dialog zwischen dem Theologen und dem Philosophen zu einer merkwürdigen Art des Gesprächs. Der eine setzt sich selber der Frage aus; der andere nimmt diese entgegen, leitet sie weiter an eine höhere Instanz, hört deren Antwort und teilt diese dem Fragenden mit. Das besagt: Der Theologe beantwortet die Frage des Philosophen gar nicht so, daß er sich, in welchem Umfang auch immer, durch sie in seinem Glauben infragegestellt sähe, sondern er verkündigt eine schon von vornherein feststehende Antwort, die er sich von der für ihn maßgebenden Autorität geben läßt.

Dieser Sicherung vor dem Angriff durch die philosophische Frage entspricht es, daß Gollwitzer überhaupt das Philosophieren bagatellisiert. Philosophie ist Denken. Aber das Denken braucht — in Gollwitzers Interpretation — dem Glauben nicht gefährlich zu werden. Zu diesem gehört ja seinerseits ein Moment des Denkens; „auch der Entschluß zum Glauben, auch der Aufruf zum Glauben ist ein Denkvorgang, ebenso das Glauben selbst als bewußter Akt samt seinen Aussagen" (4). Dieser weiten und entleerten Fassung des Begriffs des Denkens steht dann gegenüber, daß das philosophische Denken auf der anderen Seite verengt wird und daß ihm harmlose Regionen zugewiesen werden, in denen es sich tummeln kann, ohne den Glauben zu gefährden. So streitet Gollwitzer ihm gelegentlich den Wirklichkeitsbezug ab: „Philosophisches Denken ist apriorisches, transzendentales Denken" (65). Oder das Philosophieren wird auf die Aufgabe „der kritischen Untersuchung des Denkens und der Sprache" beschränkt. Oder die philosophisch-theologische Problematik wird der Philosophie abgesprochen und ihr als einziges Thema „Dasein und Welt"

18

zugestanden (282 f.). Oder es wird geleugnet, daß Philosophieren und Menschsein zusammengehören, und es wird dementsprechend behauptet, „daß die philosophische Haltung nicht das Ganze des Lebens erfaßt" (46). All diese Versuche der Abwertung des Philosophierens werden jedoch diesem nicht gerecht. Das Philosophieren geht auf die konkrete Wirklichkeit, und zwar als ganze. Es ist nicht abstrakt, sondern wurzelt, wie sich noch zeigen wird, in Erfahrung. Es ist eine Sache des ganzen Menschen. Und schließlich: Sein vornehmstes Problem ist, wie im ersten Bande ausführlich dargelegt worden ist, die Frage nach Gott. Wie sollte es dem Glauben, der doch die Wahrheit über Gott zu wissen vorgibt, gleichgültig gegenüberstehen? Wie sollte andererseits der Glaube das Philosophieren als quantité négligeable betrachten können?

Und doch geschieht dies. Und zwar gründet es darin, daß sich der Glaube über das philosophische Denken stellt. In diesem Sinne kann Gollwitzer von einer „Entmachtung ... des menschlichen Denkens durch den Glauben" reden. Zwar spricht er dann sofort von einer „Ermächtigung ... des menschlichen Denkens durch den Glauben" (21). Aber auch dabei ist der Vorrang des Glaubens vor dem philosophischen Denken festgehalten. Denn indem der Glaube das Ermächtigende ist, ist er des Denkens mächtig. Vereinfacht ausgedrückt heißt das: Der Glaube entscheidet darüber, was gedacht werden darf und was nicht. Und eben darum ist es mit der Philosophie, wenn sie in den Raum des Glaubens eintritt, „nicht mehr letzter Ernst" (287).

Von da aus kommt Gollwitzer zu einer merkwürdigen Behauptung: daß nämlich der Glaube das philosophische Denken an Radikalität übertreffe. „Der Glaubende hat mit einem Partner zu tun, den er nicht in Frage stellen kann, weil er sich von ihm radikal, bis in die Wurzel in Frage gestellt sieht als der Angeklagte durch seinen Richter". „Jedenfalls ist das Infragegestelltwerden durch Gottes Gericht nicht überbietbar" (67). Besteht freilich die Radikalität eines Fragens, wie es der Sache entspricht, darin, daß nichts unbefragt bleibt, dann kann Gollwitzer schwerlich behaupten, der Glaube, der Gott „nicht in Frage stellen kann", sei radikaler als das Philosophieren. Offensichtlich gilt das Gegenteil: Das Philosophieren, das auch Gott noch in die Radikalität seines Fragens einbezieht, ist radikaler als der Glaube, und es unterläuft auch dessen letzte Gewißheit. Eben darum aber kann das philosophische Fragen, wenn es ins Äußerste seines Wesens gelangt, nicht auf der Ebene des Glaubens stehen bleiben.

2. Bewahrheitung des Glaubens

Aus dem Dargelegten geht hervor, daß der Glaube vom Philosophieren fordert, es habe sich ihm zu beugen und vor ihm zu kapitulieren. Aber der Philosophierende möchte davon überzeugt werden, daß dies notwendig ist; er möchte Gründe vorgesetzt bekommen; er möchte einsehen. So kommt es zu der Frage nach der Bewahrheitung der christlichen Botschaft und des Glaubens an diese. Der Philosoph will zuerst wissen, was es mit dem Glauben und seiner Wahrheit auf sich hat, ehe er die Entscheidung darüber trifft, ob er ihn akzeptieren solle oder nicht.

Nun kann über die Wahrheit des Glaubens nicht entschieden werden, ehe nicht sein Gegenstand deutlich geworden ist. Dieser ist jene Botschaft, um die sich bei Gollwitzer alles dreht. Sie wird auch als „Grundbescheid über die Wahrheit von Mensch und Welt" bezeichnet. Als wesentliches Charakteristikum betont Gollwitzer, daß diesen Grundbescheid „die Menschen sich selbst nicht sagen können" (22). Er wird darum „Wort Gottes" genannt (133). Des weiteren werden Aussagen über die Herkunft des Grundbescheides gemacht. Es handelt sich um den „in Jesus Christus den Menschen von Gott gegebenen Grundbescheid" (22). Insofern wird der Inhalt der Botschaft auch als das „Christusgeschehen", als „die Verkündigung Jesu und das Geschick Jesu" bezeichnet (7). Von dem darauf bezogenen Glauben wird schließlich gesagt: „Glauben ist Leben mit und aus diesem Grundbescheid" (22).

Gleichwohl gehört zum Glauben auch eine bestimmte Weise des Fürwahrhaltens, freilich nicht die rein theoretische des Überzeugtseins von Dogmen und Lehrmeinungen; eine solche rationalistische Deutung ginge ersichtlich am Wesen des Glaubens vorbei. Ja, die vornehmliche Ausrichtung des Glaubens mag durchaus auf etwas anderes als auf das Fürwahrhalten gehen. So formuliert Gollwitzer ausdrücklich: „Glauben heißt: Sich verlassen auf Gott" (21). Aber der Mensch muß doch von Gott wissen und von dessen Wahrheit überzeugt sein, um sich verantwortlich dazu entschließen zu können, sich auf ihn zu verlassen. Und wenn man das soeben ausgelegte volle Wesen der Botschaft ins Auge faßt, dann ist auch hier ein Fürwahrhalten vorausgesetzt. Der Mensch muß den Grundbescheid, der ihm sagt, daß seine ganze Existenz durch Gott bestimmt sei und daß ihm dies durch Jesus Christus vermittelt werde, als Wahrheit ansehen.

Angesichts dessen erhebt sich die Frage, aufgrund wovon diese Botschaft als das, worauf sich der Glaube richtet, für wahr gehalten wird. Diese Frage bleibt auch bestehen, wenn Gollwitzer vom Glauben sagt: Er ist „Sich-Verlassen auf ein Versprechen und erwartet die Bewahrheitung dieses Versprechens in der Zukunft"; insofern ist er ein „Wagnis"

(229). Auch hier kommt es zu der Frage, was den Menschen dazu bewegen kann, sich auf das Versprechen zu verlassen und auf das Wagnis einzulassen. Auch hier stellt sich also die Frage nach der Bewahrheitung.

Diese Frage wäre einfach zu beantworten, wenn man auf die Wahrheit wie auf eine bestehende und sichtbare Sache deuten könnte. Aber gerade Gollwitzer weist mit allem Nachdruck darauf hin, daß es mit der christlichen Botschaft nicht so steht. Sie hat ihren unmittelbaren Ort in einer vergangenen Geschichte. Das in der Gegenwart nächst Gegebene dagegen ist nur das uns überlieferte Zeugnis von jener Botschaft. „Wir haben das, was die Propheten und Apostel gehört haben, nur in dem Zeugnis, das sie von ihrem Glauben und ihrer Ergriffenheit ablegten, nur in der Selbstaussprache geschichtlicher Menschen". Das aber besagt: Unmittelbar tritt uns nicht Gottes Wort, sondern Menschenwort entgegen. Es gilt, „daß die christliche Botschaft . . . uns durch Überlieferung begegnet" (8 f.).

Die Begegnung mit der christlichen Botschaft ist somit eine vermittelte Begegnung. Das sagt Gollwitzer selber: „Der Inhalt der christlichen Botschaft" ist „vermittelt und sekundär" (258). Was dabei auf dem Spiel steht, kleidet Gollwitzer in die Sätze: „Auf ein historisches Fundament sich stützen, heißt auf Zweifelbares sich stützen. Dürfen wir unser ewiges Heil gründen auf etwas, was bestenfalls nur als wahrscheinlich nachgewiesen werden kann" (112)? Gollwitzer bejaht diese Frage. Er behauptet freilich, daß durch all diese Vermitteltheit hindurch sich Unmittelbarkeit verwirkliche, daß im Hören der Botschaft ein „unmittelbares Verhältnis zu ihm (sc.: zu Jesus Christus) möglich wird" (177). Wie das aber geschehen soll, wird von Gollwitzer nicht mehr deutlich gemacht, geschweige denn begründet.

Es bleibt also dabei: Wir sind völlig auf das Zeugnis der Zeugen angewiesen. „Diese Botschaft ist . . . nur in den Zeugnissen der Boten vorhanden und greifbar". Unter diesen Zeugen von der Botschaft nun versteht Gollwitzer die alttestamentlichen Propheten, die urchristlichen Verkünder und schließlich die sie „heute weitertragenden und sich zu ihr bekennenden Boten". Hier jedoch entsteht eine neue Schwierigkeit. Jene Boten stehen uns ja nicht so gegenüber, daß wir durch sie gleichwie durch neutrale Sprachrohre die Botschaft vernehmen können. Sie sind konkrete Menschen. Wenn sie sich daran machen, die Botschaft weiterzugeben, dann ist unbestreitbar, daß sie dies je nach ihrer subjektiven Verfassung und je nach ihrer geschichtlichen Situation, also in jeweils verschiedener Weise tun. Was die Botschaft sagen will, muß daher immer erst aus den uns von den Zeugen überlieferten Aussagen heraus gedeutet werden. Darauf weist Gollwitzer selber hin. „Wir haben ‚die' Botschaft nicht anders, als indem wir . . . die Aussagen der Boten interpretieren". Aber woher wissen wir denn, daß unsere Interpretation richtig ist? Noch mehr: Woher wissen wir überhaupt, daß die Boten selber die Botschaft richtig verstanden haben? Wo haben wir den Maßstab dafür? Wir haben ja nur die Boten und ihre Aussagen, wir haben keine „greifbare Instanz, die autoritativ für die biblische Botschaft sprechen kann" (6 f.). Bleibt so nicht alles der Willkür unserer Deutung überlassen?

In diesem Dilemma bleibt kein anderer Ausweg, als daß man annimmt: Man muß, wenn man dem Zeugnis glauben will, zuvor den Zeugen glauben. Das aber besagt: Die Frage nach der Wahrheit des Glaubens wird auf die Frage nach der Wahrheit der Glaubensaussagen der Zeugen zurückgeführt. Anders ausgedrückt: Man muß, um an die Wahrheit der Botschaft glauben zu können, davon überzeugt sein, daß jene Boten die Wahrheit reden. Dann aber entsteht die Frage, wie denn dieses einzige uns unmittelbar Gegebene, das Zeugnis der Boten, sich bewahrheiten läßt. Das Problem der Bewahrheitung einer göttlichen Botschaft wird so zum Problem der Bewahrheitung eines menschlichen Zeugnisses.

Gegen diese Forderung der Bewahrheitung, die der erhebt, dem der Glaube angemutet wird, wendet sich Gollwitzer mit dem Argument, dergleichen werde doch z. B. auch von einem Liebenden nicht gefordert. „Kann der Liebende sich anders verständlich machen, als indem er sich zu seiner Liebe bekennt"? Von daher wird die Analogie zu der Forderung des Philosophen auf Bewahrheitung gezogen: „Wie könnte er ... behaupten, er könne als Philosoph sich solange nicht auf den Glauben einlassen, als der Glaube sich nur bekennend verständlich machen, nicht aber den Nicht-Glaubenden durch von außen einsehbare Gründe überzeugen kann" (45 f.).

Die Analogie zwischen dem Glaubenden und dem Liebenden ist jedoch höchst unzureichend. Dem Liebenden wird es schwerlich darum gehen, daß der, an den er sich, von seiner Liebe Mitteilung machend, wendet, in seine Liebesbeziehung mit eintrete. Eben das ist ja aber doch die Absicht des Glaubenden inbezug auf seine Glaubensbeziehung. Und weiter: Der Liebende wird dem andern seine Liebe vielleicht in den schönsten Farben schildern; er wird doch nie sagen, davon, ob man in eine solche Beziehung eintrete oder nicht, hänge das ewige Heil ab. Das aber behauptet der Glaubende von seinem Glauben. Die Analogie mit der Liebe führt also im Problem der Bewahrheitung nicht weiter.

Nun bringt Gollwitzer noch eine weitere Art von Bewahrheitung vor: die Bewahrheitung in der Lebensbewährung. „Es kann mit dieser Botschaft gelebt werden" (202); „sie empfiehlt sich als unentbehrliche Lebenshilfe und beruft sich darauf, daß sie sich als solche beweist"; sie kann „für ihre Wahrheit argumentieren ... mit ihrer Heilsamkeit" (234). Konkret stellt sich diese „Bewährung im Leben als Zeichen der Bewahrheitung" (209) etwa dar als „Selbstüberwindung, Nächstenliebe, Bescheidenheit, Zuversicht, Überwindung der Todesfurcht, der Feigheit und des Egoismus" (202), als „Haltung der getrosten Zuversicht und freudigen Hoffnung" (204). Aber Gollwitzer muß selber zugeben: Es läßt sich nicht „vom Leben in theoretisch zwingender Weise auf die Wahrheit einer Lehre schließen" (202). Dann aber kann auch die Lebensbewährung keine zuverlässige Weise der Bewahrheitung sein. Zumal, wie die moderne Psychologie sieht, auch Illusionen solche lebensverändernden und lebensbefördernden Wirkungen haben können.

Das Problem der Bewahrheitung der Aussagen der die Botschaft verkündenden Boten bleibt also ungelöst. Nur ein Ausdruck dieser Verlegenheit ist es, wenn Gollwitzer behauptet, die Botschaft bewahrheite sich durch die Boten hindurch aus sich selber heraus. Demgegenüber muß gefragt werden, welche Evidenz denn eine solche sich aus sich selber heraus bewahrheitende Botschaft besitzt. Darauf kann Gollwitzer keine Antwort geben; er begnügt sich mit der Behauptung, „daß das Gegenüber ... sich dem Menschen aufdrängt", und zwar so, daß es zu einer „Nicht-Ablehnbarkeit der zu ihm gesagten Verkündigung" kommt (110). Das aber wird weder ausgewiesen noch begründet. Überdies spricht die Tatsache der vielfältigen Ablehnung der gehörten Botschaft gegen die These von der Nicht-Ablehnbarkeit.

Betrachtet man das Verhältnis von Botschaft und Boten im Hinblick auf die Bewahrheitung genauer, so läuft es auf einen Zirkel hinaus. Die Glaubwürdigkeit des Boten wird durch die Botschaft bewahrheitet, die er überbringt; denn nur wenn diese wahr ist, verdient der Bote Vertrauen. Aber die Botschaft zeigt sich in ihrer Wahrheit als nur durch den Boten vermittelt, weshalb es auf die Wahrhaftigkeit des Boten als des nächst Gegebenen ankommt. Nur eine andere Form dieses Zirkels ist es, wenn Gollwitzer schreibt: „Wir haben die christliche Botschaft ... nicht ohne daß wir selbst sagen, was wir für die christliche Botschaft halten; wir müssen aber das, was wir für die christliche Botschaft halten, verantworten vor dem, was die christliche Botschaft ist" (9). Gollwitzer ist sich über den Zirkelcharakter derartiger Aussagen durchaus im klaren. Denn es „prüft theologisches Denken die Aussagen der kirchlichen Verkündigung an der ihnen aufgegebenen Botschaft und muß dazu (allerdings in einem hermeneutischen Zirkel) diese Botschaft ständig erst aus den Verkündigungsaussagen erheben, um diese dann auf ihre Angemessenheit an die aufgetragene Verkündigung zu messen" (42). Es ist jedoch fraglich, ob der Ausdruck „hermeneutischer Zirkel" hier richtig angewendet wird. Denn der Zirkel des Verstehens unterscheidet sich von dem Zirkel, als der der Glaube sich darstellt. Der Zirkel des Verstehens ist eine schrittweise, in der Dialektik von mitgebrachtem Vorverständnis und von außen zukommender Einsicht sich abspielende Aufhellung des Sinnes eines Textes und der darin gemeinten Sache. Bei dem Zirkel des Glaubens dagegen geht es um einen einzigen ausdrücklichen Schritt: um Annahme oder Abweisung einer den Menschen bestimmen wollenden letzten Wahrheit. Hier muß im Unterschied zum Zirkel des Verstehens ein absoluter Fixpunkt gegeben sein, um die unbedingte Notwendigkeit des Glaubens erweisen zu können.

Es bleibt also in der Bewahrheitung des Glaubens beim unaufgelösten Zirkel. Fragt man den Zeugen nach der Wahrheit seines Zeugnisses, dann verweist er auf dessen innere Wahrheit; fragt man ihn sodann nach der inneren Wahrheit des Bezeugten, dann kann er auf nichts anderes verweisen als auf sich selber, den Bezeugenden. Das eine bewahrheitet sich also durch das andere, und eben darin liegt der Zirkel. In dieser Situation hilft auch nicht „der Verweis auf den Heiligen Geist, der uns von dieser Wahrheit überführen muß" (183). Denn auch an den Heiligen Geist muß man glauben, und so wird auch hier Glauben durch Glauben, also im Zirkel, bewahrheitet.

Indem die Frage nach der Bewahrheitung des Glaubens sich als unbeantwortbar erweist, indem also, wie Gollwitzer selber schreibt, „der Wahrheitserweis dieser Botschaft von ihren Bekennern selbst" nicht „in zwingender Weise herbeigeführt werden kann" (275), scheitert auch der Dialog zwischen dem Theologen und dem Philosophen. An seinem Ende steht die Einsicht, die von der philosophischen Seite aus auch ausdrücklich ausgesprochen wird: „Christlicher Glaube und philosophisches Denken sind unvereinbar" (19). Angesichts dessen kann der Philosophierende mit Recht sagen, daß „die Zeit des Glaubens vorüber ist", daß „der Glaube eine vergangene Daseinsauslegung ist" (129 f.). Dem Theologen aber bleibt nur die Hoffnung, daß wir „die Wahrheit des Christentums erst noch vor uns haben" (2), eine Hoffnung, die ungegründet im Leeren schwebt.

§ 102. *Bultmanns Auseinandersetzung mit der Philosophischen Theologie*

1. Abweisung der natürlichen Theologie

Während sich Gollwitzer vorwiegend mit zeitgenössischen Bemühungen um eine Philosophische Theologie befaßt, nimmt Rudolf Bultmann[1] diese zunächst in ihrem überlieferten Sinne, in dem sie sich als natürliche Theologie vor allem im katholischen Raum darstellt. An ihr werden drei Momente hervorgehoben: daß sie meint, ohne Offenbarung auszukommen;

[1] Rudolf Bultmann, Glauben und Verstehen, Band I, Tübingen 1933; Band II, Tübingen 1952.

24

daß sie sich in rationaler Argumentation, also durch Beweis und mit Hilfe des natürlichen Lichtes vollzieht; daß sie schließlich selbständige Präambeln des Glaubens bilden will. „In der katholischen Tradition bedeutet ‚natürliche Theologie‘ die Lehre von Gott, soweit sie dem Menschen ohne die Offenbarung möglich ist. Gott gilt als dem Menschen auch lumine naturalis rationis erkennbar ... Aus der Schöpfung wird der Beweis geführt ..., und er bildet den Unterbau der Dogmatik, sofern die Sätze der natürlichen Gotteserkenntnis, die in rationaler Argumentation gewonnen sind, als praeambula fidei fungieren" (I 294).

Diese ganze Konzeption wird von Bultmann schroff abgewiesen, und zwar durch die These, daß man von Gott nur vom Glauben her reden könne. „Für die protestantische Theologie ist eine solche natürliche Theologie unmöglich ..., weil diese Theologie ignoriert, daß die einzig mögliche Zugangsart zu Gott der Glaube ist" (I 294). Wieder also, wie bei Barth und Gollwitzer, wird der Glaube als die entscheidende Instanz gegen die Möglichkeit einer Philosophischen Theologie herangezogen.

Bultmann bringt noch ein weiteres Argument gegen die natürliche Theologie vor. Er behauptet, in ihr werde der Gottesbegriff verfälscht. Wird Gott „in Anspruch genommen vom Verstande, der Ursprung und Einheit der Welt begreifen will", dann ist er „nichts anderes als die prima causa, als die Idee der Einheit, der Gesetzlichkeit, der Unbedingtheit, des Ursprungs" (I 301). Das heißt aber für Bultmann: In dieser natürlichen Theologie „gilt Gott als ein Seiendes nach Art der Welt, das wie die Phänomene der Welt Objekt der Erkenntnis werden kann". Kurz: Die Philosophische Theologie, wie Bultmann sie sieht, kennt Gott nur als Teil der Welt. „Der Glaube aber redet von Gott als dem Jenseits der Welt" (I 294).

Dieser Einwand Bultmanns übersieht etwas Entscheidendes. Die natürliche Theologie im überlieferten Sinne, wie sie sich etwa bei Thomas von Aquino darstellt, geht zwar von dem welthaft Seienden aus. Aber sie will dieses gerade überschreiten, um zu etwas zu gelangen, das die Welt transzendiert. Diese Tendenz zeigt sich fast überall, wo ernstlich Philosophische Theologie betrieben wird. Daher deren Bemühungen um die via eminentiae, auf der Gott als unendlich über alles Seiende erhaben verstanden wird, und um die via negationis, auf der das endlich Seiende verneint wird, um Gott zu erreichen. Das wird von Bultmann in seiner pauschalen Verwerfung der natürlichen Theologie außer acht gelassen.

Noch einen letzten Einwand erhebt Bultmann gegen die natürliche Theologie. In dieser, so behauptet er, geschehe es, daß „ich einen Standpunkt einnehme, von dem aus ich neutral zur Gottesfrage stehe". Damit hat das Denken in der Auffassung Bultmanns „seinen Gegenstand, Gott, verloren". Das wird mit einer Überlegung zum Gottesbegriff begründet. „Wo überhaupt der Gedanke ‚Gott' gedacht ist, besagt er, daß Gott der Allmächtige, d. h. die Alles bestimmende Wirklichkeit sei". Bestimmt er aber alle Wirklichkeit, dann auch die des nach ihm Fragenden. Es gehören also zusammen „die Allmacht Gottes und unsere Bestimmtheit durch sie" (I 26 f.); Gott ist „die unsere Existenz bestimmende Wirklichkeit". Ist es aber so, dann gibt es der Wirklichkeit Gottes gegenüber keine Unbeteiligtheit. Vielmehr wäre durch „eine Neutralität Gott gegenüber ... der Gedanke Gottes preisgegeben" (I 28 f.).

Das würde freilich eine besonnene Philosophische Theologie nicht ableugnen wollen. Auch sie ist, wie im Paragraphen 7 des ersten Bandes angedeutet worden ist, nur möglich als engagiertes Fragen nach Gott. Aber nun geht Bultmann einen Schritt weiter. Er deutet jenes persönliche Engagement als ein unmittelbares Angesprochensein durch Gott. „Nur wenn man sich in seiner eigenen Existenz von Gott angesprochen weiß, hat es Sinn, von Gott ... zu reden" (I 33). So wird die Philosophische Theologie auch hier wieder durch das Postulat einer Theologie der Offenbarung und des Glaubens abgewiesen.

Daß es einzig und allein auf Offenbarung und Glauben ankomme, wird von Bultmann immer wieder betont. „Gott wird nur durch seine Offenbarung dem ihr antwortenden Glauben zugänglich". Oder, noch schärfer: „Es bleibt also dabei, daß alles menschliche Reden von Gott außerhalb des Glaubens nicht von Gott redet, sondern vom Teufel" (I 303). Fragt man aber nun, wie der Glaube diesen seinen Ausschließlichkeitsanspruch für alles Reden und Denken über Gott begründet, so wird man von Bultmann abgewiesen. „Wer ... weiter fragen wollte nach der Notwendigkeit, nach dem Recht, nach dem Grund des Glaubens, — er erhielte nur eine Antwort, indem er hingewiesen würde auf die Botschaft des Glaubens, die mit dem Anspruch, geglaubt zu werden, an ihn herantritt. Er erhielte keine Antwort, die vor irgend einer Instanz das Recht des Glaubens rechtfertigte" (I 37). Wieder also, wie bei Barth und Gollwitzer, setzt auch bei Bultmann der Glaube sich selbst ohne Begründung absolut, als die einzige Möglichkeit einer Erkenntnis Gottes. Ist es aber an dem, dann ist eine Philosophische Theologie von vornherein ein verfehltes Unternehmen.

2. Das Vorverständnis als Basis für eine Philosophische Theologie

Nun scheint es, als bleibe Bultmann nicht auf dieser harten Position stehen. Wenigstens findet sich bei ihm der Satz: „Muß die protestantische Theologie ... daran festhalten, daß Gott nur für den Glauben sichtbar ist, ... so ist gleichwohl das Problem der natürlichen Theologie für sie nicht erledigt". Und dies darum nicht, weil Bultmann, mehr als Barth und Gollwitzer, auf die faktischen Phänomene, die „Tatsachen", achtet. In diesem Sinne behauptet er: „Das Problem der natürlichen Theologie ... erwächst aus drei Tatsachen": „der Tatsache des Verstehens", „dem Phänomen der Religion", „dem Phänomen der Philosophie" (I 295). In diesen drei Hinsichten ist zu untersuchen, ob Bultmann bloß bis zur natürlichen Theologie als Problem kommt, oder ob er für eine faktische Philosophische Theologie Raum läßt.

Der erste Ansatzpunkt soll die „Tatsache des Verstehens" sein, nämlich des Verstehens der Glaubenswahrheit: „daß das christliche Kerygma vom Menschen, dem es begegnet, verstanden werden kann, und ... daß offenbar Aussagen des Glaubens auch vom Unglauben als sinnvoll verstanden werden können" (I 295). Das setzt voraus, daß sich im Menschen „schon vor dem Glauben ein Vorverständnis für die Offenbarung" findet (I 298). Als Beispiel führt Bultmann an: „Das menschliche Reden redet doch auch von Sünde, und wenn die Theologie von Sünde redet, so nimmt sie ein traditionelles Wort auf" (I 307).

Fragt man nun, worin denn das Vorverständnis für die Offenbarung liegt, so zeigt sich: Es wird eben aus dem Phänomen der Sündhaftigkeit gewonnen. Freilich: Erst „der Glaube ... weiß, daß der Mensch ohne Offenbarung ganz Sünder ist". Aber nun behauptet Bultmann, eben dies könne der Mensch nur verstehen, wenn er überhaupt um die Fragwürdigkeit der menschlichen Existenz wisse. Denn „die Offenbarung kann nur in Frage stellen, was schon in Frage steht. Sie aktualisiert die Fragwürdigkeit, in der die Existenz mit ihrem natürlichen Selbstverständnis immer schon steht, eine Fragwürdigkeit, die ... als die Unheimlichkeit des Existierens in ihr lebendig ist" (I 297 f.).

Bultmann folgert daraus: „Die vorchristliche Existenz" enthält „ein nichtwissendes Wissen von Gott" (I 311). Doch hier erhebt sich ein Bedenken. Inwiefern ist denn das Wissen um die Fragwürdigkeit der Existenz schon ein Wissen von Gott, mag es auch nur ein nichtwissendes Wissen sein? Bultmann behauptet zwar: „Die von einer ‚natürlichen Theologie' zu leistende Arbeit wäre eben die, aufzudecken, inwiefern die ungläubige Existenz und ihr Selbstverständnis von ihrer Fragwürdigkeit beherrscht und bewegt wird". Aber das führt doch höchstens zu einer philosophischen Anthropologie oder einer Fundamentalontologie im Heideggerschen Sinne, nicht aber zu einer Philosophischen Theologie. Darauf weist übrigens Bultmann selber hin. Er betont, die eigentliche, die radikale Fragwürdigkeit werde „als solche erst dem gläubigen Daseinsverständnis sichtbar" (I 298). Erst „der Gedanke Gottes" führe in „die radikale Infragestellung des Menschen" (I 19).

So wird das Vorverständnis, begriffen als Erfahrung der Fragwürdigkeit, letztlich vom Glauben unterlaufen. Der glaubende Mensch „weiß,
daß die Antwort das Ursprüngliche ist; denn in solchem Radikalismus
kann sich die Frage nicht vom Menschen aus ... erheben" (I 19). Das aber
besagt: Vom Vorverständnis der Fragwürdigkeit her führt für den Theologen der Offenbarung kein Weg zu einer Philosophischen Theologie.
Geht diese nur bis zur Fragwürdigkeit, so ist sie keine Theologie; redet
sie dagegen von der Sündhaftigkeit, so ist sie nicht mehr philosophisch.

3. Die Religion als Basis für eine Philosophische Theologie

Unter den drei Tatsachen, aus denen das Problem der natürlichen Theologie erwachsen soll, nennt Bultmann als zweite das „Phänomen der Religion": daß nämlich „auch außerhalb des Christentums und des Glaubens
von Gott und zu Gott geredet wird" (I 295). Ist so das Wissen von
Gott nicht auf den Bereich des Glaubens beschränkt, gilt vielmehr, „daß
überall ein Wissen von Gott vorhanden ist" (I 299), dann könnte vielleicht
auf dieser Basis eine Philosophische Theologie errichtet werden.

Unter diesem Gesichtspunkt untersucht Bultmann zunächst die charakteristischen Momente eines natürlichen Gottesbegriffes, also dessen, „was
alle Menschen meinen, wenn sie von Gott reden und nach Gott fragen"
(II 80). Als solches nennt er die Gedanken der „Allmacht", der „Heiligkeit", der „Ewigkeit" und der „Jenseitigkeit" (II 81 f.). Die Aufgabe
müßte nun sein zu prüfen, ob diese Momente für den Entwurf einer
Philosophischen Theologie ausreichen.

Bultmann beschreitet einen anderen Weg. Er fragt nämlich sofort nach
der Wahrheit dieses allgemeinen Gottesbewußtseins: ob das, was da als
Gott vermeint wird, „auch wirklich Gott sei" (II 79). Er antwortet: Das
natürliche Gottesbewußtsein hat keine wahre Kenntnis von Gott; der
von ihm „intendierte Gott" ist nicht „wirklich" (I 303). Das natürliche
Gottesbewußtsein kennt „nur die Frage nach Gott". Aber — so behauptet
Bultmann weiter — „das Wissen, das in dieser Frage enthalten ist, ist
im Grunde kein anderes Wissen als ein Wissen des Menschen von sich
selbst", nämlich von seiner „Begrenztheit und Nichtigkeit". Das wird
an den oben genannten Momenten des natürlichen Gottesbegriffs aufgezeigt. Das Wissen um die Allmacht Gottes ist im Grunde nur ein Wissen
um die „Ohnmacht" des Menschen (II 82). Wenn der Mensch von der
Heiligkeit Gottes, d. h. von diesem als dem „fordernden Gott" redet,
dann weiß er im Grunde nur „um sein Gefordertsein". Wenn er schließlich
von der Ewigkeit und Jenseitigkeit Gottes spricht, dann meint er im
Grunde nur die „Begrenztheit seiner Welt und seiner selbst" (II 83 f.).

Diese Thesen sind aber doch offenbar nur Postulate Bultmanns. Denn wie will er erweisen, daß nur die Erfahrung Gottes im Raum des Christentums wirklich Gott erfährt, daß aber alle anderen Gotteserfahrungen nur menschliche Selbsterfahrungen sind? Man könnte ja zeigen, daß auch der christliche Glaube Selbsterfahrung ist und daß auch bei ihm eine enge Korrespondenz zwischen dieser und der Gotteserfahrung besteht. Man müßte also die ganze Argumentation, die Bultmann den außerchristlichen Religionen gegenüber vorbringt, auch auf das Christentum anwenden.

Bultmann kommt also zu seiner Behauptung, alles Reden von Gott außerhalb des Glaubens sei nur ein Reden vom Menschen, offensichtlich nicht aus einer unvoreingenommenen Betrachtung der anderen Religionen, sondern von daher, daß er ohne weiteres die christliche Gotteserkenntnis absolut setzt. „Der Maßstab für die kritische Frage nach irgendeiner anderwärts angeblich gewonnenen Gotteserkenntnis ist die Gotteserkenntnis des christlichen Glaubens" (II 79). Denn nur in der „Offenbarung in Jesus Christus ist wirklich Gott offenbar" (II 96). Eben um dessentwillen behauptet der Glaube, „daß alle Antworten außer der christlichen Antwort Illusionen sind" (II 86).

Hatte es also zunächst so geschienen, als wolle Bultmann aus der Tatsache der anderen Religionen und aus deren Gottesbewußtsein die Möglichkeit einer Philosophischen Theologie herleiten, so zeigt sich nun: Auch hier triumphiert der Offenbarungsglaube über alle anderen Möglichkeiten eines Wissens und Redens von Gott und also auch über alle Versuche einer philosophischen Gotteslehre. So ist es nur konsequent, wenn Bultmann am Ende die Abdikation der Philosophischen Theologie fordert. Der natürliche Theologe soll einsehen, daß „in der Offenbarung die menschliche Antwort, ja die menschliche Frage zerbrochen wird" (I 301). Er soll „sein falsches Wissen von Gott preisgeben". Und dies alles einem Glauben gegenüber, der als solcher unbegründbar ist und „keinem Menschen andemonstriert werden" kann (II 99).

4. Die Philosophie als Basis für eine Philosophische Theologie

Bultmann geht noch einen dritten Weg in der Richtung auf eine natürliche Theologie. Er knüpft dabei unmittelbar an die Philosophie an; so verspricht sein Unternehmen an diesem Punkte für den Entwurf einer Philosophischen Theologie besonders fruchtbar werden zu können. Den Ausgangspunkt bildet die Beobachtung, daß Theologie und Philosophie sich im Blick auf das menschliche Dasein begegnen. Bultmann denkt dabei vor allem an die Fundamentalontologie Heideggers, mit dem er lange Zeit in unmittelbarer Auseinandersetzung gestanden hat. Im Gedanken daran kann er sagen: „Die formalen Strukturen des Daseins, die in der onto-logischen Analyse aufgewiesen werden, ... gelten für alles Dasein. Sie gelten also auch ... für das ungläubige Dasein wie für das gläubige" (I 312). Diese Tatsache eröffnet den Ausblick auf eine Philosophische Theologie, die der Theologie der Offenbarung vorangehen könnte. „Die philosophische Ontologie als existenziale Analytik läßt das Problem der natürlichen Theologie akut werden, indem sie über das Dasein, seine Ge-schichtlichkeit, den Augenblick, das Verstehen analoge Aussagen macht wie die Theologie, die den Glauben mit solchen Begriffen charakterisiert. Steht es nicht sogar so, daß die Theologie die philosophische Da-seinsanalyse übernimmt? Daß sie sie ,einbaut' und mit spezifisch theo-logischen Aussagen ,krönt', sodaß die Philosophie dann doch in dem alten Sinne eines Unterbaus als natürliche Theologie fungieren würde" (I 305)?

Bultmann gibt dafür zwei Beispiele. Der christliche Begriff der Zukunft als der auf uns zukommenden Ankunft Christi ist präformiert im philo-sophischen (Heideggerschen) Begriff der Zukunft als derjenigen Ekstase der Zeitlichkeit, in der das menschliche Dasein in seinen Möglichkeiten auf sich selber zukommt (vgl. I 305 f.). Auch in dem für die protestantische Theologie zentralen Begriff der Rechtfertigung meint Bultmann eine Ana-logie zu philosophischen Begriffen finden zu können. Er behauptet, wenn der Begriff der Rechtfertigung den Gedanken der „Alleinwirksamkeit Gottes" enthalte, so sei „klar, daß dieser Gottesgedanke als Gedanke nicht an die Offenbarung gebunden ist, sondern daß er als solcher menschlichem Denken ohne weiteres möglich ist" (I 306 f.). Aber noch mehr. Auch was der Rechtfertigungsgedanke als „spezifisch Christliches" enthält, verweist, wie Bultmann es sieht, auf die Philosophie. Das wird an zwei Momenten deutlich gemacht. Das erste ist, daß „die Rechtfertigung", christlich ver-standen, „Vergebung der Sünden" ist. Nun ist zwar einsichtig: „Offenbar redet das rein menschliche oder philosophische Denken nicht von der Sünde, sondern einfach von der Menschlichkeit und ihrer Endlichkeit". Und doch zeigt sich auch hier ein Zusammenhang von Philosophie und Theologie. Denn ersichtlich ist „der Begriff der Sünde nur eine bestimmte theologische Interpretation der Menschlichkeit ..., in der ein Phänomen radikal deutlich gemacht wird, das als solches der Philosophie auch nicht verborgen ist". Auch im zweiten Moment der Rechtfertigungslehre finden sich Verweise auf die Philosophie. „Die Theologie lehrt nicht nur den Begriff der Rechtfertigung, sondern sie lehrt ihr Ereignis". Aber „wenn die Theologie den Charakter des Ereignisses der Rechtfertigung bestim-men will, ... so kann sie gar nicht anders, als in Kategorien reden, die von der Philosophie erarbeitet oder ausgearbeitet werden". An diesen Beispielen also zeigt sich: Die Theologie ist auf die Philosophie verwiesen.

„In der Philosophie scheinen gewisse Aussagen der Theologie präformiert zu sein" (I 307 f.).

Dieses Ergebnis scheint für Bultmann beunruhigend zu sein; denn auf dem angegebenen Wege könnte sich ja die Möglichkeit einer genuinen, von der Theologie der Offenbarung unabhängigen Philosophischen Theologie eröffnen, der er äußerst skeptisch gegenübersteht. Er macht sich daher eine Reihe von Einwänden, die er dann freilich selber widerlegt.

Der erste Einwand besagt, daß Theologie und Philosophie radikal getrennt sind, da ihre Gegenstände sich wesentlich unterscheiden; „die Philosophie hat das ungläubige, die Theologie das gläubige Dasein zum Thema" (I 308). Daher erhebt sich die Frage, „ob nicht gläubiges und ungläubiges Dasein so verschiedene Dinge sind, daß man nicht vom Dasein als einem der Theologie und Philosophie gemeinsamen Thema reden darf" (I 310). Bultmann erwidert: Eine solche radikale Trennung zwischen gläubigem und ungläubigem Dasein widerspricht dem Sachverhalt, und zwar in doppelter Hinsicht. Zum einen kann die Philosophie auch das gläubige Dasein als Dasein verstehen und kann daher „die Möglichkeit für die Bewegung des Glaubens, wofern diese überhaupt eine Bewegung des Daseins ist, aufweisen". Zum andern gibt es sowohl im gläubigen wie im ungläubigen Dasein verwandte Daseinsstrukturen, die gerade von der Philosophie her aufweisbar sind. „Denn indem die Theologie z. B. von der Geschichtlichkeit des Daseins, vom Verstehen und dem Entscheidungscharakter des Daseins redet, sind offenbar die gleichen Phänomene gemeint, wie wenn die Philosophie davon redet" (I 308).

Der zweite Einwand behauptet, es gebe spezifische Phänomene, die der Philosophie verborgen, der Theologie dagegen offenbar seien; dazu gehörten etwa Glaube und Unglaube. Das bestreitet Bultmann. „Sofern Unglaube und Glaube als Phänomene innerhalb des Daseins begegnen, ist gar nicht einzusehen, warum die philosophische Analyse sie nicht verständlich machen könnte. Für Glaube und Unglaube als einzelne Akte des Daseins kann sie vielmehr die Bedingungen ihrer Möglichkeit aufweisen" (I 309).

Der dritte Einwand knüpft an den zweiten an, radikalisiert ihn aber. Den Ausgangspunkt bildet die Tatsache, „daß der Unglaube gar nicht ein gelegentliches Verhalten ist", sondern daß er „die Grundverfassung des menschlichen Daseins überhaupt ist, ja daß er es als solches konstituiert". An diesem Punkte sind offenbar die Möglichkeiten einer philosophischen Betrachtung zu Ende. Aber Bultmann hält auch hier an dem Zusammenhang von Theologie und Philosophie fest. Was die gläubige Daseinsbetrachtung die Grundverfassung des Unglaubens nennt, kennt auch die philosophische Analyse: nämlich als „den freien Entschluß . . ., in dem sich das Dasein selbst übernimmt". So gilt: „Die Philosophie sieht sehr wohl dasjenige Phänomen, das die Theologie als Unglauben bezeichnet. Aber für sie ist es die Freiheit, die ursprüngliche Freiheit, in der sich das Dasein konstituiert (I 309 f.). Ebenso kennt die Philosophie auch den Glauben. Aber er ist ihr die ihr selbst entgegengesetzte Daseinshaltung, der Entschluß nicht zur Freiheit, sondern zum Gehorsam und damit die „verlorene, sinnlose Möglichkeit" (I 311).

In dieser Widerlegung von Einwänden wird deutlich, was Bultmann unter einer natürlichen Theologie versteht. Sie trifft im Gegenstand mit der Offenbarungstheologie zusammen; beide wissen um das gläubige und das ungläubige Dasein. Aber der Aspekt auf diese Phänomene ist für Theologie und Philosophie genau entgegengesetzt. Was für die Philosophie das eigentliche Dasein ist, die menschliche Freiheit, ist für die Theologie das sündige Dasein; was aber für die Theologie die wahre Existenz ist, der Gehorsam gegen Gott, ist für die Philosophie ein Abfall von der Eigentlichkeit. Ein weiteres kommt hinzu. Das gläubige Dasein ist immer dadurch bestimmt, daß es von dem ungläubigen Dasein herkommt. Nun läßt sich zusammenfassend sagen: Wenn die Philosophie die Strukturen des ungläubigen Daseins beschreibt, dann arbeitet sie damit die Bedingungen der Möglichkeit des gläubigen Daseins aus. Insofern bietet sie praeambula fidei und ist so eine Art von natürlicher Theologie.

Die Frage ist nun, ob damit eine genuine Philosophische Theologie erreicht ist. Dazu würden zwei Momente gehören. Das eine ist, daß sie sich — eben als natürliche Theologie — bloß auf das Natürliche stützt; dieses Postulat ist in Bultmanns Schilderung der Betrachtung des ungläubigen Daseins durch die Philosophie erfüllt. Das andere Moment besteht darin, daß die Philosophische Theologie als Theologie ihrerseits die Möglichkeit besitzt, von Gott zu reden. Das nun ist offenbar bei der von Bultmann konzipierten natürlichen Theologie nicht der Fall. Sie weiß ja um den Glauben nur als um die Daseinsmöglichkeit, die eigentlich nicht sein sollte. So ist sie keine Philosophische Theologie im vollen Sinne.

Bultmann stellt freilich noch eine Beziehung zwischen Philosophie und Theologie her, die enger ist als das bisher Aufgeführte: Die Philosophie soll von sich selber her auf die Theologie verweisen. „Der Unglaube, als der das Dasein begründende Entschluß zur Freiheit, ist von vornherein auf den Glauben angelegt"; „die vorchristliche Existenz" enthält „ein Vorverständnis der christlichen Verkündigung" (I 311). Das klingt neu und verwunderlich. Die philosophische Selbstbeobachtung jedenfalls wird in ihrem Rekurs auf die Freiheit dergleichen nicht entdecken; widerspricht dieser doch der Glaube als Gehorsam auf das äußerste.

Wie also kommt Bultmann zu einer solchen Aussage? Das Rätsel löst sich, wenn man die Fortsetzung des angeführten Zitates beachtet. Einige Zeilen später heißt es: „Die Interpretation der vorgläubigen Existenz

und ihres Selbstverständnisses vom Glauben aus ist ,natürliche Theologie'".
Kurz vorher wird gesagt: Erst durch „die theologische Arbeit" wird das
Verständnis des menschlichen Daseins als Freiheit „in seinem Charakter
als Vorverständnis (sc.: für den Glauben) aufgeklärt" (I 311). Das philosophische Denken wird also zu einem Vorverständnis des Glaubens lediglich aus dessen Perspektive heraus.

Hier aber tritt wieder die Unausweisbarkeit des Glaubens ins Spiel.
„Die Behauptung des Glaubens, daß ein . . . konkreter Entschluß die
Grundverfassung des Daseins neu konstituiere, so daß es hinfort außer
einem ungläubigen auch ein gläubiges Dasein gebe, . . . ist nicht nur nicht
ausweisbar . . ., sondern sie darf auch im Sinne des Glaubens gar nicht
ausgewiesen werden" (I 310 f.).

So bleibt es denn dabei: Auch Bultmann kann keine eigenständige
Philosophische Theologie neben der Theologie der Offenbarung dulden.
Er erreicht nur eine dienende „natürliche Theologie", die aber zur Theologie nur aus der Perspektive des Glaubens wird. Dieser aber ist, nicht
anders als bei Barth und Gollwitzer, unausweisbar.

§ 103. Ebelings Auseinandersetzung mit der Philosophischen Theologie

1. Fraglichkeit der Wirklichkeit und Atheismus

Der im ersten Band ausgearbeiteten und im V. Teil des zweiten Bandes
weitergeführten Problematik des radikalen Fragens und der Fraglichkeit
der Wirklichkeit kommt im Bereich der protestantischen Theologie Gerhard Ebeling[1] am nächsten. Er empfindet mit besonderer Eindringlich-
keit die Fragwürdigkeit aller Theologie. „Wer sich heute auf das Reden
von Gott einläßt . . ., muß sich wachen Herzens auf die Fragwürdigkeit
des Redens von Gott einlassen" (W 374). Aber die Fragwürdigkeit betrifft
nicht nur die theologische Sphäre. Ebeling sieht sie im Horizont der weit-
gefaßten Frage nach der Wirklichkeit aufbrechen. So kann er auf „die
mit der begegnenden Wirklichkeit begegnende Fraglichkeit", auf „die
radikale Fraglichkeit der Wirklichkeit" (W 365 f.) hinweisen; ja er kann
sogar von der „Wirklichkeit als Fraglichkeit" sprechen (W 369). Diese
betrifft in einem vorzüglichen Maße den Menschen. So wird sie die „mich
selbst in Frage stellende Fraglichkeit", eine „die Welt und mich selbst
umgreifende Fraglichkeit" (W 366).

[1] Der obigen Darstellung werden folgende Werke Gerhard Ebelings zugrunde-
gelegt: Das Wesen des christlichen Glaubens, Tübingen 1959 (zit. als „G");
Wort und Glaube, Tübingen 1960 (zit. als „W").

Die Fraglichkeit aller Wirklichkeit wird bei Ebeling zu einem leitenden Begriff auch und gerade für die theologische Problematik. „Das Verstehen dessen, was das Wort ‚Gott' besagt, hat seinen Ort im Horizont radikaler Fraglichkeit". Das bedeutet weiter: „Gott kommt als Frage zur Erfahrung. Im Zusammenhang der mir begegnenden Wirklichkeit begegnet Gott als die Fraglichkeit dieser mir begegnenden Wirklichkeit" (W 364 f.).

Dieser für einen christlichen Theologen erstaunliche Gedanke könnte, wie sich noch zeigen wird, auch die Aussage einer Philosophischen Theologie im Zeitalter des Nihilismus sein. Es ist deshalb nicht verwunderlich, daß Ebeling auf diesen als ein grundlegendes Charakteristikum der Gegenwart zu sprechen kommt. Er versteht den „Nihilismus als die unheimliche Wahrheit des Atheismus" (W 361), der „als unsere eigene Möglichkeit unsere Wirklichkeit bestimmt" (W 356). Eben darin, daß die Fraglichkeit auch vor Gott nicht haltmacht, zeigt sich für Ebeling die äußerste Fragwürdigkeit dieser unserer Gegenwart. Demgegenüber sei es „verboten . . ., den Kopf in den Sand zu stecken und den Fragen auszuweichen, vor die der Glaube dadurch gestellt ist" (G 97).

2. Glaube und Vernunft

Steht so am Ausgangspunkt des theologischen Denkens Ebelings eine ähnliche Wirklichkeitskonzeption wie in dem im ersten Band dargelegten Entwurf des Wesens der Philosophie als des radikalen Fragens und in der im V. Teil des vorliegenden Bandes entwickelten Bestimmung der Wirklichkeit als Fraglichkeit, so ist damit doch noch nicht ausgemacht, daß daraus auch die gleichen Konsequenzen inbezug auf die Möglichkeit oder Unmöglichkeit einer Philosophischen Theologie gezogen werden. An einer freilich nur am Rande stehenden Stelle hat es den Anschein, als halte Ebeling eine solche für möglich. Nachdem er Gott als die Fraglichkeit der Wirklichkeit bezeichnet hat, fährt er fort: „Man könnte allenfalls sagen, es gehe um die Bedingung der Möglichkeit dessen, daß das Problem einer natürlichen Gotteserkenntnis vorkommen kann" (W 365). Aber diese Aussage bleibt vereinzelt. Nur eine Andeutung in der Richtung, die der Gedanke einschlagen müßte, wenn es zu einer Philosophischen Theologie kommen soll, steckt möglicherweise in der These, „die Wirklichkeit Gottes" sei „allein in Hinsicht auf die Wirklichkeit der Welt aussagbar" (W 362). Aber das ist, wie aus dem Kontext hervorgeht, vermutlich doch offenbarungstheologisch gemeint. Man muß deshalb zusehen, ob sich im Ganzen der theologischen Konzeption Ebelings Ansätze zur Entwicklung einer Philosophischen Theologie auf dem Grunde des Gedankens der Fraglichkeit der Wirklichkeit finden.

Ebeling geht allerdings nicht überall, wo er auf dieses Problem stößt, auf seinen Begriff der Wirklichkeit als Fraglichkeit zurück. Gelegentlich wird das Problem der Möglichkeit einer Philosophischen Theologie auch in einem traditionelleren Sinne als die Frage nach dem Verhältnis von Glauben und Vernunft behandelt. Ebeling wehrt sich ausdrücklich dagegen, diese beiden als einander ausschließende Möglichkeiten des Menschen zu betrachten und etwa den Glauben als widervernünftig zu bezeichnen. „Der Glaube steht im Einvernehmen mit der Vernunft"; „ein unvernünftiger Glaube ist ... Nonsens". Ebeling geht sogar noch weiter und fordert eine Unterstützung der Vernunft durch den Glauben. „Der recht verstandene christliche Glaube fordert und fördert den rechten Gebrauch der legitimerweise autonomen Vernunft im Sinne und in den Grenzen dieser Autonomie" (W 110 f.). Offen bleibt hier freilich die Frage, ob der Vernunft innerhalb ihrer „Grenzen" auch die Möglichkeit eines wahren Redens von Gott zugestanden wird.

Das nun scheint bei Ebeling nicht der Fall zu sein. Neben den Satz: „Der Glaube steht im Einvernehmen mit der Vernunft" stellt er den anderen: „Der Glaube tötet die Vernunft". Das gleiche meint es, wenn einer der oben teilweise zitierten Sätze im vollen Wortlaut heißt: „Ein unvernünftiger Glaube ist ebenso Nonsens wie ein vernünftiger Glaube". Die Begründung dafür gibt, was Ebeling als „theologischen Satz" formuliert: „Die Vernunft" ist „in bezug auf das Sein des Menschen vor Gott blind". Eben um diese Beziehung zu Gott geht es ja aber doch in der Philosophischen Theologie. So scheint es, als lasse die theologische Konzeption Ebelings für eine solche keinen Raum. Es bleibt am Ende „der notwendige und unvermeidliche Konflikt zwischen Glaube und Vernunft" (W 110 f.).

3. Das Problem der Tradition

Ebelings Erörterungen über das Verhältnis von Glauben und Vernunft sind offenbar nur vorläufig; denn dabei ist das auch für ihn Entscheidende noch nicht zur Sprache gekommen: das Verständnis der Wirklichkeit der Welt und des Menschen als in radikaler Fraglichkeit befindlich. So muß er das Problem erneut aufnehmen. Das geschieht, indem er nun grundsätzlich die Frage nach „der Möglichkeit einer Lehre von Gott" stellt (W 351).

In diesem Zusammenhang ist das Erste und Entscheidende für Ebeling, daß die Theologie auf Tradition bezogen ist. „Fragen wir nach der Möglichkeit einer Lehre von Gott, so sehen wir uns an Tradition gewiesen und auf Tradition angewiesen". Das ist zweifellos richtig, und es gilt sowohl für die Offenbarungstheologie wie für die Philosophische Theologie.

Keine Art von Theologie kann im leeren Raum konzipiert werden. Daher kann Ebeling mit Recht von einer „in überwältigender Macht und Breite durch die Zeiten gehenden Tradition des Redens von Gott" sprechen, „von der wir in unserm Reden von Gott getragen . . . sind". Kritisch wird es jedoch, wenn Ebeling diese Tradition verabsolutiert, wenn er also in dem obigen Zitat hinzufügt, daß wir von ihr „völlig abhängig" sind, und wenn er schreibt: „Es bleibt uns demgegenüber kein Raum zu wirklicher Selbständigkeit, keine Möglichkeit zu unabhängiger, schöpferischer Inangriffnahme des Themas ‚Gott'. Wir sind darauf angewiesen, was durch diesen Traditionsstrom uns zugetragen, zugesprochen wird. Er ist die Quelle, aus der wir, wenn überhaupt, eine Lehre von Gott schöpfen müssen" (351 f.).

Das läßt sich nun sicherlich nicht aus dem profanen Begriff der Tradition entwickeln. Der je gegenwärtige Augenblick hängt zwar von der Vergangenheit ab, aber er ist doch auch und wesentlich für die Zukunft aufgeschlossen. Auch Ebeling muß deshalb von der Zukunft reden. „Selbst zur Wirklichkeit geschichtlicher Vergangenheit gehört noch deren Zukunft . . . Wirklich ist, was Zukunft hat" (G 158). Das gilt nach Ebelings ausdrücklicher Aussage auch in der Sphäre des Glaubens. Er betont, „daß Glaube mit Zukunft zu tun hat" (W 218), ja daß er „wesenhaft auf Zukunft bezogener Glaube" ist (W 248).

Und doch besitzt die Vergangenheit für Ebeling einen eigentümlichen Vorrang. Die Tradition wird als unbedingt verpflichtend verstanden. Das hat seine Wurzel in der christlichen Auffassung von der Geschichte. Es wird behauptet, daß das entscheidende und durch keine Zukunft überholbare Ereignis bereits geschehen sei. „Das Christentum steht und fällt mit der Bindung an seinen einmaligen historischen Ursprung". Das „schreibt diesem historischen Ursprung für die gesamte geschichtliche Erscheinung des Christentums schlechthin ein für allemal bleibende, normative, absolute Bedeutung zu . . . Er ist damit der Relativität und Vergänglichkeit alles geschichtlichen Geschehens entzogen" (W 13 f.). Es ist die „Einmaligkeit des Christusgeschehens", daß mit ihm „ein für allemal die Situation der ganzen Welt eine andere geworden ist" (G 218).

Das nun ist, wie Ebeling es sieht, für die Frage nach der Möglichkeit eines Redens von Gott von entscheidender Bedeutung. Es steht fest, „daß wir durch die Aufgabe der Lehre von Gott an die christlich-biblische Tradition gewiesen sind, . . . die uns als Christen . . . in der Lehre von Gott grundsätzlich nichts neu zu entdecken und zu erfinden läßt" (W 352). So betont Ebeling denn auch, daß „Lehre von Gott nur möglich ist in Bindung an konkrete religiöse Überlieferung" (W 354). Ausdrücklich wird zudem gesagt, daß dies eine Sache des Glaubens sei. Es kann „im Glauben und nur im Glauben zur echten Begegnung mit der geschichtlichen

Offenbarung kommen" (W 45). Darum gibt es ein „Angewiesensein des Glaubens auf Überlieferung"; „der Glaube kommt auf uns zu aus der Geschichte" (G 23 f.).

Das gleiche Verhältnis zur Tradition postuliert Ebeling nun „auch für philosophisches Reden von Gott": daß es nämlich „ebenfalls aus einem bestimmten religiösen Boden entspringt und auf die Existenz religiöser Überlieferung angewiesen bleibt" (W 354). Daran ist richtig, daß jeder gegenwärtige Entwurf einer Philosophischen Theologie geschichtlich bedingt ist und daß zu seinen historischen Voraussetzungen auch das Christentum gehört; das zeigt die im ersten Band dargestellte Geschichte der Philosophischen Theologie aufs deutlichste. Aber dem Wesen der Philosophie gemäß wird in ihr eben diese ihre eigene Tradition infragegestellt, soweit das irgend möglich ist. Auch wo ein unbewußtes Verhaftetsein an die Tradition bleibt, strebt die Philosophie doch in ihrer Intention davon weg. Sie versucht, sich in ursprünglichen Erfahrungen neu zu gründen, deren entscheidende, wie sich im V. Teil zeigen wird, eben die der Fraglichkeit der Wirklichkeit ist, auf die auch Ebeling hinweist. Deshalb kann ein besonnenes Philosophieren Ebeling nicht zustimmen, wenn er schreibt: „Auch die Philosophie sollte in Orientierung an der faktischen Geschichte der Rede von Gott zugeben, daß das Reden von Gott da seinen genuinen Ort hat, wo Gott Geschichte eingeräumt wird, daß hingegen da nur in geliehener Weise von Gott die Rede sein kann, wo es prinzipiell als widersinnig erscheint, Gott und Geschichte zusammenzudenken und um der Begegnung mit Gott willen sich in einer bestimmten Tradition zu engagieren" (W 355).

Die Vorrangstellung, die Ebeling in der Lehre von Gott der Tradition gibt, hängt damit zusammen, daß er jede Unmittelbarkeit des Gottesverhältnisses leugnet. „Gott ist kein Phänomen in unmittelbarer Begegnung, kein feststellbarer Gegenstand direkter Erforschung. Hätten wir nicht von Gott gehört, wären wir nicht über ihn unterwiesen worden, würde er uns nicht verkündigt, wäre er uns nicht zugesprochen, wäre er uns also nicht überliefert, — woraus wollten wir eigentlich eine Lehre von Gott bestreiten, ja wie kämen wir überhaupt auf die Idee einer Lehre von Gott? Das Gegebensein Gottes ist sein Geschichtlichsein" (W 354 f.).

Diese eindeutige Position wird freilich im folgenden nicht in voller Konsequenz durchgehalten. Auch Ebeling muß um der Sache willen eine gewisse Weise der Unmittelbarkeit annehmen. Den Ausgangspunkt bildet „das Problem des Kriteriums religiöser Tradition". Es besagt, genauer gefaßt: „Es wäre sinnlos, wenn wir in bezug auf das Reden von Gott urteilslos der Tradition ausgeliefert wären". So kann Ebeling sogar formulieren: „Ein rein traditionelles Verhältnis zu Gott ist nur eine besondere Weise der Gottlosigkeit". „Muß nicht, schon um eines rechten

Verstehens und verantwortlichen Bejahens überlieferter Rede von Gott willen, ein direktes Erkennen, ein eigenes Erfahren, ein Gott-selbst-zum-Gegenstand-Haben sich ereignen, wenn nicht das Reden von Gott das Reden von Unwirklichem und Unverifizierbarem sein soll (W 355 f.)?

Ebeling antwortet: „Zweifellos bedarf der Gesichtspunkt des Angewiesenseins auf Tradition einer Ergänzung oder zumindest Erläuterung nach der Seite gegenwärtiger Wirklichkeitserfahrung hin. Denn was in keinem aufweisbaren und verstehbaren Zusammenhang steht mit der mir zumutbaren Wirklichkeitserfahrung, kann von mir überhaupt nicht verantwortlich angeeignet werden". So kommt Ebeling zu dem Schluß, „daß Gott mittels der Tradition in der gegenwärtigen Wirklichkeit zur Erfahrung kommt" (W 356); „Gott" ist „präsent" (G 220). Leider begnügt er sich an diesem zentralen Punkte mit einer „Andeutung" (W 356), so daß man nicht erfährt, wie sich in Wahrheit Tradition und Unmittelbarkeit miteinander vermitteln. Da wird etwa von „fortdauernder Gegenwärtigkeit" gesprochen (W 15). Oder es wird gesagt: „Von der Wirklichkeit Gottes reden" heißt „von Gott als Begegnendem reden. Denn wie sollte seine Wirklichkeit anders zur Erfahrung kommen, wenn es nicht zu einer Begegnung kommt"? Aber wie begegnet Gott? Ebeling antwortet im genuin christlichen Sinne: „Gott begegnet als Wort" (G 104). Das läßt zwar zu, von einem „Partizipieren an Gott selbst" zu sprechen (G 107). Aber diese Teilnahme geschieht eben doch auf jene vermittelte Weise: über die Überlieferung und über die je gegenwärtige Verkündigung, die aber ihrerseits Nachricht von einem vergangenen Heilsereignis ist. So bleibt es trotz des Hinweises auf die Unmittelbarkeit doch wieder bei dem Vorrang der Tradition; es bleibt bei der Vermittlung auch der möglichen Unmittelbarkeit durch die Überlieferung. Und es bleibt die Unmöglichkeit, vom Gedanken der Wirklichkeit als Fraglichkeit her zu einer nicht durch den Glauben vermittelten Philosophischen Theologie zu gelangen.

4. Unmöglichkeit einer neutralen Aussage über Gott

Noch an einem weiteren Punkt versucht Ebeling, die Unmöglichkeit oder zumindest Unzulänglichkeit eines philosophischen Redens von Gott aufzuweisen: im Problem der Möglichkeit einer neutralen Aussage über Gott. Die Philosophische Theologie stellt die Frage, ob und was Gott ist. Ebeling behauptet nun, das geschehe in einer dem zu erkennenden Gegenstand gegenüber unzulässigen neutralen Distanz. Dagegen sei mit der Erkenntnis Gottes unmittelbar dessen Bejahung verknüpft. „Von der Wirklichkeit Gottes kann man nur in schlechthinniger Bejahung Gottes überzeugt sein. Es gibt kein vorgängiges und neutrales Konstatieren der Wirklichkeit Gottes, dem dann erst eine Stellungnahme, bejahend oder verneinend, folgte. Man kann nicht im Ernst die Existenz Gottes annehmen — und zwar im Wissen darum, was ‚Gott' heißt — und trotzdem zu Gott Nein sagen. Wer Gott leugnet, hat ihn auch nicht erkannt. Die Erkenntnis der Wirklichkeit Gottes im strengen Verständnis läßt keinen Raum zur Distanzierung von Gott" (W 362).

Soweit ist Ebeling durchaus zuzustimmen. Ja, was er in den zitierten Sätzen sagt, läuft beinahe auf eine Tautologie hinaus. Niemand, der von der Existenz Gottes wirklich überzeugt ist, wird diesen nicht auch anerkennen. Doch bei Ebeling heißt Anerkennung mehr als das bisher Gesagte. „Wer ihn wahrhaft erkennt, der muß ihn auch anerkennen und bekennen, der betet ihn auch an". Darum geschieht „die Bejahung der Existenz Gottes . . . in der Weise, daß der Glaube an Gott schlechthin mit allem, was das heißt, zugemutet wird" (E 362). Hier erheben sich Bedenken. Es könnte doch sein, daß man Gott erkennte und anerkennte, ohne ihn damit sofort auch im christlichen Verstande, so wie er Gegenstand des Glaubens ist, zu bestimmen. Es könnte eine Erkenntnis und Anerkenntnis Gottes geben, die nicht „der Glaube mit allem, was das heißt", ist, sondern die sich im Bereich des Philosophierens hält.

Dagegen ist Ebeling im Recht, wenn er im Anschluß an das Gesagte betont, daß die Erkenntnis und Anerkenntnis Gottes von existentieller Bedeutung ist. „Bejahende Behauptung, also der eigene Einsatz für das Gesagte, ist notwendiges Strukturmoment der Rede von Gott. Eine neutrale, von der eigenen Person völlig absehende, rein objektive Aussage über Gott wäre eine Contradictio in adiecto bzw. nur der Erweis dessen, daß man nicht verstanden hat, wovon man redet. Damit, daß ich eine Aussage über Gott mache, bin ich in dieser Aussage mit dabei" (W 363). Das gilt jedoch nicht bloß für die glaubende, sondern auch für die philosophische Gotteserkenntnis; für diese ist die existentielle Beteiligung bereits im Paragraphen 7 des ersten Bandes herausgearbeitet worden. Übrigens konzediert dies Ebeling selber der Philosophie: „Auch jede echte philosophische Frage . . . ist von dieser Art", nämlich daß sie „nicht ohne das Moment persönlicher Stellungnahme zu beantworten" ist (G 3 f.).

Hier erhebt sich freilich für Ebeling selber ein Bedenken. Er interpretiert die existentielle Bedeutung der Erkenntnis Gottes so, „daß der, der die Aussage macht, dafür einstehen muß, verantwortlich ist für die Wahrheit der Aussage. Und zwar so sehr verantwortlich, daß er irgendwelche Beweise oder Autoritäten nicht zu seiner Entlastung anführen kann, vielmehr auch dafür die Verantwortung zu übernehmen hat. Wer eine Aussage über Gott macht, ist damit — trotz Abhängigkeit von der Tradition . . . — auf sich allein gestellt als einer, der es wagt, die Sache Gottes zu vertreten, mit seiner eigenen Wirklichkeit für die Wirklichkeit Gottes, mit seiner eigenen Existenz für die Existenz Gottes einzustehen". Hier wird die Sache problematisch, und Ebeling selber macht darauf aufmerksam. „Ist nicht unser Reden von Gott, wenn es wirklich diesen die ganze Verantwortung uns zuschiebenden assertio-Charakter hat, eine einzige Kette unbegründeter und unbegründbarer Behauptungen? Wird nicht Feuerbachs anthropologischer Interpretation des Redens von Gott recht gegeben, wenn in dieser Weise die ganze Verantwortung, sozusagen die ganze Beweislast für das Reden von Gott dem so Redenden zufällt, dieser aber den Beweis schuldig bleibt"? Das ist in der Tat eine ernst zu nehmende Schwierigkeit. „Das Reden von Gott ... ist so wenig objektivierbar, gehört so sehr mit der Person des Redenden zusammen, daß kein sicherer Schutz besteht gegen das Mißverständnis als subjektiver Willkür und reinen Illusionismus" (W 363 f.).

Ebeling findet auf diese Problematik keine allgemein einsichtige Antwort. Er verweist auch hier wieder auf den Glauben, der eben seines Wissens von Gott sicher sei. Er behauptet, „daß selbst diese, dem Glauben und damit überhaupt dem Reden von Gott tödliche Interpretation nicht anders abgewehrt und widerlegt werden kann als durch den Tatbeweis des die Wirklichkeit aussprechenden Bekenntnisses, der assertio, in welcher der Glaube Gott alles und sich selbst nichts zuspricht" (W 363). Aber bleibt es durch diese Auskunft nicht doch bei der Subjektivität, wenn auch einer Subjektivität des Glaubens? Und gerät man dadurch nicht in den Zirkel hinein? Ebeling selber ist sich über die damit verbundene Schwierigkeit im klaren. Es „wird mit der Frage nach Gott zugleich nach dem gefragt, wie denn die Wahrheit des Glaubens zu verifizieren ist. Geraten wir damit nicht in einen beängstigenden Zirkel? Denn kann die Wahrheit des Glaubens anders beglaubigt werden als durch den Glauben?" Das aber hieße doch, daß am Ende „Gott selbst in radikaler Fraglichkeit" erschiene (G 93).

Das ist, wie sich noch zeigen wird, für eine Philosophische Theologie in der Tat ein notwendig zu denkender Gedanke. Ebeling dagegen läßt ihn schließlich doch nicht zu. Er leugnet am Ende jene Subjektivität, an der sich die Problematik entzündet. Es darf nicht sein, „daß die Sprache des Glaubens sich nährt aus der auf sich selbst gestellten Subjektivität des Glaubenden". Es gilt vielmehr, daß „alles, was sich als Glaube ausspricht, sich auszuweisen hat am ursprünglichen Zeugnis des Glaubens" (W 113). Das heißt aber doch nur, daß der Glaube durch den Glauben — abgeleiteter Glaube durch ursprünglich bezeugten Glauben — bewahrheitet wird. Es bleibt also auch hier alles in der Sphäre des sich selbst bewahrheitenden Glaubens. Als solcher aber kann er sich schwerlich gegenüber den Bemühungen um eine Philosophische Theologie autoritativ durchsetzen.

5. Priorität des Glaubens

Nachdem sich so in verschiedener Hinsicht gezeigt hat, daß die Folgerungen, die aus dem Begriff der radikalen Fraglichkeit gezogen werden können, bei Ebeling auf den sich selbst bewahrheitenden Glauben verweisen, läßt sich dies am Ende auch noch an jener Fraglichkeit selber zeigen. Zwar vermeidet Ebeling den üblichen Ausweg, zu sagen, der Glaube bringe eine Aufhebung der Fraglichkeit und des Fragens mit sich. Es wäre „eine Verfälschung der Beziehung zwischen dem Gotterkennen und dem, was wir als radikale Fraglichkeit bezeichneten, wenn das Gotterkennen die Aufhebung der radikalen Fraglichkeit wäre ... Die Gotteserkenntnis selbst hat und behält ihren Ort im Horizont radikaler Fraglichkeit". Und doch beginnt an diesem Punkte das Verhältnis sich umzukehren. Denn die Frage wird nun der Antwort untergeordnet. Es „handelt ... sich um ein Suchen und Fragen, das durch das wahre Gotterkennen erst recht in Gang gesetzt wird, so daß erst wahrhaft nach Gott fragen und Gott suchen kann, wer ihn gefunden hat" (W 367).

Das Prius also ist das Gefundensein durch Gott. Ebeling weist in diesem Zusammenhang auf die Passivität hin, die aller Erfahrung eigen ist. Sie durchherrscht das ganze Dasein des Menschen. Sie findet sich in betontem Sinne in jener Grunderfahrung. „Die Art und Weise der den Menschen treffenden radikalen Fraglichkeit kann näher bestimmt werden als Erfahrung von Passivität" (W 367).

Das nun führt Ebeling auf den Begriff der Offenbarung; denn dieser gegenüber ist ja der Mensch eindeutig der Empfangende, der Passive. So „ist die Passivität ... Wesensmoment der Relation zu Gott gerade unter dem Aspekt der Offenbarung. Denn hier kommt Gott allein Aktivität und dem Menschen ausschließlich Empfangen zu ... Als Empfangender, als Passiver gehöre ich also samt der mich umgebenden Wirklichkeit notwendig zum Offenbarungsgeschehen". Das besagt aber, daß der Offenbarung Priorität vor dem radikalen Fragen und vor der Erfahrung der radikalen Fraglichkeit zukommt. Es ist „sehr problematisch, den Zusammenhang zwischen dem, was wir als radikale Fraglichkeit bezeichneten, und der Offenbarung einfach als das Verhältnis von Frage und Antwort zu sehen. Als ob nicht erst die Offenbarung in der rechten Weise erkennen ließe, was eigentlich in Frage steht, und somit erst die Radikalität der Fraglichkeit offenbar machte. Und als ob nicht umgekehrt in der Wirklichkeit als Fraglichkeit bereits das von Gott ausgehende Wortgeschehen im Gang wäre" (W 368 f.).

Wenn aber so die Offenbarung das Prius ist, dann muß auch der Glaube an sie der Fraglichkeit mächtig sein. In der Tat behauptet Ebeling, im Glauben erfahre der Mensch, daß er nicht in der Haltlosigkeit schwebt, sondern sicher gegründet ist. „Der Glaube" ist „das, worin der Existenz ihr Gegründetsein widerfährt". Er ist „die Anerkennung dessen, daß die Existenz in sich selbst ungegründet und unbeständig ist und daß darum die Frage nach dem Existenzgrund, radikal gestellt, nur so zu beantworten ist, daß man sich nicht auf sich selbst verläßt, sondern auf das schlechthin außerhalb seiner selbst liegende wirklich Verläßliche". Das aber ist eben nur im Glauben und durch den Glauben möglich. „Das Sich-Verlassen auf den wahren Grund der Existenz muß ... notwendig den Charakter des Glaubens haben", und zwar weil „der Glaube die einzige Weise ist, dem mich Ansprechenden zu entsprechen, auf den mich Gründenden mich gegründet sein zu lassen" (W 216). Philosophische Theologie aber hat hier nichts mehr zu sagen.

So führt die erfahrene Fraglichkeit der Wirklichkeit, die Ebeling so eindringlich zu schildern weiß, nicht zu einer philosophischen Theologie, sondern zu einer Theologie der Offenbarung und des Glaubens. Freilich auf dem Umwege, daß — ohne daß dies eigens begründet würde — das Offenbarungsgeschehen die Priorität vor der Erfahrung der Fraglichkeit erhält. Für das Problem einer aus jener Erfahrung erwachsenden genuinen Philosophischen Theologie führt somit die Anfrage bei Ebeling nicht weiter. Vielmehr bleibt es für ihn bei „radikaler Verwerfung aller sogenannten natürlichen Theologie". Denn — das ist der Kernsatz der Theologie Ebelings — „die Wirklichkeit Gottes erschließt sich nur durch Offenbarung dem Glauben" (W 195).

§ 104. Vernunft und Glaube nach katholischer Auffassung

1. Natürliche Theologie

Im Bereich des katholischen Denkens[1] scheint die Diskrepanz zwischen Glauben und Philosophieren nicht so groß zu sein wie bei den in den vorangehenden Paragraphen besprochenen protestantischen Theologen.

[1] Für diesen Abschnitt sind folgende Quellen herangezogen worden: Concilium Vaticanum, Constitutio dogmatica de fide catholica (Erstes Vaticanum), zit. nach H. Denzinger, Enchiridion Symbolorum, definitionum et declarationum de rebus fidei et morum, neu hrsg. von K. Rahner, Freiburg [30]1955. Zitiert wird mit dem Sigillum „D" und unter Angabe der am Rande des Textes angegebenen Abschnittsnummern. — Lexikon für Theologie und Kirche, hrsg. von M. Buchberger, Freiburg [2]1930 ff.; daraus der Abschnitt „Glaube" in Band IV [2]1932, zit. mit dem Sigillum „G". — Die Enzyklika „Humani generis", unter dem Titel: Rundschreiben über einige falsche Ansichten, die die Grundlagen der katholischen Lehre zu untergraben drohen, Wien 1950. Zitiert wird unter dem

Doch gibt es auch da charakteristische Probleme. Deren Darstellung, wie sie im folgenden gegeben werden soll, kann allerdings keineswegs beanspruchen, das weitläufige Thema auch nur entfernt zu erschöpfen. Es kann sich nur darum handeln, in der gebotenen Kürze einige wesentliche Punkte hervorzuheben. Im übrigen sind dazu aus dem ersten Band dieses Buches die Ausführungen über die Patristische und die Mittelalterliche Philosophie sowie aus dem zweiten Band der Paragraph 107, in dem der philosophisch-theologische Entwurf von Karl Rahner besprochen wird, heranzuziehen.

Zunächst ist festzustellen, daß im katholischen Denken der Philosophischen Theologie, die als natürliche Theologie bezeichnet wird, ein bedeutender Platz eingeräumt wird. Das geht schon aus den entsprechenden Abschnitten des ersten Bandes dieses Buches hervor. Zudem wird in der Enzyklika „Humani generis" ausdrücklich betont, „wie hoch die Kirche die menschliche Vernunft schätzt" (E 29).

Dementsprechend wird vom Ersten Vaticanum festgelegt, es gebe „eine doppelte Ordnung der Erkenntnis ...; in der einen erkennen wir durch die natürliche Vernunft, in der anderen durch den göttlichen Glauben" (D 1795). In beiden ist eine Gotteserkenntnis möglich, und zwar dergestalt, daß beide zwar nicht im Wege, wohl aber im Ziel übereinstimmen. So kann es denn „nie einen wahren Zwiespalt zwischen Glauben und Vernunft" geben. Diese Einmütigkeit wird allerdings nicht von der Sache her, sondern offenbarungstheologisch begründet, nämlich damit, daß „derselbe Gott, der die Geheimnisse offenbart und den Glauben eingießt, dem menschlichen Geiste das Licht der Vernunft eingegeben hat, Gott aber sich selbst nicht verneinen und (daher) das Wahre dem Wahren niemals widersprechen kann" (D 1797).

Der Weg des Glaubens führt freilich weiter als der der Vernunft. Von diesem sagt das Erste Vaticanum, „Gott, der Ursprung und das Ziel aller Dinge, könne durch das Licht der natürlichen Vernunft von den geschaffenen Dingen her mit Gewißheit erkannt werden" (D 1785). Der Glaube jedoch rage darüber hinaus. Es gebe nämlich „außer dem, zu dem die natürliche Vernunft gelangen kann, in Gott verborgene Geheimnisse, die uns zu glauben vorgelegt werden und die, wenn nicht von Gott geoffenbart, nicht bekannt werden können" (D 1795).

Für das Problem einer Philosophischen Theologie ist vor allem von Bedeutung, was über die Möglichkeit einer natürlichen Erkenntnis Gottes gesagt wird. Diese umfaßt nach dem obigen Zitat die Erkenntnis Gottes

Sigillum „E" die lateinische Fassung in der Übersetzung des Verfassers; die deutsche Fassung enthält offensichtliche Unrichtigkeiten und Ungenauigkeiten. Die arabischen Ziffern geben die am Rande vermerkten Abschnittsnummern an.

als des Ursprungs und des Zieles aller Dinge. Daß dies beides natürlicherweise erkennbar ist, muß aus dem Gesichtspunkt des katholischen Denkens notwendig angenommen werden. Vom Ersten Vaticanum wird derjenige, der etwa behaupten wollte, „der eine und wahre Gott, der Schöpfer und unser Herr, könne nicht mit Gewißheit durch das, was geschaffen ist, mit dem natürlichen Licht der menschlichen Vernunft erkannt werden", mit dem „Anathema" belegt (D 1806). In der Enzyklika wird darüber hinaus auch noch die Personalität Gottes als auf natürlichem Wege erweislich behauptet und zudem ausdrücklich die Notwendigkeit einer Mitwirkung der göttlichen Gnade bei diesen Erkenntnissen abgewiesen. Es gilt, daß „die natürliche Vernunft, ohne Hilfe der göttlichen ‚Offenbarung' und der göttlichen Gnade, mit Argumenten, die aus den geschaffenen Dingen hergeleitet sind, beweisen kann, daß ein persönlicher Gott existiert" (E 25). Zusammenfassend heißt es, daß „die menschliche Vernunft . . . die wahre und gewisse Erkenntnis des einen persönlichen Gottes, der die Welt durch seine Vorsehung schützt und regiert, . . . aus ihren natürlichen Kräften und (ihrem natürlichen) Licht wahrhaft erreichen kann" (E 2).

Betrachtet man jedoch die zitierten Formulierungen genauer, so erheben sich Bedenken. Die erste Frage ist, von woher denn diese zu Gott führende natürliche Erkenntnis ihren Ausgangspunkt nimmt. Die Texte antworten: „von den geschaffenen Dingen her". Es sind also nicht die Dinge schlechthin, wie sie sich unserem unmittelbaren Erkennen, also auf dem natürlichen Wege, darbieten, sondern die Dinge in ihrer Eigenschaft als geschaffene. Dies ihr Geschaffensein liegt jedoch nicht im bloßen Sein des endlich Seienden; dieses als solches, wie es ohne Vormeinung erfahren wird, enthält keinen Hinweis auf seine Geschöpflichkeit. Nun läßt sich jedoch nur dann, wenn man die Dinge als geschaffen ansieht, der Schluß auf einen Schöpfer ziehen. Das besagt: In der Betrachtung, die die endliche Wirklichkeit als geschaffen ansieht, ist, eben durch den Begriff der Geschöpflichkeit, der Schöpfer bereits mitgedacht. So ist schon im Ansatz, bei dem Ausgangsphänomen, das Resultat, das Dasein Gottes, vorweggenommen. Wenn aber die Wirklichkeit von vornherein im Horizont des den Schöpfer implizierenden Schöpfungsgedankens betrachtet wird, dann ist das keine Sache der natürlichen Vernunft, sondern eine Angelegenheit des Glaubens.

Die gleiche Schwierigkeit für eine reine Philosophische Theologie ergibt sich, wenn man darauf achtet, daß die natürliche Erkenntnis als lumen naturale bezeichnet wird. Dieses Licht wird zwar als eine mit dem Dasein des Menschen mitgegebene Helligkeit verstanden, aber es wird doch, ebenso wie die Dinge, im Horizont der Geschöpflichkeit betrachtet. Das ist im ersten Bande dieses Buches im Paragraphen 26 an den entsprechenden Äußerungen des Thomas von Aquino ausdrücklich nachgewiesen worden. Danach ist „das der Seele eingegebene Licht eine Erleuchtung durch Gott"; es kommt „vom Heiligen Geist, als von dem, der das natürliche Licht eingießt" (I/II 109, 1 c und ad 1). Im gleichen Sinne wird vom Ersten Vaticanum gesagt, daß „Gott . . . dem menschlichen Geiste das Licht der Vernunft eingegeben hat" (D 1797). Auch hier also steht als letzte Begründung der Gewißheit die von Gott her verstandene Geschöpflichkeit im Hintergrund; aber wiederum muß gesagt werden, daß diese nicht auf natürlichem Wege, sondern nur durch den Glauben erfaßt werden kann.

Es ist darum nur konsequent, wenn am Ende der Glaube zum Kriterium der Vernunftaussagen gemacht wird. Das geschieht ausdrücklich in den Dekreten des Ersten Vaticanums. Dort wird unter Berufung auf das Fünfte Laterankonzil gesagt, daß „jede Behauptung, die der Wahrheit des erleuchteten Glaubens entgegengesetzt ist, gänzlich falsch ist" (D 1797). Ähnlich heißt es in der Enzyklika: „In diesen abzuleitenden Erkenntnissen leuchtete die von Gott geoffenbarte Wahrheit, wie ein Stern, beim menschlichen Geiste" (E 16). Der Glaube also — und das heißt der von der Kirche verkündigte Glaube — ist die Instanz auch für das Denken der natürlichen Vernunft.

Eine weitere Konsequenz aus der Überordnung des Glaubens über die natürliche Vernunft liegt darin, daß die katholische Kirche sich das Recht zuspricht, über die Wahrheit philosophischer Entwürfe zu urteilen. Charakteristisch dafür ist die Enzyklika „Humani generis" mit ihrer Verwerfung moderner philosophischer Strömungen.

Als Beispiel dafür kann die Art dienen, wie der Existentialismus, „eine neue abirrende Philosophie", beurteilt wird. Seine Lehre wird dahin bestimmt, daß sie „unter Hintansetzung der unveränderlichen Wesenheiten der Dinge allein um die ‚Existenz' des Einzelnen sich kümmert" und daß sie „alles verwirft, was absolut, fest, unerschütterlich ist" (E 6). In der Abweisung dieser philosophischen Strömung tritt deutlich hervor, welche philosophische Denkweise ihr gegenüber als mit dem Glauben vereinbar angesehen wird. Eine Philosophie der Wesenheiten wird verabsolutiert und als allein maßgebend erachtet. Als „philosophia perennis" nennt die Enzyklika dementsprechend „die Philosophie der unveränderlichen Wesenheiten"; diese wird als die „absolut wahre Metaphysik" gewertet (E 32).

Konkret heißt das, daß die Enzyklika das thomistische Denken für verbindlich erklärt; es ist „die Philosophie, die in der Kirche aufgenommen und anerkannt ist". Man muß sich „nach der Methode, der Lehre und den Prinzipien des Doctor Angelicus" richten (B 31 f.). Denn das allein ist „gesunde Philosophie" (E 29). Getadelt wird dementsprechend „die Verachtung der Worte und Begriffe, deren sich die scholastischen Theologen zu bedienen pflegen". Das wird damit begründet, daß diese „sich auf Prinzipien und Begriffe stützen, die aus der wahren Erkenntnis der geschaffenen Dinge hergeleitet sind" (E 16 f.). Wieder also ist es der Gedanke der Geschöpflichkeit, der zur Absolutsetzung einer bestimmten philosophischen Richtung führt. Aus dem Ganzen folgt weiter, daß die philosophische Vernunft der Instanz der Kirche und damit des Glaubens unterworfen wird. „Das Kirchliche Lehramt" hat die Aufgabe, „über die philosophischen Prinzipien zu wachen" (E 34); für diese gibt es keine „Freiheit" (E 30).

2. Der Begriff des Glaubens

Der Glaube, von dem im vorigen Abschnitt die Rede war und der die Möglichkeit einer natürlichen — wenn auch schöpfungstheologisch und damit selber glaubensmäßig begründeten — Theologie freigibt, ist ersichtlich nicht der alles andere Wissen von Gott ausschließende Glaube im Sinne der in den vier vorangehenden Paragraphen besprochenen protestantischen Theologen. Was also bedeutet Glaube im katholischen Verständnis?

Den Leitfaden für die — notwendig fragmentarische — Untersuchung des Wesens des Glaubens kann der entsprechende Artikel im „Lexikon für Theologie und Kirche" bilden. Er geht von einer Bestimmung des Glaubens in der üblichen Bedeutung aus. „Im weiteren Sinn wird Glaube verstanden von einer unter dem Einfluß des Willens zustande kommenden Verstandeszustimmung, auch in der Form des Meinens oder des Vermutens" (G 520). Die beiden entscheidenden Momente im allgemeinen Begriff des Glaubens sind somit die Verstandeszustimmung, d. h. die Bejahung der Wahrheit des geglaubten Sachverhaltes, und der Einfluß des Willens, d. h. die bewußte Zuwendung zu dieser Bejahung.

Von diesem Glauben in der allgemeinsten Bedeutung wird nun, in der Richtung auf eine nähere Bestimmung des christlichen Glaubens, der Glaube im eigentlichen Sinne unterschieden. Die Weiterentwicklung des Begriffes ergibt sich aus einer genaueren Fassung der beiden angegebenen Momente. Zum einen muß die Verstandeszustimmung den Charakter der Festigkeit tragen, zum andern muß der Willenseinfluß sich als ausdrücklicher Willensentschluß vollziehen. So kommt der Lexikonartikel zu der Definition: „Im eigentlichen Sinn ... kann von Glauben nur die Rede sein, wenn einerseits eine feste Bejahung ohne begründete Furcht vor Irrtum vorliegt, anderseits der Wille an sich eingreifen muß, um den Verstand zu dieser Bejahung zu bringen" (G 520).

Für die unten zu stellende Frage nach der Bewahrheitung des Glaubens ist von Bedeutung, daß der Lexikonartikel danach fragt, aufgrund welches

Motivs beim Glauben die ausdrücklich gewollte, feste Verstandeszustimmung stattfindet. Denn ein solches Motiv ist notwendig, sofern der „Glaube im eigentlichen Sinn eine feste Verstandeszustimmung" ist, „zu deren Zustandekommen aus der innern Natur des Motivs die Einwirkung des Willens erfordert ist" (G 520).

Die weitere Festlegung ergibt sich aus einer Differenzierung des Motivs für den Glauben, das in die Alternative von Evidenz und Autorität gestellt wird. „Dieses Motiv kann entweder die auf irgend eine Weise erworbene Erkenntnis sein, daß ein Zeugnis, dessen Inhalt man sich zu eigen macht, der Wahrheit entspricht (evidentia in attestante), oder auch die bloße Autorität des Zeugen, die in seinem habituellen Wissen und seiner Wahrhaftigkeit besteht". Der christliche Glaube nun gründet in dem zweiten der genannten Motive. Daher fügt der Lexikonartikel hinzu: „Der Heilsglaube ist dieser letzten Art zuzuweisen" (G 520)

3. Bewahrheitung des Glaubens

Damit ist die Basis gewonnen, auf der die entscheidende Frage nach der Bewahrheitung des Glaubens gestellt werden kann, dem nach dem Lexikonartikel „unfehlbare Wahrheit" zugesprochen werden muß (G 521). Nach den eben zitierten Äußerungen bewahrheitet sich der Glaube nicht aus der unmittelbaren Einsichtigkeit des Zeugnisses, der evidentia in attestante. Das wird vom Ersten Vaticanum bestätigt. Der Glaube wird dort definiert als „eine übernatürliche Tugend, durch die wir unter Anregung und Mitwirkung der Gnade Gottes das, was er geoffenbart hat, für wahr halten, nicht wegen einer inneren, mit dem natürlichen Licht der Vernunft durchschauten Einsicht in die Wahrheit der Dinge, sondern wegen der Autorität des offenbarenden Gottes selbst, der weder getäuscht werden noch täuschen kann" (D 1789).

Der Lexikonartikel gibt zwei Gründe an, weshalb der Glaube nicht auf natürliche Weise einsichtig sein kann. Der erste besteht darin, daß „die Autorität Gottes nicht die innere Wahrheit des Glaubensobjektes aufdeckt". Hier wird aus einem Vorwissen von Gottes Absicht, also aus dem Glauben heraus argumentiert, und so ist die Uneinsichtigkeit des Glaubens selber eine Sache des Glaubens. Der zweite Grund liegt darin, daß „hauptsächlicher Gegenstand des Glaubens das Nichtgesehene" ist, „d. h. Wahrheiten, die der sich selbst überlassenen Vernunft unzugänglich sind" (G 521). Hier wird im Unterschied zu dem ersten Grund nicht von Gott her gedacht, sondern aus dem Charakter der Glaubenswahrheiten, daß sie nämlich das Unsichtbare, d. h. das sinnlich nicht Begreifbare, betreffen und daß sie darum der natürlichen, primär auf die Sinnenwelt gerichteten Vernunft unzugänglich sind. Umso dringlicher wird, wenn so die natürliche Vernunft ausscheidet, die Frage nach der Bewahrheitung der Glaubenswahrheiten.

Nun gibt es im katholischen Denken — und darin unterscheidet es sich von dem des konsequenten Protestantismus — gewisse Weisen der Bewahrheitung der Glaubenswahrheiten, die zwar keine unmittelbare Evidenz der Glaubensgegenstände herbeiführen, die es aber doch von der Vernunft her als tunlich erscheinen lassen, daß geglaubt wird. Es sind die sogenannten Glaubwürdigkeitsmotive des Glaubens. So behauptet das Erste Vaticanum, „die göttliche Offenbarung könne durch äußere Zeichen glaubwürdig gemacht werden" (D 1812). Entsprechend befaßt sich der Lexikonartikel in seinem II. Abschnitt mit dem Thema: „Der Glaube und die Glaubwürdigkeitsmotive". „Soll der Glaube ohne Einsicht in die innere Wahrheit der Offenbarung ein vernünftiger sein, so müssen ihm solche Gründe vorausgehen, die zum sicheren Urteil führen, daß vernünftigerweise geglaubt werden kann" (G 522). Im gleichen Sinne betont die Enzyklika, wo sie von der „Glaubwürdigkeit ... inbezug auf den katholischen Glauben" spricht: es sind „so viele und wunderbare äußere Zeichen von Gott her verfügt, durch die sogar allein durch das natürliche Licht der Vernunft der göttliche Ursprung der christlichen Religion mit Gewißheit erwiesen werden kann" (E 4). Ebenso redet schließlich das Erste Vaticanum von einer „einsichtigen Glaubwürdigkeit des christlichen Glaubens" (D 1794).

Dieser Gedanke verschärft sich noch, wenn der Lexikonartikel behauptet, daß es bei den Glaubwürdigkeitsmotiven nicht um irgend welche gleichgültigen Beweggründe gehe, sondern „daß die göttliche positive Offenbarung ... objektive allgemeingültige Kriterien" besitzt, Kriterien also doch offenbar dafür, daß die Offenbarung wahr ist. Sie nun sollen dem Glaubensentschluß vorangehen; ausdrücklich wird gesagt, es handle sich um „das dem Glauben vorhergehende Urteil über die Glaubwürdigkeit" (G 522). Im gleichen Sinne wird in der Enzyklika „der vernünftige Charakter der ‚Glaubwürdigkeit' des christlichen Glaubens" betont (E 27). Damit ist offenbar ein wichtiger Schritt in der Frage nach einer Bewahrheitung des Glaubens getan; denn wenn es gelingt, für diesen objektive und allgemeingültige Kriterien aufzustellen, dann muß er ja auch bewahrheitbar sein.

Unter den Motiven und Kriterien für den Glauben erwähnt der Lexikonartikel zunächst „innere Lebenserfahrungen". Worin sie bestehen, wird nicht weiter ausgeführt. Überdies wird ihre Gültigkeit nur in einem begrenzten und relativen Sinne anerkannt. Sie können „schon wegen ihres subjektiven Charakters nicht als die primären oder gar ausschließlichen Kriterien gelten" (G 522). Noch deutlicher spricht sich das Erste

Vaticanum aus: „Wenn jemand gesagt haben sollte, die göttliche Offenbarung könne nicht durch äußere Zeichen glaubwürdig gemacht werden und daher müßten die Menschen allein durch eines jeden innere Erfahrung oder private Inspiration zum Glauben bewogen werden, sei er anathema" (D 1812).

Demgegenüber finden sich im katholischen Denken die eigentlichen Motive und Kriterien für die Annahme der Glaubwürdigkeit des Glaubens in der Existenz der Kirche. So behauptet der Lexikonartikel: „In einer jedem Intellekt angepaßten und allen sicher zugänglichen Weise strahlen sie uns entgegen in der Erscheinung der Kirche" (G 522). Die Kirche also, und zwar nicht die unsichtbare, sondern die sichtbare, soll einsehbare Kriterien für die Glaubwürdigkeit des Glaubens darbieten. So wird denn auch vom Ersten Vaticanum formuliert: „Allein zur Katholischen Kirche gehört all das viele und Wunderbare, das zur einsichtigen Glaubwürdigkeit des christlichen Glaubens von Gott angeordnet worden ist" (D 1794).

Die Frage ist nun, was denn jenes „so viele und so Wunderbare" ist, das an der Erscheinung der Kirche sichtbar werden und von dem her sich der Glaube als glaubwürdig erweisen soll. Die nächste Antwort lautet: Es ist die Kirche selber und als solche, das bloße Faktum ihrer Existenz. Denn „die Kirche ist von sich selbst her ... ein großes und dauerndes Motiv der Glaubwürdigkeit und ein Zeugnis ihrer göttlichen Sendung" (D 1794). Das nun soll, wie das Erste Vaticanum ausführt, an verschiedenen Momenten der geschichtlichen Erscheinung der Kirche sichtbar werden.

Glaubwürdig soll die Kirche erstens „wegen ihrer bewunderungswürdigen Ausbreitung" sein (D 1794). Die Frage ist jedoch, ob ein solches quantitatives Argument wirklich etwas zur Glaubwürdigkeit einer Sache beitragen kann. Mag auch das Christentum unter den Weltreligionen die verbreitetste sein, so ist damit noch nichts über seine Wahrheit ausgemacht. Auch ein Irrtum hat die Fähigkeit zu weiter Ausbreitung.

Das zweite Kriterium der Glaubwürdigkeit der Kirche soll in deren „außerordentlicher Heiligkeit" bestehen (D 1794). Nun ist aber die Heiligkeit der Kirche ersichtlich keine Sache evidenter Einsicht, sondern eine Angelegenheit des Glaubens. So kann sie auch kein vorausgehendes Kriterium der Glaubwürdigkeit sein.

Das gleiche gilt für das dritte Kriterium, die „unerschöpfliche Fruchtbarkeit an allen Gütern" (D 1794). Offensichtlich handelt es sich dabei nicht um irdische Güter, sondern um Heilsgüter. Diese aber sind in ihrer Wirksamkeit nur mit den Augen des Glaubens zu erfassen. Sie taugen also nicht zu dessen vorgängiger Bewahrheitung.

Ebenso steht es mit dem vierten Kriterium, der „katholischen Einheit"

(D 1794). Entweder wird diese Einheit als religiöses Phänomen betrachtet: als die Vereinigung durch den Heiligen Geist; dann kann sie nur im Glauben erfaßt werden und also diesem nicht bewahrheitend vorhergehen. Oder die Einheit ist ein faktisch sichtbares Phänomen; dann kann sie kein Glaubwürdigkeitskriterium sein. Denn warum sollte eine einheitlich verfaßte Organisation eher die Wahrheit verbürgen als eine vielfältige Gestaltung?

Was schließlich das fünfte Argument für die Glaubwürdigkeit von Kirche und Glauben angeht, die „unbesiegbare Stabilität" (D 1794), so wäre es nur dann durchschlagend, wenn erwiesen wäre, daß sich die Wahrheit durch Dauerhaftigkeit bewährt. Dem steht jedoch die durch Erfahrung belegte Zählebigkeit von Irrtümern gegenüber. Wenn ferner von der Unbesiegbarkeit die Rede ist, so ist das eine Prognose, die sich erst in der Zukunft — und eigentlich erst am Ende der Welt — als wahr erweisen kann. Auch dieses Moment ist also eher ein Gegenstand des Glaubens als dessen Stütze.

Die Überprüfung der vom Ersten Vaticanum angeführten Motive und Kriterien für die Glaubwürdigkeit der · den Glauben garantierenden Kirche zeigt also, daß sie unzureichend sind. Soweit sie dem Glauben vorausgehen und unmittelbar erfaßt werden können (wie die Ausbreitung, die Einheit, die geschichtliche Stabilität), können sie zwar die Wahrheit von historischen Feststellungen besitzen, sie sagen aber nichts über die Wahrheit der Aussagen der Kirche aus. Die anderen angegebenen Kriterien (wie die Heiligkeit, die Fruchtbarkeit an Gütern, die Unbesiegbarkeit) sind im Glauben und nur im Glauben zu erblicken, können also diesem nicht bewahrheitend vorausgehen. Die Absicht also, den Glauben noch vor seinem Vollzug als glaubwürdig erscheinen zu lassen, scheitert im Versuch der konkreten Durchführung.

Wirkliche Überzeugungskraft haben die genannten Motive und Kriterien demgemäß nur für den Glaubenden. Das spricht der Lexikonartikel auch deutlich aus: „Die Kinder der Kirche haben . . . immer objektiv ausreichende Glaubwürdigkeitsmotive". Und noch deutlicher: es gilt, „daß der Akt des Verstandes und des Willens und auch das dem Glauben vorhergehende Urteil über die Glaubwürdigkeit . . . im Licht und in der Kraft der Gnade sich vollziehen". Ja, die Verbürgung der Wahrheit des Glaubens wird am Ende nicht irgendwelchen menschlich erfaßbaren Motiven und Kriterien zugesprochen, sondern allein in Gott gesucht. „Die unfehlbare und alles übertreffende Sicherheit des Glaubens . . . ergibt sich . . . daraus, daß das Objekt des Glaubens durch die alles überragende Autorität Gottes verbürgt wird". „Einzig die Autorität des offenbarenden Gottes" ist „das Motiv . . . für die im Glauben liegende Verstandesbejahung" (G 521 f.).

Hatte es also zunächst den Anschein, als könne die Kirche in ihren sichtbaren Erscheinungen den Glauben verbürgen, so zeigt sich nun: Die Glaubwürdigkeit der Kirche ist selber eine Sache des Glaubens. So tritt auch hier wieder — wie im protestantischen Bereich — der Zirkelcharakter des Glaubens hervor. An die Wahrheit der christlichen Botschaft hat man zu glauben, weil die Kirche sie verbürgt. Aber die Kirche, soweit sie die Wahrheit des in ihr Verkündeten behauptet, ist selber ein Gegenstand des Glaubens.

Eben diese Schwierigkeit führt dazu, daß der Glaube nicht als natürlich entstanden oder durch einsehbare Gründe hervorgerufen, sondern als übernatürlich erwirkt verstanden werden muß. In diesem Sinne heißt es in dem Lexikonartikel, es seien „der Glaube und auch der Anfang desselben ein Werk der übernatürlichen Gnade... Die Gnade durchdringt den Glauben bis in seine tiefsten Wurzeln und ersten Anfänge" (G 522).

So läßt sich also auch im katholischen Denken, ähnlich wie im protestantischen, der Glaube nicht bewahrheiten, wenn man nicht eine übernatürliche Wirksamkeit annimmt, die nun — im Zirkel — wiederum nur eine Sache des Glaubens sein kann. Kann aber ein so zirkelhaftes Denken mit Fug den Anspruch erheben, sich aller philosophischen Bemühung gegenüber als absolute Wahrheit geltend zu machen? Kann der Glaube zurecht und begründet die Philosophische Theologie als Irrweg bezeichnen, wie es im protestantischen Bereich geschieht, oder sie in die Rolle einer Präambel zum Glauben und einer minder vollkommenen Erkenntnis abdrängen, wie es im Katholizismus geschieht? Muß sich die Philosophische Theologie dagegen nicht mit äußerster Energie wenden, wenn sie überhaupt sich selbst erhalten will?

§ 105. Glauben und Philosophieren

1. Die inhaltlichen Zumutungen des Glaubens

Die Darstellung der Gedanken von vier protestantischen Theologen sowie die anschließende Auslegung einiger Grundzüge des katholischen Denkens haben ergeben, daß das Philosophieren sich im Versuch eines Nachvollzugs dieser Aussagen vor erhebliche Schwierigkeiten gestellt sieht. Auf der Grundlage, die in jenen Konzeptionen eingenommen wird, ist es nicht möglich, eine reine Philosophische Theologie zu entwerfen. Das liegt daran, daß dabei mehr oder minder deutlich ausgesprochen der Glaube die unumstrittene Basis für alle Aussagen über Gott bzw. für die Bewahrheitung philosophisch-theologischer Argumentationen bildet. Deshalb ist es nun erforderlich, das Verhältnis von Glauben und Philosophieren als solches ins Auge zu fassen.

Beim Versuch einer Lösung dieser Aufgabe kann man nicht einfach vom Glauben als menschlicher Haltung ausgehen, also von dem, was den traditionellen Titel „fides qua creditur" trägt. Man muß vielmehr auch berücksichtigen, daß es bestimmte Inhalte des Glaubens gibt: Wahrheiten, die zu glauben dem, der sich gläubig nennen will, zugemutet und dem Ungläubigen zur Bejahung vorgelegt werden. Das ist es, was der traditionelle Ausdruck „fides quae creditur" meint.

Nun besteht über die christlichen Glaubensinhalte zwischen den Konfessionen und zum Teil auch zwischen den einzelnen Theologen keineswegs Übereinstimmung. In den alten Überlieferungen ist manches Ungereimte und Widersprüchliche aufgedeckt worden. Zudem ist vieles von dem, was frühere Generationen als unabdingbaren Glaubensgehalt angenommen haben, im Gefolge der Entwicklung der liberalen protestantischen Theologie um die Jahrhundertwende und der modernen Diskussionen um die Entmythologisierung der Zeugnisse des Glaubens zumindest problematisch geworden, wenn nicht überhaupt weggefallen. Es ist also schwierig, ein einheitliches Bild vom „Glaubensgut" der christlichen Kirchen zu entwerfen. In dieser Verlegenheit wird es notwendig, einen Inhalt zu suchen, den beide Konfessionen gleichermaßen zum Ausgangspunkt nehmen. Das nun können die Glaubensbekenntnisse sein, die in katholischen und protestantischen Gottesdiensten vorgebracht werden. Zwar gibt es auch darin gewisse Wendungen, die von modernen protestantischen Theologen nicht zu den notwendigen Glaubensinhalten gerechnet und auch in der katholischen Kirche zumindest inoffiziell diskutiert werden. Aber doch tut die christliche Gemeinde in ihren Gottesdiensten ständig jene Bekenntnisse kund. In ihnen also tritt der Glaubensinhalt dem, der danach fragt, am sichersten faßbar entgegen.

Unter den fundamentalen Glaubensbekenntnissen soll das älteste und einfachste herangezogen werden, das sogenannte „Apostolicum". Es leitet das „Enchiridion symbolorum" ein, das die grundlegenden Wahrheiten des katholischen Glaubens zusammenfaßt; ebenso steht es am Beginn des „Konkordienbuches" der protestantischen Kirche.[1] Die Frage ist, was darin dem Glaubenden zu glauben zugemutet wird.

Das Glaubensbekenntnis beginnt, wie es der Sache entspricht, in seinem ersten Artikel mit Gott. Er wird als „allmächtiger Vater" bezeichnet; die Allmacht ist offenbar auf die gesamte Wirklichkeit, die er mächtig be-

---

[1] Zitiert wird — in der Übersetzung des Verfassers — nach: H. Denzinger, Enchiridion symbolorum, definitionum et declarationum de rebus fidei et morum, neu hrsg. von K. Rahner, Freiburg 30 1955, S. 6.

herrscht, die Väterlichkeit insbesondere auf den Menschen, dem Gott wie ein Vater entgegentritt, bezogen. Die Macht Gottes erhält sodann ihren besonderen Ausdruck, wenn er als „Schöpfer des Himmels und der Erde", bezeichnet wird. Zu den Zumutungen des Glaubens gehören somit nach dem ersten Artikel des Bekenntnisses das Dasein Gottes und sein Schöpfertum, das mit der Geschaffenheit aller Wirklichkeit, der himmlischen wie der irdischen, korrespondiert. Die Welt der Dinge und die Existenz des Menschen sind demnach so zu betrachten, daß sie nicht bloß das sind, als was sie unmittelbar erscheinen, sondern daß sie ihren Ursprung in einem außerhalb der Schöpfung wesenden Schöpfer haben und so die Eigenschaft der Geschöpflichkeit an sich tragen. Überdies ist alles welthafte Dasein von einer Überwelt umgeben, dem „Himmel". Eben das ist nach dem ersten Artikel zu glauben.

Der zweite Artikel des Glaubensbekenntnisses handelt von Jesus Christus. Er macht über ihn auf verschiedenen Ebenen Aussagen. Einige davon liegen auf dem Felde der reinen Historie. In diesem Sinne wird von einem Mann namens „Jesus" gesprochen. Es wird hinzugefügt, daß er „aus Maria geboren" sei. Schließlich wird von ihm berichtet: „gelitten unter Pontius Pilatus, gekreuzigt, gestorben und begraben". Hier kann der Glaube an historisch feststellbaren oder zumindest wahrscheinlichen Tatsachen seinen Anhalt finden. Das braucht also nicht geglaubt zu werden; es kann gewußt werden.

Zu diesen rein historischen Aussagen treten andere hinzu, die zwar auch auf die Geschichte bezogen sind, die aber voraussetzen, daß die Ebene des Geschichtlichen von einer anderen Ebene berührt und durchstoßen wird. Dahin gehört es, wenn von Jesus gesagt wird, er sei „Christus", also der gesalbte Erlöser, und wenn weiter hinzugefügt wird, er sei „von dem Heiligen Geist empfangen", weshalb denn auch Maria als „Jungfrau" bezeichnet wird. Hierher gehört ferner, daß von Jesus Christus behauptet wird, er sei „zur Unterwelt hinabgestiegen", er sei „am dritten Tage von den Toten auferstanden" und er sei „zu den Himmeln aufgestiegen". All das sind keine historisch feststellbaren Tatbestände, sondern Charakterisierungen des Menschen Jesus und seiner Geschichte von einer anderen, höheren Geschichte her. Man muß also — ebenso wie nach dem ersten Artikel — glauben, daß es eine solche andere Dimension gibt, und man muß ferner glauben, daß diese sich in dem Menschen Jesus und in seiner gegenwärtigen und zukünftigen Geschichte manifestiert habe und manifestieren werde.

Eine dritte Gruppe innerhalb der Aussagen des zweiten Artikels des Glaubensbekenntnisses bilden rein theologische, die das innergöttliche Verhältnis betreffen. Hierher gehört es, wenn Jesus Christus als Gottes „einiger Sohn" bezeichnet wird, oder wenn von ihm gesagt wird, daß er nach seiner Auferweckung von den Toten „zur Rechten Gottes, des allmächtigen Vaters, sitzt". Wieder zeigt sich: Eben das Sichtbare, der Mensch Jesus, gehört unter einem anderen, dem wesentlichen Aspekt der überweltlichen Sphäre an, die nun ausdrücklich als die göttliche hervortritt. Und eben dies ist zu glauben.

Schließlich enthält das Apostolicum in seinem zweiten Artikel auch noch eine soteriologische, auf das Heil der Menschen bezogene Aussage, indem es Jesus Christus als „unseren Herrn" bezeichnet. Das besagt, daß der Mensch gehalten ist, all die genannten Geschehnisse als das anzusehen, was seine Existenz bestimmt. Besonderes Gewicht erhält es dadurch, daß es in eschatologische Zusammenhänge tritt. Eben dieser Herr „wird kommen, die Lebenden und die Toten zu richten". Der Mensch muß sich also im Glauben als den verstehen, über dessen Zukünftigkeit unter dem Aspekt der göttlichen Ereignisse entschieden wird.

Der dritte Artikel des Glaubensbekenntnisses bringt eine in sich nicht unmittelbar zusammenhängende Reihe zu glaubender Tatsachen. Die erste ist der „Heilige Geist". Damit gehört zu den Glaubensgegenständen das, was in späterer Zeit als die Trinität formuliert worden ist: die Dreiheit in der Einheit und die Einheit in der Dreiheit. Das hört sich für den in der christlichen Tradition Aufgewachsenen harmlos an, ist aber, wie die endlosen Diskussionen der frühen Kirche erweisen, eine höchst komplexe Sache. Denn wie und mit welchen Begriffen soll man das Paradox einer Dreieinigkeit fassen? Genügen die Worte „Substanz" und „Person"? Der Versuch, diesem Geheimnis nahe zu kommen, führt in völlige Dunkelheit. Und doch soll es geglaubt werden.

Sodann wird ein sichtbares Phänomen, nämlich das Miteinander der Gläubigen, ins Unsichtbare erhoben, und zwar durch Zufügung des Prädikats der Heiligkeit. In diesem Sinne ist Glaubensinhalt die „heilige katholische Kirche", die „Gemeinschaft der Heiligen". Das bedeutet, daß in der Geschichte gewisser menschlicher Gemeinschaften sich, genauer betrachtet, nicht bloß zeitliches Geschehen, sondern eine Übergeschichte vollzieht. Geschichtliche Phänomene, wie etwa die Kirche, müssen aus der göttlichen Perspektive betrachtet werden. Auch das ist eine Sache des Glaubens.

Daran schließt sich eine soteriologische Aussage an: die „Vergebung der Sünden". Die Voraussetzung dieses Gedankens ist die ihrerseits zu glaubende Überzeugung von der allgemeinen Sündhaftigkeit des Menschen. Diese verweist auf die Notwendigkeit einer Vergebung, die der Mensch, weil die Sündhaftigkeit für ihn konstituell ist, nicht selber herbeiführen kann, sondern die er von oben her entgegennehmen muß. Eben insofern ist auch die Vergebung der Sünden eine Angelegenheit des Glaubens.

Den Abschluß des Glaubensbekenntnisses bilden eschatologische Aussagen: die „Auferstehung des Fleisches" und das „ewige Leben". Damit wird dem Glaubenden zugemutet, anzunehmen, daß mit seinem irdischen Dasein nicht alles zu Ende ist, sondern daß sich seine Existenz in einer anderen Weise des Seins fortsetzt. Eben von diesem seinem zukünftigen überzeitlichen Dasein her hat sich der Mensch zu verstehen. Das gehört mit zu den Inhalten des Glaubens.

Es hätte vielleicht nicht der eben gegebenen Einzeldarstellung bedurft; denn jedem, der in unserem Kulturkreis aufwächst, sind die Aussagen dieses und anderer Glaubensbekenntnisse von Jugend an vertraut. Das geht soweit, daß man in Versuchung gerät, sie als selbstverständlich anzusehen und sich nichts Besonderes mehr dabei zu denken. Man muß sich jedoch klarmachen, was es für den Angehörigen eines anderen Kulturkreises oder einer anderen Religion bedeuten muß, diese Sachverhalte, Geschehnisse und Aspekte als Gegenstände des Glaubens vorgesetzt zu bekommen. Ihm wird zunächst, was da gesagt wird, höchst befremdlich erscheinen. Eben diese Befremdlichkeit — das Skandalon, von dem der Apostel Paulus spricht — gilt es auch für die Menschen unseres Kulturkreises wieder zu erwecken. Man muß versuchen, die Glaubensinhalte gleichsam mit fremden Augen anzusehen. Dann wird man entdecken, daß es sich in der Tat, wie es in der Überschrift dieses Abschnittes heißt, um Zumutungen handelt: Zumutungen nämlich an das Denken. Nur Weniges, eigentlich nur das rein historisch Berichtete, kommt in ähnlicher Weise auch sonst in unserer Welt, wenn man sie als die profane betrachtet, vor. Im übrigen handelt es sich um Aussagen über eine andere Wirklichkeit, teils wie sie in sich selber sein, teils wie sie bestimmend in unsere Welt und in unser menschliches Dasein hereinragen soll. Eben diese Befremdlichkeit aber wird dem zugemutet, der den christlichen Glauben akzeptiert.

2. Die formale Zumutung des Glaubens

Nun gibt es, zumindest in der protestantischen Theologie, eine Richtung, die in der Aufzählung der Glaubensinhalte eine Gefahr sieht. Glaube, so wird behauptet, bedeute nicht Fürwahrhalten von Sachverhalten, sondern Vertrauen. Das nun ist unstreitig die Wurzel des Glaubensbegriffes, so, wie er zuerst im Alten Testament konzipiert worden ist. Heißt das aber, daß zum Glauben keinerlei Fürwahrhalten gehört? Um jemandem zu vertrauen, muß man doch zuvor von seiner Vertrauenswürdigkeit überzeugt sein. Um einer Botschaft Glauben zu schenken, muß man sie zuvor für wahr halten. Blindes Vertrauen ist — im profanen wie im religiösen Bereich — Leichtsinn. Das aber heißt: Den Gott, dem man vertraut, muß man noch vor diesem Vertrauen für wahr und für die Wahrheit halten. Und auch die von ihm kommende Botschaft muß man, wenn man ehrlich ist, für wahr halten, ehe man sie akzeptiert.

Das gleiche zeigt sich noch von einer andern Seite her. Der Glaubende muß seine eigene Existenz anders denken als der Ungläubige. Dieses andere Denken bedeutet ein Umdenken sowohl über die Welt wie über die menschliche Existenz; beide müssen von einer andern Dimension her verstanden werden. Also muß man diese andere Dimension für wahr halten. Daran ändert sich auch nichts, wenn diesem Fürwahrhalten eine existentielle Wendung gegeben wird. Denn wenn ich jene meine Existenz bestimmende andere Dimension für meine Wahrheit halte, muß ich sie doch eben darin und dadurch für wahr halten. Ein Fürwahrhalten gehört also notwendig und aus der Sache heraus zum Glauben.

Fragt man nach den Gründen dieses Fürwahrhaltens und blickt man dabei auf die Analysen der voranstehenden Paragraphen zurück, dann entdeckt man: Die Glaubensinhalte werden nicht deshalb angenommen, weil sie vernünftig einsichtig wären. Sie werden vielmehr aufgrund des Glaubens — der nun als Vollzug gedacht wird — für wahr gehalten. Der Glaube also ist der Ursprung der Annahme der christlichen Glaubensinhalte in all ihrer Befremdlichkeit. Aber der Glaube — die „fides qua creditur" — rechtfertigt sich ja nicht durch die Angabe von Gründen; das haben die bisherigen Ausführungen dieses Kapitels deutlich gemacht. Der Glaube bewahrheitet sich vielmehr nur im Zirkel. Man soll glauben, weil man glauben soll; daß man glauben soll, ist selber eine Sache des Glaubens.

Das verdeutlicht sich noch weiter, wenn man, wie dies modernem theologischen Sprachgebrauch entspricht, den Glauben als Begegnung interpretiert. Es zeigt sich nämlich, daß es verschiedene Stufen der Begegnung gibt, die ihre je besondere Weise des Fürwahrhaltens besitzen. Sie unterscheiden sich nach dem Grade ihrer Unmittelbarkeit.

Die unmittelbarste Begegnung findet im Hören der Verkündigung statt, wie sie in den Heiligen Schriften laut wird, in der Kirche tradiert wird und in der je gegenwärtigen Verkündigung im Wort oder in den kirchlichen Zeremonien immer wieder aktualisiert wird. Hier kommt der Mensch in eine reale Begegnung mit dem, was der Glaube lehrt. Das ist aber offensichtlich auch die einzige unmittelbare Begegnung. Als solche ist sie jedoch nicht ausreichend. Das bloße Hören eines menschlichen, geschichtlich vermittelten oder unmittelbar gesprochenen Wortes oder die bloße Teilnahme an kirchlichen Zeremonien hat ja, für sich genommen, noch keine Glaubensbedeutung. Hier begegnet man nicht den Glaubensinhalten als solchen, sondern Aussagen über diese. Es muß also der Glaube hinzutreten, daß das, was da begegnet, nicht Menschenwort und Menschentun, sondern Gottes Wort und Gottes Tun ist. Das aber kann man nur annehmen, wenn man den Glaubenszeugen glaubt. So ist die unmittelbarste und allen anderen vorhergehende Weise des Glaubens die, daß man den Verkündigern des Glaubens glaubt. Man muß für wahr halten, was sie bezeugen. Aber warum soll man ihnen eher glauben als anderen, die anderes behaupten? Das ist die Frage, die offen bleibt.

Der Glaubende bezeugt nun, im Hören der Verkündigung und in der Teilnahme an den Zeremonien begegne er seinem Herrn Jesus Christus. Das ist die zweite Stufe der Begegnung. Aber auch diese ist wiederum eindeutig eine Sache des Glaubens. Nur wer diesen besitzt, kann annehmen, daß eine solche mit keinen Sinnen wahrnehmbare Begegnung stattfinde. Dieser Glaube weist im übrigen auf den der ersten Stufe zurück. Man muß, um die Begegnung mit Jesus Christus für wahr zu halten, zuvor denen vertrauen, die das behaupten.

Die am wenigsten unmittelbare Begegnung vollzieht sich durch die beiden anderen hindurch: die Begegnung mit Gott, der sich den Menschen durch Jesus Christus vermittelt hat und sich sodann in der Verkündigung des Wortes und im Vollzug der Zeremonien offenbart. So weist diese dritte Stufe der Begegnung auf die zweite und diese auf die erste zurück. Das ursprüngliche Fundament des Glaubens bleibt somit das Vertrauen auf die Verkündigung des Glaubens.

Das alles könnte man akzeptieren, wenn der Glaube sich damit begnügte, zu behaupten, er sei eine unter anderen möglichen Zugangsarten zu Gott. Die Ausführungen der vorangehenden Paragraphen haben jedoch gezeigt, daß er sich ausschließlich setzt. Der Glaube postuliert, daß er die eigentliche und einzige Möglichkeit einer Erkenntnis Gottes sei. Er fordert vom Menschen, daß er sein Dasein auf ihn gründe, und zwar schlechthin, bedingungslos. Wenn nun die Philosophische Theologie als Theologie ihrerseits den Anspruch erhebt, ein Reden von Gott zu ermöglichen, dann muß es notwendig zum Zusammenstoß dieser beiden menschlichen Haltungen, des Philosophierens und des Glaubens, kommen.

3. Philosophieren und Glauben

Philosophieren und Glauben stehen also im Zwiespalt. Das liegt daran, daß ihre Ausgangspunkte einander völlig entgegengesetzt sind. Der Glaubende läßt sich das zu Glaubende vorgeben: von den Schriften des Alten und Neuen Testaments, von der Tradition, von der Kirche, von der je aktuellen Verkündigung. Was ihm da gesagt wird, nimmt er als ihn verpflichtende Botschaft entgegen. Er fragt nicht primär nach der Einsichtigkeit, sondern akzeptiert das Gesagte in einer jedenfalls nicht in der Vernunft begründeten Entscheidung. Mag ihm auch daran liegen — wie es am eindrucksvollsten Augustinus und Anselm betont haben —, den Glauben zur Einsicht zu führen: Im Ursprung jedenfalls steht nicht Einsicht, sondern der Entschluß zur Übernahme des zu Glaubenden. Demgegenüber gründet sich das Philosophieren ganz und gar auf Einsicht. Der Philosophierende kann nichts aufgrund einer noch so ehrwürdigen Tradition akzeptieren. Er muß, was ihm anzunehmen vorgelegt wird, prüfen und muß versuchen, ob er es sich denkend zu eigen machen kann. Er kennt keine andere Verpflichtung als gegenüber dem, was ihm einleuchtet. So steht das Philosophieren dem Glauben aufs äußerste entgegen.

Das gleiche zeigt sich, wenn man das Verhältnis von Glauben und Philosophieren unter dem Gesichtspunkt von Autorität und Freiheit betrachtet. Der Glaubende unterstellt sich im Ursprung und im Vollzug seines Glaubens einer Autorität. Er kennt und anerkennt ein letztes Unfragliches, eine unbedingte Instanz. In sichtbarer Form ist das die Kirche oder das Schriftwort. In einem tieferen Sinne ist es die durch Jesus Christus vermittelte Herrschaft Gottes, der sich der Glaubende rückhaltlos unterwirft. Der Philosophierende dagegen verriete seine Sache, wenn er eine andere Autorität anerkennte als sein eigenes Denken und die Sache, die er denkend erkennt. Das aber besagt: Philosophieren vollzieht sich in Freiheit.

Mit der eben geschilderten Antithese von Philosophieren und Glauben hängt zusammen, daß sich beide auch im Problem der Gewißheit unterscheiden. Der Glaubende ist seines Gottes gewiß. Diese seine Zuversicht versteht er so, daß sie ihm von oben her geschenkt ist. Zwar kann ihm sein Glaube in der Anfechtung zweifelhaft werden. Aber wenn er daraus nicht die Konsequenz zieht, seiner Überzeugung abzuschwören, macht ihn die durchlittene Anfechtung nur um so gewisser. Anders steht es mit dem Philosophierenden. Er kennt keine Gewißheit, in der er fraglos ruhen könnte. Philosophieren ist vielmehr, wie im ersten Bande dieses Buches ausführlich dargelegt worden ist, von seinem Wesen her radikales Fragen. So gräbt es die Wurzeln aller sich als unfraglich gebenden Gewißheit aus. Es reißt alle Sicherheit in die Radikalität seines fraglich machenden Tuns hinein.

So stehen Glauben und Philosophieren zueinander in einer wesensnotwendigen Gegnerschaft. Unter allen nur möglichen Gesichtspunkten sind sie miteinander unvereinbar. Wer glaubt, kann nicht zugleich philosophieren; wer philosophiert, kann nicht zugleich glauben. Alle „Versöhnungen" der beiden streitenden Haltungen, wie sie immer wieder in der Geschichte der Philosophie und der Theologie versucht worden sind, haben sich als nur scheinhaft erwiesen. Darum sind sie auch immer wieder auseinandergebrochen. Ein ehrliches Philosophieren wird sich zwar mit dem Glauben auseinandersetzen. Aber es kann sich nicht positiv auf ihn einlassen.

Wo der Philosophierende dazu nein sagen muß, sagt er es nicht gegen die Person des Glaubenden. Es war eben von Gegnerschaft die Rede, nicht von Feindschaft. Diese enthält immer ein Moment des Persönlichen, das hier völlig aus dem Spiel zu bleiben hat. Wo einer aus subjektiver Ehrlichkeit meint, glauben zu müssen, da wird ihm der Philosophierende seinen Respekt nicht versagen. Aber er wird sich dabei bewußt bleiben, daß der Weg des Glaubenden nicht sein eigener Weg sein kann.

Aus dem Gesagten folgt, daß es keine christliche Philosophie geben kann. Sie wäre ein hölzernes Eisen. Wohl ist es möglich, auf dem Boden des Christentums „philosophische" Gedanken zu entfalten, aber nur unter Verzicht auf ein wirklich radikales philosophisches Fragen. Wo dagegen das Philosophieren sich ernst nimmt, da muß es darauf aus sein, die ihm etwa anhaftenden christlichen Wurzeln entschlossen auszureißen.

Das gilt auch für eine Philosophische Theologie, wie sie hier versucht werden soll. Sie kann keinen von den Glaubensinhalten, von denen im ersten Abschnitt dieses Paragraphen die Rede war, von vornherein übernehmen. Sie wird sie niemals akzeptieren können, solange sie auf Glauben und nicht auf Einsicht beruhen. Wer wahrhaft philosophieren will, der muß, auch und gerade wenn er den Gott der Philosophen fragend sucht, vom Gott der Offenbarungstheologie Abschied nehmen.

2. Kapitel
Zeitgenössische Ansätze zu einer Philosophischen Theologie

§ 106. Das Problem des Ansatzes

Wenn es mit dem Philosophieren so steht, wie es in der Einleitung im ersten Bande ausgeführt und im voranstehenden Paragraphen aufgenommen worden ist, daß es nämlich Fragen und genauer radikales Fragen ist, dann stellt sich das Problem, wie es zu mehr als zu einem in öder Wiederholung immer gleichen Infragestellen von allem kommen kann. Erschöpft sich das Philosophieren, wenn sein Wesen die Radikalität des Fragens ist, nicht am Ende in der ständigen Aufdeckung und Auflösung von Voraussetzungen, ohne daß etwas anderes als dieses negative Resultat zum Vorschein käme? Denn das Spiel des Fraglichmachens, ins Unendliche fortgesetzt, kann, so scheint es, nur zu einer umfassenden Skepsis, nicht jedoch zu einer sachgegründeten Philosophie oder gar zu einer Philosophischen Theologie führen.

Wie es scheint, braucht also jedes sachhaltige Philosophieren und noch mehr jeder Versuch einer Philosophischen Theologie einen positiven Ansatz, um überhaupt in Gang kommen zu können. Nur wenn sich das

Philosophieren auf einen solchen stützt, kann es offenbar hoffen, über die bloße fraglichmachende Verneinung hinaus zu einer Antwort zu gelangen. Das hat sich ja immer wieder in den historischen Analysen des ersten Bandes gezeigt. Immer fand sich eine mehr oder weniger selbstverständliche Voraussetzung, die der Philosophischen Theologie allererst einen Weg eröffnete. Mit besonderer Intensität wurde das anläßlich der Erörterung der Entwürfe von Kant, Schleiermacher, Fichte, Schelling und Hegel deutlich.

Unter der gleichen Fragestellung sollen im folgenden einige Ansätze Philosophischer Theologie aus neuerer Zeit untersucht werden, wie sie teils von katholisch-theologischer Seite (Rahner), teils von protestantisch-theologischer Seite (Pannenberg, Tillich), teils von philosophischer Seite (Scheler, Jaspers, Krüger) unternommen worden sind. Überall wird es in der Analyse um die Frage gehen, welche Ansatzpunkte den philosophisch-theologischen Entwürfen dieser Denker zugrunde liegen und ob diese Ansatzpunkte dogmatische Setzungen enthalten oder ob sie genuin philosophisch konzipiert sind.

§ 107. Der fundamentaltheologische Ansatz bei Rahner

1. Religionsphilosophie als Philosophische Theologie, als Fundamentaltheologie und als Metaphysische Anthropologie

Einen bei allem Verhaftetsein an die Tradition eigenständigen Ansatz für eine Philosophische Theologie macht Karl Rahner in seinem Buch „Hörer des Worts"[1]. Der Untertitel des Werkes lautet: „Zur Grundlegung einer Religionsphilosophie". Unter diesem Ausdruck versteht Rahner nicht eine Philosophie, die das Religiöse in irgend einem verschwommenen Sinne zum Gegenstand hat: Vielmehr ist „Religionsphilosophie ... das vom Menschen her erreichbare Wissen um das rechte Verhältnis des Menschen zu Gott, zum Absoluten" (15). Insofern gehört sie zur Metaphysik. „Die Konstituierung der Religionsphilosophie geschieht in der Metaphysik, ja ist richtig betrachtet diese selber" (19); „die Meta-

---

[1] Karl Rahner, Hörer des Worts, München 1941. Den obigen Ausführungen liegt die erste Auflage des Buches zugrunde. Die zweite Auflage (München 1963) ist von J. B. Metz „neu bearbeitet". Wenn sich der Bearbeiter auch an die Grundzüge des Entwurfs Rahners zu halten bemüht hat und wenngleich dieser selber die Überarbeitung gebilligt hat, so enthält die zweite Auflage doch nicht dessen Gedanken in ihrer Originalität. Deshalb war es geraten, sich an die erste Auflage zu halten.

physik" ist „in sich schon Religionsphilosophie" (22). „Die Frage nach
der Religionsphilosophie wird zur Frage, . . . wie eine menschliche Metaphysik zu Gott komme" (16). So ist die Religionsphilosophie im Sinne
Rahners nichts anderes, als was in der vorliegenden Untersuchung Philosophische Theologie genannt wird. In diesem Sinne bezeichnet Rahner
denn auch als das „Kernstück einer normativen Religionsphilosophie"
„die philosophische Gotteslehre", „die theologia naturalis" (216).

Rahner verdeutlicht das Wesen der Religionsphilosophie, wie er sie zu
betreiben gedenkt, weiter dadurch, daß er sie mit der Theologie des Glaubens in Beziehung setzt. Diese „ist in ihrem ursprünglichen Wesen das
Hören der von Gott nach seinem freien Ratschluß ergehenden Offenbarung seiner selbst durch sein eigenes Wort". Nun kann aber „die Offenbarung Gottes . . . nicht vom Menschen her begründet werden, weder in
ihrer Tatsächlichkeit oder Notwendigkeit noch nach ihrem inneren
Wesen". Und doch gibt es auch der so verstandenen Offenbarungstheologie
gegenüber eine Aufgabe für die Religionsphilosophie als Philosophische
Theologie. Sie geht „auf die apriorische Möglichkeit des Hörenkönnens
einer möglicherweise ergehenden Offenbarung Gottes" (16 f.). „Religionsphilosophie muß von sich selbst aus den Menschen auf eine möglicherweise
ergehende Offenbarung Gottes verweisen" (21 f.). Das aber ist für Rahner
„die einzig vortheologisch mögliche Begründung der Theologie" (23). Das
macht es schließlich, daß die Religionsphilosophie als Philosophische
Theologie bei ihm den Charakter einer Fundamentaltheologie erhält.

Sofern sich nun die Offenbarung an den Menschen richtet, muß auch in
der der Theologie der Offenbarung vorausgehenden Philosophischen
Theologie vorzüglich vom Menschen die Rede sein. Die Religionsphilosophie wird so zur „metaphysischen Anthropologie" (23), die von Rahner
auch als „fundamentaltheologische Anthropologie" bezeichnet wird (214).
Als solche ist sie „eine Analytik des Menschen als des Subjekts, an das sich
eine Offenbarung Gottes richtet und das aus seinem Wesen heraus auf
eine Aufnahme einer solchen möglichen Offenbarung von vornherein ausgerichtet ist" (26).

2. Metaphysische Grundlegung

Wenn für Rahner die Religionsphilosophie einen Teil der Metaphysik
bildet, ja unter einem gewissen Aspekt diese selber ist, dann kommt es zu
Beginn darauf an, zu sehen, wie er das Wesen der Metaphysik faßt. Diese
nun ist für ihn im Anschluß an die Tradition „die Frage nach dem Sein
des Seienden als eines solchen, die Frage, welches der Sinn von ‚Sein' sei"
(44). Auf diese Frage geht auch die Philosophische Theologie aus; „denn

alle Philosophie weiß von Gott nur, insofern und indem sie vom Sein überhaupt weiß" (217).

Im Ansatz zu einer Beantwortung der Seinsfrage geht Rahner bedachtsam vor, indem er sich sorgsam davor hütet, unerwiesene Voraussetzungen zu machen. Am Beginn der Metaphysik können keine inhaltlichen Bestimmungen des Seins stehen. Rahner betont vielmehr, „daß der Ausgangspunkt der Antwort auf die allgemeine Seinsfrage nur die Frage selbst sein kann. Ausgangspunkt der Metaphysik ist somit die Frage, was das Sein des Seienden selber sei; diese Frage selbst in der Notwendigkeit, mit der sie vom Menschen gefragt wird" (46). Darin berührt sich Rahner mit dem vorliegenden Versuch des Entwurfs einer Philosophischen Theologie.

In der Durchführung seines Ansatzes stößt Rahner jedoch auf erhebliche Schwierigkeiten. Schon „der erste Satz einer allgemeinen Ontologie" ist problematisch. Rahner gewinnt ihn zwar aus der metaphysischen Frage, nämlich daraus, daß in dieser „nach a l l e m Sein überhaupt gefragt" wird. Aber er verläßt sofort die Frage, wenn er nun weitergeht und aus der Fragbarkeit von allem auf eine „grundsätzliche Erkennbarkeit alles Seins" schließt (50 f.), die „zur Grundverfassung eines jeden Seienden" gehören soll (53). Demgemäß behauptet er: „Ein wesenhaft nicht erkennbares Seiendes ist ein Unbegriff". Das führt zu der Grundthese: „Das Wesen des Seins ist Erkennen und Erkanntheit in ihrer ursprünglichen Einheit"; „Sein und Erkennen" bilden „eine ursprüngliche Einheit" (50 f.).

Dieser Gedankengang ist jedoch nicht einleuchtend. Fragen nach etwas und Erkennen von etwas sind doch offensichtlich verschieden. Gefragt werden kann in der Tat nach allem. Aber das schließt noch nicht ein, daß alles auch wirklich erkannt werden kann. Man kann etwa nach dem Dasein Gottes fragen; aber die bloße Frage danach ist weit davon entfernt, dieses Dasein auch zu erkennen zu geben. Schon der erste Schritt also, den Rahner im Felde der Metaphysik tut und in dem er Erfragtwerden und Erkanntwerden, Denken und Sein in eine unlösliche Einheit bringt, ist höchst fragwürdig.

Fragwürdig ist auch der zweite Schritt. Rahner nimmt nun den Blickpunkt gleichsam im Seienden; „die Erkennbarkeit" wird „als ein Sachverhalt am Seienden selbst bejaht". Das heißt für Rahner, „daß jedes Seiende als möglicher Gegenstand einer Erkenntnis von sich aus und kraft seines Seins, also wesentlich, eine innere Hinordnung auf eine mögliche Erkenntnis und so auf einen möglichen Erkennenden hat". Und er behauptet weiter, daß „diese innere Hingeordnetheit alles Seienden auf eine mögliche Erkenntnis ein apriorischer und notwendiger Satz" sei (51).

Dieser apriorische Tatbestand wird jedoch nicht mehr begründet und kann auch ohne Einführung von sachhaltigen Voraussetzungen, die über das anfangs doch zugrunde gelegte bloße Faktum des Fragens hinaus-

gehen, nicht begründet werden. Rahners These bleibt so eine unausgewiesene Behauptung. Es fragt sich, von woher und wie denn der Meta-
physiker derart in das Innerste des Seienden eindringen kann, daß er
dessen Intention auf Erkennbarkeit erblicken könnte.

Problematisch ist schließlich auch der dritte Schritt in der Frage nach dem
Sein. Rahner behauptet nämlich, der Satz, daß „Sein und Erkennen … eine
ursprüngliche Einheit" bilden, besage: „Zum Wesen des Seins gehört die erkennende Bezogenheit auf sich selbst". In diesem Sinne redet er von einem
„Selbstbesitz", einem „Beisichsein", einer „Gelichtetheit" des Seins (52).

Die Problematik dieser Konzeption, die Rahner in einer Interpretation
der Metaphysik des Thomas von Aquino bestätigt findet, ergibt sich schon
aus der Fragwürdigkeit der beiden ihr vorangehenden und ihr vorausgesetzten Schritte. Darüber hinaus ist auch durch nichts gerechtfertigt,
dem Sein von vornherein einen inneren Bezug auf sich selbst zuzusprechen, wenn damit mehr gemeint ist, als daß es eben ist, was es ist, wenn
ihm also eine wirkliche erkennende Selbstbeziehung, und gar noch im
Sinne einer Gelichtetheit, zugesprochen werden soll. Auch dieser dritte
Gedanke der Seinsmetaphysik Rahners ist also wiederum nur eine Behauptung, die nicht zureichend ausgewiesen ist.

Faßt man zusammen, so zeigt sich: Schon der Horizont, vor dem
Rahner seine Philosophische Theologie entwickelt und der die Prinzipien
einer allgemeinen Metaphysik enthält, ist äußerst bedenklich.

3. Metaphysische Anthropologie und Philosophische Theologie

Im weiteren Verlauf seiner Überlegungen stößt Rahner auf eine Schwierigkeit, die daraus erwächst, daß er seine Seinskonzeption mit ihrem
Ausgangspunkt in Beziehung setzt. Dieser, das Fragen, bedeutet doch:
noch nicht wissend bei der Sache sein. Sein aber — und also auch das
Sein des Fragenden — soll Beisichsein, und zwar gerade „das (wissende)
Beisichsein" sein (52). Angesichts dieses Zwiespaltes erhebt sich das Problem: „Weshalb muß denn nach dem Sein gefragt werden, wenn Sein ja
schon Beisichsein, Insichreflektiertheit ist" (60)? Nun ist das Fragen ein
Verhalten des Menschen. Die Lösung des Problems muß also auf der
Ebene der metaphysischen Anthropologie gesucht werden. Hier nun holt
Rahner weiter aus. Er stellt sich — ganz im Sinne des auch in dem vorliegenden Buche unternommenen Versuchs — die Aufgabe, zuzusehen, was
sich an metaphysischen Bestimmungen über das Sein des Menschen ergibt,
wenn man diesen als das fragende Wesen ansetzt.

In dieser Absicht führt Rahner einen neuen Gedanken ein: daß nämlich
das Beisichsein nicht allem Seienden im gleichen Maße zukomme. Es gibt

vielmehr je einen „Grad des Beisichseins", der „dem Grad der Seinsmächtigkeit" entspricht (61). „Beisichsein, Insichreflektiertheit ist je nach dem Seienden, um das es sich handelt, von sich aus schon verschieden" (63). Und weiter: „Der Grad der Seinsmächtigkeit manifestiert sich in dem Grad, in dem das betreffende Seiende zu sich selbst zurückzukehren vermag." Kurz: Was hier entwickelt wird, ist — wenn es Rahner auch nicht so nennt — der Gedanke der Gradualität des Seins; es geht um den „Grad, in dem ein Seiendes trotz und gegen sein Nichtsein am Sein teilnimmt" (61).

Der Gedanke der Gradualität des Seins wird von Rahner jedoch nicht aus dem Seinsbegriff als solchem abgeleitet. Er ist eine hinzutretende Voraussetzung, und es fragt sich, von woher und mit welchem Recht er plötzlich in den Gedankengang einbricht. Zudem läßt sich der Gedanke der Gradualität des Seins nur schwer mit den im vorigen Abschnitt geäußerten Behauptungen über das Sein vereinbaren. Denn wenn man deren Wortlaut genau nimmt, müßte jedes Seiende als solches durch ein volles Beisichsein ausgezeichnet sein. Problematisch ist ferner die These, der Seinsgrad innerhalb der Gradualität bemesse sich danach, wie sehr ein Seiendes in sich reflektiert und bei sich sei, also von sich wisse; denn woher kommt diese Höherwertung des Geistes? Abgesehen davon schließlich, daß dieser Gedanke nicht aus dem metaphysischen Grundprinzip abgeleitet wird, ist er auch darum problematisch, weil ja, wie vorhin gezeigt worden ist, schon die Behauptung des Beisichseins des Seins unausgewiesen ist.

Allerdings ist zuzugeben: Soweit in dem Gedanken der Gradualität die Vorstellung steckt, daß im endlich Seienden „Sein und Nichtsein" miteinander verbunden sind (61), soweit es sich also um das Faktum der Endlichkeit handelt, ist deren Faktizität nicht zu bestreiten. Unbegründet bleibt dagegen die Behauptung, die Endlichkeit müsse sich als je verschiedener Grad der Seinsmächtigkeit, abgestuft nach der Insichreflektiertheit, darstellen. Auch hier wieder wird ein thomistischer Gedanke undiskutiert übernommen.

Innerhalb der angenommenen Gradualität des Seins findet auch der Mensch seinen Ort. Auch er ist nicht reines Sein; das manifestiert sich schon in seinem Angewiesensein auf das Fragen. „Das fragende Seiende ist ... Sein und Nichtsein zumal; es ist in seinem innersten Seinsgrund schwach" (61); kurz: Es ist endliches Seiendes. „In der Frage nach dem Sein als einem Fragenmüssen zeigt sich gerade die Endlichkeit seines Geistes" (65 f.).

Die Endlichkeit teilt der Mensch mit allem Seienden, das nicht von göttlicher Art ist. Er nimmt jedoch, wie Rahner es sieht, innerhalb der Gradualität des Seins eine besondere Stufe ein. Diese ist dadurch ausgezeichnet, daß er Geist ist. Unter „Geist" versteht Rahner die absolute Offenheit für alles Sein. „Das Wesen des Menschen ... ist absolute Offenheit für alles Sein, oder, um dies mit einem Wort zu sagen, der Mensch ist Geist. Das ist der erste Satz einer metaphysischen Anthropologie" (50). Diese Offenheit wird von Rahner auch als die Transzendenz des menschlichen Geistes bezeichnet, nämlich als sein Transzendieren über das Seiende hinaus zum Sein. „Der Mensch ... ist die Transzendenz auf das Sein überhaupt" (206); darin besteht seine „Grundverfassung" (68). Das gilt es nun eingehender darzulegen.

Rahner hebt zunächst „die wissende Insichselberständigkeit" des Menschen hervor (71). Sie besagt, daß dieser sich von den Gegenständen seines Erkennens distanzieren und sich auf sich selber beziehen kann. „In dem erfassenden Ausgang zu den Dingen kehrt der Mensch als ‚Subjekt' so vollkommen zurück in sich selbst als von dem im Ausgang erfaßten anderen Verschiedenen, daß er bei sich selbst als Subjekt ist in einer scheidenden Gegenstellung zu einem erkannten anderen gegen-stehenden Ding". Diese Insichselberständigkeit „bezeugt sich an allen menschlichen Vorkommnissen" (69), insbesondere im Urteil, im Handeln, in dem sie sich als „Freiheit" manifestiert, und im „Denken, das in der allgemeinsten Seinsfrage gegeben ist" (70 f.).

Rahner forscht nun „nach dem letzten Grund dieser wissenden Insichselberständigkeit". Er sucht für sie „die apriorische transzendentale Bedingung der Möglichkeit" (71 f.). Dabei geht er von einem konkreten Tatbestand aus: vom Urteil, also von der „Erfassung des Einzelnen unter dem Begriff". Das Urteil wird nach dem Grunde seiner Möglichkeit befragt, nämlich „nach einer solchen Bedingung, die im erkennenden Subjekt apriori zur einzelnen Erkenntnis ... als deren vorgängige Bedingung ihrer Möglichkeit anzusetzen ist" (74 f.).

Wie nun Rahner das Urteil unter dieser Fragestellung untersucht, zeigt sich ihm: Das Einzelne wird in einer „Gegrenztheit" erfaßt; es ist dieses und nicht ein anderes; es hat eine Grenze zum anderen hin. Begrenzung aber kann man nur dadurch begreifen, daß man je schon über die Grenze hinaus ist. Es ist unabdingbar, „daß der Akt, der dieses sinnlich gegebene Dieses erfaßt, apriori zu dieser Erfassung schon über dieses Einzelne hinausgreift auf mehr, als dieses Einzelne ist". Das nennt Rahner den „Vorgriff" (76); er gehört „zur Grundverfassung des menschlichen Daseins" (81).

Wohin aber greift dieser „Vorgriff"? Was ist das „mehr", auf das er gerichtet ist? Rahner antwortet: Er geht „auf das an sich ungegrenzte Sein" (81), das auch als „das Sein überhaupt", „das Sein schlechthin" (85), „das reine Sein" (117), „das absolute Sein" (121) bezeichnet wird. Konkret versteht Rahner darunter zunächst „die absolute Weite aller möglichen Gegenstände" (77). Es ist „das absolute Sein", das „als das Woraufhin des menschlichen Vorgriffs die Eröffnetheit des Geistes für die Gesamtheit seiner möglichen Gegenstände trägt" (121).

Rahner behauptet nun weiter: „Das reine Sein" ist „als letztes Woraufhin der menschlichen absoluten Transzendenz immer schon enthüllt" (117). Es fragt sich jedoch, was dieses apriorische Enthülltsein bedeutet. Der Sache nach kann es nur besagen, daß das absolute Sein als Horizont der Erfassung des Einzelnen das darin letztlich Intendierte, nicht aber das faktisch Erreichte oder auch nur Erreichbare ist. Es ist nur als der immer weiter ausdehnbare und damit unendliche Horizont der konkreten Erkenntnis zu ergreifen. So scheint es auch Rahner zu verstehen. „Der Vorgriff ist die bewußtmachende Eröffnung des Horizontes, innerhalb dessen das einzelne Objekt der menschlichen Erkenntnis gewußt wird" (77). Dem Menschen „als Geist" ist „durch bloße Transzendenz ... die echte Unendlichkeit nie als eingeholte, sondern immer nur als das immer größere Jenseits seines Begreifens im bloßen Vorgriff ... gegeben" (223). Die „Unbegrenztheit" wird „nur als Fehlen einer bestimmten Grenze im Vorgriff, nicht aber in ihrer Unendlichkeit an sich erfahren" (193).

Was sich jedoch nicht schon in der apriorischen Bedingung der Möglichkeit des Erkennens findet, ist, daß das unendliche Sein selber zum Gegenstand wird. Das aber geschieht in gewisser Weise bei Rahner. Er behauptet, es könne „der Vorgriff ... selbst als Erkenntnis für sich aufgefaßt" werden. Damit ist gesagt, es sei möglich, „das Ganze der möglichen Gegenstände der menschlichen Erkenntnis", „die absolute Totalität aller möglichen Gegenstände der Erkenntnis, in deren Horizont der einzelne Gegenstand erfaßt wird" (78), „die an sich schlechthinnige Ungegrenztheit des Seins als eines solchen" (80), vorgreifend zu erreichen. Rahner ist freilich in der Bestimmung der Gegenständlichkeit dieses ungegrenzten Seins vorsichtig. Er betont, daß „der Vorgriff als Bedingung der Möglichkeit der gegenständlichen Erkenntnis von sich her überhaupt keinen Gegenstand in seinem Selbst vorstellt". Aber doch muß jenes unendliche Sein als wirklich angenommen werden, und zwar eben sofern es die notwendige Bedingung des Vorgriffs und damit alles Erkennens ist. „Ein absolutes Sein würde die Weite des Vorgriffs restlos ausfüllen. Es ist also als wirkliches ... mitbejaht" (82).

Hier aber wird die Sache problematisch. Es ist zwar zuzugeben, daß der Vorgriff, der unstreitig eine Bedingung der Möglichkeit des endlichen menschlichen Erkennens ist, von sich aus sich keine Grenze setzt, daß er also, aus seinem eigenen Blickwinkel heraus und in seiner Intention betrachtet, ins Unendliche geht. Aber daß es dieses angezielte Unendliche auch faktisch als besondere Wirklichkeit gibt, ist höchst zweifelhaft und geht zumindest aus dem Phänomen des Vorgriffs als eines solchen nicht hervor. Rahner wäre besonnener gewesen, wenn er diese Frage offen gelassen hätte. Aber das kann er nicht, weil ihre positive Beantwortung die Basis ist, auf der seine ganze metaphysische Anthropologie und damit auch zu einem großen Teil seine Philosophische Theologie ruht.

In der Tat ist Rahner der Auffassung, es eröffne sich ihm mit dem Hinweis auf den Vorgriff die Möglichkeit, das Feld der Philosophischen Theologie zu betreten. Denn er setzt das absolute Sein mit Gott gleich und behauptet demgemäß: „Mit der Notwendigkeit, mit der dieser Vorgriff gesetzt wird, ist auch das unendliche Sein Gottes mitbejaht"; „der Vorgriff geht auf Gott". Rahner drückt sich freilich vorsichtig aus. „Der Vorgriff" stellt „nicht unmittelbar Gott als Gegenstand" vor. „Aber in diesem Vorgriff ... ist doch auch schon die Existenz eines absoluten Seins, also Gottes mitbejaht" (81 f.). Für Rahner ist also in allem Denken des Menschen eine Anerkenntnis Gottes enthalten. „Gott bezeichnet für das metaphysische Erkennen ... den absoluten Grund der Seienden und der Seinserkenntnis, der immer schon eröffnet ist, wenn der Mensch nach einem Seienden als solchem fragt" (15). Seinserkenntnis ist eo ipso Gotteserkenntnis.

Rahner behauptet also, es lasse sich auf dem Wege der metaphysischen Anthropologie schlüssig nachweisen, daß der Mensch sub specie Dei existiert, sofern „er ständig ausgreift in eine Weite, die nur die Fülle des absoluten Seins Gottes erfüllt" (87). „Der Mensch ist als Geist vom Grunde seines Wesens her immer schon ausgerichtet auf das absolute Sein Gottes; er ist auf Gott aus" (206). „Er ist dadurch allein Mensch, daß er immer schon auf dem Weg zu Gott ist" (85).

Daß Rahner so vom unendlichen Sein als dem Horizont des Vorgriffs auf Gott als Wirklichkeit schließt, ist jedoch höchst problematisch. Das unendliche Sein als der Horizont der Erfassung alles endlichen Seienden könnte höchstens die als unendlich denkbare Totalität der Welt sein, aber auch diese nur als angezielte, nicht aber als in ihrer Wirklichkeit erfaßbare. Konsequent gedacht müßte also Rahner, wenn er Gott ins Spiel bringen will, diesen mit der intendierten Totalität der Welt identifizieren. Das aber kann sicherlich nicht seine Absicht sein. Wenn er gleichwohl meint, auf dem geschilderten Wege den Übergang von der metaphysischen Anthropologie zur Philosophischen Theologie vollziehen zu können, so liegt der Grund dafür in der Tatsache, daß er undiskutiert das unendliche Sein als Horizont des Vorgriffs mit dem als wirklich gedachten Gott gleichsetzt. Die Selbstverständlichkeit, mit der er das tut, ist jedoch, genau betrachtet, alles andere als selbstverständlich.

So zeigt sich: Die von der metaphysischen Anthropologie anhebende Philosophische Theologie Rahners ist von Fragwürdigkeiten durchsetzt. Auf diesem Wege jedenfalls ist es nicht möglich, zu einer gesicherten Erkenntnis Gottes zu gelangen.

4. Freiheit Gottes, Schöpfung und Offenbarung

Mit dem bisher Erreichten könnte sich Rahner, so scheint es, zufrieden geben. Er hat von seinem Gesichtspunkt her, wenn auch durch Einführung einer Reihe von Voraussetzungen, erreicht, wonach die traditionelle Philosophische Theologie von jeher gesucht hat: Gewißheit über das Dasein Gottes. Rahner stellt sich jedoch in seiner Religionsphilosophie eine höhere Aufgabe. Es liegt ihm, wie schon im ersten Abschnitt dieses Paragraphen gezeigt worden ist, daran, „die Möglichkeit einer Offenbarung an den Menschen nachzuweisen" (84), die er als „eine freie Selbsterschließung des freien persönlichen Gottes" versteht (92). Wie also kann „Religionsphilosophie ... Begründung der Möglichkeit einer Offenbarung" sein (86)?

Hier ergibt sich für Rahner gleich im Beginn eine Schwierigkeit. Wenn das Sein, wie er nachgewiesen zu haben glaubt, von sich selber her schon Gelichtetheit ist, dann müßte es dem Menschen doch auch immer schon offenbar sein. Es scheint also, „daß es eine Offenbarung als freie Enthüllung ... nicht geben könne" (91). Denn eine solche setzt ja doch eine „wesenhafte Verborgenheit des unendlichen Seins" voraus. „Es ist also die Frage zu stellen, warum das reine Sein trotz seiner und in seiner Gelichtetheit das Verborgenste ist" (93 f.).

Rahners erste Antwort geht von der Endlichkeit des Menschen aus. Denn „der Mensch ist auch als Geist endlich" (93). Aber auch das Seiende, das der Mensch erkennt und von dem aus der Blick auf das unendliche Sein möglich wird, ist endliches Seiendes. Der entscheidende Schritt zum Unendlichen geschieht nun durch die Negation der Endlichkeit. Wir erkennen das „unendliche Sein" nur so, daß „wir die Endlichkeit des endlichen Gegenstandes verneinen. Damit gewinnen wir aber keine positiv begreifende Kenntnis des Jenseits dieser Endlichkeit" (95). „Wegen der Endlichkeit unserer Erkenntnis in all der absoluten, unendlichen Weite unserer Transzendenz ist Gott uns ... immer der Unbekannte" (103). Eben damit aber wird der Raum für eine Offenbarung Gottes eröffnet. „Wird demnach die Unendlichkeit Gottes nur erkannt in dem verneinenden Übersteigen des Endlichen, so scheint sie in ihrem eigenen Selbst genügend derart unerkannt zu sein, unoffenbar und verschlossen, daß eine neue Selbsterschließung des Unendlichen sinnvoll ist und noch etwas hat, was überhaupt geoffenbart zu werden vermag" (94).

Rahner findet diese erste Antwort auf die Frage nach der Möglichkeit einer Offenbarung zwar „richtig", aber er fügt hinzu: „Sie scheint noch nicht zu genügen". Denn „damit scheint nur eine bloß faktische Verborgenheit des unendlichen Seins festgestellt zu sein" (95 f.). So macht er sich an einen nochmaligen Versuch des Nachweises der notwendigen Verborgenheit Gottes und überholt damit die erste Antwort durch eine zweite, die ihm wesentlicher ist. „Die Verhülltheit Gottes ist bisher bloß vom Menschen her begründet worden, und zwar aus der in gewissem Sinn doch bloß faktischen Struktur seines geistigen Wesens, sie ist also insoweit mehr die Blindheit des Menschen als die Verschlossenheit Gottes in sich selbst. Aber erst wenn eine solche Verschlossenheit Gottes in sich selber allem endlichen Geist schlechthin gegenüber ... feststeht, kann die Möglichkeit einer Offenbarung Gottes als seiner freien Tat begriffen sein" (102). Wie steht es also — so fragt Rahner nun — mit der Verborgenheit Gottes, wenn sie gleichsam von diesem selbst her in den Blick genommen wird?

In der Antwort auf diese Frage muß Rahner, ebenso wie auf seinem ersten Wege, von einem Faktum ausgehen. Es ist die anthropologische Tatsache, die schon oben erwähnt worden ist: daß der Mensch nach dem Sein fragt und so das fragende Wesen ist und daß er mit Notwendigkeit nach dem Sein fragt. Es gibt eine „Notwendigkeit des Menschen, zu sein, was er ist: ein in allem Handeln und Denken nach dem Sein Fragender". Fragen aber hat nur da Sinn, wo das Erfragte nicht als solches offenbar ist. Das hat zur Folge, daß das unendliche Sein dem Menschen nicht selbstverständlich und von vornherein zugänglich ist. „Wenn der Mensch das absolute Sein in seiner eigenen Gelichtetheit vor sich hätte, dann könnte das fragbare und so als in sich gelichtet bejahte Sein nicht gleichzeitig und ebenso ursprünglich für den Menschen fraglich sein" (104 f.).

Das schlägt auf den Menschen zurück. Als fragender muß er sich als endlich verstehen. Diese seine endliche Existenz aber bejaht er vom Grunde seines Wesens her. „Insofern er f r a g e n muß, bejaht er diese seine eigene geworfene Endlichkeit; insofern er fragen m u ß , bejaht er diese seine Geworfenheit notwendig. Und indem er sie notwendig bejaht, bejaht er sein Dasein in und trotz seiner Geworfenheit als unbedingt, als absolut". „Der Mensch hat das notwendige Verhältnis einer absoluten Setzung zu seinem endlichen, geworfenen Dasein". „Weil die Bejahung der kontingenten Tatsache unausweichlich notwendig ist, enthüllt sich in der Kontingenz selber eine Absolutheit" (107).

Hier jedoch erhebt sich ein kritisches Bedenken. Die Endlichkeit soll etwas sein, das absolut zu bejahen ist. Aber gehört nicht gerade zur Endlichkeit die Nicht-Absolutheit? Faktisch freilich bejahen wir uns in jedem Akt unseres Daseins. Aber kommt dem wirklich eine innere Notwendigkeit zu? Gibt es nicht auch Situationen, in denen eine absolute Bejahung des Daseins fraglich wird: etwa in der Reflexion über einen möglichen Selbstmord? Das aber besagt: Es ist nicht als absolut notwendig beweisbar, daß das Dasein bejaht werden muß. Damit entbehrt auch das, was Rahner daraus folgert, der Notwendigkeit.

Rahner steht also nun vor der Aufgabe, die Absolutheit eines Zufälligen — der Endlichkeit — begründen zu müssen. In dieser Absicht bestimmt er zunächst die Bejahung der eigenen Endlichkeit des Menschen als Willen; denn „die Absolutsetzung eines Zufälligen ... ist Wille". So gilt: „Im Grunde des menschlichen Daseins vollzieht sich immer eine notwendige absolute Bejahung des Zufälligen, das der Mensch selber ist, also Wille", nämlich „Wille des Menschen zu sich selbst" (107 f.).

Aus der — wie sich gezeigt hat, in sich problematischen — Bestimmung des Daseins des Menschen als notwendiger Bejahung seiner selbst und als Wille zieht Rahner gewichtige Konsequenzen für seine philosophische Gotteslehre. Er behauptet, „daß die willentliche notwendige Setzung eines Zufälligen, wie sie im bejahenden Verhalten des menschlichen Daseins zu sich selber geschieht, nur begriffen werden kann, indem sie selbst als gesetzt durch eine freie willentliche Setzung bejaht wird". „Diese freie, willentliche, ursprüngliche Setzung des Seienden, das der Mensch ist ..., kann ... nur die des absoluten Seins sein, die Gottes". Setzung aber bedeutet soviel wie „Schöpfung" (109 f.). So meint Rahner, die Notwendigkeit der Annahme eines Schöpfers und einer Schöpfung aus der willentlichen Selbstbejahung des Menschen abgeleitet zu haben.

Es ist jedoch nicht einzusehen, wieso die willentliche Selbstbejahung des Menschen auf sein Gesetztsein und Geschaffensein führen soll. Diese Deduktion wird nur begreiflich, wenn man eine — unbegründete — Voraussetzung macht und annimmt, daß die Geschaffenheit von vornherein der selbstverständliche Horizont ist, unter dem der Mensch und alles Seiende zu betrachten ist. Dieser Gedanke ist jedoch nicht das Schlußglied einer philosophischen Reflexion, sondern geht dieser voraus. Damit aber zeigt sich wiederum ein Bruch in den philosophischen Erweisen Rahners.

Rahner glaubt nun, von der erreichten Basis aus etwas über das Wesen Gottes aussagen zu können. „Das absolute Sein ist dem endlichen Seienden gegenüber das freie Sein" (118). Der Mensch „weiß sein Sein getragen von der freien Macht des reinen Seins" (110). Gott ist „die freie Willensmacht, die das endliche Seiende trägt" (117). Sofern er aber der „Gott eines freien Handelns mit dem Menschen ist", muß ihm Personalität zugesprochen werden. Daher redet Rahner von Gott „als einer freien, ihrer selbst mächtigen Person" und vom „Persongesicht Gottes" (110). Wenn aber so Gott ohne weitere Begründung Freiheit und Personalität zugesprochen werden, dann sind das Bestimmungen, die vielleicht in einer Theologie des Glaubens, keinesfalls aber in einer sich als Philosophische Theologie verstehenden Religionsphilosophie erwiesen werden können.

Mit dem Gesagten meint Rahner auch die Voraussetzungen geschaffen zu haben, um die eingangs gestellte Frage nach der Möglichkeit einer Offenbarung, die über die Schöpfung hinausgeht, beantworten zu können.

Wenn Gott frei ist, dann hat er ebenso die Möglichkeit, sich zu verbergen, wie sich zu offenbaren. Gott „steht ... in seiner Freiheit gerade als das Verborgenste dem Menschen gegenüber, das sich nur dann und insoweit dem Menschen in die Offenheit seiner absoluten Transzendenz hinein enthüllt, als es dies frei will" (207). So ist „die Erkenntnis dieses Persongesichtes Gottes immer abhängig von seinem freien Entschluß selbst" (111).

Den Menschen aber bestimmt Rahner unter diesem Gesichtspunkt als den „Horcher auf eine mögliche Offenbarung Gottes". Er muß „notwendig mit der Offenbarung ... rechnen: mit einem möglichen Reden Gottes, das sein Schweigen bricht und seine Tiefen dem endlichen Geiste erschließt". Er kann „nie gleichgültig sein gegen eine möglicherweise ergehende Offenbarung des lebendigen Gottes" (114 f.).

All das aber sind offenbarungstheologische und nicht religionsphilosophische Aussagen. Die Fragwürdigkeit des Weges, der Rahner dahin führt, wirkt sich auch in seinen Schlußantworten aus. Gott als der Offenbarer und der Mensch als auf die Offenbarung angewiesenes Wesen lassen sich nicht auf rein philosophischem Wege erweisen.

5. Offenbarung in Wort und Geschichte

Das letzte Ergebnis der Untersuchungen Rahners war die Notwendigkeit des Horchens auf eine mögliche Offenbarung. Die Aufgabe, die er sich in seiner Religionsphilosophie nun noch stellt, lautet: „Welches ist der konkrete Ort, an dem die freie mögliche Offenbarungstat Gottes dem in Freiheit erkennenden Menschen begegnen kann", also „an dem der Mensch als Horcher auf eine mögliche Offenbarung Gottes stehen müsse, um sie wirklich hören zu können, falls sie tatsächlich ergeht oder ergangen ist" (137 f.).

Hier nun sieht Rahner zwei Möglichkeiten dafür, daß die Offenbarung faktisch vernommen werden kann: „entweder durch die Vorstellung des zu Erschließenden in seinem eigenen Selbst oder durch die Vermittlung einer Kenntnis von ihm im Wort". Solange der Mensch noch „nicht der unmittelbaren Anschauung Gottes teilhaftig geworden", also noch nicht im Jenseits angekommen ist, ist der erste Weg versperrt. So bleibt nur die Vermittlung durch das Wort, und der Mensch ist darauf angewiesen, „Horcher auf das Wort Gottes zu sein" (141). Demgemäß steht jetzt in Frage, wo im menschlichen Dasein dieses Wort vernommen werden kann.

In der Absicht auf eine solche Ortsbestimmung faßt Rahner das Wesen des Menschen genauer. Es ist durch Geschichtlichkeit bestimmt. „Der Mensch ist als geschichtliches Wesen Geist. Der Ort seiner Transzendenz ist immer auch ein geschichtlicher Ort". Das gehört zur „Grundverfassung des Menschen". Von da aus kommt Rahner zu seiner grundlegenden These: „Der Ort einer möglichen Offenbarung" ist „immer und notwendig ... die Geschichte des Menschen" (143 f.).

Diese Geschichtlichkeit des Menschen stellt Rahner nicht als bloße Behauptung hin, sondern er versucht, sie aus dem Wesen des Menschen zu begründen. Bei diesem Vorgehen weist er auf einige der Konstituentien des Menschseins hin. Als erstes zeigt sich ihm das Faktum: „Menschliches Erkennen ist hinnehmendes Erkennen". Der Mensch kommt zu einer Erkenntnis nur „dadurch, daß ihm ein Gegenstand sich von sich selber her zeigt" (147). „Der Mensch ist hinnehmende Erkenntnis derart, daß seine Selbsterfassung ... immer und grundsätzlich herkommt von einer Auskehr in die Welt, von der Erfassung eines anderen Fremden, von ihm Verschiedenen als dem ersterfaßten Gegenstand der menschlichen Erkenntnis überhaupt". Das besagt: Die Erkenntnis des Menschen ist „sinnliche Erkenntnis" (156).

Von da ausgehend nähert sich Rahner der Grundbestimmung der Geschichtlichkeit des Menschen, indem er nun die Zeitlichkeit, und zwar als „innere Zeitlichkeit", nämlich „als die innere Erstreckung des Dinges selbst in die verwirklichte Ganzheit seiner Möglichkeiten", hinzunimmt. Diese Zeitlichkeit betrifft ebenso wie jedes Seiende auch und vornehmlich den Menschen. Überall gilt: „Die Ganzheit der Verwirklichung der Möglichkeiten ... ist nur im Hintereinander der inneren Bewegung dieses Seienden verwirklichbar" (163 f.).

In einem weiteren Schritt gelangt Rahner über den Einzelnen hinaus zum Gedanken der Menschheit. Er betont, „daß ein einzelner Mensch nie restlos und zumal zur Darstellung bringen könnte, was als Möglichkeiten ihm ... zukommt. Und daher ist der Verweis auf andere seinesgleichen, den jeder Mensch als einzelner Dieser an sich trägt, ... ein Verweis auf eine Vielheit von Menschen, auf eine Menschheit, die nur als Ganzes zur realen Erscheinung bringen kann, was als Wesen in jedem einzelnen Menschen im Grunde seiner Möglichkeiten, aber auch nur als Möglichkeiten gegeben ist". Daraus folgt: „Der Mensch ist nur in einer Menschheit wirklich" (166); er ist „wesentlich Mensch einer Menschheit" (173).

Der Nachweis Rahners, daß der Mensch nur als Menschheit existieren könne, wirkt jedoch nicht überzeugend, selbst wenn man den aristotelisch-thomistischen Seinsbegriff akzeptiert, wonach Sein soviel bedeutet wie Verwirklichung von Möglichkeiten. Wer sagt denn, daß wirklich alle Seinsmöglichkeiten der Gattung Mensch notwendig verwirklicht werden müssen? Doch ist diese Ausstellung von geringem Belang, da es ja nur auf das Resultat ankommt: den Aufweis der Geschichtlichkeit des Menschen, die unstreitig zu den Grundbestimmungen des menschlichen Daseins gehört.

Daran jedenfalls liegt Rahner entscheidend. Er zieht aus dem bisher Erörterten das Fazit: „Wenn wir . . . sagen: Der Mensch ist wesentlich einer unter vielen seinesgleichen . . ., dann sagen wir nichts anderes als: Er ist geschichtlich im konkreten Sinne einer menschlichen Geschichte". „Der Mensch ist ein geschichtliches Wesen" (166 f.).

Nunmehr folgt der entscheidende Schritt Rahners: daß er nämlich aus der Geschichtlichkeit des menschlichen Daseins die Notwendigkeit einer Hinwendung des Menschen zur Geschichte ableiten will. Der Übergang vollzieht sich über den Begriff der Erscheinung. Denn „das Sein überhaupt ist nur in der Erscheinung für den Menschen eröffnet"; es muß „nach Art der Erscheinung vorgestellt werden" (184 f.).

Im Blick auf die Frage nach dem „Ort einer möglichen Offenbarung Gottes" entsteht jetzt das Problem, ob „durch das Mittel der Erscheinung ein weltjenseitiges Seiendes in seiner Konkretheit enthüllt werden könne" (188). Das kann nicht in der Weise einer unmittelbaren Erscheinung geschehen, da „ein außerweltliches Seiendes in seinem Selbst einer hinnehmenden Erkenntnis als solcher nicht gegeben werden kann" (193). Also muß es eine gleichsam indirekte Weise des Erscheinens geben, und sie vollzieht sich, wie Rahner es sieht, „durch Verneinung", nämlich „durch Negation der Grenze einer . . . bestimmten, unmittelbar zugänglichen Seinsmächtigkeit, durch Verschiebung der Grenze nach oben gegen das reine Sein hin". Nur dadurch kann der Mensch „ein bestimmtes Seiendes außerhalb der Welt der Erscheinung erreichen" (190 f.).

Rahner behauptet weiter: „Eine Verneinung hat als solche ihren einzig möglichen Ort im Wort". Damit beantwortet sich die Frage nach der Möglichkeit einer Erscheinung Gottes in der hiesigen Wirklichkeit. „Ein außerweltliches Seiendes" kann „dem endlichen Geist durch das Wort gegeben werden". „Insofern das menschliche Wort als der Träger eines durch Verneinung gewonnenen Begriffes eines außerweltlichen Seienden als von dem außerweltlichen Gott gesprochen gehört wird, kann es dann auch Existenz und innere Möglichkeit eines solchen Seienden offenbaren" (193 f.). „Das Wort ist somit als der Ort einer möglichen Offenbarungsbegegnung mit dem freien Gott festgestellt" (196).

Auch diese Schlußfolgerungen sind jedoch fragwürdig. Man kann zwar durchaus, wenn man alle Endlichkeit negiert, den Gedanken eines unendlichen Seins Gottes erreichen. Doch das vollzieht sich rein auf der Ebene des Begriffs. Daß dieses gedachte unendliche Seiende auch wirklich existiert und sich gar in der Erscheinung und im Wort äußert, wird dadurch noch keineswegs erwiesen.

Noch aber steht die Frage aus, wo denn dieses Wort Gottes begegnet. Hier greift Rahner wieder auf seine Bestimmung „des Menschen als eines geschichtlichen Wesens" zurück (196). In ihr liegt, wie er behauptet, daß

„die freie Offenbarung mindestens innerhalb des einzelnen menschlichen Daseins nur punktförmig auftreten" kann. Aber der Mensch muß „mit der Möglichkeit rechnen . . ., daß eine solche Offenbarung sich überhaupt nicht punktförmig in jeder Einzelgeschichte eines jeden Menschen zuträgt, sondern nur in der Geschichte bestimmter einzelner Menschen". So ist sie „zu erwarten als ein raumzeitlich fixiertes Ereignis innerhalb der Gesamtgeschichte der Menschen" (199 f.).

Von daher bestimmt Rahner die Aufgabe des Menschen. Er behauptet, dieser sei „überhaupt kraft seines Wesens von vornherein zu einer faktischen Befragung der Geschichte nach einer möglicherweise ergangenen Offenbarung genötigt"; es gebe eine „Notwendigkeit des Hörens auf eine geschichtlich kommende Offenbarung" (200 f.). Diese Notwendigkeit gehört für Rahner zum Wesen des Menschen. Dieser ist „von vornherein aus seinem ursprünglichen Wesen heraus schon hingerichtet . . . auf das geschichtliche Vorkommnis einer Offenbarung, wenn eine solche sich ereignen sollte" (24). Und das heißt: Die „Möglichkeit, die Offenbarung Gottes zu vernehmen", ist die „Seinsmöglichkeit, die eigentlich erst den Menschen grundstäzlich in seinem vollen entfalteten Wesen konstituiert" (19).

Die von Rahner behauptete Notwendigkeit des Horchens auf eine in der Geschichte möglicherweise ergangene Offenbarung folgt jedoch nicht, wie Rahner meint, aus der Notwendigkeit der Hinwendung zur Geschichte überhaupt. Daß der Mensch sich immer von seiner Geschichte her versteht, gehört zwar zu den philosophisch begründbaren Konstituenten des menschlichen Daseins. Aber in diesem Gedanken ist noch nichts über die Notwendigkeit einer Hinwendung zur Begegnung mit einer möglichen Offenbarung gesagt. Auch hier wieder spricht nicht der Religionsphilosoph, sondern der Offenbarungstheologe.

6. Der offenbarungstheologische Charakter der Religionsphilosophie Rahners

Daß sich Rahner mit seiner Religionsphilosophie Großes vorgenommen hat, ist ohne Zweifel. Aber überall auf dem Wege zu seinem Ziel zeigt sich, daß unerwiesene Voraussetzungen eingeführt werden. Seine zusammenfassende These lautet: „Die Metaphysik, die in sich schon Religionsphilosophie ist, muß derart sein, daß sie Gott als den freien Unbekannten erkennt und den Menschen als ein in seinem eigensten Geistesleben geschichtliches Wesen begreift, ihn an seine Geschichte verweist und ihm gebietet, auf ein möglicherweise ergehendes Offenbarungswort dieses freien, unbekannten Gottes in seiner Geschichte zu horchen" (22). Doch ist es Rahner nicht gelungen, seine Thesen „mit rein philosophischen

Mitteln" (218) zu erweisen. Es zeigt sich: Der Entwurf einer Religionsphilosophie als einer metaphysischen Vorbereitung auf das Hören der Offenbarung ist ein undurchführbares Unternehmen, in dem auch Rahners Bemühungen scheitern.

Der vorgeblich rein philosophische Weg der Religionsphilosophie Rahners wird auch dadurch zweifelhaft, daß dieser sein denkerisches Tun von vornherein als einen Dienst an der Offenbarungstheologie betrachtet und demgemäß den christlichen Charakter auch seiner philosophischen Bemühungen betont. „Die Philosophie ist als echte Philosophie christlich, indem sie als fundamentaltheologische Anthropologie sich in Theologie ,aufhebt'. Und zwar insofern sie die Konstitution des Menschen als eines Horchenden auf eine mögliche Offenbarung Gottes ist, hebt sie sich immer und in jedem Falle in ,Theologie' auf". So will Rahner gezeigt haben, daß „die Philosophie als solche in einem ursprünglichen Sinn christlich ist und sein kann" (223 f.). Eine Philosophische Theologie aber, die sich von vornherein auf den Boden des Christentums stellt, wird, weil sie ihre Voraussetzungen nicht ernstlich fraglich macht, unphilosophisch.

§ 108. Die Erneuerung der natürlichen Theologie bei Pannenberg

1. Begründung einer natürlichen Theologie in der Anthropologie

In den Paragraphen 100—103 sind die Befehdungen der Philosophischen Theologie durch Barth, Gollwitzer, Bultmann und Ebeling erörtert worden. Im ausdrücklichen Gegensatz zu diesen theologischen Denkern, die eine „reine Offenbarungstheologie" intendieren (O 7), macht von protestantisch-theologischer Seite her Wolfhart Pannenberg [1] einen energischen Versuch, wieder zu einer natürlichen Theologie zu gelangen. Er betont, es sei „gerade um der Reinheit des Glaubens willen die Bedeutung der vernünftigen Erkenntnis seines Grundes hervorzuheben" (G 223); denn die „Offenbarung" stehe nicht „in Gegensatz zum natürlichen Denken" (O 98). Auf drei Wegen bemüht sich Pannenberg, zu einer natürlichen Theologie vorzustoßen: ausgehend einmal von der philosophischen Anthropologie, zum andern vom Gedanken der Sinnhaftigkeit des Daseins, zum dritten von der Betrachtung der Geschichte.

[1] Folgende Schriften von Wolfhart Pannenberg sind herangezogen worden: Was ist der Mensch?, Göttingen 1962 (zit. als „M"); Offenbarung als Geschichte, Göttingen ²1963 (zit. als „O"); Grundfragen systematischer Theologie, Gesammelte Aufsätze, Göttingen 1967 (zit. als „G"). Dazu kommt ein Brief Pannenbergs an den Verfasser, abgedruckt in: Philosophische Theologie im Schatten des Nihilismus, hrsg. von J. Salaquarda, Berlin 1971 (zit. als „B").

Was zunächst den anthropologischen Ansatz Pannenbergs betrifft, wie er ihn vor allem in seiner Schrift „Was ist der Mensch?" entwickelt, so gipfelt er in der kühnen Behauptung: „Die Weltoffenheit des Menschen setzt eine Gottbezogenheit voraus"; der „Grundgedanke" der „modernen Anthropologie" ist „die Frage nach Gott" (M 12).

Um diese erstaunliche These zu erweisen, knüpft Pannenberg an die biologische und philosophische Anthropologie der Gegenwart an, in der das Wesen des Menschen als „Weltoffenheit" bestimmt wird. Er kennzeichnet diese als die „Freiheit des Menschen, über alle vorfindliche Regelung seines Daseins hinauszufragen und hinwegzuschreiten", und er sieht in ihr den „Grundzug . . ., der den Menschen zum Menschen macht" (M 6).

Pannenberg zieht sodann eine zweite, mit der ersten unmittelbar zusammenhängende Beobachtung heran: daß nämlich der Mensch von seinem Wesen her alles Gegebene zu überschreiten trachtet. „Über alles, was ihm in der Welt begegnet, strebt der Mensch hinaus, durch nichts ganz und endgültig befriedigt" (M 13). Pannenberg redet daher von einem „unendlichen Streben", das „ins Unbestimmte" geht; der Mensch ist durch eine „unendliche Angewiesenheit" gekennzeichnet; das ist „der Kern des . . . Ausdrucks Weltoffenheit" (M 10 f.).

Bis hierher gibt Pannenberg eine vom Phänomen her rechtfertigbare Deutung des menschlichen Daseins. In einem weiteren Schritt geht er jedoch darüber hinaus. Jenes Streben ins Unendliche wird nämlich nicht nur — transzendentalphilosophisch — als „Bedingung der Welterfahrung" verstanden. Pannenberg behauptet vielmehr, es müsse diesem Streben etwas entgegenkommen, worin es seine Erfüllung findet. Als unendliches hat es nur Sinn, wenn es auf ein ebenfalls unendliches Gegenüber stößt. Daher gilt: „Die unendliche Angewiesenheit des Menschen setzt ein Gegenüber jenseits aller Welterfahrung voraus". Ja noch mehr: Pannenberg kommt unmerklich zum Begriff eines lebendigen und geistigen Gegenüber; er behauptet, „daß der Mensch . . . in jedem Lebensvollzug ein über alles Endliche hinaus ihm zugewandtes Gegenüber seiner Angewiesenheit voraussetzt" (M 10 f.).

Von da aus ist es nicht mehr weit bis zum Gedanken Gottes; denn „das Wort Gott kann nur sinnvoll verwendet werden, wenn es das Gegenüber der grenzenlosen Angewiesenheit des Menschen meint" (M 11). In diesem Sinne ist Gott „für den Menschen . . . das Ziel, an dem allein sein Streben Ruhe finden kann". Pannenberg zieht schließlich den bereits eingangs dieses Paragraphen angeführten Schluß: „Die Weltoffenheit des Menschen setzt eine Gottbezogenheit voraus" (M 12 f.).

Mit diesen Ausführungen aber mutet Pannenberg der philosophischen Anthropologie zu viel zu. Zwar sagt er einschränkend: „Damit ist freilich kein theoretischer Beweis für die Existenz Gottes geführt" (M 11). Und doch wird behauptet, in der Weltoffenheit des Menschen sei ein Bezug zur Wirklichkeit Gottes vorausgesetzt. Das aber besagt: Die Wirklichkeit Gottes wird von dem Faktum der Weltoffenheit des Menschen her bewahrheitet. Wenn diese ein notwendiges Wesensmoment des Menschen ist, dann muß auch die Wirklichkeit Gottes notwendig angenommen werden.

Nun läßt sich in der Tat im Rahmen einer philosophischen Anthropologie eine im Wesen des Menschen angelegte Unbefriedigung an seinem jeweiligen Dasein und damit zugleich ein wesenhaftes Streben über alles Endliche hinaus feststellen. Aber daß diesem Streben als seine Erfüllung ein wirkliches Gegenüber entgegenkomme, ist eine Behauptung, die nicht aus dem Phänomen als solchem hervorgeht. Der Begriff des Unendlichen, der in den Ausdrücken „unendliches Streben" und „unendliche Angewiesenheit" steckt, drückt lediglich ein Ungenügen am Endlichen aus. Pannenberg aber gibt ihm unbesehen einen positiven Sinn und faßt ihn als die Gewähr für die Existenz eines dem Menschen entgegenkommenden wirklichen unendlichen Wesens. An diesem Schluß von der Intention auf die notwendige Erfüllung scheitert sein Versuch einer Neubegründung der natürlichen Theologie von der Anthropologie her.

Denn wie läßt sich überhaupt begründen, daß das unendliche Streben des Menschen eine Erfüllung finden müsse? Wie, wenn gerade dies die Situation des Menschen wäre, daß ihm zwar aus keinem Endlichen eine vollgültige Befriedigung erwüchse, daß aber auch kein unendliches Wesen erkennbar wäre, bei dem sein Streben zur Ruhe käme, und daß es darum seine Aufgabe wäre, in der Unendlichkeit des unerfüllten Strebens auszuharren? Solange diese Möglichkeit, das Dasein des Menschen zu erfassen, besteht, ist die Argumentation Pannenbergs kein notwendiger Schluß, sondern die Sache eines vorgängigen Glaubens an ein unendliches, das menschliche Streben endgültig befriedigendes Wesen.

Mit der Unhaltbarkeit des Überganges vom unendlichen Streben zum vorausgesetzten wirklichen unendlichen Gegenüber fällt auch die ganze von Pannenberg auf die Anthropologie gegründete natürliche Theologie in sich zusammen. Denn alle Phänomene des menschlichen Daseins, die sonst noch deren Inhalt bilden sollen, wurzeln, wie jeweils ausdrücklich betont wird, in dem anthropologischen Grundphänomen der unendlichen Offenheit des Menschen. Überall auch findet sich der gleiche Grundzug der Argumentation. So etwa, wenn die Phantasie als Ausgangsphänomen herangezogen wird. Sie ist „die am entschiedensten schöpferische Tätigkeit des Menschen"; aber der Mensch ist „gerade in seinem Schöpfertum zugleich ganz und gar ein Empfangender". Diese Rezeptivität wird nun sofort als Weg verstanden, um zur Einsicht in Gott als den Wirkenden zu gelangen. „Durch die Phantasie empfängt der Mensch sich in seiner

Innerlichkeit von Gott"; dieser ist „der Ursprung der schöpferischen Meisterung der Welt durch den Menschen" (M 21 f). Ehe also überhaupt versucht wird, die Rezeptivität im Phänomen der Phantasie innermenschlich und innerweltlich zu interpretieren, wird Gott als eine Art von deus ex machina herbeigeholt.

Pannenberg begnügt sich übrigens nicht damit, das Dasein Gottes einsichtig zu machen. Er will aus anthropologischen Bestimmungen auch die Persönlichkeit Gottes erweisen. Den Ausgangspunkt bildet die Tatsache des Vertrauens, das das ganze Dasein des Menschen durchdringt; „ohne zu vertrauen, kann niemand leben" (M 23). Vertrauen nun, so behauptet Pannenberg, ist besonders da erforderlich, wo das Gegenüber unbekannt ist; das gilt im Blick „auf das Ganze der Wirklichkeit" und vor allem inbezug auf deren „Ursprung". Hier bedarf es „eines unbedingten Vertrauens" (M 26). Das aber heißt: Angesichts der Rätselhaftigkeit der Wirklichkeit ist der Mensch zum „unendlichen Vertrauen auf Gott" bestimmt (M 29). Und weiter: Vertrauen im höchsten Sinne gibt es nur gegenüber Personen, weil diese in besonderer Weise unverfügbar sind. Also muß man Gott „als Person, als persönlichen Gott denken" (M 26). Auch hier aber erhebt sich wieder die Frage, ob nicht gerade das Mißtrauen gegenüber der Wirklichkeit in ihrer Rätselhaftigkeit und gegenüber einem Grunde dieser unbegreiflichen Wirklichkeit die wahre menschliche Situation und vielleicht sogar die wahre menschliche Aufgabe ist. Wenn das aber auch nur eine Möglichkeit ist, bricht doch angesichts ihrer die Notwendigkeit, einen persönlichen, über allem waltenden Gott anzunehmen, in sich zusammen.

Der nächste Schritt Pannenbergs geht von der These aus, das, worauf man sein Vertrauen setzt, müsse „in faßbarer, endlicher Gestalt in Erscheinung" treten (M 30). Gott aber ist „wesentlich unendlich" (M 26) und als solcher nicht unmittelbar begreifbar. Statt aber nun daraus den Schluß zu ziehen, daß Gott nicht Gegenstand des Erkennens und damit auch des Vertrauens sein könne, schließt Pannenberg, Gott müsse, um unser Vertrauen zu erhalten, endlich werden. Auf diesem Wege ist er rasch bei der Inkarnation in Jesus Christus angelangt.

So werden die schlichten Feststellungen, daß den Menschen Weltoffenheit und unendliches Streben kennzeichnen, daß ihm Phantasie eignet und daß zur Ermöglichung des menschlichen Daseins Vertrauen notwendig ist, zum Aufbau eines theologischen Systems benutzt, das dann am Ende in merkwürdige Konkordanz mit der christlichen Theologie tritt. Das wird jedoch nur dadurch möglich, daß Pannenberg eine Reihe von Voraussetzungen einführt, die keineswegs einsichtig gemacht werden. So zeigt sich am Ende: Die anthropologische Begründung des christlichen Glaubens und der Versuch, dessen Inhalte als Aussagen einer natürlichen Theologie aufzuweisen, können nicht gelingen. Diese Art natürlicher Theologie ist keine echte Philosophische Theologie, sondern ein nachträgliches Untermauern der bereits geglaubten Wahrheiten durch gewisse zum Teil in sich selber problematische anthropologische Setzungen.

2. Begründung einer natürlichen Theologie im Gedanken der Sinnhaftigkeit

Einen zweiten Weg zur Grundlegung einer natürlichen Theologie beschreitet Pannenberg in verschiedenen seiner Veröffentlichungen, insbesondere in seinem Aufsatz „Die Frage nach Gott" [2]. Hier setzt er sich unter anderem mit der These des Verfassers auseinander, das Philosophieren als radikales Fragen könne sich bei keiner Antwort beruhigen und müsse darum auch den Gedanken Gottes infragestellen [3]. Demgegenüber betont Pannenberg, daß „aller Vollzug des Fragens nicht über ihn (sc.: den biblischen Gott) hinausführe" (B 178).

Wie nun begründet Pannenberg diese seine These? Zunächst offenbar nicht anders als durch die Behauptung, es sei nicht möglich, im bloßen Fragen ohne eine letzte Antwort sinnhaft zu leben. Der Mensch ist „angewiesen darauf, daß ihm ... ein tragender Grund entgegenkommt ... Nur wenn er zu solchem Grunde Zugang findet, kann er sein eigenes Verhalten auf einen beständigen Boden gründen, statt auf ein trügerisches, in Wahrheit bodenloses Fundament. Nur der Grund alles Wirklichen oder besser die Macht über alles Wirkliche vermag eine Geborgenheit zu gewähren, die durch keine andere Macht erschüttert werden kann" (G 377 f.). Dagegen ist „in der Haltung radikal offener Frage ohne Antizipation einer möglichen Antwort zu leben ... eine Gefährdung der Lebensmöglichkeit selbst, der kaum lange standgehalten werden kann" (G 379).

Die Ausdrücke, die Pannenberg in diesem Zusammenhang verwendet, sind charakteristisch. Es kommt ihm auf einen „beständigen Boden", auf „Geborgenheit", auf ungefährdete „Lebensmöglichkeit" an. Das aber besagt: Seine Abweisung eines wirklich radikalen Fragens gründet auf dem von ihm ohne weiteres aufgestellten Postulat, daß das Dasein des Menschen sinnhaft sein müsse. Er sagt selber, daß seine „Argumentation auf

[2] Wolfhart Pannenberg, Die Frage nach Gott, in: Grundfragen systematischer Theologie, Göttingen 1967 (zit. als „G").

[3] Vgl. Wilhelm Weischedel, Philosophische Theologie im Schatten des Nihilismus, in: Philosophische Grenzgänge, Stuttgart 1967. Neuerdings abgedruckt in: Philosophische Theologie im Schatten des Nihilismus, hrsg. von J. Salaquarda, Berlin 1971 (zit. als „B").

der als selbstverständlich angenommenen Sinnhaftigkeit des menschlichen Daseins beruht" (B 179). Diese Sinnhaftigkeit aber bleibt unausgewiesen. Damit jedoch fällt auch die These dahin, eine Frage könne nicht ohne Antwort bleiben.

Denn wie, wenn gerade dies die Situation des Menschen wäre, daß ihm, wenn er es sich ehrlich eingesteht, der Sinn seines Daseins fragwürdig bleibt? Wie, wenn er in all seinem Fragen letztlich nicht zu einer gültigen Antwort käme? Wie, wenn er trotz seiner Bemühung zu keinem tragenden Grunde Zugang fände? Wie, wenn seine Existenz in der Tat auf einem trügerischen, einem wahrhaft bodenlosen Fundament beruhte? Wie, wenn das Letzte nicht Geborgenheit, sondern Erschüttertsein wäre? Wie, wenn es gerade die Aufgabe des nachdenklichen Menschen wäre, der Gefährdung, in die seine Lebensmöglichkeit durch das radikale Fragen gerät, standzuhalten?

Auf dergleichen Fragen kann Pannenberg offensichtlich nur mit einer Behauptung erwidern: daß nämlich alles Fragen letztlich in einer Begegnung mit der Wirklichkeit Gottes seine Antwort finde. Er redet daher von dem „Widerfahrnis der alles Wirkliche tragenden und über seine Endlichkeit erhebenden Macht, auf die der Mensch in seinem Menschsein angewiesen ist" (G 381). Ja, er behauptet: „Indem das Dasein des Menschen von der Frage nach seiner Bestimmung und Erfüllung bewegt wird, ist er schon getragen von der Wirklichkeit, auf die solches Fragen sich richtet. Er steht immer schon in der Erfahrung der Wirklichkeit, um die es ihm in seiner Frage geht, in der Erfahrung einer nichtobjektivierten Tiefe der Wirklichkeit, die aller vorfindlichen Gegenständlichkeit zugrundeliegt und sein eigenes Leben trägt" (G 379 f.).

Das sind nun freilich zunächst bloße Behauptungen. Pannenberg macht indes einen bemerkenswerten Versuch, es nicht bei dem Hinweis auf eine Erfahrung bewenden zu lassen. Er schreibt, daß „der Anspruch der christlichen Verkündigung, von einem Widerfahrnis der Wirklichkeit Gottes herzukommen, nicht bloße Versicherung bleibt, sondern einer Bewahrheitung fähig ist". Deren Möglichkeit erblickt er darin, daß die Antwort Gottes der Frage des Menschen gegenüber vorgängig ist, und zwar in der Weise, daß sie diese allererst ermöglicht. Das besagt des genaueren: „Die Bewahrheitung des christlichen Redens von Gott kann nur so stattfinden, daß erst die Offenbarung Gottes selbst am Menschen und seiner Welt das aufdeckt, woran sie ihre Wahrheit erweist. So wäre das christliche Reden von Gott mehr als eine bloße Versicherung. Es könnte das Dasein des Menschen und der Welt, wie es im Lichte der biblischen Überlieferung enthüllt wird, daraufhin aber auch wirklich wahrnehmbar ist, als Zeugnis für die Wirklichkeit des biblischen Gottes in Anspruch nehmen" (G 365).

80

Will man diesen Gedanken auf eine kurze Formel bringen, dann könnte man sagen: Der Mensch vernimmt im Hören der Offenbarung die Wahrheit über sein Wesen. Reflektiert er nun darauf, daß das Verkündete seine Wahrheit ist, dann kann er von da aus sich der Wahrheit der Offenbarung versichern.

Doch wer garantiert, daß das von der Offenbarung Bezeugte die Wahrheit über den Menschen ist? Pannenberg lehnt ja ausdrücklich „eine der biblischen Gottesoffenbarung vorgegebene Instanz ..., an der sie sich zu legitimieren hätte", ab (G 365). Und doch behauptet er: Diese Abweisung „schließt nicht die Welt- und Selbsterfahrung von einer ... Kontrollfunktion aus". Betrachtet man jedoch diesen Zusammenhang näher, dann kommt zum Vorschein, daß das Welt- und Selbstverständnis die genannte Funktion nur ausüben kann, sofern es bereits christlich bestimmt ist. Es kann „Kontrolle des christlichen Offenbarungsanspruchs sein", weil es „unter dem Einfluß der christlichen Überlieferung verändert worden ist" (B 179). Die Offenbarung kann also nur bewahrheitet werden durch ein Verständnis, in das sie schon prägend und maßgebend eingegangen ist. Das aber heißt: Sie bewahrheitet sich im Zirkel. So zeigt sich: Auch der Versuch einer Begründung der natürlichen Theologie vom Gedanken der Sinnhaftigkeit her, wie ihn Pannenberg unternimmt, scheitert.

3. Begründung einer natürlichen Theologie in der Geschichte

Eigenartiger noch als die bisher besprochenen Versuche einer Begründung der natürlichen Theologie in der Anthropologie und im Gedanken der Sinnhaftigkeit ist das Bemühen Pannenbergs, aus Überlegungen über den Ablauf der Geschichte zu einer Bewahrheitung der Offenbarung Gottes zu gelangen. Seine allgemeine These lautet: Die „Offenbarungserkenntnis" ist „nicht übernatürlich" (O 100). Die „Selbstoffenbarung Gottes" (O 91) ist vielmehr eine „offen zutage liegende Wahrheit" (O 100), „jedem, der Augen hat zu sehen, offen"; sie ist ein „Geschehen von einer unbezweifelbaren Wirklichkeit" (O 98 f.), eine „aus sich klare und aus sich als wahr erweisbare Wahrheit"; kurz: Sie ist „evident" (G 233).

Das Feld, auf dem die Offenbarung in ihrer Evidenz sichtbar werden soll, ist für Pannenberg die Geschichte. „Die Selbstoffenbarung Gottes hat sich ... nicht direkt, etwa in der Weise einer Theophanie, sondern indirekt, durch Gottes Geschichtstaten, vollzogen" (O 91). „Gottes Offenbarung" zeigt sich „in der seine Gottheit erweisenden Geschichte" (O 101). Um das zu sehen, bedarf es nicht des Glaubens. Pannenbergs aufregende Behauptung lautet: Es läßt sich durch „unbefangene Wahrnehmung" der Ereignisse aufzeigen, daß die Geschichte Gott offenbart (O 101); eine dies begründende „Theologie der Geschichte" ist „prinzipiell historisch verifizierbar" (G 76).

Dementsprechend fordert Pannenberg, die Geschichte müsse in der strengen Weise historischer Untersuchung befragt werden; denn es ist „mit keinem zweiten Weg zuverlässiger Erkenntnis des Vergangenen neben der historisch-kritischen Forschung zu rechnen" (G 57). Das bedeutet freilich, daß sich diese nicht auf den Standpunkt versteifen darf, in der Geschichte handle es sich ausschließlich um Vorgänge auf der rein menschlichen Ebene. „Alle transzendente Wirklichkeit von vornherein auszuschließen", wäre eine unzulässige methodische Verengung (G 45). Wenn aber dieser Irrweg vermieden wird, dann, so meint Pannenberg, könne man zuversichtlich sein. Es müsse gelingen, „im historisch Feststellbaren selbst die Offenbarung Gottes zu finden". Etwa inbezug auf das „Geschick Jesu von Nazareth" werde man es „nicht prinzipiell von der Hand weisen dürfen, daß eine historische Erforschung dieses Geschehens auch ... seinen Offenbarungscharakter entdecken könnte und müßte" (G 62 f.).

Pannenbergs ungewöhnliche These macht es erforderlich, sich sein Geschichtsbild genauer zu vergegenwärtigen. Es ist durch den Blick auf die Geschichte Israels bestimmt. Das Entscheidende in dieser ist „die Spannung von Verheißung und Erfüllung"; sie „konstituiert die Geschichte" (G 25); ein Beispiel dafür ist die Inbesitznahme des Landes Kanaan, die von Gott verheißen worden und dann auch faktisch eingetreten ist. In solchen Zusammenhängen sieht Pannenberg „den geschichtlichen Selbsterweis Jahwes", und er redet demgemäß von einer „Evidenz der ... Jahwes Macht und Gottheit offenbarenden Geschichtstatsache" (O 91 f.). Das aber soll nicht nur aus dem Blickpunkt des israelischen Volkes gelten. Pannenberg betont ausdrücklich: „Nur die Oberflächlichkeit, die bei irdischen Vorgängen nichts außer menschlichen Veranstaltungen und Verstrickungen am Werke sieht, kann sich der Evidenz dieses Zusammenhangs entziehen" (O 103).

Das ist freilich eine seltsame Evidenz. Daß ein Ereignis die von Gott herbeigeführte Erfüllung einer göttlichen Verheißung ist, geht ja nicht unmittelbar aus diesem Ereignis als solchem hervor. In dem angeführten Beispiel etwa muß vordem schon die Voraussetzung gemacht worden sein, daß jene Verheißung auch tatsächlich ein Reden Gottes zum Volke Israel und nicht etwa nur die Selbstaussprache eines Wunsches dieses Volkes war. Der Glaube an die Wahrheit göttlicher Verheißungen liegt also der Überzeugung von dem evidenten Selbsterweis Gottes in der Geschichte schon von vorherein zugrunde; die „unbefangen" betrachteten Geschichtstatsachen als solche reichen dazu ersichtlich nicht aus.

Eine weitere Schwierigkeit tritt hinzu: daß nämlich der als evident bezeichnete Zusammenhang von Verheißung und Erfüllung überhaupt problematisch ist. Pannenberg weist selber darauf hin, „daß die Verheißungen von Gott anders erfüllt wurden, als sie seinerzeit von ihren ersten Empfängern verstanden worden sind" (G 35). Er sieht sich deshalb gezwungen, von der Betrachtung einzelner Geschehnisse in der Geschichte Israels zu Überlegungen über die Gesamtgeschichte überzugehen. In dieser nun glaubt er die gleiche Grundstruktur wie in jenen Geschehnissen zu finden. Auch „die Totalanschauung der Wirklichkeit als Geschichte" ist „von Verheißungen her auf Erfüllung ausgerichtet" (G 44).

„Die Geschichte als Ganzes" wird jedoch „nur sichtbar, wenn man an ihrem Ende steht" (O 104). Eine solche eschatologische Geschichtskonzeption wird etwa in der spätjüdischen Apokalyptik entworfen. Diese „erwartet den endgültigen Selbsterweis Jahwes ... im Zusammenhang der Endereignisse" (O 92), „als Ende der ganzen Weltgeschichte" (G 26). Pannenberg schließt sich dem an und folgert grundsätzlich, daß „nur die Gesamtgeschichte die Gottheit des Einen Gottes erweisen und dieses Resultat nur am Ende aller Geschichte sich ergeben kann" (O 106); erst von daher wird ein „Geschichtsplan Gottes" erkennbar (O 103).

Welche Bedeutung die Geschichte damit im Rahmen der Frage nach einer natürlichen Theologie erhält, geht daraus hervor, daß Pannenberg die Möglichkeit eines einheitlichen Geschichtsbildes grundsätzlich mit dem Gedanken Gottes verknüpft, sofern nur dieser „es ermöglicht, die Einheit der Geschichte ... zu denken" (G 75). Pannenberg geht sogar so weit zu sagen: „Die Einheit der Weltgeschichte ist auch heute noch nur vom Gott Israels her zugänglich" (M 103); das ist „die der geschichtlichen Wirklichkeit einzig angemessene Sicht" (G 76). Wenn nun Pannenberg daraus schließt, daß, wie eben schon zitiert, „die Gesamtgeschichte die Gottheit des Einen Gottes erweisen ... kann" (O 106), dann übersieht er, daß schon sein Ausgangspunkt — die Geschichte als ein nach einem göttlichen Plan sich vollziehendes Geschehen — nicht, wie er meint, aus der unbefangenen historischen Betrachtung als solcher hervorgeht, sondern unter der Voraussetzung des Gedankens eines planenden Gottes steht. Der Erweis Gottes aus der Einheit der Geschichte gründet somit in einem zirkelhaften Denken.

Das gleiche ergibt sich, wenn Pannenberg in anderen Zusammenhängen aus der Tatsache „der Einheit der Wahrheit", die er ihrerseits im Sinne „des Weges der Offenbarung" versteht (G 214), auf die Wirklichkeit Gottes schließen will. Es „bedeutet den Erweis der Wahrheit der christlichen Botschaft selbst, daß sie allein die Einheit der Wahrheit stiftet"; ja, das ist „der allein mögliche Erweis ihrer Wahrheit" (G 222). Dieser Erweis ist aber doch nur dann schlüssig, wenn man voraussetzt, daß es eine solche durch einen Plan bestimmte Einheit der Geschichte der Wahrheit gibt, wenn man also deren Betrachtung den Gedanken der Vorsehung Gottes von vornherein zugrundelegt. Was erwiesen werden soll, wird also in Wahrheit vorausgesetzt. Das Geschichtsdenken Pannenbergs bewegt sich auch hier im Zirkel.

Angesichts dessen ist offenbar, daß Pannenbergs Geschichtsbetrachtung in einem Glauben gründet. In der Tat setzt er, indem er den Gedanken eines Geschichtsplanes zugrundelegt, die Überzeugung von der Wahrheit der apokalyptischen Sicht auf die Geschichte voraus. Die Schwierigkeit besteht jedoch darin, daß eine solche „apokalyptische Schau" grundsätzlich nicht allgemein zugänglich, sondern die je einzelne Erfahrung eines Einzelnen, „eine außerordentliche Vision" ist (O 103). An deren Wahrheit also muß man, so scheint es, glauben, wenn man sich davon überzeugen will, daß die Endereignisse in der Aufdeckung des Einheit schaffenden Geschichtsplanes Gottes dessen endgültigen Selbsterweis bringen werden.

Dieser Schlußfolgerung könnte man nur entgehen, wenn es schon jetzt möglich wäre, nicht bloß in der individuellen Weise der vorausschauenden Vision, sondern allgemeinverbindlich das Ende der Geschichte zu erfassen und damit diese selber als ganze zu überblicken. Das nun ist, wie Pannenberg meint, in der Tat möglich: dadurch nämlich, daß in Jesus Christus und insbesondere in seiner Auferstehung von den Toten das Ende der Geschichte bereits vorweggenommen ist. „Die Auferweckung Jesu" hat „die Bedeutung, Vorausereignis des Endes zu sein" (O 107); „im Geschick Jesu ist das Ende aller Geschichte im voraus, als Vorwegnahme ereignet" (O 98). Jesus ist daher „als endgültiger Selbsterweis der Gottheit Gottes im Vorgriff auf das Ende alles Geschehens zu verstehen" (O 133).

Damit wird das Problem einer Bewahrheitung des Gedankens der Geschichte als eines Selbsterweises Gottes auf die Frage nach der Wahrheit der Auferstehung Jesu Christi zurückverwiesen. Diese aber ist, wie Pannenberg es sieht, ein Ereignis sui generis, unterschieden von allen anderen geschichtlichen Geschehnissen, die immer nur relative Bedeutung haben. Das „Christusgeschehen" hat als „einzelnes Geschehen absolute Bedeutung" (O 106).

Die Frage ist nun, wie ein solches einzelnes und doch absolutes geschichtliches Ereignis, das den Gedanken der Geschichtsoffenbarung Gottes bewahrheiten soll, selber bewahrheitet werden kann. Pannenberg stellt hierzu eine erstaunliche Behauptung auf: Daß Jesus Christus die absolute Offenbarung Gottes ist, kann man schlechthin wissen, und zwar in völliger Gewißheit. Es geht dabei um eine „schlichte und keineswegs übernatürliche Wahrheit" (O 100). „Man kann ... wissen, daß die Auferweckung des Gekreuzigten der eschatologische Selbsterweis Gottes ist" (O 105). Das ist eine „vor aller Augen offenkundige Wahrheit" (O 99), „unzweifelhaft gewiß" (O 101), „selbstevident" (O 114).

84

Pannenberg kann jedoch diese Evidenz offenbar nicht aufzeigen, wenigstens nicht auf dem von ihm postulierten Wege der historisch-kritischen Forschung. Zwar sagt er: „Daß Jesus Christus ... die schon eingetretene Vollendung der Geschichte ist, wird ein Christ auch empirisch bestätigt finden" (G 73). Doch diese Behauptung wird dann dadurch eingeschränkt, daß die empirische Bestätigung in die Zukunft verlegt wird. „Der Glaubende kann nur vertrauen, daß die Tatsächlichkeit des Geschehens, auf das er sich gegründet weiß, sich im Fortgang historischen Forschens immer wieder durchsetzen wird" (G 59). Schließlich kommt es zu der emphatisch-prophetischen These: „Es wird der Tag kommen, wo die empirische Bestätigung der christlichen Erkenntnis von Jesus Christus als Vollendung der Geschichte von allen Menschen, freudig oder widerwillig, anerkannt sein wird" (G 73).

In der Gegenwart dagegen bewahrheitet sich die Gewißheit, daß das Christusgeschehen die absolute Offenbarung ist, nur im „Vertrauen", das der „Glaubende" besitzt. Damit aber zeigt sich: Der Versuch Pannenbergs, die Offenbarungserkenntnis der Sphäre des Glaubens zu entziehen und der natürlichen Einsicht zuzuweisen, scheitert. Die Begebenheiten, von denen die christliche Verkündigung spricht, sind zwar als solche möglicherweise historisch verifizierbar. In ihrem Charakter als Taten Gottes aber sind sie nicht ohne die Voraussetzung des Glaubens aufzuweisen. Der Satz: „Man muß keineswegs den Glauben schon mitbringen, um in der Geschichte Israels und Jesu Christi die Offenbarung Gottes zu finden" (O 100 f.), findet in der Ausführung, die Pannenberg seinem Gedanken gibt, keine Bestätigung und keinen Erweis.

Allerdings will Pannenberg den Glauben so verstehen, daß ihm ein Wissen vorhergeht. Er behauptet eine „Begründung des Glaubens durch ein vorausgesetztes Wissen" (G 255); denn „man vertraut nicht blind, sondern auf Grund eines als zuverlässig erachteten greifbar Gegebenen". Dieses vorausgesetzte Wissen nun soll eben jene unmittelbare Einsicht in die geschichtlichen Ereignisse als Geschehnisse der Offenbarung Gottes sein; denn „durch die unbefangene Wahrnehmung dieser Ereignisse" wird „der echte Glaube erst geweckt" (O 101).

Pannenberg macht jedoch selbst darauf aufmerksam, daß ein solches Wissen problematisch ist. Zwar behauptet er: „Die Wahrheit" ist „evident" und kann „als evident auch dargetan werden" (G 233); es gibt Gewißheit im Sinne „eines ausweisbaren Wissens vom Geschick Jesu und von dessen Bedeutung" (G 223). Aber er redet dann doch auch wieder vom „Wahrscheinlichkeitscharakter unseres Wissens von dem ... vergangenen Geschehen" und betont, „die Vernunft" sei nur „sicher ... nach dem Maße der vernünftigerweise in solchen Dingen zu verlangenden Sicherheit" (G 66). Zudem behauptet er, es handle sich um eine „Erkenntnis", die der Mensch „nicht aus sich selbst hat", sofern „niemand aus eigener Vernunft und Kraft zur Erkenntnis Gottes kommt" (O 100). Schließlich verweist er auch hier wieder auf die Zukunft. Geschichte als Offenbarung ist, „wenn nicht jetzt, dann doch prinzipiell und zumindest in der Zukunft als wahr erweisbar" (G 234).

Wird seine These von der sichtbaren Offenbarung Gottes in der Geschichte nicht anerkannt, dann greift Pannenberg zu der Auskunft, die der Theologe allzurasch bereit hat: daß es nämlich „seltsamerweise Verblendete gibt, die die offen zutage liegende Wahrheit nicht sehen wollen". Pannenberg ist sich durchaus darüber im klaren, daß dies die allgemeine und natürliche Situation des Menschen ist. Jenen Begebenheiten gegenüber sind „viele Menschen verblendet ..., ja zunächst doch wohl alle Menschen". Aber die Einsicht, daß die Geschichte für den Menschen unmittelbar gerade nicht als Offenbarung Gottes einsichtig wird, führt Pannenberg nicht dazu, im Blick auf seine Theorie bedenklich zu werden. Er interpretiert jenes Nicht-sehen-wollen vielmehr im Anschluß an die Tradition als „Tendenz des auf sich beharrenden Eigenwillens" und damit als „Sünde". Er selber aber beruft sich auf sein besseres Wissen, und zwar so, daß er die Gegenposition abwertet. „Die Theologie hat gar keinen Anlaß, dem Standpunkt der Verblendung ... die Würde der allgemeinen vernünftigen Wahrheit zuzubilligen"; die Menschen müssen „zur Vernunft gebracht werden ..., damit sie recht hinsehen" (O 99 f.). Darin aber bekundet sich, daß Pannenberg eben gerade nicht die natürliche, sondern die im Hören auf die göttliche Botschaft zurechtgebrachte Vernunft zugrundelegt.

Das findet schließlich darin seine Bestätigung, daß auch Pannenberg nicht umhin kann, eine Erleuchtung als Voraussetzung der Erfahrung der göttlichen Wahrheit anzunehmen. Es soll „nicht bestritten sein, daß — nicht im Hinblick auf die Wahrheit des Inhalts der Christusbotschaft, wohl aber im Hinblick auf den seelischen Vollzug ihrer Erkenntnis — eine Erleuchtung nötig ist, damit einem Menschen das von sich aus Wahre auch als solches einleuchtet" (G 232).

Das mit so großer Zuversicht begonnene Unternehmen Pannenbergs, aus dem Faktum der unbefangen betrachteten Geschichte die Wirklichkeit Gottes zu erweisen, scheitert also in allen Punkten. Seine „Theologie der Geschichte" (G 76) ist keine natürliche, keine Philosophische, sondern eine glaubende Theologie.

Blickt man schließlich auf das Ganze von Pannenbergs Denken zurück, so zeigt sich: Sein dreifacher Versuch, zu einer natürlichen Theologie zu gelangen — über die Anthropologie, über den Gedanken der Sinnhaftigkeit, über die Geschichte — führt nicht zum Ziel. Auch hier also, wo die protestantische Theologie der Gegenwart am entschiedensten aus dem Bereich der ausschließlichen Begründung im Glauben ausbrechen will, bleibt sie diesem verhaftet.

§ 109. Die Religionsphilosophie beim frühen Tillich

1. Das Problem der Religionsphilosophie

Wenn einer unter den protestantischen Theologen der Gegenwart es verdient, im Hinblick auf die Problematik der Philosophischen Theologie befragt zu werden, so ist es Paul Tillich[1]. Das zeigt sich schon früh in seinem Denken. Zwar spricht er in seinen ersten Schriften[2] noch nicht ausdrücklich von Philosophischer Theologie, sondern von Religionsphilosophie. Aber so, wie er diese beschreibt, ist sie keine bloße Phänomenologie der Religion. Tillich stellt vielmehr unter diesem Titel mit aller Entschiedenheit die Frage nach einer philosophischen Erfassung Gottes.

Er beginnt mit einem selbstverständlich klingenden Satz: „Gegenstand der Religionsphilosophie ist die Religion". Diese Selbstverständlichkeit ist jedoch für ihn in Wahrheit alles andere als selbstverständlich. „Schon diese einfache Worterklärung enthält ein Problem, das Grundproblem der Religionsphilosophie überhaupt: In der Religion tritt der Philosophie ein Objekt entgegen, das sich dagegen sträubt, Objekt der Philosophie zu werden" (I 297).

Tillich nähert sich dieser Problematik, indem er zunächst einmal das Phänomen der Religion genauer untersucht. Das geschieht in Abgrenzung gegen den Begriff der Offenbarung. Dabei macht er von einem engeren Begriff von Religion Gebrauch, den er im Folgenden dann in einen weiteren Begriff auflöst. Die Offenbarung „spricht von göttlichem . . . Tun", die Religion dagegen von „menschlichem Tun". Die Offenbarung redet „von einem einmaligen, in sich geschlossenen, absoluten Geschehen", die Religion dagegen „von immer wiederkehrenden, nie abgeschlossenen, nur relativen Vorgängen". Die Offenbarung befaßt sich mit dem „Hereintreten einer neuen Wirklichkeit in Leben und Geist", die Religion dagegen mit „einer gegebenen Lebenswirklichkeit und einer notwendigen Geistesfunktion". Kurz: Die Offenbarung spricht „vom Jenseits der Kultur",

---

[1] Die Schriften Tillichs werden zitiert nach: Gesammelte Werke, bisher 12 Bände, Stuttgart 1959 ff.

[2] Für die Darstellung der Philosophischen Theologie des frühen Tillich werden herangezogen: „Religionsphilosophie", 1925, und „Die Überwindung des Religionsbegriffs in der Religionsphilosophie", 1922, beide zuletzt erschienen im I. Band der Gesammelten Werke.

die Religion dagegen „von Kultur". Und so gilt: Ein Begriff wie „Offenbarung" steht „in deutlichem Gegensatz zum Begriff der Religion" (I 297).
    In anderem Zusammenhang faßt Tillich jedoch den Begriff der Religion
nicht in diesem engeren Sinn, sondern erweitert ihn so, daß er auch das
Moment der Offenbarung in sich enthält. Denn „die Religion . . . will . . .
Offenbarung . . . , sie will Gott". Damit erhält der Begriff der Religion
eine doppelte Ausrichtung. Er „bringt Göttliches und Menschliches auf
eine Ebene" (I 382). Eben aus dieser Verbindung von Gegensätzlichem
aber erwächst seine innere Problematik.
    Denn der so verstandenen Religion gegenüber befindet sich die Philo-
sophie in einer mißlichen Situation. Sie kann offenbar nur das menschliche, das kulturelle Moment erfassen, während sich ihr das Moment der
Offenbarung verschließt. „Die Religionsphilosophie ist also der Religion
gegenüber in der eigentümlichen Lage, daß sie das Objekt, das sie erfassen
soll, entweder auflösen oder sich vor ihm aufheben muß. Beachtet sie den
Offenbarungsanspruch der Religion nicht, so verfehlt sie ihr Objekt und
spricht nicht von der wirklichen Religion. Erkennt sie den Offenbarungsanspruch an, so wird sie zur Theologie" (I 297). Anders formuliert: Die
Religionsphilosophie ist entweder R e l i g i o n s philosophie, dann kann sie
nicht Philosophie sein, oder sie ist Religions p h i l o s o p h i e, dann kann
sie die Religion nicht in ihrem wesentlichen Aspekt erfassen. Diese Situation aber findet Tillich unerträglich; denn dabei „zerbricht die Einheit des
Bewußtseins". So sucht er denn nach einer „inneren Überwindung des
Gegensatzes". Diese — und damit die Religionsphilosophie — wird für
ihn dadurch möglich, daß es „in der Offenbarungslehre wie in der Philosophie einen Punkt" gibt, „in dem beide eins sind" (I 298 f.).

2. Das Unbedingte in der Philosophie

    Diesen Einheitspunkt aufzuweisen kann nur gelingen, wenn gezeigt
werden kann, daß die Philosophie von sich aus die Möglichkeit bietet, auch
das offenbarungsmäßige Moment der Religion zu erfassen. In dieser Absicht muß zunächst gefragt werden, was denn überhaupt Philosophie für
Tillich bedeutet. Er bestimmt sie als die „Wissenschaft von den Sinnfunk-
tionen und ihren Kategorien" (I 306) oder als die „Lehre vom Aufbau
der Sinnwirklichkeit" (I 318). Hinter dieser Begriffsbestimmung der
Philosophie steht somit die Auffassung, daß die Wirklichkeit sinnhaft ist.
Demgemäß hat die Philosophie die Aufgabe, „die Sinnprinzipien aus der
Sinnwirklichkeit herauszuheben". Die Annahme einer Sinnhaftigkeit der
Wirklichkeit ist freilich eine Voraussetzung, und sie wird von Tillich auch
ausdrücklich als solche gekennzeichnet. Die von ihm verwendete „Methode

... muß voraussetzen, daß die Sinnprinzipien, denen sich das Bewußtsein im geistigen Akt unterwirft, zugleich die Sinnprinzipien sind, denen das Sein unterworfen ist" (I 307). Das ist jedoch, wie sich unten zeigen wird, keineswegs selbstverständlich.

Ist die Philosophie Lehre von den Sinnprinzipien, dann ist ihre „erste Aufgabe eine Analyse des Sinnes selbst" (I 318). Tillich macht sich daran und gibt drei Momente an, die für jedes Sinnbewußtsein charakteristisch seien.

Das erste ist „das Bewußtsein des Sinnzusammenhanges, in dem jeder einzelne Sinn steht und ohne den er sinnlos würde" (I 318). Das ist zweifellos richtig gesehen. Jedes einzelne Sinnhafte verweist auf ein anderes, von dem her es seinen Sinn erhält; das gegenwärtige Tun eines Menschen etwa bekommt seinen Sinn aus dem Lebensplan, den er sich gemacht hat. Davon wird bei Gelegenheit der systematischen Analyse des Begriffs des Sinnes, wie sie im IV. Teil dieses Buches gegeben werden soll, ausführlich die Rede sein.

Das zweite Moment besteht darin, daß alles Sinnhafte über den Sinnzusammenhang hinweg auf einen unbedingten Sinn verweist. Ohne einen solchen würde alles, was als sinnhaft erscheint, in eine letzte Sinnlosigkeit abstürzen. So postuliert Tillich um der Sinnhaftigkeit des Einzelnen willen „das Bewußtsein um einen unbedingten Sinn, der in allem Einzelsinn gegenwärtig ist" (I 318). Auch das ist einsichtig. In der Tat würde sich das einzelne als sinnhaft Erscheinende als sinnlos darstellen, wenn es nicht in einem unbedingten Sinn gehalten würde. Und das gilt für das Phänomen des Sinnes, unabhängig davon, ob man einen solchen unbedingten Sinn als wirklich setzt oder verwirft.

Tillich erwähnt noch ein drittes Moment im Begriff des Sinnes, nämlich „das Bewußtsein um eine Forderung, unter der jeder Einzelsinn steht, den unbedingten Sinn zu erfüllen" (I 318). Damit wird eine Tendenz jedes einzelnen Wirklichen angenommen, im Horizont der Unbedingtheit sinnhaft zu werden. Daß dieser Gedanke problematisch ist, ist einsichtig.

Entscheidend ist, wie ohne weiteres einleuchtet, das zweite Moment: der Gedanke des unbedingten Sinnes. Das erste Moment, der Gedanke des Sinnzusammenhanges, führt darauf hin; das dritte Moment, der Gedanke der Forderung nach Sinnerfüllung, leitet sich daraus ab. Was also hat es mit dem unbedingten Sinn auf sich? Als unbedingter verweist er auf keinen ihm übergeordneten Sinn zurück. Er ist der Grund alles Sinnes, sofern alles Einzelne als sinnhaftes letztlich in ihm ruht und von ihm her sinnhaft wird. So nennt ihn Tillich denn auch den Sinngrund. Als solcher ist er kein Einzelsinn, sondern die Sinnhaftigkeit des Ganzen. Die „Unbedingtheit des Sinnes ist ... nicht selbst ein Sinn, sondern sie ist der Sinngrund" (I 319).

Tillich müht sich darum, das Mißverständnis zu vermeiden, als sei dieser Sinngrund etwas Statisches, ein umrissenes Seiendes, in dem jedes Sinnhafte unveränderlich gegründet ist. Er will zeigen, daß der unbedingte Sinngrund ständig in neuen Arten der Sinnhaftigkeit zur Erscheinung kommt und daß dies seine Seinsweise ist. Das aber heißt: Er sieht ihn als unaufhörlich produktiv an. „Die Sinnhaftigkeit alles Sinnes ist der Grund, aber auch der Abgrund jedes Sinnes ... Die unbedingte Sinnhaftigkeit alles Sinns beruht auf dem Bewußtsein um die Unerschöpflichkeit des Sinngrundes" (I 319).

Wieder aber zeigt sich: Der unbedingte Sinn wird nicht unmittelbar an den Phänomenen gefunden; er ist eine Voraussetzung, unter der diese betrachtet werden. So spricht denn auch Tillich selber von der „Voraussetzung einer unbedingten Sinnhaftigkeit in jedem Sinnakt" (I 319). Das aber besagt: Sein Entwurf des Wesens der Philosophie ruht auf dem Grunde einer undiskutierten und unbegründeten Annahme von Sinn. Diese jedoch ist, wie sich in den Erörterungen des IV. Teiles dieses Buches zeigen wird und wie es schon im ersten Bande durch den Hinweis auf Nietzsche deutlich geworden ist, aufs äußerste problematisch. Die Wirklichkeit könnte ja bis zu den in Wahrheit oder vermeintlich sinnschaffenden Eingriffen des Menschen in der Sinnlosigkeit verharren. So steht Tillichs Denken von vornherein unter einer unausgewiesenen Voraussetzung: daß nämlich die Wirklichkeit sinnhaft sei.

3. Das Unbedingte in der Religion

Nunmehr ist die leitende Frage wieder aufzunehmen. Es geht Tillich darum, den Vereinigungspunkt zwischen Philosophie und Religion zu finden. Er erblickt ihn eben in jenem Unbedingten, das die Philosophie zu ihrem höchsten Gegenstande hat. Darauf aber zielt auch die Religion. „Richtet sich das Bewußtsein ... auf den unbedingten Sinn ..., so liegt Religion vor"; „Religion ist Richtung auf das Unbedingte" (I 320).

Hier nun ist wichtig: Es liegt Tillich alles daran, das Mißverständnis abzuwehren, als handle es sich bei der Religion um einen abgesonderten Bereich des menschlichen Daseins. Er betont, „daß die Religion keine Funktion neben anderen ist, sondern die alle Funktionen tragende Wendung des Geistes zum Unbedingten" (I 350). So zieht sie sich durch alle kulturellen Erscheinungen hindurch. „Jeder schöpferische Kulturakt" ist von der Art, daß „in ihm ... der Sinn des Unbedingten" mitschwingt (I 332). Das besagt: „Jeder kulturelle Akt" ist „substantiell religiös"; denn „er ruht auf dem Sinngrund" (I 320); „das Moment der Unbedingtheit" ist „in allem enthalten" (I 379). Das gilt für die Erkenntnissphäre ebenso wie für die ästhetische Sphäre, für die Rechtssphäre ebenso wie für die Gemeinschaftssphäre (vgl. I 324—326). „Religion" ist „die Erfahrung des Elementes des Unbedingten in allen anderen Funktionen" (I 10); „durch jedes Wirkliche" ist „erfaßbar ein Unbedingt-Wirkliches" (I 379).

Nun läßt sich auch die eingangs des Paragraphen gestellte Frage nach dem Vereinigungspunkt von Philosophie und Religion beantworten. Das Moment ihrer Einheit ist eben „der Begriff des Unbedingten" (I 368). Auf das Unbedingte richtet sich die Philosophie, auf das Unbedingte zielt die Religion.

An diesem Punkt der Einheit von Philosophie und Religion wird nun auch einsichtig, was zu Beginn dieses Paragraphen behauptet wurde: daß Tillichs Religionsphilosophie den Charakter einer Philosophischen Theologie trägt. Denn der Begriff des Unbedingten wird dem Gottes gleichgesetzt. So ist etwa im Abstand weniger Zeilen von der „Gewißheit des Unbedingten" und von der „Gottesgewißheit" die Rede (I 368). Oder Tillich kann von der „Religionsphilosophie" sagen, daß sie „vom Unbedingten, ... von Gott ausgeht" (I 384). Oder er setzt „das Moment der Unbedingtheit" mit „Gott" gleich (I 379). Aber freilich: Der Begriff des Unbedingten ist für Tillich wesentlicher als der Begriff Gottes. „ ‚Gott' ist das Symbol für das Unbedingte; aber er ist ein Symbol" (I 334). Ein Symbol jedoch ist „die uneigentliche Ausdrucksform, die immer da notwendig ist, wo ein eigentlicher Ausdruck wesensmäßig unmöglich ist" (I 328). Indem so der Begriff des Unbedingten den Vorrang vor dem Gottes erhält, geschieht eine Abwendung vom Gott der Theologie und eine Hinwendung zum Begriff eines philosophisch gedachten Gottes.

4. Die Gewißheit des Unbedingten

Fragt man nun aber, woher Tillich die Gewißheit von Gott als dem Unbedingten erhält, so bekommt man keine argumentierende Antwort mehr. Es wird einfach dekretiert: „Die Gewißheit des Unbedingten ist unbedingt" (I 368). Sie „ist die fundierende Gewißheit, von der aller Zweifel ausgehen kann, die aber selbst nie Gegenstand des Zweifels sein kann" (I 327 f.).

Hier fällt Tillich jedoch hinter einige der ihm vorausgehenden Denker der Philosophischen Theologie zurück, etwa hinter Fichte, Schleiermacher, Schelling, Hegel. Sie alle haben sich, wie im ersten Band gezeigt worden ist, intensiv darum gemüht, einen Weg zu weisen, der zum Unbedingten führt und der dessen Annahme notwendig macht. Für Tillich dagegen ist „das Unbedingte" einfachhin „absolute Voraussetzung" (I 378). Ausdrücklich betont er: „Es gibt keine Stufen, die zum Unbedingten führen"

(I 376). Und doch soll in aller bedingten Gewißheit die unbedingte Gewißheit mit anwesend sein. Zwar ist „die Gottesgewißheit schlechterdings unabhängig von jeder anderen vorausgesetzten Gewißheit". Aber es gibt „überhaupt keine Gewißheit, in der nicht die Gottesgewißheit implicite enthalten wäre" (I 378). Wie die unbedingte Gewißheit jedoch aus der bedingten herausgehoben, ja überhaupt nur in ihr erblickt werden kann, wird von Tillich nicht mehr erörtert.

Es gibt nur gelegentliche Andeutungen, die jedoch nicht weiter ausgeführt werden. So kann Tillich sagen: Es „schaut die Intuition das Unbedingt-Wirkliche" (I 386). Oder: „Das Erkennen unter der Gegenwart des Unbedingten ist Inspiration". Aber das wird nicht näher dargelegt. Zudem wird es sofort wieder als „Paradox", als „einfacher Widerspruch" aufgehoben (I 381). So bleibt als letzte Auskunft: „Gott wird nur erkannt aus Gott" (I 388). Das aber heißt: Es wird auf eine Hinführung des endlichen Denkens zur absoluten Gewißheit verzichtet.

Damit scheint die Frage nach der Gewißheit des Unbedingten in eine Richtung gedrängt zu werden, die sich der Theologie der Offenbarung nähert. Dafür spricht auch, daß Tillich nun vom Glauben spricht. „Gott ist das im Glauben gemeinte Objekt und außerdem nichts" (I 333). Dieser Glaube aber „ist immer Offenbarungsglaube" (I 353).

Doch was versteht Tillich unter „Glauben" und „Offenbarung"? Er beschränkt den Glauben nicht auf den spezifisch christlichen Bereich, und er versteht die Offenbarung nicht nur als die in Jesus Christus geschehende. „Glaube" ist vielmehr allgemein „Richtung auf das Unbedingte" (I 331), und „Offenbarung" ist „der Durchbruch des unbedingten Sinngehaltes durch die Sinnform" (I 353). So wird die Frage nach dem Erweis der Gewißheit des Wissens vom Unbedingten auch durch die Heranziehung von Glauben und Offenbarung nicht gelöst. Es bleibt dabei: Tillich macht keine ernsthafte Anstrengung, seinen religionsphilosophischen Entwurf wahrhaft zu begründen.

In all dem zeigt sich: Die Philosophische Theologie des frühen Tillich ist aufs äußerste problematisch. Die Sinnhaftigkeit alles Wirklichen wird allzu selbstverständlich vorausgesetzt. Auch die These eines unbedingten Sinnes wird nicht nachgewiesen. Ebensowenig wird begründet, daß es notwendig ist, in allem Bedingten ein Unbedingtes, Gott, anzunehmen. Der Entwurf des frühen Tillich erhält damit etwas Vages; sein Gott ist letztlich nur ein romantisches Postulat.

1. Philosophische und kerygmatische Theologie

Während für den frühen Tillich die Problematik der Religionsphilosophie im Mittelpunkt steht, befaßt sich der spätere Tillich[1], wo er nicht rein als christlicher Theologe redet, ausdrücklich mit der Philosophischen Theologie als solcher. Zu Beginn eines Vortrages über „Philosophie und Theologie" schreibt er: „Der ungewöhnliche Name für den Lehrstuhl, den ich vertrete, ist ‚philosophische Theologie'. Für mich paßt diese Bezeichnung besser als jede andere, da die Grenzlinie zwischen Philosophie und Theologie das Zentrum meines Denkens und Arbeitens ist" (V 110). So stellt sich denn die Frage, ob er wirklich im echt philosophischen Sinne Philosophische Theologie treibt, oder ob auch bei ihm — wie bei jedem der bisher besprochenen christlichen Theologen — offenbarungstheologische Gesichtspunkte und Voraussetzungen mit im Spiel sind oder gar die Konzeption der Philosophischen Theologie entscheidend bestimmen.

Zunächst hat es den Anschein, als wolle Tillich die Philosophische Theologie streng von der Theologie der Offenbarung abgrenzen. Er unterscheidet „zwei Typen der Theologie: eine philosophische und eine ... ‚kerygmatische'". Die letztere ist, dem Wortsinn von „kerygma, ‚Botschaft'", entsprechend, „eine Theologie, die den Gehalt der christlichen Botschaft in einer geordneten und systematischen Weise wiederzugeben versucht, ohne Bezugnahme auf die Philosophie". Ihr steht gegenüber „eine Theologie ..., die einen philosophischen Charakter hat": eben „die philosophische Theologie" (V 110 f.).

Tillich stellt allerdings fest, daß es diese beiden „Typen der Theologie" nicht in reiner Form gibt. Das gilt zunächst für die kerygmatische Theologie. „Niemals existierte eine kerygmatische Theologie, die nicht philosophische Begriffe und Methoden verwendete". Das ist einleuchtend. Befremdlicher dagegen ist der parallele Hinweis auf die Philosophische Theologie: „Niemals existierte eine philosophische Theologie, sofern sie den Namen ‚Theologie' verdiente, die nicht den Gehalt der Botschaft zu erklären versuchte" (V 111).

---

[1] Zur Zitierweise vgl. § 109, Anm. 1. — In einer verkürzten Fassung sind die obigen Gedanken bereits dargestellt in: Wilhelm Weischedel, Paul Tillichs Philosophische Theologie, Ein ehrerbietiger Widerspruch, in: Der Spannungsbogen, Festgabe für Paul Tillich zum 75. Geburtstag, Stuttgart 1961. Eine knappe Darstellung des Denkens Tillichs bietet die Schrift: Wilhelm Weischedel, Denker an der Grenze, Paul Tillich zum Gedächtnis, Berlin 1966.

Damit scheint die an Tillich gestellte Frage bereits beantwortet zu sein, und zwar in der Richtung, daß auch in seiner Konzeption einer Philosophischen Theologie offenbarungstheologische Voraussetzungen und Setzungen wirksam sind. Dem stehen jedoch andere Äußerungen Tillichs gegenüber. So schreibt er: „Es gibt nichts im Himmel und auf Erden und jenseits davon, dem sich der Philosoph unterwerfen müßte außer dem universalen logos des Seins, wie er sich ihm in der Erfahrung mitteilt" (S I 37). Und weiter: Die Philosophie „anerkennt keine Bindung an besondere Traditionen oder Autoritäten", und dies so wenig, „daß ein Denker, der sich der Intention nach" solchen Mächten „unterwirft, aufhört, ein Philosoph zu sein" (V 119). Die Philosophische Theologie Tillichs ist also offenbar eine ambivalente Sache: gebunden an die Offenbarung und frei von dieser, abhängig und souverän. Deshalb muß sie, ehe über sie geurteilt werden kann, erst einmal im Blick auf ihre eigenste Intention untersucht werden.

2. Philosophie und philosophische Grunderfahrung

Im Zuge seiner Wesensbestimmung der Philosophischen Theologie holt Tillich weit aus und fragt zunächst nach dem Wesen der Philosophie überhaupt. Seine Antwort lautet: „Die Philosophie stellt die letzte Frage, die Frage nach dem, was Sein, einfach Sein bedeutet" (V 112). Demgemäß ist sie in ihrem „Zentrum" „Ontologie" (V 141). Diese Bestimmung könnte den Anschein erwecken, als weise Tillich der Philosophie eine rein formale Aufgabe zu. Tatsächlich betont er: „Die Ontologie ist kein spekulativer oder phantastischer Versuch, eine Welt hinter der Welt aufzubauen" (S I 28). Darum braucht sie aber nicht bloß formal zu sein. Im Gegenteil: Sie ist von einem unendlichen Reichtum. „Die Frage, was es bedeutet, wenn man sagt, daß etwas i s t", „ist die einfachste, tiefste und absolut unerschöpfliche Frage ... Dieses Wort ‚ist' verbirgt das Rätsel aller Rätsel" (V 141).

Tillich geht nun weiter so vor, daß er nach dem Ursprung der Philosophie im Menschen fragt, also danach, woraus „Philosophie geboren wird". Des genaueren forscht er nach der „Erfahrung" (V 112), die das Philosophieren hervorgehen läßt. Das ist unzweifelhaft ein fruchtbarer Ansatz, wenn anders alles lebendige Denken in Grunderfahrungen wurzelt.

Die philosophische Erfahrung wird von Tillich als „der philosophische Schock, die philosophische Erschütterung" beschrieben (V 112). Es ist die Erfahrung, daß das Seiende, dessen wir uns im unmittelbaren Dasein sicher zu sein meinen, und wir selbst, die wir uns zunächst in unbezweifelter Gewißheit unseres Seins wissen, möglicherweise nicht sein könnten, also „der Schock des möglichen Nichtseins" (S I 193). Tillich gibt davon eine anschauliche Darstellung. Der philosophische Schock widerfährt dem Menschen, wenn dieser in den mannigfaltigen Weisen der Angst entdeckt, daß die „Wirklichkeit" das „‚Stigma' der Endlichkeit" an sich trägt (S I 133), daß er selber dem Nichtsein in Gestalt von „Schicksal und Tod", von „Leere und Sinnlosigkeit", von „Schuld und Verdammung" ausgeliefert ist (XI 5) und daß schließlich in der „Grenzsituation", in der „die menschliche Möglichkeit schlechthin zu Ende" ist (VII 74), also in der Situation der „Verzweiflung, ... das Nichtsein ... als absoluter Sieger empfunden wird"(XI 48).

Diese Erfahrung des möglichen Nichtsein führt zu der zentralen philosophischen Frage. Die „Bedrohung durch das Nichtsein ... ruft den ‚ontologischen Schock' hervor", aus dem „die philosophische Grundfrage — die Frage nach Sein und Nichtsein" — erwächst (S I 137): „der ungeheure Impetus der Fragen: Was ist der Sinn des Seins? Warum ist Sein und nicht vielmehr Nichtsein?" (V 112). Der Ursprung der Philosophie ist somit — wie sich in der Tat in einer Darstellung der Geschichte der Philosophie unter dem Gesichtspunkt ihrer letzten Voraussetzungen zeigen läßt — die Erfahrung der Endlichkeit. „Es ist ... unsere Endlichkeit in ihrer Wechselbeziehung mit der Endlichkeit unserer Welt ..., die uns die Frage nach dem Sein stellen heißt" (V 145).

3. Philosophie als Philosophische Theologie

Mit der Herleitung der Seinsfrage — der philosophischen Grundfrage — aus dem ontologischen Schock ist noch nichts über das Problem einer Philosophischen Theologie ausgemacht. Tillich behauptet zwar, „die Endlichkeit des Seienden" treibe „uns zu der Frage nach Gott" (S I 196). Das geht jedoch offensichtlich aus der bloßen Tatsache der Endlichkeit nicht hervor, auch wenn Tillich betont: „In jedem Endlichen ist ein Element gegenwärtig, das das Endliche transzendiert" (S I 241); „Gott ist die Antwort auf die Frage, die in der Endlichkeit des Menschen liegt" (S I 247). Das sind Behauptungen, keine Erweise. Auch durch den Hinweis auf Erschütterung, Angst und mögliches Nichtsein werden diese Thesen nicht einsichtiger. Denn was den Menschen in all diesen Erfahrungen zutiefst betrifft, könnte ja auch — wie der frühe Heidegger behauptet und wie es im Paragraphen 91 des ersten Bandes dargestellt worden ist — das Nichts sein.

Einen Schritt weiter führt es, wenn Tillich näher erläutert, was sich in „Erschütterung" und „Schock" bereits angekündigt hat: daß das Philosophieren für den Menschen existentielle Bedeutung besitzt, weil die „Existenz" des Philosophen „in sein Fragen mit einbezogen" ist (V 148). Insofern ist die Seinsfrage „die menschlichste Frage" (V 114). Zwar „kann die Philosophie ihre existentielle Grundlage vernachlässigen und sich mit dem Sein und dem Seienden beschäftigen, als wenn sie uns nichts angingen" (V 116). Aber das wäre Verrat an ihrem eigensten Wesen. Denn „der Sinn des Seins" ist für den Menschen „das, was ihn im tiefsten Grunde angeht" (V 114). „Das Sein ist ein unendliches Anliegen" für den Philosophen, „da seine eigentliche Existenz in dieser Frage beschlossen liegt" (V 169).

Diesen Tatbestand drückt Tillich auch so aus, daß er der philosophischen Frage Unbedingtheit zuspricht. Als „Frage nach dem Sein" hat sie „unbedingten Charakter" (V 169). Mit dem Ausdruck „unbedingt", der schon in der Religionsphilosophie des frühen Tillich die entscheidende Rolle spielt, ist das Stichwort gefallen, das den weiteren Weg Tillichs auf eine Philosophische Theologie zu bestimmt. „Die Frage nach Gott kann gestellt werden, weil im Akt des Fragens ein unbedingtes Element enthalten ist" (S I 243). An anderer Stelle freilich bezeichnet Tillich die Tatsache, „daß uns etwas unbedingt angehen kann", als „eine allgemein-menschliche Möglichkeit —, gleichgültig, was der Inhalt dieses unbedingten Anliegens ist" (S II 16): „ob wir es ‚Gott' oder ‚das Sein an sich' oder ‚das Gute an sich' oder ‚die Wahrheit an sich' nennen, oder ob wir ihm sonst einen Namen geben" (VI 9). Und doch sagt Tillich ausdrücklich: „Gott ... ist der Name für das, was den Menschen unbedingt angeht" (S I 247).

Die Philosophie enthält also ein theologisches Moment, und zwar aus dem Ursprung des Philosophierens heraus. Die existentielle Erfahrung des philosophischen Schocks in der Unbedingtheit des in ihr Erfahrenen „führt uns zum Wendepunkt ..., an dem die Philosophie ... theologischen Charakter zeigt" (V 114). „Das existentielle Fragen" ist eine „theologische Leidenschaft" (V 119). „Den Impuls zur Philosophie" gibt „ein theologisches Element" (V 116). Die Philosophie wird damit zur Philosophischen Theologie, und Tillich kann sagen: Der Philosoph hat seine „versteckte Theologie ... Jeder schöpferische Philosoph ist ein heimlicher Theologe" (S I 33).

Der Weg Tillichs zum Gottesbegriff und zur Philosophischen Theologie ist freilich nicht ohne Problematik. Er führt über das Unbedingte; aber dieses läßt sich nicht erweisen. „Es ist sinnlos, nach der Unbedingtheit des Unbedingten zu fragen. Dieses Element in der Idee Gottes ist in sich selbst gewiß" (VIII 143). Aber reicht das für eine philosophische Begründung aus? Ebensowenig läßt sich, wie sich oben gezeigt hat, das Transzendieren des Menschen und überhaupt des Endlichen auf Gott zu erweisen;

zumindest wird es von Tillich nicht erwiesen. Es bleibt also ein Moment der Ungegründetheit inmitten des Weges Tillichs zur Philosophischen Theologie.

4. Das Sein als Gott

Wenn Tillich, wie sich im bisherigen gezeigt hat, als die letzte Intention der Philosophie einmal das Sein, zum andern Gott bestimmt, dann ist es nur konsequent, wenn er beide am Ende gleichsetzt. So behauptet er denn auch: „Man kann nicht Gott und das Sein trennen" (S II 17 f.); „der Begriff ‚Sein'" wird „angewandt auf Gott" (S II 12 f.). Tillich bemüht sich demgemäß, „die Gottesfrage als die Frage zu entwickeln, die im Sein eingeschlossen liegt" (S I 196).

Mag es sich hier — vorerst wenigstens — noch um den Gott der Philosophen handeln, so ist doch auch bereits im Hinblick auf diesen die Identifikation mit dem Sein problematisch. Das gilt zumindest so lange, als der Begriff des Seins noch nicht zu der Fülle entwickelt ist, die jene Gleichsetzung möglich macht. Damit stellt sich die Aufgabe einer Explikation dessen, was für Tillich „Sein" bedeutet; es muß aufgeklärt werden, inwiefern dieses mit Gott identifiziert werden kann. Dabei wird zugleich deutlicher hervortreten, was Tillich der Sache nach unter einer Philosophischen Theologie versteht.

Tillich bezeichnet das Sein zunächst als „Sein-Selbst" (V 145). Soll das lediglich bedeuten, daß das Sein — im Sinne des Parmenides — rein gedacht werden muß, dann ist damit noch nicht viel gewonnen. Tillich meint aber mehr. Das Sein-Selbst ist für ihn das eigentliche Sein in allem Seienden. Es „ist gegenwärtig in allem, was ist" (V 155). So hat es den Charakter „letzter Wirklichkeit" (V 145).

Eine genauere Kennzeichnung des Seins-Selbst gibt Tillich, indem er das Nichtsein als den Gegenbegriff zum Sein heranzieht. Nichtsein ist für ihn nicht bloße Abwesenheit des Seins, sondern es ist dessen Bedrohung, so wie sie im „Schock des möglichen Nichtseins" (S I 193) erfahren wird. Wird das Nichtsein in diesem Sinne verstanden, dann modifiziert sich von daher auch der Begriff des Seins. Dieses kann dann nicht einfach der ruhende Gegenbegriff zum Nichts sein, sondern es muß als das verstanden werden, was im Streit mit dem Nichtsein dessen mächtig ist. Sein ist Macht über das Nichtsein. „Die Drohung des Nichtseins" treibt „zu der Frage nach dem Sein . . ., das das Nichtsein besiegt" (S I 243). Das Sein ist die „Macht, dem Nicht-Sein zu widerstehen" (V 146), und damit zugleich „die Macht des Seins in allem, was Sein hat" (S II 17). Was nur irgend ist, wird also in der Sicht Tillichs dem Nichtsein durch die Macht des Seins abgerungen.

Damit ist der entscheidende Schritt über den bloß formalen Seinsbegriff hinaus in der Richtung auf einen metaphysischen Seinsbegriff getan. „Wo Sein mehr ist als eine logische Kategorie, bedeutet es Macht oder Mächtigkeit" (VII 121). Das Recht zu diesem Übergang zum metaphysischen Seinsbegriff wird jedoch von Tillich nicht eigens begründet; der Überschritt wird als selbstverständlich vorausgesetzt. So zeigt sich auch an dieser Stelle die Unausgewiesenheit des ontologischen und damit des philosophisch-theologischen Ansatzes.

Die Wendung zum metaphysischen Seinsbegriff wird noch deutlicher, wenn Tillich das Sein-Selbst, die Macht des Seins, als Grund alles Seienden deutet. Er spricht von ihm als dem „letzten Grund der Wirklichkeit" (V 148), als der „Ursprungsmacht in allem, was ist" (S I 222). Das bedeutet auf der anderen Seite: Das Seiende i s t nur aufgrund seiner Teilhabe an der Macht des Grundes. Das Sein-Selbst ist „immer gegenwärtig ..., wenn ein Ding teilhat an der Macht zu sein" (V 142).

Wäre jedoch das Sein nur der Grund des Seienden, dann, so meint Tillich, bestünde die Gefahr, daß es in diesem völlig aufginge. Nun aber behauptet er: „Das Sein-Selbst transzendiert jedes endliche Seiende unendlich" (S I 275). Es steht also diesem nicht nur bejahend, sondern auch verneinend gegenüber. Das ist „die negative Seite des Seinsgeheimnisses, sein abgründiges Element" (S I 137). Das Sein-Selbst ist so zugleich „Grund und Abgrund alles Seienden" (V 182).

Damit hat sich der formale Seinsbegriff, von dem Tillich ausgegangen ist, völlig in den metaphysischen verwandelt. Wieder aber zeigt sich: Das alles wird einfachhin als These hingesetzt, ohne daß es wirklich begründet würde. Tillichs Seinsmetaphysik bleibt unausgewiesen. Das wirkt sich auf seinen philosophisch-theologischen Ansatz verhängnisvoll aus.

Denn mit den in den vorausgehenden Absätzen dargestellten Bestimmungen des Seins ist die Ebene der Philosophischen Theologie erreicht. Nun hat Tillich einen inhaltlichen Begriff vom Sein gewonnen, der es erlaubt, dieses mit Gott gleichzusetzen. Das Sein-Selbst, das Sein als Macht, das Sein als Grund und Abgrund — das eben ist der Gott der Philosophen in der traditionellen Auffassung: die „unbedingte, letzte Wirklichkeit" (V 169). Diesen Zusammenhang betont Tillich nun auch ausdrücklich. „Gott" ist „das Sein-Selbst, Grund und Abgrund alles Seienden" (V 182), und zwar „im Sinne von Seinsmächtigkeit" (S II 18).

Überblickt man den Gang des Denkens Tillichs vom Schock des Nichtseins und vom formalen Seinsbegriff her bis hin zu den Bestimmungen des Seins als Sein-Selbst, als Macht, als Grund und Abgrund und schließlich als Gott, so zeigt sich: Die einzelnen Schritte sind keineswegs begründet. Tillich gelangt zu seiner Philosophischen Theologie auf einem unausgewiesenen, dogmatischen Wege. Sein philosophischer Gott ist nicht begründeter, als es der der geschichtlich vorangehenden Versuche Philosophischer Theologie war; ja, Tillich fällt hinter diese zurück, indem er — wenigstens nach dem bisher Erörterten — nicht einmal den Versuch einer Begründung unternimmt.

5. Zweifel und Wahrheit

Bei näherem Zusehen scheint Tillich dann aber doch eine Art von Begründung zu geben. Und zwar setzt diese da an, wo eine solche metaphysische Theologie gerade als unmöglich erscheint: bei der Tatsache des Zweifels als des wesentlichen Momentes im Philosophieren.

Tillichs Auffassung vom Philosophieren ist nämlich, daß darin der radikale Zweifel wirksam ist, der zur „essentiellen Endlichkeit des Menschen" gehört (S II 83). „Der erste Schritt zum schöpferischen Philosophen" ist „der radikale Zweifel" (V 164). So wird denn auch das Philosophieren selber als „das radikale Fragen" bezeichnet (IV 17); „Philosophie ist die Haltung des radikalen Fragens" (V 101). Radikalität nun besagt offenbar: Es wird nicht hier und da gezweifelt, sondern der Zweifel richtet sich auf alles; jede Gewißheit wird in ihn verschlungen; es gibt „weder Sicherheit noch Gewißheit" (S II 83).

Ist der Zweifel wirklich radikal, dann kann er seinem Wesen nach vor nichts haltmachen. Dann wird er auch zum „Zweifel an Gott" (XI 134). Jener Weg also, der vom Begriff des Seins her zu Gott führen soll, wird unter dem Zugriff des Zweifels fraglich. Damit aber scheint eine Philosophische Theologie unmöglich zu werden.

Nun aber gibt Tillich dem Gedanken des radikalen Zweifels eine überraschende Wendung. Zwar spricht er ausdrücklich von der „Verzweiflung an der Wahrheit" (XI 44). Das müßte doch besagen: Wenn die Verzweiflung der existentiell verstandene radikale Zweifel ist und wenn sie sich auf die Wahrheit richtet, dann geht diese in ihr völlig unter. Dem aber setzt Tillich die dogmatische Behauptung entgegen, auch und gerade der radikale Zweifel werde von der Wahrheit umgriffen. „Die Wahrheit" ist „Voraussetzung des Zweifels bis zur Verzweiflung" (VIII 91). „In jedem tiefen Zweifel liegt ein Glaube, nämlich der Glaube an die Wahrheit als solche, sogar dann, wenn die einzige Wahrheit, die wir ausdrücken können, unser Mangel an Wahrheit ist" (VII 14). Im zweiten Teil dieses Satzes wird das alte formalistische Argument gegen die Skeptiker hervorgeholt, das aber noch nie einen wirklichen Zweifler überzeugen konnte; denn so wenig der Mangel an Wissen Wissen bedeutet, ebensowenig bedeutet der Mangel an Wahrheit Wahrheit. Was aber die Behauptung des ersten Teiles des zitierten Satzes angeht, so ist sie eine ungegründete These. Sie besagt: Es gibt eine Wahrheit, die dem Zweifel zugrundeliegt und deshalb von diesem nicht angegriffen werden kann. Das aber wäre nur der Fall, wenn der Zweifel nicht in seiner vollen Radikalität verstanden würde. Wird er wirklich ernst genommen, dann versinkt in ihm jede Möglichkeit der Wahrheit. Dann auch zerstört er schon im Ansatz den Entwurf einer Philosophischen Theologie, auf den Tillich doch hinaus will. Die Philosophische Theologie gründet also nicht im Philosophieren als dem radikalen Fragen, sondern in dem unausgewiesenen Postulat einer dieses umgreifenden Wahrheit.

6. Sinnlosigkeit und Macht des Seins

Zur gleichen Problematik führt es, wenn Tillich vom Gedanken der möglichen Sinnlosigkeit von allem ausgeht. Daß diese vom frühen Tillich nicht wirklich ernst genommen wird, hat sich im vorigen Paragraphen gezeigt. Jetzt, in seinen späteren Schriften, geht er intensiver darauf ein. „Die Verzweiflung an der Wahrheit" sieht sich dem „Ausbleiben einer Antwort auf die Frage nach dem Sinn der Existenz" und damit dem „Abgrund der Sinnlosigkeit" gegenüber (XI 43 f.). Die Frage ist, ob sich Tillich wirklich dem Gedanken der absoluten Sinnlosigkeit stellt.

Das nun geschieht nicht; Tillich weicht vielmehr sofort der Härte dieses Gedankens aus. Zunächst bringt er wieder das formalistische Argument vor, das er schon bei der Behauptung des Umgriffenseins des Zweifels von der Wahrheit herangezogen hatte. „Selbst in der Situation radikalen Zweifels ... bleibt ... die Ernsthaftigkeit des Zweifels, in der noch in der Sinnlosigkeit Sinn bejaht wird" (S II 19). „Der Akt, in dem wir Sinnlosigkeit auf uns nehmen, ist ein sinnvoller Akt" (XI 130). Hier gilt das oben Gesagte. Der Zweifel am Sinn muß auch die Sinnhaftigkeit des zweifelnden Aktes in Zweifel ziehen; sonst ist er nicht wirklich radikal.

Nun gibt Tillich für seine Behauptung, daß auch im Akt des radikalen Zweifels noch Sinn bejaht werde, eine merkwürdige Begründung. Er greift nämlich auf die Vitalität zurück und behauptet, diese, aus der auch der Zweifel entspringt, müsse als etwas Positives verstanden werden, demnach als etwas, das in einer verborgenen Weise auf Sinn hindeute. In der Situation der Sinnlosigkeit „ist der Sinn des Lebens auf den Zweifel an dem Sinn des Lebens reduziert. Aber da dieser Zweifel selbst ein Akt des Lebens ist, ist er etwas Positives trotz seines negativen Inhalts ... Das Paradoxe in jeder radikalen Negation ist, daß sie sich als lebendigen Akt bejahen muß, um imstande zu sein, radikal zu verneinen". Doch mit dieser Ausklammerung eines Vitalbereichs aus der allgemeinen Auflösung in die Sinnlosigkeit ist nichts gewonnen. Denn damit wird nur wieder eine Sphäre des Sinnhaften vom Absturz in die universale Sinnlosigkeit ausgenommen und unausgewiesen ein Sinn jenseits aller Sinnlosigkeit gesetzt. Das nun scheint in der Tat Tillichs Auffassung zu sein. „Die Vitalität, die dem Abgrund der Sinnlosigkeit standhalten kann, ist sich eines verborgenen Sinnes innerhalb der Zerstörung gewiß". „Selbst in den Augenblicken, in denen wir am Sinn verzweifeln, bejaht sich der Sinn durch uns" (XI 130 f.). So wird also eine unangetastete Sphäre von letztem Sinn angenommen, und zwar als etwas Selbständiges, das durch uns hindurch sich selbst bejaht. Das aber besagt für den jetzt zur Erörterung stehenden Zusammenhang: Die Erfahrung der Sinnlosigkeit ist nicht wirklich radikal gedacht.

Das liegt letztlich in einer ontologischen Voraussetzung Tillichs begründet. Wie „die Erfahrung der Sinnlosigkeit von der Erfahrung des Sinnes" abhängt, so „die Erfahrung des Nichtseins von der Erfahrung des Seins" (XI 131). Die Sinnhaftigkeit ist also ursprünglicher als die Sinnlosigkeit, weil das Sein ursprünglicher ist als das Nichtsein. Das aber ist für Tillich schlechterdings gewiß. Von der „absoluten Drohung des Nichtseins" gilt: Sie ist nicht absolut genug, um „die ontologische Priorität des Seins vor dem Nichtsein" antasten oder gar brechen zu können. Denn „Nichtsein ist abhängig von dem Sein, das es negiert" (XI 38). „Sein geht dem Nichtsein ontologisch voraus" (S I 222).

Aber kann Tillich diese ontologische These so einfach als undiskutierte Voraussetzung hinstellen, mag sie auch dem Hauptstrom der abendländischen Metaphysik gemäß sein? Müßte er nicht den Versuch machen, die Priorität des Seins vor dem Nichtsein eigens zu begründen? Daß er das unterläßt, macht auch seine These von der Priorität des Sinnes vor der Sinnlosigkeit problematisch.

Offenbar hängt Tillichs These von der Priorität des Seins vor dem Nichtsein mit seinem oben entwickelten Seinsbegriff zusammen, in dem das Sein als Macht ausgelegt ist. Eben diese Wesensbestimmung des Seins läßt ihm das Nichtsein und die Sinnlosigkeit als untergeordnet erscheinen. Es gibt die „Macht des Seins-Selbst . . ., das in der Angst vor . . . Sinnlosigkeit gegenwärtig ist". Es gibt die „Seinsmacht . . ., die größer ist als die Macht des eigenen Selbst und die Macht unserer Welt" (XI 117). Sie bewirkt, „daß Sein Nichtsein einschließt, aber daß das Nichtsein dem Sein gegenüber machtlos ist" (XI 132). Doch wieder gilt: Diese Mächtigkeit des Seins wird von Tillich einfachhin gesetzt, aber durch nichts begründet.

7. Der absolute Glaube und der Gott über Gott

Wie kommt es aber, daß für Tillich immer wieder selbstverständlich ist, was doch in sich selber höchst fraglich ist? Das liegt offenbar daran, daß er die Begründung seiner Behauptungen nicht in einer Einsicht, sondern in einem Glauben sucht und findet: in der Gewißheit „eines verborgenen Sinnes selbst in der Zerstörung" (XI 131). Es gibt „einen Glauben, der angesichts von Zweifel und Sinnlosigkeit bestehen kann" (XI 129). Er wird „absoluter Glaube" genannt. Zwar ist er „undefinierbar". Gleichwohl wird man versuchen müssen, sein Wesen zu verdeutlichen, zumal Tillich selber sich um eine „Analyse des absoluten Glaubens" müht (XI 130 f.).

In diesem Zusammenhang ist wichtig, daß der absolute Glaube nicht als „die theoretische Annahme von etwas, das erkenntnismäßig zweifelhaft ist", angesehen werden darf (XI 128). Er ist vielmehr eine Erfahrung, nämlich „die Erfahrung der paradoxen Gegenwärtigkeit des Sinnes in der Sinnlosigkeit" (VII 15). Diese Erfahrung aber hat nicht den Charakter der menschlichen Spontaneität. Sie ist vielmehr — wie es ja dem Wesen der Erfahrung überhaupt entspricht — rezeptiv; sie nimmt entgegen; sie ist „unbedingtes Ergriffensein" (VII 117). So kann Tillich allgemein formulieren: „Glaube ist der Zustand des Ergriffenseins" (XI 128).

Was nun ist das Erfahrene dieser Erfahrung des absoluten Glaubens? Tillich antwortet: das Sein-Selbst in seiner Mächtigkeit. Der absolute Glaube ist „das Ergriffensein von der Macht des Seins trotz der überwältigenden Erfahrung des Nichtseins" (XI 130); er ist die „Erfahrung der Macht des Seins-Selbst" (XI 128). Wieder aber gilt, daß menschliche Anstrengung das Erfahrene dieser Erfahrung nicht von sich aus herbeizwingen kann. „Es gibt keinen Weg zum Unbedingt-Mächtigen, den wir von uns aus einschlagen können" (IV 104). Das allein Wirksame im absoluten Glauben ist vielmehr das Geglaubte selber: die Macht des Seins. Als menschlicher Vollzug ist der Glaube nur „die Bejahung dessen, daß man bejaht ist" (XI 128). Deshalb kann Tillich ihn auch als eine „Gestalt der Gnade" bezeichnen (VII 66).

Doch wie verhält sich dieser absolute Glaube zum christlichen Glauben? Offenbar darf er diesem nicht ohne weiteres gleichgesetzt werden. Zwar sagt Tillich: Der „Inhalt des absoluten Glaubens" ist „„Gott"" (XI 134). Doch der Gott, der die „Quelle" der „Sinnbejahung in der Sinnlosigkeit, der Gewißheit im Zweifel" ist, ist „nicht der Gott des traditionellen Theismus" (S II 19). Dieser ist „mit allen anderen Werten und Sinngehalten in dem Abgrund der Sinnlosigkeit untergegangen" (XI 137). Der „Gott, der erscheint, wenn Gott in der Angst des Zweifels verschwunden ist" (XI 139), ist „der Gott über Gott" (XI 134).

Er ist also vor allem nicht im Sinne des persönlichen Gottes zu denken, wie ihn der traditionelle Theismus anzunehmen pflegt. „Der absolute Glaube transzendiert auch die göttlich-menschliche Begegnung" (XI 131). Gott ist „der Grund alles Personhaften und als solcher keine Person" (V 183). Allerdings darf er auch nicht als unpersönlich gedacht werden. „Denn das, was eine Person letztlich und unbedingt angeht, kann nicht weniger als eine Person sein" (S I 185). Das wird von Tillich freilich nicht mehr begründet. Aber er gewinnt daraus den Gedanken: „Das Sein Gottes ist überpersönlich", aber nicht „,unpersönlich'" (S II 18). Gott ist „die überpersönliche Macht und das überpersönliche Geheimnis" (V 183).

8. Zweifel, Sinnlosigkeit und Glaube

Die Frage ist nun, ob dieser absolute Glaube an den „Gott über Gott" wirklich imstande ist, den Zweifel und die Sinnlosigkeit so zu überwinden, daß diese nicht einfach beiseitegeschoben werden. Da zeigt sich: Tillich schneidet die dem Glauben entgegenstehenden Momente nicht einfach ab, wie es ein dogmatischer Glaube tun würde und immer wieder getan hat. Der „Sprung aus dem Zweifel in die dogmatische Gewißheit" wäre „keine Lösung für das Problem des radikalen Zweifels". Der absolute Glaube ist vielmehr „der Mut, der Verzweiflung standzuhalten" (XI 129 f.). Noch mehr: Tillich will Zweifel und Sinnlosigkeit in den absoluten Glauben mit aufnehmen. Dieser „baut kein Schloß zweifelsfreier Sicherheit ... Er nimmt das ‚Nein' des Zweifels ... in sich auf" (V 170 f.). „Der Glaube umschließt beides: unmittelbares Wissen, aus dem die Gewißheit entspringt, und Ungewißheit" (VIII 122). „Zweifel liegt im Wagnis des Glaubens beschlossen" (VIII 124).

Tillich geht noch einen Schritt weiter. Er behauptet, der absolute Glaube allererst ermögliche den wirklich radikalen Zweifel. Denn auch und gerade in diesem werde Gott erfahren. „Die Situation des Zweifelns, selbst des Zweifelns an Gott, braucht uns nicht von Gott zu trennen". Zwar gilt, daß „die einzige Wahrheit, die wir ausdrücken, unser Mangel an Wahrheit ist". Aber Tillich fährt fort: „Wird dies in seiner Tiefe und als etwas, das uns unbedingt angeht, erlebt, dann ist das Göttliche gegenwärtig". So kommt Tillich zu der befremdlichen Aussage, daß gerade der Zweifel den Menschen Gottes gewiß macht. Der „unbedingte Ernst" der Verzweiflung am Sinn des Lebens ist „der Ausdruck der Gegenwart des Göttlichen im Erlebnis des völlig von ihm Getrenntseins". Schließlich gelangt Tillich zu dem „Paradox": „daß der, der Gott ernstlich leugnet, ihn bejaht ... Es gibt keinen möglichen Atheismus" (VII 14 f.). Aber es fragt sich doch, ob Tillich damit der Radikalität des Zweifels wirklich Rechnung trägt; denn ein Zweifel, in dem das Göttliche als gegenwärtig erfahren wird, hat noch nicht seine letzte Tiefe erreicht.

So sehr Tillich also bemüht ist, den Zweifel in den absoluten Glauben hereinzunehmen und diesen als die Wurzel selbst der Möglichkeit des Zweifels zu begreifen: der absolute Glaube ist für ihn dennoch am Ende alles Zweifels und aller Verzweiflung am Sinn mächtig. Es gibt „in jedem Glauben ein Element unmittelbarer Gewißheit, das dem Zweifel ... nicht unterworfen ist — die Gewißheit des Unbedingten selbst" (VIII 180). In der „Dimension des Ewigen ... gibt es eine letzte Sicherheit und Gewißheit, die die vorläufigen Unsicherheiten und Ungewißheiten ... in sich hineinnimmt" (S II 83). So kann Tillich schließlich sagen: „Der Zweifel an Wahrheit und Sinn, der das Schicksal alles Endlichen ist, ist in dem Glauben an die göttliche Allwissenheit aufgehoben" (S I 321). Jenseits alles Zweifels hält sich die „Gewißheit, daß die Macht des Seins-Selbst dem Nichtsein überlegen ist" (S II 78).

Das aber besagt: Über Zweifel und Sinnlosigkeit erhebt sich siegreich die Gewißheit des Glaubens. Dieser tritt an der entscheidenden Biegung des Weges hervor. Der absolute Glaube aber wird nicht weiter begründet. Tillich redet darum mit Recht von „der Paradoxie des Glaubens" (XI 128).

9. Der kerygmatische Charakter der Philosophie

Doch die Fragen an Tillich sind damit noch nicht am Ende. Denn wie kann es geschehen, daß er, der so intensiv Zweifel und Sinnlosigkeit zu erfahren behauptet, diese schließlich doch denkerisch ungegründet in eine letzte Sicherheit einmünden läßt? Woraus entspringt ihm diese Gewißheit?

Diese Fragen werden sich beantworten lassen, wenn man das Verhältnis von Philosophie und Theologie, wie Tillich es sieht, untersucht. Zwar behauptet er gelegentlich: „Es gibt keine gemeinsame Basis zwischen Theologie und Philosophie" (S I 35). Und doch findet er Übereinstimmungen. „Philosophie und Theologie stellen die Frage nach dem Sein" (S I 30); beide sind sich auch „gleich in Hinsicht auf den unbedingten Charakter ihres Anliegens" (V 169). Die Philosophie fragt nach dem, was uns „im tiefsten Grunde angeht", die Theologie fragt ebenfalls „nach dem, was uns unausweichlich, letztlich, unbedingt angeht" (V 114).

Die Analogien reichen noch weiter. Tillich sieht im unbedingten Angegangensein ein existentielles Moment, das Philosophie und Theologie gemeinsam ist. Gemeinsam ist ihnen auch die Ausrichtung auf eine theoretische Explikation ihres Gegenstandes. „Philosophie und Theologie sind ... beide zugleich existentiell wie theoretisch". Und doch zeigen sie in ihrem Verhältnis zu diesen beiden Elementen eine Differenzierung. „Die

Philosophie" ist „grundsätzlich theoretisch und die Theologie grundsätzlich existentiell" (V 116). Das zeigt sich im Blick auf den Seinsbegriff. Die Philosophie fragt nach dem Sein, wie es von sich selber her ist. Die Theologie dagegen handelt von ihm „nicht insoweit, als es i s t, sondern als es f ü r u n s ist" (V 114).

Darin kommt das für den theologischen Seinsbegriff Tillichs wesentliche Moment zum Vorschein. Das Sein-Selbst wird unter diesem Aspekt als das verstanden, was über des Menschen „Sein und den Sinn seines Seins entscheidet" (S I 267), was „die Macht hat, unser Sein zu bedrohen und zu retten", was über unsere „letzte Bestimmung jenseits aller Zufälligkeiten der Existenz entscheidet" (S I 21 f.), als „unser ewiger letzter Sinn und unser Schicksal" (V 115). Das Sein ist also entscheidende, sinnverleihende und sinnversagende, drohende und rettende Macht, ewiger Sinn und Schicksal. Und weiter: „Fragt die Theologie nach dem Sinn des Seins, so fragt sie nach dem letzten Grund und der letzten Macht, der letzten Norm und dem letzten Ziel des Seins insoweit, als es m e i n Sein ist und als der Abgrund und Grund meiner Existenz m i c h trägt; sie fragt nach der drohenden und verheißenden Macht über m e i n e Existenz, nach der fordernden und richtenden Norm m e i n e r Existenz, nach dem Ziel, das Erfüllung oder Verwerfung m e i n e r Existenz bedeutet". Wieder geht es in der existentiellen Betrachtung der Theologie um Drohung und Verheißung, Fordern und Richten, Norm und Ziel, Erfüllung und Verwerfung. Das aber sind nicht mehr ohne weiteres Bestimmungen jenes metaphysisch verstandenen Begriffs des Seins, wie er oben entwickelt worden ist. Hier werden nicht mehr philosophische, sondern soteriologische, auf das Heil des Menschen bezogene Aussagen gemacht. Und wenn Tillich hinzufügt: „Fragt die Theologie nach dem Sinn des Seins, so fragt sie nach Gott" (V 115), so ist dieser Gott nun offensichtlich nicht mehr der Gott der Philosophen, sondern der christlich verstandene Gott.

Das Entscheidende dabei ist, daß Tillich den metaphysischen und den soteriologischen, den philosophischen und den christlichen Seinsbegriff identifiziert. „Das Sein-Selbst . . ., die Macht des Seins" ist das, was über des Menschen „Sein und den Sinn seines Seins entscheidet" (I 267). Damit wird dem metaphysischen Seinsbegriff jene Verfügung über den Menschen zugesprochen, die doch ihre Wurzel im christlichen Gottesbegriff hat. Das entspricht Tillichs methodischer Gesamtintention. Es liegt ihm daran zu zeigen, daß Ontologie und biblische Religion, Philosophie und Theologie „eine letzte Einheit bilden und eine tiefe gegenseitige Abhängigkeit aufweisen, trotz des ungeheuren Abstandes zwischen beiden" (V 138). Es wird also gleichsam über den metaphysischen Gottesbegriff der christliche Begriff von Gott gestülpt. Das aber kann nicht bruchlos geschehen. Denn beide entspringen aus verschiedenen Quellen.

So kann es sich nur um ihre nachträgliche Identifikation handeln. Die Frage ist nun, ob und wie dem metaphysischen Gottesbegriff die Gewißheit, die er im bloßen philosophischen Gedanken nicht begründet finden kann, durch seine Einheit mit dem christlichen Gottesbegriff zuwächst.

Daß Tillich der Auffassung ist, die Gewißheit des philosophischen Gottesbegriffes gründe in der Gewißheit des christlich-theologischen Gottesbegriffes, geht aus seinen Äußerungen klar hervor. Wie schon eingangs dieses Paragraphen erwähnt worden ist, schreibt er — seltsam genug — der Philosophischen Theologie kerygmatischen Charakter zu und behauptet, es müsse in ihr um die christliche Botschaft gehen. „Die Philosophische Theologie" ist „auf dem kerygma basiert" (V 111); sie hat „die christliche Botschaft auszulegen" (S I 38). Und das gilt nicht nur von der Philosophischen Theologie als einer besonderen Disziplin der Philosophie. Auch die Philosophie als solche hat „kerygmatischen ... Charakter" (V 114). Wie aber läßt sich das begründen?

Die These von der kerygmatischen Intention der Philosophischen Theologie und der Philosophie überhaupt könnte nur so bewahrheitet werden, daß aus der Sache heraus gezeigt würde: Der in der Botschaft verkündigte, also in Jesus Christus offenbar werdende Gott ist derselbe, der auch von der Philosophie in ihrem metaphysischen Gottesbegriff gemeint ist. Das ist in der Tat die Behauptung Tillichs. So kommt er zu der befremdlichen Aussage, daß „die Ontologie die zentrale Aussage der biblischen Religion, daß Jesus der Christus ist, ... annehmen" kann (V 158).

10. Philosophie und Glaube

Um das zu zeigen, holt Tillich weit aus. Er beginnt mit Vorüberlegungen über das Wesen der philosophisch verstandenen Vernunft. Diese, „die ontologische Vernunft", die „Vernunft im Sinne des logos", ist sowohl subjektive Vernunft — „rationale Struktur des Geistes" — wie objektive Vernunft — „rationale Struktur der Wirklichkeit" — (S I 91 f.). „Der Philosoph" nun nimmt „eine Identität oder wenigstens eine Analogie zwischen objektiver und subjektiver Vernunft" an (S I 32). Diese Konkordanz, die besagt, daß der Mensch von vornherein in der Wahrheit ist, bildet eine der Voraussetzungen des ganzen Denkens Tillichs. Darauf ist die Untersuchung schon im vorigen Paragraphen gestoßen. Dort wurde als Begründung der freilich selber nicht ausgewiesene Gedanke der Sinnhaftigkeit herangezogen. In späteren Stadien seines Denkens gibt Tillich eine theologische Rechtfertigung. Die „Begründung des Glaubens daran, daß das Wirkliche für menschliches Erkennen offen ist", liegt im Glauben an die „göttliche Allwissenheit" (S I 320). Doch diese ist kein Prädikat des metaphysischen, sondern des christlichen Gottes. Also verankert Tillich schon den grundlegenden Gedanken der Vernünftigkeit der Wirklichkeit, des Logos in der Welt, in der Offenbarung.

Das führt wieder auf das Problem des kerygmatischen Charakters der Philosophie. Tillich meint, gerade im Bereich des Logos eine Einheit von Philosophie und christlicher Theologie erblicken zu können. Er behauptet, „daß derselbe logos, der die Philosophen ... belehrt, auch die Quelle der letztgültigen Offenbarung ist und die christlichen Philosophen belehrt" (S I 182), daß „der universale Logos", der „in allem, was existiert", „gegenwärtig" ist, mit dem „inkarnierten Logos" „ein und derselbe Logos" ist (V 178), daß also „der Logos des Seins ... in Jesus als dem Christus sich kundgetan hat" (S I 78).

Das hat seltsame Konsequenzen, die von Tillich auch durchaus gesehen werden. Es besagt, daß sich überall, wo nach dem Logos gefragt wird, also in der ganzen metaphysisch orientierten Philosophie, im Grunde ein christologisches Motiv findet. Überall geht es um „die christologische Frage", nämlich um „die Frage nach dem Ort, an dem der universale Logos sich existentiell und unbedingt manifestiert" (V 178). Diese Frage wird nach Tillichs Behauptung von allen wesentlichen Denkern seit Parmenides gestellt. „Bei all diesen Männern, besonders bei Marx, wird die Frage nach dem Ort, an dem der Logos des Seins erscheint, ernst genommen. In ihnen allen ist die theologische Leidenschaft ... deutlich". So kann Tillich sagen, der Logos erscheine nicht nur, wie nach den „christlichen Philosophen", „in e i n e m Menschen", sondern auch auf andere Weise, sogar, nach Marx, in der „Teilnahme am proletarischen Kampf" (V 118 f.).

Ob man in all dem freilich mit Recht die Christologie als Grundelement sehen kann, erscheint höchst fraglich. Tillich jedoch ist ernstlich dieser Auffassung. „Die Ontologie ist imstande, die christologische Frage in sich aufzunehmen". Weil „Jesus als der Christus der konkrete Ort ist, an dem der Logos sichtbar wird" (V 178), darum gilt, „daß, wo immer der Logos am Werk ist, er mit der christlichen Botschaft übereinstimmt". „Keine Philosophie, die dem universalen Logos gehorsam ist, kann im Widerspruch zu dem konkreten Logos stehen, der ‚Fleisch‘ geworden ist" (S I 37). Offenbar kann also in der Christologie auch der Ursprung der Gewißheit gefunden werden, die im Bereich des metaphysischen Denkens vergeblich gesucht wird.

Worin aber findet die Christologie selber ihren Gewißheitsgrund? Tillich antwortet: Die Aussage, „daß Jesus als der Christus der konkrete Ort ist, an dem der Logos sichtbar wird", ist „eine Glaubensaussage, die nur von dem gemacht werden kann, der durch den Christus ... ergriffen ist" (V 178). So ist es letztlich der Glaube, der der Gewißheit auch im metaphysischen Bereich zugrundeliegt. Tillich geht soweit zu behaupten, „die Offenbarung" müsse „die von ihr verkündete Wahrheit als Fundament aller Wahrheitserkenntnis ansehen" (I 298). Wo immer philosophisch gefragt wird, ist „der Logos des Seins, wie er in Jesus als dem Christus sich kundgetan hat", die „Voraussetzung" (S I 78). Daher „finden wir in jedem großen Vertreter religiöser Metaphysik ein theologisches Element, ein Element des Glaubens und der Offenbarung" (VIII 57). So gewinnt der Glaube über die philosophische Einsicht Macht. Tillichs Philosophische Theologie, ja seine Philosophie überhaupt, sind glaubende Philosophische Theologie und glaubende Philosophie. Eben darum kann er der Philosophie „kerygmatischen ... Charakter" zusprechen (V 114).

11. Vernunft und Offenbarung

In krassem Gegensatz dazu scheinen andere Äußerungen Tillichs zu stehen, wie sie bereits eingangs dieses Paragraphen angedeutet worden sind. So wenn Tillich behauptet, es gebe „nichts im Himmel und auf Erden noch jenseits davon, dem sich der Philosoph unterwerfen müßte außer dem universalen Logos des Seins, wie er sich ihm in der Erfahrung mitteilt" (S I 37). Oder wenn er sagt, es sei „der Charakter der Philosophie, ihre eigene letzte Instanz zu sein" (IV 15). Oder wenn er schreibt, die Philosophie „anerkennt keine Bindung an besondere Traditionen oder Autoritäten", und dies so wenig, „daß ein Denker, der sich der Intention nach" solchen Mächten „unterwirft, aufhört, ein Philosoph zu sein" (V 119). Oder wenn er gar feststellt: „In einer philosophischen Diskussion" darf selbst „der Theologe" sich nicht „auf eine andere Autorität als die der reinen Vernunft" berufen. Oder wenn er schließlich betont: Der „Traum einer ,christlichen Philosophie'" ist ausgeträumt (S I 35 f.).

Wie wenig das Tillichs letztes Wort ist, zeigt die Tatsache, daß er auch hier noch die Möglichkeit einer Synthese sieht. Gerade die rein philosophische Vernunft soll nämlich auf die Offenbarung hinweisen. In der Vernunft brechen Fragwürdigkeiten auf. Ihre polaren „Strukturelemente" (S I 101), etwa „Autonomie und Heteronomie" (S I 103) oder „Absolutheit und Relativität" (S I 101), „kämpfen unter den Bedingungen der Existenz gegeneinander und suchen sich gegenseitig zu zerstören. In diesem Kampf drohen sie, die Vernunft selber zu zerstören". Eben daraus, so argumentiert Tillich, „entspringt ... das Verlangen nach Offenbarung" (S I 103). Denn „Offenbarung bedeutet die Integration der in sich zwiespältigen Vernunft" (S I 113). So wird „die Vernunft dazu getrieben, die Frage nach der Offenbarung zu stellen" (S I 102). Diese ihrerseits tut dem Verlangen der Vernunft Genüge. „Die Offenbarung ist die Antwort auf die im existentiellen Konflikt der Vernunft enthaltenen Fragen" (S I 175). Das aber heißt: „Die letztgültige Offenbarung vernichtet nicht die Vernunft" (S I 178). So wird aus der Unmöglichkeit der Vernunft, mit sich selber ins reine zu kommen, ihre Intention auf Offenbarung hergeleitet, ohne daß überhaupt gefragt wird, ob es nicht das unabwendbare Schicksal der Vernunft sein könnte, im Zwiespalt ausharren zu müssen, auch auf die Gefahr hin, daß sie darin zerbricht.

Was ist nun diese Offenbarung, auf die die Vernunft aus sich selber heraus hinweisen soll? Zunächst hat es den Anschein, als verstehe Tillich sie in dem weiten Sinne, der auch den philosophisch-theologisch erfaßbaren Gott einschließt. Die Offenbarung ist „die Manifestation dessen, was uns unbedingt angeht" (S I 134); sie ist „das Sichtbarwerden des Seinsgrundes" (S I 114). Die Vernunft weist „auf etwas hin", das sie an „Macht und Sinn übersteigt": „das ‚Sein-Selbst'" (S I 96). Doch diese Deutung des Gegenstandes der Offenbarung wird auch hier wieder von der christlichen überlagert. Es geht letztlich um „die Offenbarung in Jesus dem Christus". Diese hat einen absoluten Vorrang unter allen möglichen Offenbarungen. „Sie bedeutet die entscheidende, erfüllende, unüberholbare Offenbarung" (S I 159); sie ist die „letztgültige", die „normgebende Offenbarung"; sie ist „das Kriterium jeder Offenbarung" (S I 163). So gesteht denn auch Tillich selber, er habe „den Sinn von Offenbarung im Lichte der Kriterien des christlichen Offenbarungsverständnisses dargestellt" (S I 158). Wenn also die Vernunft ein Verlangen nach Offenbarung hat, dann ist dieses zuletzt auf die Offenbarung im christlichen Sinne ausgerichtet. Und sie kommt nach Tillichs Auffassung nur in diesem Lichte mit den ihr eigentümlichen Fragwürdigkeiten zurecht. Das aber heißt: Am Ende verzichtet Tillich auf Philosophie und geht in das Gebiet der Offenbarungstheologie als in die höhere und alle Philosophie erst ermöglichende Sphäre über.

Fragt man nach der Wahrheit dieser grundlegenden und normgebenden Offenbarung, so erhält man von Tillich keine andere Antwort als den Hinweis auf die Offenbarung selber. „Offenbarung erhebt den Anspruch, eine Wahrheit zu geben, die gewiß ist" (S I 127); aber „die Wahrheit der Offenbarung hängt nicht von Kriterien ab, die nicht selbst zur Offenbarung gehören" (S I 157). Wendet man ein, damit sei doch nur ein Zirkel ausgesprochen, so wird dies von Tillich ohne weiteres zugegeben. Der „Zirkel" ist „der notwendige Ausdruck des existentiellen Charakters der Theologie" (S I 162). Das besagt: Die Offenbarung als solche läßt sich nicht bewahrheiten.

Auf dieser ungegründeten, weil nur auf sich selber gegründeten Offenbarung soll nun die Gewißheit der Philosophischen Theologie aufruhen. Das wird offenkundig, wenn Tillich am Ende das Verhältnis von Philosophie und Theologie grundsätzlich erörtert. Seine These lautet: Die Vernunft bleibt im Fragen befangen, weil sie „erblindet und unfähig geworden ist, Gott zu erkennen" (V 172). Eine Antwort kann nur von der Offenbarung kommen. Zwar wird die „Frage . . . nach ihrem eigenen Grund und Abgrund . . . durch die Vernunft gestellt, aber die Vernunft kann sie nicht beantworten. Die Offenbarung kann sie beantworten" (S I 144). Dieses Verhältnis von Frage und Antwort sieht Tillich überhaupt als konstitutiv für die menschliche Situation an. „Der Mensch ist die Frage, aber er ist nicht die Antwort"; er ist angewiesen auf die „Offenbarungsantwort" (S II 20). So kommt Tillich schließlich zu der Behauptung, die Philosophie, wenn sie die Ebene des Fragens überschreite, müsse zur Theologie werden. „Die Philosophie kann nicht durch Philosophie die letzten . . . Fragen beantworten. Versucht der Philosoph, sie zu beantworten . . ., wird er ein Theologe" (VII 26), und zwar nicht ein Philosophischer Theologe, sondern ein Offenbarungstheologe. Denn „die Antworten liegen in dem die Grundlage des Christentums bildenden Offenbarungsgeschehen" (S I 78). So ist es die Aufgabe der „philosophischen Theologie", daß in ihr „die Philosophie die . . . Probleme liefern und die Theologie die Antworten geben muß", und zwar ausdrücklich aus „der Substanz der christlichen Botschaft" (V 120).

12. Die christliche Aufgabe der Philosophischen Theologie

Tillich gibt also schließlich der Philosophischen Theologie eine eindeutige Ausrichtung auf die Offenbarungstheologie. Das geht so weit, daß die Philosophische Theologie sogar offenbarungstheologische Funktionen zugewiesen erhält. Tillich behauptet, die Philosophische Theologie müsse „der theologischen Aufgabe dienen, die christliche Botschaft auszulegen" (S I 38). „Der philosophische Theologe versucht als Christ, in seiner Arbeit zu zeigen . . ., daß Jesus als der Christus der Logos ist" (V 120). „Sein Glaube und der Glaube seiner Kirche gehören intentional zu seinem Denken" (V 120). Daher wird die Philosophische Theologie am Ende identisch mit „Apologetik" (V 111); diese aber „gründet . . . sich . . . auf das Kerygma" (S I 14). So wird der eingangs dieses Paragraphen zitierte Satz verständlich, daß „die philosophische Theologie . . . auf dem Kerygma basiert ist" (V 111). So auch wird begreiflich, daß Tillich sagen kann: „Niemals existierte eine Philosophische Theologie, sofern sie den Namen ‚Theologie' verdiente, die nicht den Gehalt der Botschaft zu erklären versuchte" (V 111).

Die Philosophische Theologie Tillichs ist somit im Grunde eine auf der Offenbarungstheologie beruhende Selbstdarstellung des Glaubens als der

Antwort auf die Fragen der philosophischen Vernunft. Das aber heißt: die Philosophische Theologie Tillichs ist eine pseudophilosophische Theologie.

§ 111. Der phänomenologische Ansatz bei Scheler

1. Die personalistische natürliche Theologie

Im Unterschied zu den zuletzt behandelten Denkern setzt Max Scheler [1] nicht bei der Problematik einer christlichen Theologie ein. Sein Ausgangspunkt ist eindeutig philosophischer Art; seine Intention geht auf eine Philosophische Theologie. Er will „die ersten Fundamente des systematischen Baus einer ‚natürlichen Theologie‘" legen (E 8). Dabei beschreitet er vier Wege, die sich je durch ihren verschiedenen Ansatzpunkt unterscheiden. Der erste geht von einer personalistischen Position, der zweite von der Metaphysik, der dritte von der Wesensphänomenologie der Religion, der vierte — der Weg des späteren Scheler — von der Anthropologie aus.

Die personalistische natürliche Theologie wird von Scheler insbesondere in seinem Werk „Der Formalismus in der Ethik und die materiale Wertethik" entwickelt. Person bedeutet dort nicht einfach so viel wie Individuum. Zwar ist sie das jeweilige individuelle Zentrum von Akten, aber sie ist darüber hinaus das, was alle ihre Akte mit ihrer Eigenart durchdringt. „Person ist die konkrete, selbst wesenhafte Seinseinheit von Akten" (F 393).

Im Zusammenhang der ethischen Fragestellung, die das erwähnte Buch leitet, erhält der Begriff der Person noch eine weitere, mehr inhaltlich bestimmte Kennzeichnung. Die Aufgabe der Person besteht darin, Werte zu verwirklichen. „Der Mensch qua Mensch ist ... gleichsam der Ort und die Gelegenheit für das Auftauchen von fühlbaren Werten" (F 285). Insofern ist die Person selber ein Wert, und zwar, weil alle Werte sich nur durch sie hindurch realisieren, der höchste endliche Wert. Der „Personwert selbst ist ... die höchste Wertstufe" (F 513).

Ohne daß er es genauer begründete, stellt Scheler seinen Begriff der Person sodann in einen theologischen Horizont. „Der ‚Mensch‘, als das

---

[1] Folgende Schriften Max Schelers sind herangezogen worden: Der Formalismus in der Ethik und die materiale Wertethik, Bern ⁴1954 (zit. als „F"); Vom Ewigen im Menschen, Bern ⁴1954 (zit. als „E"); Wesen und Formen der Sympathie, Bonn 1923 (zit. als „S"); Die Stellung des Menschen im Kosmos, Darmstadt 1930 (zit. als „M"); Philosophische Weltanschauung, Dalp-Taschenbücher, München 1954 (zit. als „P"). Die Schrift: „Die Stellung des Menschen im Kosmos" wird nach der ersten Auflage zitiert; die zweite von 1947 enthält wesentliche Änderungen, die vom Autor nicht mehr gebilligt werden konnten.

‚höchstwertige' irdische Wesen und als sittliches Wesen betrachtet, wird selbst faßbar und phänomenologisch erschaubar erst unter Voraussetzung und ‚unter dem Lichte' der Idee Gottes" (F 302). Denn als Person kommt er seinem Wesen nach aus Gott. Jede geistige Person stellt „ihrem Was und Wesen nach eine ewige Idee Gottes dar. Ja, sie ist ihrem Was . . . nach nur der Gehalt eben dieser göttlichen Idee selber . . . Sie ‚ruht' — nicht ihrem Dasein nach, aber ihrem ewigen Wesen nach — ewig in Gott" (S 147).

Dem entspricht es, daß der Mensch in seiner Aufgabe, die von Gott der Welt vorgestellten Werte zu verwirklichen, als ein Streben zum Göttlichen verstanden wird; „er ist richtig gesehen nur die Bewegung, die Tendenz, der Übergang zum Göttlichen" (F 302). So charakterisiert ihn Scheler schließlich als ein Wesen der Transzendenz. Die „Intention des Menschen über sich und über alles Leben hinaus" macht „sein Wesen aus . . . Sein Wesenskern . . . ist eben jene Bewegung, jener geistige Akt des Sichtranszendierens". „Der Mensch ist der Träger einer Tendenz, welche alle möglichen Lebenswerte transzendiert und deren Richtung auf das ‚Göttliche' geht, . . . er ist der Gottsucher" (F 305).

Welches Recht aber hat Scheler, den Begriff der Person dergestalt theologisch zu deuten? Das wäre offenbar nur möglich, wenn er die Notwendigkeit der Annahme Gottes erwiese. Das versucht er in der Tat, und zwar eben von seinem Begriff der Person aus. Er gelangt in vier Schritten zum Begriff Gottes.

Den Ausgangspunkt bildet die unbestreitbare Tatsache, daß jeder Mensch eine Welt besitzt; es „entspricht jeder ‚Person' eine ‚Welt' " (F 406). Wichtig für die Beurteilung dieses Ansatzes ist die Frage, in welchem Sinne hier von „Welt" die Rede ist. Gemeint ist nicht die Welt als das Ganze des Seienden im Sinne des Kosmos; daß eine solche dem Menschen als Individuum wesensnotwendig korrespondiere, ist nicht zu erweisen. Gemeint ist vielmehr die jeweilige Umwelt des jeweiligen Menschen. So kann Scheler genauer formulieren: Es „entspricht jeder individuellen Person auch eine individuelle Welt" (F 403).

Der zweite Schritt bringt die Umkehrung des ersten: Es „entspricht . . . jeder ‚Welt' eine ‚Person' " (F 406). Hier wird vollends deutlich, daß es sich beim Begriff der Welt nur um die Umwelt des Menschen handeln kann. Denn daß zur Welt als Kosmos eine Person gehöre, ist nicht unmittelbar einsichtig und wird auch von Scheler erst am Ende des jetzt beschrittenen Weges behauptet.

Im dritten Schritt führt Scheler „die Idee einer einzigen identischen wirklichen Welt" ein, die er auch als „Makrokosmos" bezeichnet. Hier geht es also nicht mehr um die Welt als Umwelt des Menschen, sondern um die Totalität des Seienden. Scheler ist freilich vorsichtig. Daß es einen solchen Makrokosmos gibt, wird von ihm nur als Wahrscheinlichkeit bezeichnet; er formuliert im Konjunktiv: „Setzten wir also eine einzige konkrete Welt als wirklich, . . ." (F 406).

Die ersten drei Schritte stellen die Prämissen dar; der vierte Schritt bringt den Schluß. Jeder Welt ist eine Person, jeder Person eine Welt korrelativ; es gibt möglicherweise eine an sich bestehende Welttotalität. Dann, so schließt Scheler, muß dieser als einer Welt auch eine Person korrespondieren. Gefordert wird demnach „die Idee einer unendlichen und vollkommenen Geistesperson". So wird aus dem Verhältnis von Person und Welt die Persönlichkeit Gottes erschlossen. „Wer ‚die‘ konkrete absolute Welt sagt und setzt, . . . der setzt auch die konkrete Person Gottes unweigerlich mit". Der Schluß lautet demgemäß: „So ist die Gottesidee mit der Einheit und Identität und Einzigkeit der Welt auf Grund eines Wesenszusammenhanges mitgegeben" (F 406 f.).

Gegen diesen Gedankengang erheben sich jedoch drei Bedenken. Auf das erste macht Scheler, wie oben gezeigt worden ist, selber aufmerksam: daß die Idee eines Makrokosmos nur Wahrscheinlichkeit besitzt, daß also die Existenz einer Welttotalität nicht metaphysisch zu erweisen ist. Damit erhält auch der Gedanke eines persönlichen Gottes nur Wahrscheinlichkeitscharakter. Das aber reicht für eine gegründete Philosophische Theologie nicht aus.

Das zweite Bedenken betrifft die Anwendung eines doppelten Weltbegriffs. Die Voraussetzung, daß die Strukturmomente, die der Welt als Umwelt zukommen, auch für die Welt als Makrokosmos gelten, ist ersichtlich nicht zu erweisen.

Das führt unmittelbar zum dritten Bedenken. Bei Scheler wird das Korrelationsverhältnis, das in der endlichen Wirklichkeit zwischen Welt und Person besteht, unversehens auf die unendliche Wirklichkeit übertragen. In diesem Sinne wird eine Entsprechung zwischen der Welttotalität und einer unendlichen Geistperson postuliert. Scheler versäumt aber den Nachweis, daß die im Endlichen geltenden Wesensverhältnisse auch im Unendlichen gelten. Es müßte positiv gezeigt werden, daß auch eine unendliche Geistperson, wie eine endliche, darauf angewiesen ist, eine Welt zu besitzen. Das aber leistet Scheler nicht und kann es auch nicht leisten.

So zeigt sich: Der von Scheler beschrittene erste Weg, der von der Idee der menschlichen Person und ihrer Umwelt seinen Ausgang nimmt, kann nicht überzeugend zum Gedanken Gottes als eines persönlichen Geistwesens führen. Dessen ist sich Scheler auch bewußt. „Diese Idee Gottes selbst . . . auch wirklich zu setzen, gibt uns niemals die Philosophie . . . Anlaß". „Jede Wirklichkeit ‚Gottes‘ gründet daher nur und allein in einer möglichen positiven Offenbarung Gottes, in einer konkreten Person"

(F 406 f.). Damit aber wird die geplante natürliche Theologie von der Theologie der Offenbarung verschlungen.

2. Gründung der Philosophischen Theologie in der Metaphysik

Im weiteren Verlaufe seines Denkens schlägt Scheler einen zweiten Weg ein, um das Problem einer Philosophischen Theologie zu lösen. Dieser findet sich insbesondere in der Schrift „Vom Ewigen im Menschen". Dabei legt Scheler die Tatsache der Metaphysik zugrunde. Im Unterschied zu dem nachher zu besprechenden, im gleichen Werk dargestellten dritten Weg, der bei den religiösen Phänomenen anhebt, will er zunächst einmal von diesen absehen und „von der vollen Selbständigkeit und Voraussetzungslosigkeit der Metaphysik gegenüber der Religion" ausgehen (E 15). Ja, er behauptet, es sei überhaupt „das erste Wesensmerkmal der Philosophie, daß sie voraussetzungsloseste Erkenntnis sei" (E 64); denn es gelte von „der philosophischen Metaphysik", daß sie „einen selbständigen Ursprung im Menschengeiste" habe (E 131).

Scheler stellt zunächst fest, daß die metaphysische Frage in eine doppelte Richtung zielt. Zum einen fragt sie „nach dem Wesen der an sich bestehenden Welt" (E 134). Das führt zu der kosmologischen Problematik. Zum andern geht sie hinaus „über die Grenzen" des „erfahrungsmäßig Gegebenen der objektiven Realität ... in die Richtung auf das absolut Reale" (E 145), das heißt: Sie fragt „nach dem Wesen ... des ... Urgrundes" (E 134). In dieser ihrer zweiten Frage gelangt sie in den Bereich der Problematik der Philosophischen Theologie. Dahin muß sie von sich selber her tendieren; denn „die Lehre vom Weltgrund" ist „ihr zentralster Teil" (E 143).

In diesem Fragebereich nennt Scheler zwei Antworten, denen er absolute Evidenz zuspricht. Der erste metaphysisch-theologische Satz lautet, „es gäbe ein vom Ganzen aller kontingenten Dinge, Ereignisse, Realitäten — also vom Ganzen der ,Welt' — verschiedenes Ens a se, resp. ein Daseiendes, dessen Dasein aus seinem Wesen folgt". Das erinnert an den Gottesbeweis des Anselm von Canterbury. Der zweite metaphysisch-theologische Satz besagt, „es sei dieses Ens a se die erste Ursache (prima causa) und der Urgrund dafür, daß aus den wesensmöglichen Welten diese eine kontingente Welt wirklich ist" (E 146 f.). Damit wird der Grundgedanke jenes kosmologischen Gottesbeweises aufgenommen, den Thomas von Aquino entwickelt und Leibniz genauer gefaßt hat.

Fragt man, wie Scheler seine beiden philosophisch-theologischen Fundamentalsätze erweist, dann zeigt sich, daß er sie auf eine noch ursprünglicher evidente Aussage — die Grundbehauptung der Metaphysik —

114

zurückführt. Es ist die Einsicht, „daß überhaupt Etwas sei oder, noch schärfer gesagt, daß ‚nicht Nichts sei‘ ". Das ist „die erste und unmittelbarste Evidenz", „der Gegenstand erster und unmittelbarster Einsicht". Um dahin zu gelangen, muß man „in den Abgrund des absoluten Nichts geschaut" haben (E 93). Dann erscheint „das Sein jedes Seienden . . . als die ewig erstaunliche Zudeckung des Abgrundes des absoluten Nichts" (E 95); die Tatsache, daß etwas ist und nicht nichts, wird so zum „Gegenstand der intensivsten und letzten philosophischen Verwunderung" (E 93) und damit zum Ursprung der Metaphysik. Denn „die Quelle, die alle Beschäftigung mit der Metaphysik speist, ist die Verwunderung, daß überhaupt Etwas ist und nicht lieber Nichts" (E 134). Weil dieser Tatbestand aber eine erste und unmittelbarste Einsicht ist, hält ihn Scheler vom Wesen her für unbegründbar und für einer Begründung unbedürftig. Denn diese „Einsicht . . . wäre nicht einmal evident — geschweige die ursprünglichste . . . Einsicht — wenn sie zu ‚begründen‘ wäre" (E 94).

Von da aus führt zu den beiden oben genannten metaphysisch-theologischen Fundamentalsätzen eine überleitende Einsicht: daß nämlich in allem Seienden, sofern es endliches Seiendes ist, Sein und Nichtsein miteinander verknüpft sind. Es ist erforderlich, „daß man an allem relativen und abhängigen Sein . . . nicht nur das Sein, sondern auch das relative Nichtsein mitgewahrt". Ein weiterer Zwischengedanke wird von Scheler nicht ausdrücklich genannt, muß aber um der Stringenz des Gedankenganges willen ergänzt werden: daß dieses endliche, zugleich seiende und nichtseiende Seiende sein Sein nicht aus sich selber heraus haben kann. Eben in seinem zwiespältigen Wesen verweist es auf ein ihm das Sein verleihendes absolut Seiendes. So lautet denn „die zweitevidente Einsicht", in der sich die beiden metaphysisch-theologischen Fundamentalsätze zusammenfassen lassen, dahin, „daß ein absolut Seiendes ist, oder ein Seiendes, durch das alles andere nichtabsolute Sein sein ihm zukommendes Sein besitzt" (E 95): das Sein von der Seinsart des „absolut Wirklichen", „der absolute Wirklichkeitsgrund der Dinge" (E 135).

Für Scheler liegt alles daran, daß man einsehe: Es handelt sich hier nicht um einen logischen Schluß vom endlichen Seienden auf ein unendliches Seiendes. Dadurch würde ja sein Gedankengang zu einer bloßen Wiederholung der in der Tradition wohlbekannten Gottesbeweise. Diesen „herkömmlichen ‚Gottesbeweisen‘ " kommt jedoch nach seiner Auffassung nur die Bedeutung zu, „in Form künstlicher rationaler Formulierung die Wege zu beschreiten, auf denen ein Mensch, der durch eine von diesen ‚Beweisen‘ ganz unabhängige Erkenntnisquelle das Dasein eines unendlichen und geistigen Ens a se bereits bejaht hat, sich die mannigfachen Beziehungen und Verhältnisse nachträglich zurechtlegt, die Gott zur Welt und ihrer vorgefundenen Wesens-Beschaffenheit haben kann" (E 15).

Demgegenüber geht es Scheler um einen unmittelbar einsichtigen Wesenszusammenhang, um eine evidente und ursprüngliche Einsicht. Das abhängige Seiende fordert in seinem Sein „nicht vermöge eines Schlusses, sondern vermöge einer unmittelbar anschauenden Einsicht eine Quelle in einem schlechthin und ohne jede nähere einschränkende Bestimmung Seienden" (E 95).

Hier jedoch erheben sich Bedenken. Sie richten sich zum ersten gegen die Behauptung Schelers, der notwendige Zusammenhang des endlichen Seienden mit einem absoluten Seienden sei evident. Da der Mensch unmittelbar nur das endliche Seiende vor Augen hat, müßte, wenn Scheler recht hätte, an diesem als solchem der Verweis auf ein Absolutes sichtbar werden. Das aber ist offenkundig nicht der Fall, trotz Schelers Versicherung, der „Werkcharakter", der „Gewirktheitscharakter" sei „ein anschauliches Moment an den Gegenständen". Wäre es jedoch an dem, dann würde das endliche Seiende von vornherein als geschaffenes Seiendes verstanden. Doch die Annahme der Geschöpflichkeit steht unter der Voraussetzung eines vorgängigen Wissens um den Schöpfer; auch Scheler glaubt, nur der erblicke die Geschaffenheit am Seienden, der das „Ens a se" vorher schon „weiß" (E 268). Darin aber zeigt sich: Die Annahme eines notwendigen Verweises des Endlichen auf ein Absolutes, in dem es gründet, ist nicht unmittelbar einsichtig, sondern beruht auf einem Zirkel.

Das zweite Bedenken richtet sich gegen die These Schelers, das von ihm postulierte Ens a se müsse von der Welt verschieden sein, also gegen seine Annahme einer Transzendenz Gottes. Diese müßte eigens aufgewiesen werden; Scheler dagegen teilt diese Behauptung ohne Begründung mit. Demgegenüber gilt: Die Außerweltlichkeit des Urwesens kann nicht einfach als evident gesetzt werden. Auch wenn es ein solches Ens a se gäbe, wie es in der ersten These angenommen wird, könnte es immer noch die Welt als ganze oder ein innerweltliches schaffendes Prinzip sein. Solange diese Möglichkeiten nicht eigens widerlegt sind, entbehrt die Behauptung Schelers der Schlüssigkeit.

Mit den beiden bisher besprochenen philosophisch-theologischen Fundamentalsätzen ist für Scheler alles erschöpft, was im Bereich der Metaphysik mit Gewißheit ausgesagt werden kann. Alle anderen Sätze sind nur „niemals streng verifizierbare Hypothesen" und also nur „wahrscheinlich". Den Grund für diese eingeschränkte Gültigkeit erblickt Scheler darin, daß in den Ausgangspunkt solcher weiterer metaphysischen Behauptungen „induktorische Realurteile" eingehen (E 147). Ein Beispiel dafür ist die These von der Geistigkeit und Vernünftigkeit des Weltgrundes. Zwar schreibt Scheler der „Metaphysik" gelegentlich die „Fähigkeit" zu, „die Geistigkeit eines supramundanen Ens a se noch spontan zu erkennen" (E 19). Aber dies unterliegt der oben genannten Einschränkung;

denn daß vernünftige Wesen existieren, hat nicht die gleiche Evidenz wie die Tatsache, daß überhaupt etwas existiert.

Das gilt noch mehr von dem Gedanken Gottes als Person. Zwar will Scheler grundsätzlich an der Personalität Gottes festhalten. Aber er sieht ein: Das ist eine „Frage, die . . . Philosophie allein — evidentermaßen — nicht spontan zu entscheiden vermag" (F 16). Überhaupt gilt: „Die Personalität Gottes . . . entzieht sich jeder Art spontaner Vernunfterkenntnis seitens endlicher Wesen" (E 146). So kommt Scheler zu der These von der „Beweisbarkeit der Unbeweisbarkeit Gottes als Person" (E 20). An diesem Punkte findet „die Metaphysik . . . eine nie erreichbare Grenze des Erkennens" (E 248).

So kommt auch der zweite Weg Schelers zu einer Philosophischen Theologie nicht an sein Ziel. Was er meint, philosophisch gültig erweisen zu können — jene beiden ersten Fundamentalsätze der Metaphysik — zeigt sich bei näherem Zusehen als nicht stichhaltig. Und was die metaphysischen Behauptungen in einem weiteren Umfang angeht, so muß er selber zugeben, daß sie nicht begründbar sind.

3. Gründung der Philosophischen Theologie in den religiösen Akten

Scheler schlägt noch einen dritten Weg ein, um zu gesicherten Aussagen einer Philosophischen Theologie zu gelangen. Er geht dabei von der Phänomenologie der Religion aus. Es liegt ihm an „einer philosophischen Begründung der Religion", an einer „Theologie der Wesenserfahrung des Göttlichen" (E 9 f.). Die Begründung einer solchen Möglichkeit des Redens von Gott soll aber nicht nur, wie in der Metaphysik, auf ein Ens a se, sondern auf ein wirkliches, außerweltliches, geistiges, personales Wesen gehen.

Dieser erneute Versuch, Gott als Person zu erfassen, begegnet gleich zu Beginn einer Schwierigkeit. Person ist ja ihrem oben dargestellten Begriff nach das im Menschen, was sich durch seine Akte manifestiert. Es ist „im gegenständlichen Wesen einer rein geistigen Person selbst gelegen . . ., daß ihr Dasein . . . nur durch Selbstmitteilung (Offenbarung) erkannt werden kann" (E 146). Das gilt entsprechend auch für Gott, wenn man ihn als Person versteht. Scheler behauptet demgemäß, „Gott als Person erschließe mit seiner freien Selbstoffenbarung immer auch erst sein eigenes Dasein als Person" (E 20). Was aber kann angesichts dieser völligen Orientierung auf eine Selbstoffenbarung Gottes die Philosophie aus sich selber heraus von diesem erkennen?

Die Schwierigkeiten wachsen, wenn man hinzunimmt, daß Selbstmitteilung und Offenbarung immer nur in der Erfahrung gegeben sind. „So bleibt das Dasein Gottes als Person ... der Erfahrung einer göttlichen Mitteilung überlassen" (E 21). Grundsätzlich kann ja überhaupt „Realität ... immer nur eine Art der zufälligen Erfahrung setzen" (E 13). Deshalb auch führt nur der „unmittelbare Erfahrungskontakt mit der Gottheit als Person" zu einem Wissen von Gott (E 23). Kann aber die Philosophie davon ausgehen, ohne christliche Theologie zu werden?

Zudem: Wenn Scheler von Selbstmitteilung und Offenbarung Gottes und von der diesen entsprechenden Erfahrung redet, dann könnte es den Anschein haben, als meine er gerade nicht philosophisch erfaßbare Phänomene, sondern das gleiche, was jene Theologen intendiert haben, von denen als Offenbarungstheologen in den vorangehenden Paragraphen die Rede war. Daß das jedoch nicht der Fall ist, zeigt sich, wenn man darauf achtet, daß Scheler den Begriff der Offenbarung in einem weiteren, nicht auf den christlichen Bereich beschränkten Sinne verwendet. „Offenbarung als solche — im weitesten Wortsinne — ist nur die ... Gegebenheitsart eines Realen vom Wesen des Göttlichen überhaupt" (E 249).

Demgemäß sagt Scheler, Offenbarung vollziehe sich in „verschiedenen stufenmäßig aufgebauten Grundarten" (E 157). Der entscheidende Gesichtspunkt hierbei ist „die Scheidung einer natürlichen und einer positiv geoffenbarten Religion" (E 127). Jener gilt das Interesse Schelers, diese läßt er beiseite.

Das Wesen der natürlichen Offenbarung wird von Scheler folgendermaßen bestimmt: „Soweit sich das Göttliche selbst darstellt und aufweist in Sachen, Ereignissen, Ordnungen, die der für jeden prinzipiell zugänglichen Naturwirklichkeit, der seelischen und geschichtlich-gesellschaftlichen Wirklichkeit angehören, reden wir von natürlicher Offenbarung" (E 157). Wichtig ist für Scheler, daß es sich dabei um eine „natürliche, jedem überall und immer zugängliche Erfahrung" handelt (E 249), um eine „Gotteserfahrung, die jeder Mensch im Grunde seiner Persönlichkeit ... zu machen vermag". Insofern kann Scheler sagen, sie sei „mit der Konstitution des menschlichen Geistes und seiner Daseinsform selbst schon" gegeben (E 21).

Scheler will nun diese allgemein zugängliche Gotteserkenntnis als Prinzip für ein mögliches Reden über Gott ansetzen. Sie steht „zwischen spontaner und unmittelbarer Vernunfterkenntnis und positiver Offenbarung ... als ein drittes Erkenntnisprinzip von Übersinnlichem" in der Mitte (E 21). Die Frage ist, was sie zu der Ermöglichung einer Philosophischen Theologie beitragen kann.

Um das zu zeigen, bedarf es einer konkreteren Auslegung der natürlichen Gotteserfahrung. Diese spielt sich in religiösen Akten ab. Scheler nennt als solche etwa „Lob, Dank, Furcht, Hoffnung, Liebe, Glück, Streben, Vollkommenheitsstreben, Anklage, Gericht, Vergebung, Bewunderung, Verehrung, Bitte, Anbetung" (E 247), das alles freilich nicht verstanden als auf Endliches bezogene Phänomene, sondern als deren Sphäre in Richtung auf ein Unendliches überschreitend. In diesen „religiösen Akten" erblickt Scheler „den wahren Sitz und Ursprung der religiösen Erkenntnis". So faßt er den Gedanken „einer ursprünglichen, aus weltlichen Erfahrungseindrücken unableitbaren, religiösen Wesenserfahrung" (E 11). „Der Gott des religiösen Bewußtseins ‚ist' und lebt ausschließlich im religiösen Akt" (E 130).

Doch was hat diese religiöse Erfahrung mit dem Philosophieren zu tun? Scheler grenzt sie ja ausdrücklich von der spontanen Vernunfterkenntnis ab und schreibt, „daß Religion einen von Philosophie und Metaphysik grund- und wesensverschiedenen Ursprung im Menschengeiste hat" (E 130). Aber er will diese religiösen Akte eben doch zum Ausgangspunkt philosophisch-theologischer Aussagen machen. Er will „die Idee einer philosophischen Wesenslehre ... des religiösen Gegenstandes und Aktes entwickeln" (E 126). Denn „die natürliche Theologie hat sich auf die natürliche Religion ... zu stützen" (E 266).

Soll das aber der Fall sein, dann müssen die religiösen Akte etwas von eigener Art sein. So schildert sie denn auch Scheler. Jeder solche Akt ist ein „Akt sui generis und kann weder der Sphäre der Verstandesakte noch der Willensakte eingereiht werden" (E 262). Die religiösen Akte sind vielmehr „das selbständige Aktgebiet religiöser Erkenntnis" (E 266). Ja, sie übertreffen an Ursprünglichkeit alle anderen Akte des Menschen; sie sind „die wurzeltiefsten, einfachsten, persönlichsten, undifferenziertesten Grundakte des menschlichen Geistes" (E 275).

Als solche gehören die religiösen Akte „zur Konstitution des menschlichen, ja jedes endlichen Bewußtseins" (E 241 f.); sie bilden „eine wesensnotwendige Mitgift der menschlichen geistigen Seele". Dann aber muß auch aufweisbar sein, daß sie in jedem Menschen vorkommen. Das behauptet Scheler in der Tat. „Der religiöse Akt wird von jedem Menschen notwendig vollzogen" (E 261).

Damit geht Scheler jedoch offensichtlich über das unmittelbar im Phänomen selber sich Zeigende hinaus. Daß es religiöse Akte gibt, ist unbestreitbar. Aber das kann jeder nur an sich selbst feststellen, oder er kann gegebenenfalls den anderen Vertrauen schenken, die davon berichten. Auf keine Weise jedoch kann aus einem solchen empirischen Vorkommen von religiösen Akten mit Sicherheit geschlossen werden, daß sie wesensnotwendig zum Menschen gehören. Dieser Gedanke stellt eine reine Behauptung Schelers dar, die freilich durch die Tradition gestützt wird, aber der philosophischen Reflexion nicht standhält.

Doch selbst wenn man die Notwendigkeit religiöser Akte annähme, wäre damit noch nichts über Gott ausgemacht; sie könnten ja auch rein subjektive Vorgänge sein. Um an diesem Punkte weiter zu kommen, nimmt Scheler das phänomenologische Prinzip der Intentionalität zu Hilfe. Er behauptet, der religiöse Akt verweise von sich aus auf einen Gegenstand, „eine ursprüngliche Aktmaterie" (E 276). Die Frage ist, worin diese besteht.

Die erste Antwort, die Scheler gibt, lautet: Der religiöse Akt richtet sich auf nichts Endliches. Wir „finden ... in der gesamten uns bekannten endlichen Welterfahrung nichts, auf das wir diese Intentionen beziehen könnten". Scheler gibt dafür eine Reihe von Beispielen. „Wir suchen im religiösen Akt ein Glück, von dem wir zugleich vollkommen deutlich wissen, daß kein Fortschritt der Menschheit, keine Vervollkommnung der Gesellschaft und keine Vermehrung der inneren und äußeren Ursachen des menschlichen Glücks es geben können". Ähnliches gilt für die religiöse Ehrfurcht, das religiöse Hoffen, den religiösen Dank, die religiöse Reue. In solchen Akten „überschreitet unser Geist nicht nur dieses oder jenes, sondern den Wesensinbegriff endlicher Dinge" (E 246 f.). So ist „das also Transzendierte die Welt als Ganzes ... (mit Einschluß der eigenen Person)". Daher redet Scheler im Blick auf den religiösen Akt von einer „Welttranszendenz seiner Intention" (E 244 f.).

Dringt der religiöse Akt über alles Endliche hinaus, dann muß er auf „ein ganz anderes Wesensreich von Gegenständen intentional hinzielen, als es die empirischen ... Gegenstandsarten sind": auf eine „übernatürliche Wirklichkeit" (E 242). Diese aber kann nichts anderes sein als das Göttliche. So gilt: Den religiösen Akt kennzeichnet „die Erfüllbarkeit nur durch das ,Göttliche' " (E 244); eine „Selbstbeziehung auf Gott" (E 240) gehört zu seinem Wesen. Scheler drückt das im Bilde anschaulich aus: Es „ruht zutiefst in uns jene wunderbare Spannfeder, die stetig, unter gewohnten regelhaften Umständen meist nur unbewußt und ungeachtet, zum Göttlichen über uns selbst und über alles Endliche hinaus uns emporzuleiten immerdar tätig ist" (E 103).

Fragt man weiter, von welcher Art jenes Göttliche ist, auf das sich die religiösen Akte richten, so wird man wiederum diese selber befragen müssen. Ihr Charakteristikum ist, daß sie Akte nicht der Spontaneität, sondern der Rezeptivität sind. „Der religiöse Akt ... muß die Wahrheit, die er intendiert, das Heil und Glück, das er ,sucht', irgendwie empfangen". Er „fordert — im Unterschiede zu allen sonstigen Erkenntnisakten ... — eine Antwort, einen Wider- und Gegenakt seitens eben des Gegenstandes, auf den er seinem intentionalen Wesen nach abzielt" (E 248).

Von da aus ist es nur noch ein Schritt, um dem Gegenstand des religiösen Aktes, wie Scheler ihn versteht, seine charakteristische Deutung zu geben. Verlangt der religiöse Akt einen Gegenakt, dann muß das, worauf er intendiert, von sich aus solcher Akte fähig sein. Daher bezeichnet

Scheler als das wesentliche Merkmal des religiösen Aktes „die Erfüllbarkeit ... nur durch die Aufnahme eines sich selber erschließenden, dem Menschen sich hingebenden Seienden göttlichen Charakters" (E 244 f.). Das aber heißt: Der religiöse Akt intendiert von seinem Wesen her auf eine Person; sein „Gegenstand" muß „göttliche personale Gestalt" tragen (E 248). So ist Scheler auch auf diesem Wege wieder bei dem persönlichen Gott angelangt.

Damit aber wird offensichtlich dem religiösen Akt zu viel zugemutet. Anbetung und Ehrfurcht können auch einem Seienden gegenüber vollzogen werden, das nicht den Charakter der Personhaftigkeit trägt: etwa dem Unendlichen, dem Universum, dem Göttlichen überhaupt gegenüber. Selbst das Gebet kann an eine unpersönliche Macht gerichtet sein. Der Schluß von den religiösen Akten auf eine ihnen notwendig entsprechende Person ist also nicht einsichtig.

Doch die Kritik muß noch tiefer dringen. Nicht nur können die religiösen Akte die Personalität Gottes nicht einsichtig machen; sie versagen schon vor der Frage nach dem Dasein Gottes. Denn die bloße Intention sagt ja noch nichts über die Existenz des intendierten Gegenstandes aus. Scheler selber betont, „daß die Wesensphänomenologie ... nirgends eine als wahr behauptete Realsetzung eines Gegenstandes gestattet" (E 13). So muß er sich denn auch die Frage stellen: „Kann aus dem Dasein religiöser Akte ... das Dasein Gottes gefolgert werden?" (E 249) Allerdings: Einen Gottesbeweis im strengen Sinne kann und will Scheler nicht liefern. „Gottes Wesen und Dasein ist eines Aufweises und Nachweises, nicht aber im strengen Sinne eines Beweises aus Wahrheiten fähig, die nur Wahrheiten über die Welt sind" (E 254). Aber da die religiösen Akte die Welt transzendieren, könnten ja jener Aufweis und Nachweis von diesem ihrem Wesensmoment aus geführt werden.

Scheler geht in dieser Absicht von der „inneren und selbständigen Evidenz der religiösen Akte" aus (E 297). Es gibt für ihn eine „Eigenevidenz des religiösen Bewußtseins" (E 274); ihr entsprechend besitzen die religiösen Akte eine „absolute und felsenfeste Gewißheit" (E 300). Das besagt: Im Bewußtsein liegt auch die Gewißheit der Existenz der Gegenstände dieser religiösen Akte. „Die Religion besitzt ... in der Selbstgegebenheit des Gegenstandes, auf den der religiöse Akt gerichtet ist — in letzter Linie Gottes —, und in der Evidenz, in der sich diese Selbstgegebenheit dem Bewußtsein erschließt, ihren letzten und höchsten Erkenntnismaßstab" (E 288). „Die Gegenstände vom Wesen des ‚Göttlichen'" gehören „zu dem Urgegebenen des menschlichen Bewußtseins selbst" (E 159). Das Prinzip der Evidenz aber ist für Scheler „das letzte und entscheidendste Erkenntniskriterium, das überhaupt existiert" (E 17), und „das Urprinzip aller religiösen Erkenntnis" (E 288). So gilt denn für ihn: Die „Realitätserfassung Gottes als Person" ist „eine allen Menschen prinzipiell zugängliche, also allgemeingeltbare Form der Erfahrung" (E 21 f.).

Das ist freilich eine bloße Behauptung Schelers. Denn offenkundig gibt es doch auch in der religiösen Sphäre die Möglichkeit einer Täuschung. Daß dem Betenden als evident erscheint, der, den er anbetet, existiere auch in Wirklichkeit, besagt noch nichts darüber, daß dem auch de facto so ist. Daß also der Mensch im Vollzug seiner religiösen Akte eine evidente Gewißheit zu besitzen meint, ist noch kein Beweis für die tatsächliche Existenz des Gegenstandes seiner Intention. Es könnte ja sein, daß er in solchen Akten zwar Gott intendierte, daß er seine Intention auch subjektiv für erfüllt hielte, daß sie aber in Wahrheit unerfüllt bliebe.

An dieser Stelle seiner Überlegungen bringt Scheler einen neuen Beweisgrund vor: das Prinzip der Sinnhaftigkeit. Die religiösen Akte tendieren darauf, in dem Gegenstand, auf den sie sich richten, ihre Erfüllung zu finden. Bleibt diese aus, so werden sie sinnlos. Daß es die religiösen Akte „gäbe, ohne ein dazugehörendes reales Gegenstandsreich, in dem voll erfüllbar ist, was durch die Schwere und die niederziehende Wucht der vitalen Antriebe im Leben nur verhüllt geschaut, gewollt, gehofft, gefürchtet, geliebt und gedacht werden kann, das ist oder das wäre ein völlig irrationales Faktum" (E 258). Damit ist jedoch das Prinzip der Sinnhaftigkeit überdehnt. Mag auch — was im IV. Teil zu untersuchen sein wird — mit Grund behauptet werden, das Dasein des Menschen sei nicht ohne Sinn, so ist doch damit nicht gesagt, daß auch alles einzelne in ihm Vorkommende, also etwa die religiösen Akte, sinnvoll sein müssen. Auch Faktisches kann sinnlos sein. Daher ist das Argument Schelers nicht schlüssig.

Daran mag es auch liegen, daß Scheler zuletzt doch noch versucht, aus der Tatsache der religiösen Akte eine Art von Gottesbeweis zu gewinnen. Er geht „vom Dasein solcher Akte im Menschen" aus und fragt „nach ihrer Ursache". Die Antwort lautet, daß es keine andere Ursache geben könne als Gott. „Nur ein reales Seiendes mit dem Wesenscharakter des Göttlichen kann die Ursache der religiösen Anlage des Menschen sein, d. h. der Anlage zum wirklichen Vollzug jener Aktklasse, deren Akte durch endliche Erfahrung unerfüllbar sind und gleichwohl Erfüllung fordern". So gilt: „Der Gegenstand der religiösen Akte ist zugleich die Ursache ihres Daseins" (E 254 f.); „alles Wissen um Gott ist ein Wissen durch Gott" (E 278). Damit meint Scheler die Existenz Gottes bewiesen zu haben. „Wenn Gottes Dasein nichts anderes bewiese, so würde es die Unmöglichkeit tun, die religiöse Anlage aus irgend etwas anderem herzuleiten als aus Gott, der sich selbst durch sie dem Menschen auf natürliche Weise erkennbar macht" (E 258).

122

Dagegen ist jedoch einzuwenden, daß Scheler keinen Beweis für die Behauptung liefert, daß die religiösen Akte nicht vom Menschen, sondern nur von Gott verursacht sein können. Zwar mag der, der jeweils den religiösen Akt vollzieht, in diesem Vollzug sich als von Gott dazu veranlaßt empfinden. Aber diese subjektive Empfindung läßt keinen Schluß auf ein wirkliches Verursachtsein durch Gott zu. Überdies steckt in der Argumentation Schelers die Voraussetzung, der Mensch könne nicht von sich aus seine endliche Wirklichkeit transzendieren. Das aber hätte ausdrücklich aufgewiesen werden müssen.

So bleibt es dabei: Der religiöse Akt, auf den Scheler eine Philosophische Theologie gründen will, reicht zu dieser Absicht nicht aus. Er bleibt in der ganzen Breite seiner Erscheinungsweise im Subjektiven stecken und kann nichts Gültiges über Gottes Wesen und Dasein aussagen. So ist festzustellen: Auch der dritte Weg Schelers in der Richtung auf eine Philosophische Theologie ist ungangbar.

4. Gründung der Philosophischen Theologie in der Anthropologie

Im näheren Durchdenken seines Ansatzes wird Scheler dazu geführt, seinen personalistischen Gottesgedanken aufzugeben. Er schreibt darüber in dem 1926 verfaßten Vorwort zur dritten Auflage seines Buches „Der Formalismus in der Ethik und die materiale Wertethik": „Es ist der Öffentlichkeit nicht unbekannt geblieben, daß der Verfasser in gewissen obersten Fragen der Metaphysik und der Philosophie der Religion seinen Standort seit dem Erscheinen der zweiten Auflage dieses Buches nicht nur erheblich weiterentwickelt, sondern auch in einer so wesentlichen Frage wie der Metaphysik des einen und absoluten Seins (das der Verfasser nach wie vor festhält) so tiefgehend geändert hat, daß er sich als einen ‚Theisten' (im herkömmlichen Wortsinne) nicht mehr bezeichnen kann" (F 17). Scheler hat damit, wie er ja auch betont, die philosophisch-theologische Problematik nicht etwa aufgegeben. Nur versucht er es nun mit einer neuen Begründung, die auch zu einem veränderten Gottesbegriff führen muß.

Ausgangspunkt ist jetzt die Spannung zwischen Geist und Leben im Menschen. Sie konstituiert das Menschsein. Das Leben hat er mit den Tieren gemeinsam. Es reicht vom dunklen Gefühlsdrang über Instinkt und assoziatives Gedächtnis bis hin zur praktischen Intelligenz. Dem aber tritt der Geist, das Spezifikum des menschlichen Seins, entgegen. Er ist „ein allem Leben überhaupt entgegengesetztes Prinzip" (M 46). Von ihm her kann sich der Mensch gegen das Leben wenden; er ist „der ‚Neinsagenkönner', der ‚Asket des Lebens', der ewige Protestant gegen alle bloße Wirklichkeit" (M 65).

Vor diesem Horizont entwickelt Scheler seine anthropologische Grundthese: daß nämlich das Leben das ursprünglich Mächtige, der Geist dagegen das ursprünglich Ohnmächtige ist. Zwar ist der Geist vom Ursprung her ein selbständiges Prinzip, aber er erhält seine Kraft nur dadurch, daß er sich die Mächtigkeit des Lebens zueigen macht. „Als solcher ist der Geist in seiner ‚reinen' Form ursprünglich schlechthin ohne alle ‚Macht', ‚Kraft', ‚Tätigkeit'. Um überhaupt irgendeinen noch so kleinen Grad von Tätigkeit zu gewinnen, muß jene Askese, jene Triebverdrängung und gleichzeitige Sublimierung hinzukommen" (M 66).

Für diesen seinen anthropologischen Daseinsentwurf gibt Scheler keine Begründung. Er legt als selbstverständlichen, wissenschaftlich ausgewiesenen Tatbestand zugrunde, was in Wahrheit nur eine Deutung ist. Denn ebenso könnte man auch annehmen, der Geist entspringe aus dem Leben, so wie dies andere Denker, vorab Nietzsche, getan haben. So ist schon das Fundament der späten Metaphysik Schelers brüchig.

Der Übergang zu metaphysischen Aspekten vollzieht sich zunächst in der Form einer vorsichtigen Frage: „Sieht das alles nicht so aus, als gäbe es eine Stufenleiter, auf der ein urseiendes Sein sich im Aufbau der Welt immer mehr auf sich selbst zurückbeugt, um auf immer höheren Stufen und in immer neuen Dimensionen sich seiner selbst inne zu werden, um schließlich im Menschen sich selbst ganz zu haben und zu erfassen?" (M 53) Hinter Geist und Leben steht für Scheler also ein „urseiendes Sein". Er ist sogar überzeugt, daß der Mensch ohne eine solche Voraussetzung sich selber nicht richtig verstehen könne. So behauptet er, daß mit einer „inneren Notwendigkeit der Mensch in demselben Augenblick, in dem er durch Welt- und Selbstbewußtsein ... Mensch geworden ist, ... auch die formalste Idee eines überweltlichen, unendlichen und absoluten Seins erfassen muß" (M 105). Kurz: „Welt-, Selbst- und Gottesbewußtsein bilden eine unzerreißbare Struktureinheit" (M 107).

Um das zu begründen, geht Scheler von der Situation aus, in der der menschliche Geist sich als „aus der gesamten Natur herausgestellt" erfährt, die er zu seinem Gegenstande macht. In dieser Lage muß er fragen: „‚Wo stehe ich denn selbst? Was ist denn mein Standort'?". In der einzig möglichen Antwort auf diese Frage nun, so meint Scheler, erfasse sich der Mensch als außerweltlich. „Er kann nicht eigentlich mehr sagen: ‚Ich bin ein Teil der Welt, bin von ihr umschlossen', denn das aktuale Sein seines Geistes und seiner Person ist sogar den Formen des Seins dieser ‚Welt' in Raum und Zeit überlegen" (M 105 f.).

Diese These wird freilich von Scheler nicht mehr begründet und kann auch nicht ausreichend begründet werden. Daß der Mensch sich im Denken die ganze Welt einschließlich seiner eigenen Person zum Gegenstand machen kann, besagt keineswegs, daß er sich selber als außerweltlich verstehen müßte. Schelers Behauptung, mit Hilfe deren er zu einer theologischen Metaphysik gelangen will, ist also eine unausgewiesene Voraussetzung. Trotz seines scheinbar neuen Ansatzes bleibt er an diesem entscheidenden Punkte der Tradition verhaftet.

Auf dem Wege zu seinen metaphysischen Aussagen geht Scheler noch einmal auf die Situation des Menschen ein, in der dieser sich, wie behauptet wird, aus allem welthaften Seienden herausstellt. In dieser Lage entdeckt der Mensch „die Möglichkeit des ‚absoluten Nichts‘ ". Daraus nun erwächst ihm die metaphysische Grundfrage: „Warum ist überhaupt eine Welt, warum und wieso bin ‚ich‘ überhaupt?" (M 106).

Das ist einsichtig. Scheler will aber mehr sagen. Er behauptet, im Blick auf das Nichts werde zugleich ein Grund entdeckt, auf den der Mensch sich außerweltlich gründen könne. „In genau demselben Augenblicke, da sich der Mensch aus der Natur heraus stellte, ... in eben demselben Augenblicke mußte der Mensch auch sein Zentrum irgendwie außerhalb und jenseits der Welt verankern" (M 107). Das gleiche meint die oben angeführte These vom notwendigen Zusammenhang von Welt-, Selbst- und Gottesbewußtsein.

Doch wieso soll sich die Entdeckung des Nichts plötzlich in die Auffindung eines Grundes verwandeln? Auf diese Frage gibt Scheler keine Antwort. So ist der Übergang von der Anthropologie zur Metaphysik an diesem entscheidenden Punkte mißlungen. Der Gedanke springt, statt fortzuschreiten.

Aus den bisher geschilderten, in sich fragwürdigen Prämissen entwickelt Scheler eine Philosophische Theologie, wenn auch nur in Umrissen. Jetzt geht es nicht mehr um den geistigen, persönlichen Gott, vielmehr um ein Urwesen vom Charakter „eines absoluten Seins überhaupt" (M 106), um „das Urseiende" (M 110). Sein Wesen wird im Blick auf den Menschen, dessen Grund es ist, ausgelegt. Wie im Menschen eine — freilich nicht zureichend erwiesene — Spannung zwischen Leben und Geist herrscht, so auch im Urwesen. Denn der „Gegensatz von Leben und Geist" reicht tief „in den Grund aller Dinge" hinab (M 95). Auch in diesem liegt eine „Urspannung von Geist und Drang" (M 82). Ihm kommt „ein das irrationale Dasein und zufällige Sosein ... setzender, ... irrationaler Drang — eine dynamische phantasiereiche Mächtigkeit" zu, zugleich aber auch „ein ideenbildender unendlicher Geist, eine die Wesensstruktur der Welt und des Menschen selbst gemeinsam aus sich entlassende Vernunft" (P 11 f.). Und das Verhältnis dieser beiden Momente zueinander ist dem ähnlich, das es im Menschen annimmt. Der „allmächtige ... Drang" hat sich gegenüber den Geist, der „keinerlei ursprüngliche Macht oder Kraft" besitzt (M 82).

In der philosophisch-theologischen Konzeption Schelers liegt es, daß jene beiden Urmomente nicht in ihrer Spannung bestehen bleiben können, sondern daß sie sich auszugleichen trachten, so wie es auch, wie oben erwähnt worden ist, im anthropologischen Bereich geschieht. Dieser Ausgleich der Urspannung nun ist das Weltwerden des Urseienden. „Der Grund der Dinge mußte, wenn er seine Deitas, die in ihr angelegte Ideen- und Wertfülle, verwirklichen wollte, den weltschaffenden Drang enthemmen, um im zeithaften Ablauf des Weltprozesses sich selbst zu verwirklichen" (M 82). Der Gott dieser Philosophischen Theologie des späten Scheler ist also nicht der ein für allemal vollendete Geist, als den ihn die christliche Philosophie und Theologie verstehen, sondern eine im Weltgeschehen allererst sich verwirklichende, eine werdende Gottheit.

Im Ganzen der Weltwerdung der Gottheit bildet den entscheidenden Punkt der Auseinandersetzung von Drang und Geist der Mensch. „Das Urseiende wird sich im Menschen seiner selbst inne", und zwar „in der aktiven Einsetzung unseres Seinszentrums für die ideale Forderung der Deitas und des Versuches, sie zu vollstrecken, und in dieser Vollstreckung den aus dem Urgrunde werdenden ‚Gott' als die steigende Durchdringung von Drang und Geist allererst mitzuerzeugen" (M 110 f.). So „trägt der Mensch die ... Würde eines Mitstreiters, ja Mitwirkers Gottes, der die Fahne der Gottheit, die Fahne der erst mit dem Weltprozeß sich verwirklichenden ‚Deitas', allen Dingen vorzutragen hat im Wettersturm der Welt" (P 15).

Dieser philosophisch-theologische Entwurf Schelers — der vierte in der Reihe seiner Bemühungen auf diesem Felde — hat trotz seiner Unvollendung etwas Großartiges an sich. Er erinnert an Schellings und Hegels theologische Metaphysik. Aber er ist ebenso unhaltbar wie die drei ersten Versuche Schelers in dieser Richtung. Nur durch unausgewiesene Übergänge und durch Brüche kommt er zu seinem Ziel. Das aber besagt: Die Philosophische Theologie Schelers scheitert auf allen vier Stufen.

§ 112. Der existenzphilosophische Ansatz bei Jaspers

1. Das Problem

Unter den Philosophen der Gegenwart beschäftigt sich Karl Jaspers[1] in besonders eindringlicher Weise mit dem Problem der Möglichkeit einer

---

[1] Aus dem Schrifttum von Jaspers sind für die obige Darstellung herangezogen worden: Philosophie, 3 Bände, Berlin 1932 (zit. durch Voranstellung der römischen Ziffern der Bände); Der philosophische Glaube, München 1963 (zit. als

Philosophischen Theologie, obwohl er diesen Ausdruck kaum verwendet. Wenn aber zu den hauptsächlichen Themen seines Philosophierens der „Entwurf eines philosophischen Glaubens" gehört (G 103), dann ist damit die Problematik einer Philosophischen Theologie, freilich einer solchen von besonderer Art, berührt. Die Frage ist, ob sich ein Reden von Gott in der Weise des philosophischen Glaubens ausweisen läßt.

Angesichts der weit ausgreifenden Erörterungen von Jaspers über den philosophischen Glauben bedarf es einer Konzentration auf das für die Frage nach der Möglichkeit einer Philosophischen Theologie Wesentliche. Denn Jaspers kennt eine doppelte Bedeutung des philosophischen Glaubens. In einem weiteren Sinne richtet sich dieser auf das „Umgreifende" überhaupt, worunter auch die „Welt" sowie „Dasein, Bewußtsein überhaupt, Geist, Existenz" verstanden werden. In einer zweiten engeren Bedeutung betrifft der philosophische Glaube im besonderen die „Transzendenz", „Gott". In diesem Bezugspunkt zeigt er sich in seinem innersten Wesen. Daher sagt Jaspers am Schluß der Darstellung der Weisen der „Erhellung des Umgreifenden": „Sofern ... alle diese Weisen in Einem gegründet sind, ist am Ende die Antwort: das eigentliche Sein ist die Transzendenz (oder Gott), ein Satz, dessen wirkliches Verständnis allen philosophischen Glauben ... in sich schließt" (G 31). Auf diese theologische Orientierung des Begriffs des philosophischen Glaubens muß sich also die Untersuchung der Philosophischen Theologie bei Jaspers vor allem richten.

Wie der eben zitierte Satz zeigt, werden die beiden Ausdrücke „Transzendenz" und „Gott" von Jaspers synonym gebraucht. Zwar findet sich gelegentlich eine Abgrenzung; so wenn Jaspers behauptet, daß, was „in mythischer Ausdrucksweise ... Gott heißt, in philosophischer Sprache ... Transzendenz" genannt wird (II 1); aber auch da ist vom gleichen die Rede. Im übrigen verwendet Jaspers auch in ausgesprochen philosophischen Zusammenhängen häufig das Wort „Gott", und zwar ohne ersichtlichen Bedeutungsunterschied zu dem Terminus „Transzendenz". „Transzendenz über aller Welt und vor aller Welt heißt Gott" (G 33); die „Transzendenz" ist für den Menschen das, was „er Gott nennt" (II 274); oder, nun in voller Prägnanz: „Gott ist ... die Transzendenz" (G 129). Dem widerspricht auch nicht, daß Jaspers sagen

„G"); Der philosophische Glaube angesichts der Offenbarung, München 1962 (zit. als „GO"); Schelling, München 1955 (zit. als „S"). Durchgesehen worden sind weiter: Philosophische Logik, I. Band: Von der Wahrheit, München 1947; Philosophie und Welt, Reden und Aufsätze, München 1958; Rechenschaft und Ausblick, Reden und Aufsätze, München 1958; schließlich einige kleinere Schriften.

kann, es sei ein „Irrtum, Transzendenz und Gott synonym zu gebrau-
chen" (GO 223). Diese Aussage bezieht sich auf den Begriff Gottes als
Person. Jaspers behauptet, der persönliche Gott sei nicht als solcher die
Transzendenz, aber durch ihn hindurch werde diese erfahren. Insofern
kann auch hier die Transzendenz mit Gott als ihrer Erscheinung oder, wie
Jaspers sagt, als ihrer Chiffer identifiziert werden. „Der philosophische
Glaube ... transzendiert über die Chiffer des persönlichen Gottes zum
Grund der Wirklichkeit, die selber er durch Überlieferung mit der Chiffer
Gott zu nennen geneigt ist" (GO 241).

Wo Jaspers sagt, das „eigentliche Sein" sei „die Transzendenz (oder
Gott)", da fügt er hinzu, dieser Satz schließe nicht nur „allen philosophischen Glauben", sondern auch „alles philosophisch erhellende Denken"
in sich (G 31). Damit meint er offenbar: Das Philosophieren geht, recht
verstanden, immer und wesensmäßig zuletzt auf Gott. Man wird also
dem philosophisch-theologischen Element im Denken von Jaspers nicht
gerecht, wenn man es nicht in seiner zentralen Bedeutung sieht und wenn
man dementsprechend nicht den Versuch unternimmt, es im Rahmen des
Gesamtduktus des Philosophierens von Jaspers darzustellen und von
daher auf seine Stichhaltigkeit hin zu prüfen. Doch auch da können nur
die wesentlichen Züge herausgearbeitet werden. Anderes — etwa das
wichtige Problem der Kommunikation — muß beiseite gelassen werden.

2. Erfahrung der Fraglichkeit

Auf den ersten Blick scheint der Ausgangspunkt, den Jaspers in seinem
Philosophieren nimmt, dem verwandt zu sein, der auch in dem vorliegenden Buch entwickelt wird. Auch Jaspers kennt das radikale Fragen
und die Erfahrung der universalen Fraglichkeit; er stellt beides, wie
kaum ein anderer, eindrücklich vor Augen. „Nichts darf es geben,
das nicht befragt würde": das ist das „Grundelement des Philosophierens" (G 14). „Unser Bewußtsein ... kennt im Aufwerfen der Fragen
keine Grenzen" (III 78). Philosophieren ist „nie beruhigtes Fragen"
(I 267); es vollzieht sich „in radikalem Fragen" (I 322). Und dies,
obgleich die „Gefahr" besteht, „daß Ich und Welt ins Bodenlose versinken" (I 72).

Die solchem radikalen Fragen zugrunde liegende Erfahrung der Fraglichkeit hat bei Jaspers des genaueren den Charakter der „Erfahrung der
Grenze" (II 8). An diese stößt der Mensch ständig; über sie hinauszuge-
langen ist er unablässig bemüht. Er kann sie auch jeweils ein Stück weit
überschreiten, aber nur, um sich dann wieder vor einer neuen Grenze zu
finden. In diesem Prozeß spielt sich die Radikalität des Fragens ab. „Philo-

sophie ... strebt ... zu den äußersten Grenzen. Wo sie eine Grenze erreicht, macht sie nicht halt, sondern findet die Frage, die weiterdrängt. Sie greift allem, was als Sein sich gibt, an die Wurzeln, nennt sich selbst radikal" (I 323).

Daß wir „überall von Grenzen betroffen" sind (I 45), zeigt sich bereits in der „Weltorientierung", wie sie sich in den Wissenschaften vollzieht. „An der Grenze der Naturerkenntnis" tut sich „der Abgrund des schlechthin Unbegreiflichen" auf. „Die Geisteswissenschaft stößt an die Grenzen des Unverstehbaren" (I 166 f.). Kurz: „Das Wissenwollen in der Weltorientierung ... muß scheitern" (II 262). An den „Grenzen der Weltorientierung" bricht „die Zerrissenheit des Daseins" auf (I 81). Die Grunderfahrung dabei ist, „daß die Welt in sich keinen Halt hat, sondern als solche in beständigem Ruin ist" (I 40).

Schmerzlicher noch als in seiner wissenschaftlichen Bemühung erfährt der Mensch in seinem faktischen Dasein die „Grenzen, welche schlechthin unwandelbar bestehen und jedem Handeln in der Welt gezogen sind" (I 116). „Der Wille ... kommt ... überall an Grenzen" (II 158); er „muß, wenn ihm sein Dasein als Wirklichkeit des restlosen Scheiterns klar wird, verzweifeln" (II 2). Der Mensch gelangt zur Erfahrung der „schwebenden Fraglichkeit" seines Daseins (II 45).

Am eindringlichsten wird die Grenze im Dasein des Menschen in den „Grenzsituationen" erfahren. Als solche nennt Jaspers: „daß ich immer in Situationen bin, daß ich nicht ohne Kampf und ohne Leid leben kann, daß ich unvermeidlich Schuld auf mich nehme, daß ich sterben muß". Diese Grenzsituationen „sind wie eine Wand, an die wir stoßen" (II 203); sie sind es, „die jedes sich schließende Sein zerreißen und damit von allem, was wir kennen, die Fragwürdigkeit zeigen" (II 106).

Schließlich wird die Fraglichkeit als solche, die alle Grenzsituationen durchherrscht, in einer „universalen Grenzsituation" (II 210) erfahren: der Grenzsituation der „Fragwürdigkeit allen Daseins", in der dieses „seine antinomische Struktur" offenbart und so „als in sich brüchig erscheint" (II 249). Hier öffnet sich eine „Perspektive in das Dasein, in der dieses als Ganzes befragt ... wird. Das Dasein überhaupt wird als Grenze erfaßt". Damit manifestiert sich in voller Deutlichkeit „die Fragwürdigkeit des Seins der Welt und meines Seins in ihr" (II 209).

Zum Wesen der Grenzsituationen gehört es, daß dem, der in sie gerät, „gleichsam der Boden unter den Füßen weggezogen" wird (II 249). So kann Jaspers sagen: „Das Scheitern ist das Letzte" (III 220). Das muß den Menschen in die Verzweiflung stürzen. „In der Realität des Weltseins ist die Verzweiflung an der Grenze unausweichlich" (G 128). „Im Blick auf das Scheitern scheint es unmöglich, zu leben" (III 235). Das gilt insbesondere für das philosophierende Dasein. „Da die Philosophie ... im

Fragen und Suchen bleibt, so sieht sich der Mensch in ihr absolut gefährdet" (I 301).

Dem entspricht es, daß in den Grenzsituationen die Möglichkeit des
absoluten Nichts auftaucht, und zwar des Nichtigseins sowohl der Welt
wie des eigenen Daseins. In einer „totalen Infragestellung meiner selbst"
schaue ich „in das Nichts meines Selbst" (II 42 f.). „Wer wirklich sieht,
was ist, scheint das starre Dunkel des Nichts erblicken zu müssen" (III
233). In solcher „Erfahrung des Nichts" (G 24) gerät Jaspers in die Nähe
zum Nihilismus. Er sagt in bezug auf die „offene Glaubenslosigkeit des
Nihilismus" und auf dessen These: „Alles ist fraglich" (G 122): „Im Nihilismus wird ausgesprochen, was dem redlichen Menschen unumgänglich
ist" (G 127 f.). So auch kann er den „Nihilismus" eine „selbsterfahrene
Möglichkeit" nennen (G 152).

3. Grenze und Transzendieren

Die Erfahrung der Grenze und des Nichts ist jedoch für Jaspers keine
zureichende Basis für ein sachhaltiges und erfülltes Philosophieren. Er
bleibt deshalb nicht beim Nichts und beim Nihilismus stehen, so sehr er
diese als menschliche Möglichkeiten ernst nimmt. „Als Philosophierender
will ich nicht ins Nichts" (I 312). Grenze und Nichts sind darum für ihn
nur der Ausgangspunkt für das, worauf es ihm in seinem Philosophieren
entscheidend ankommt: für das Transzendieren, das Überschreiten der
Grenze. Denn „ohne Transzendieren ist nur zu leben in radikaler, nur das
Nichts lassender Verzweiflung" (III 233).

Die Notwendigkeit eines solchen Transzendierens ergibt sich für Jaspers
schon aus dem Aspekt, unter dem er das Wesen der Grenze erblickt. Diese
verweist nämlich von sich her auf ein Jenseits ihrer selbst. „Grenze drückt
aus: es gibt ein anderes"; es ist „ihre eigentliche Funktion, noch immanent
zu sein und schon auf Transzendenz zu weisen" (II 203 f.). Wer also die
Grenze als Grenze recht versteht, für den ist einsichtig: Es kommt darauf
an, an den Grenzen die diesseitige Wirklichkeit zu überschreiten.

Ein solches Transzendieren nun ist für Jaspers der Sinn des Philosophierens. An den Grenzen „öffnet sich die Möglichkeit philosophischen
Transzendierens" (I 45). Daher spricht Jaspers vom Vollzug des „transzendierenden Denkens, das der Philosophie zukommt", von „Gedankengängen, welche alles Erkennbare und die Welt im ganzen an den Grenzen
transzendieren" (G 32). Darum auch sind für ihn „die echten philosophischen Schritte . . . Weisen des Transzendierens" (I 23).

Wie aber vollzieht sich ein solches an den Grenzen möglich werdendes
Transzendieren? Zunächst stellt es sich als Hinausgehen über die diesseitige

Wirklichkeit, als „Transzendieren über die Welt" (I 145), dar. Doch wohin geht dieser Weg hinaus über die Welt? Sofern das Transzendieren die Fraglichkeit überschreitet, muß es die Richtung auf Gewißheit nehmen. Sofern es die Fraglichkeit des Seienden im ganzen überschreitet, muß es sich auf etwas richten, was dieses Seiende im ganzen der Fraglichkeit enthebt. Das aber kann nichts anderes sein als der gründende Grund von allem, Gott. Geschieht das Transzendieren nicht, dann bleibt nur das Nichts. Kommt es dagegen zum Transzendieren, dann eröffnet sich die Möglichkeit einer Erfahrung Gottes. So ist die Situation der „Grenze" derjenige Zustand, „wo ich entweder verzweifelnd mir bewußt werde, gar nicht zu sein, oder eines ursprünglicheren Seins inne werde" (II 180). Gerade an der Grenze kann es geschehen, daß „das Scheitern doch nicht das Nichts zeigt, sondern das Sein der Transzendenz" (III 233). „Vor dem Abgrund wird das Nichts oder Gott erfahren" (G 34).

Diese Alternative kommt allerdings überraschend. Sie ist zwar in der Tradition vorgegeben. Aber wie kann Jaspers in philosophischer Reflexion dessen gewiß werden, daß sich jenseits der Grenze die Möglichkeit eines Wissens von Gott auftut? Könnte die Grenze nicht auch den Charakter einer unübersteiglichen Schranke haben? Zumal Jaspers selber schreibt: „Daß das Undenkbare die Gottheit sei, ist in dem Gedanken, der im Nichtdenken scheitert, als solchem nicht schon gedacht" (III 66). Wie also kommt der Mensch zu der Gewißheit, daß es Gott ist, auf den sein Transzendieren zugeht, und daß er in dessen Vollzug auch wirklich Gott erreichen kann? Das ist im Blick auf das Problem der Philosophischen Theologie die entscheidende Frage an Jaspers.

4. Erfahrung der Freiheit

Die eben gestellte Frage läßt sich nur so beantworten, daß der Vorgang des Transzendierens genauer ins Auge gefaßt wird. Das soll an dem Punkte geschehen, an dem auch für Jaspers der eigentliche Ursprung eines Transzendierens auf Gott zu liegt: beim Phänomen der Freiheit. Denn eben diese ist es, auf die der Mensch zunächst stößt, wenn er trotz des Scheiterns weiterleben soll, und die daher auch die erste Stufe auf dem Wege zu dem die Existenz ermöglichenden Transzendieren über die als nichtig erfahrene diesseitige Wirklichkeit hinaus bildet. „Die Welt zeigt sich als bodenlos. Aber der Mensch findet in sich, was er nirgends in der Welt findet . . .: die Freiheit" (G 59). „Die Möglichkeit, deren sich Existenz an den Grenzen gewiß werden kann, ist Freiheit" (I 55). Darum ist es das „Sein als Freiheit, zu dem ich transzendiere, wenn ich im Nichtwissen philosophierend zu mir komme" (II 5).

Worin aber besteht für Jaspers diese an den Grenzen erfahrbare Freiheit? Keinesfalls in der bloßen Willkür des Wählenkönnens in beliebigen Entscheidungen. Es geht Jaspers vielmehr um das, was er die „tiefste, existentielle Freiheit" nennt. Existenz bedeutet in diesem Zusammenhang die eigentliche und wesentliche Möglichkeit des Menschseins. Daher ist die Freiheit als „existentielle Wahl" (II 180) „die Wahl meines Selbst", „der Entschluß, im Dasein ich selbst zu sein". Konkret drückt sich diese existentielle Wahl darin aus, daß der Mensch die Verantwortlichkeit für sich übernimmt; „in ihr mache ich mich selbst schlechthin verantwortlich für mich" (II 181 f.). Freiheit bedeutet also im Grunde nichts anderes als Selbstsein, nämlich „aus eigenem Ursprung" sein (II 61). Daher auch sind beide Begriffe vertauschbar. „Freiheit" ist „das Wesen der Existenz im Dasein" (III 63), und umgekehrt: „Selbstsein . . . ist nur als Freiheit" (II 49). Eben darin nun, daß man zur Freiheit und zum Selbstsein gelange, besteht die erste Stufe des Transzendierens. Der Mensch „transzendiert von sich als empirischer Existenz zu sich als eigentlichem Selbst" (I 46).

In dem Gedanken des Selbstseins und der existentiellen Freiheit kann man die Idee vom Menschen erblicken, wie Jaspers sie entwirft. Die Frage ist jedoch, wie er diese seine Sicht begründet. Wie läßt sich die „Gewißheit des Selbstseins aus Freiheit" ausweisen (I 16)? Angesichts dieser Frage zeigt sich: Das Existenzideal von Jaspers wird nicht mehr eigens begründet. Er behauptet sogar, es sei wesenhaft unbegründbar. „Freiheit ist weder beweisbar noch widerlegbar" (II 169). Der ursprüngliche Entschluß zu ihr ist durch nichts mehr bedingt und darum „unbedingt". Kurz: Zur Freiheit zu gelangen ist eine „absolute Entscheidung der Existenz" (II 181).

Wenn Jaspers in diesem Sinne von „den grundlosen Vollzügen" spricht (II 46), dann besagt das: Es gibt vor dem Ergreifen des Selbstseins in Freiheit keine dieses inaugurierende Reflexion, die mit Notwendigkeit dahin führen müßte, sich zum Selbstsein zu entschließen. Selbstwerden geschieht vielmehr als „Sprung . . . zu mir als Freiheit" (II 35): als der „Sprung, in dem mögliche Existenz zur wirklichen wird" (II 206). „Existenz" kommt nur „im Sprunge zur Selbstgewißheit" (III 5). Aber freilich: Es handelt sich um „einen nicht mehr rational einsichtig zu machenden Sprung" (II 5).

Woher aber nimmt Jaspers das Recht, ein dergestalt unbegründetes und unbegründbares Existenzideal seinen philosophischen und philosophisch-theologischen Entwürfen zugrunde zu legen? Die unausweisbare Freiheit des Selbstseins mag für den Denker Jaspers persönlich genügen. Dieser ist sich sogar selber über den subjektiven Charakter seines philosophischen Ansatzes im klaren; er betont, daß „Dasein als mögliche Existenz eigentliches Sein nur sieht in der konkreten gegenwärtigen Wirklichkeit eigenen Selbstseins" (III 222). Wie aber kann dieses persönliche Existenzideal die Grundlage einer verbindlichen philosophischen Aussage bilden? Wie kann Jaspers sagen: „Wer philosophiert, redet vom Selbstsein; wer das nicht tut, philosophiert auch nicht" (I 271)? Wie kann er mit dem Anspruch auf allgemeine Gültigkeit formulieren: „Das Sein des Philosophen ist das Selbstwerdenwollen" (II 411)? Diese Fragen machen offenkundig: Das Philosophieren von Jaspers — mitsamt der darin enthaltenen Philosophischen Theologie — ruht auf einem unausgewiesenen und unausweisbaren subjektiven Daseinsverständnis.

Dem entspricht es, daß die Gewißheit von Freiheit und Selbstsein höchst ambivalent ist. Für die eigentliche Existenz gilt: „Will ich sie fassen, so entschwindet sie mir" (II 2); „Existenz ... kann nicht gewußt werden" (II 22); sie wird wirklich „in einem unbegreiflichen Zusichselbstkommen" (II 265). Und doch soll es auf der andern Seite eine „Selbstvergewisserung der Existenz" geben (GO 119): „die existentielle Selbstgewißheit der Freiheit" (II 189), „die Gewißheit des Selbstseins aus Freiheit" (I 16). Das aber besagt: Diese Gewißheit ist völlig subjektiv. Nur wer sich zur eigentlichen Existenz entschließt, kann ihrer teilhaftig werden; der Entschluß dazu aber ist völlig in die Freiheit des philosophierenden Individuums gelegt.

Diesem Zusammenhang von Subjektivität und Gewißheit trägt Jaspers dadurch Rechnung, daß er die Gewißheit nicht in das Feld theoretischer Überlegungen, sondern in den Bereich des praktischen Tuns verlegt. Es ist „der ursprüngliche Vollzug ..., in dem das Selbst sich seiner gewiß wird" (II 42). „Freiheit erweist sich nicht durch meine Einsicht, sondern durch meine Tat" (II 276). Es gilt vom „Selbstsein", daß es „handelnd sich gewiß wird" (II 293). Wieder aber erhebt sich die Frage, ob denn ein solches subjektives Gewißheitserlebnis im Vollzug des Handelns, eine solche „existentielle Erfahrung der Freiheit" (G 124), die „nicht objektiv erweisbar" ist (II 8), die Basis für philosophische Aussagen bilden kann, die doch ihrem Wesen nach nicht auf die Subjektivität beschränkt sein können.

Jaspers ist sich selber über diese Problematik durchaus im klaren. „Selbst in der Gewißheit des Entschlusses muß ... eine Schwebe bleiben" (G 68). So bezeichnet er denn schließlich die Gewißheit von Freiheit und Selbstsein als Glauben. Glaube hat bei ihm freilich nicht den Charakter des christlichen Glaubens; was Jaspers meint, ist der spezifisch philosophische Glaube, wie er zu Ende dieses Paragraphen genauer ausgelegt werden wird. „Der philosophische Glaube ... ist der Glaube des Menschen an seine Möglichkeit. In ihr atmet seine Freiheit" (G 69). „Wie der Mensch sich seines Menschseins gewiß ist, das ist ein Grundzug des philosophischen Glaubens" (G 59). Diesem traut Jaspers das Entscheidende zu. Der „Glaube" wird „an der Grenze des Wißbaren als das Bewußtsein unbedingter Wahrheit spürbar" (I 246). Aber freilich: Was am Ursprung des Philosophierens von Jaspers steht, bleibt ein Glaube: ein Glaube und nichts weiter. Ihn zeichnet eine letztlich „unbegreifliche Gewißheit" aus (II 6). Darin wird nun endgültig deutlich, daß die unausweisbare Subjektivität des Denkers Jaspers hinter all seinen Aussagen über Freiheit und Selbstsein steht.

5. Erfahrung der Transzendenz

Mit all dem hat Jaspers die Dimension der Philosophischen Theologie noch nicht erreicht. Um dahin zu gelangen, muß er eine neue Erfahrung hinzunehmen: daß der, der den Sprung in seine Freiheit wagt, sich darin bewußt wird, ihn, obgleich er ihn aus seinem eigensten Entschluß tut, letztlich doch nicht aus eigener Vollmacht vollziehen zu können. In der Ausweglosigkeit des Scheiterns vermag der Mensch nicht von sich aus zu Freiheit und Selbstsein zu gelangen. „Das eigentliche Selbstsein kann sich nicht durch sich selbst allein halten; es kann sich ausbleiben und vermag sich nicht herbeizuzwingen" (III 221). Daher braucht der Mensch, um er selbst werden zu können, etwas, das ihm sein Selbstseinkönnen ermöglicht. „Wo ich eigentlich ich selbst bin, bin ich nicht nur ich selbst" (III 42).

Das heißt positiv: Der Mensch erfährt seine Freiheit und sein Selbstseinkönnen so, daß sie ihm geschenkt werden. „Ich bin nicht durch mich allein in meinem Entschluß. Sondern das Durch-mich-sein ist mir ein in meiner Freiheit Geschenktsein" (G 22). Das „eigentliche ‚ich selbst' ... scheine ich wohl durch mich zu sein, aber ich überrasche mich doch selbst mit ihm; ich weiß etwa nach einem Tun: ich allein könnte es nicht, ich könnte es so nicht noch einmal. Wo ich eigentlich selbst war im Wollen, war ich mir in meiner Freiheit zugleich gegeben" (II 199). Es „kommt mir in meiner Freiheit entgegen, wodurch ich frei bin" (GO 32). Ich erfahre mich „im unbegreiflichen Aufgefangenwerden" (GO 184).

Wieder also zieht Jaspers auf dem Wege seines Denkens, der ihn zur Transzendenz führen soll, eine höchst subjektive Erfahrung, ja ein letztlich in der religiösen Sphäre beheimatetes Erlebnis heran. Jenes Geschenktwerden und Aufgefangenwerden ist dem Denker Jaspers sicherlich widerfahren. Daher ist es durchaus legitim, wenn er es unter die Erfahrungen aufnimmt, die er seinem persönlichen Philosophieren zugrunde legt. Problematisch wird die Sache dagegen, wenn Jaspers ein philosophisches Gebäude darauf aufbaut, das doch nicht von zufälliger subjektiver Erfahrung getragen sein kann. In der Tat macht sich Jaspers anheischig, jene

Erfahrungen allen Menschen anzumuten. Alles liegt also daran, zu sehen, ob er seine Erfahrungen des Geschenktseins und Gegebenseins, des Entgegenkommens und Aufgefangenwerdens verbindlich zu begründen vermag. Das aber kann sich erst zeigen, wenn im weiteren Fortgang deutlich geworden ist, zu welchen denkerischen Konsequenzen diese Erlebnisse führen.

Jaspers geht so weiter, daß er annimmt: Geschenktwerden und Gegebenwerden setzen ein Schenkendes und Gebendes voraus. Er nennt es die Transzendenz. So ergibt sich: In der Begegnung mit dem Grunde seiner Freiheit und seines Selbstseins erfährt der Mensch die Transzendenz, die ihm eben diese seine Freiheit und eben dieses sein Selbstsein ermöglicht. Freiheit und Selbstsein enthüllen sich als der Weg, auf dem der Mensch seiner Verwurzelung in der Transzendenz gewiß wird. „Freiheit ist ein Sichgegebenwerden aus der Transzendenz" (G 135). „Das Wesentliche ist, daß der Mensch als Existenz in seiner Freiheit sich geschenkt erfährt von der Transzendenz" (G 66). „Indem ich frei bin, erfahre ich in der Freiheit ... die Transzendenz" (II 198).

In diesem Zusammenhang ergibt sich für Jaspers die Möglichkeit, das Sein des Menschen voll zu bestimmen. „Existenz ... ist Freiheit nicht ohne die Transzendenz, durch die sie sich geschenkt weiß" (GO 118). „Existenz ist nur in bezug auf Transzendenz"; sie weiß sich „in der Transzendenz begründet" (III 5 f.). So kann er schließlich von einer „radikalen Gebundenheit an Transzendenz" sprechen (G 62).

Im gleichen Geschehen, in dem die Existenz als in der Transzendenz ruhend erfahren wird, soll diese nach Jaspers sich auch als Grund der Wirklichkeit überhaupt darstellen. Der Mensch „überschreitet ... sein Dasein und die Welt bis zum Grunde von Dasein und Welt" (G 68 f.). „Der Grund von allem" aber ist „die Transzendenz" (I 241). Darum auch „liegt im Weltsein ein möglicher Zeiger" auf „Transzendenz" (G 19). Dieser Gedankenschritt von Jaspers ist jedoch problematisch. Es wird keinerlei Nachweis darüber gegeben, daß das, was die Existenz als ihren Grund erfährt, zugleich auch der Grund aller Wirklichkeit ist. Hier fließen traditionelle und fast selbstverständlich gewordene metaphysische Gedanken in das auf subjektiven Erfahrungen beruhende Denken von Jaspers ein.

Im Zusammenhang mit seiner Deutung der Transzendenz als des Grundes der Welt behauptet Jaspers, die Transzendenz könne, selber unsichtbar, überall im Bereich der Erscheinungen sich manifestieren, „Transzendenz selber ... erscheint nicht. An die Stelle ihrer Erscheinung tritt die Sprache der Chiffern" (GO 156), und zwar haben diese „Chiffren der Transzendenz in der Welt" (G 126) verschiedenartigsten Charakter. „Alle Realitäten können Sprache oder Boten Gottes sein durch das, was sie als

Chiffren sind" (G 118). Philosophieren ist, so betrachtet, „Deuten der Chiffren der Transzendenz" (I 20).[2]

Hier erhält auch die Metaphysik für Jaspers ihren Ort, sofern sie „die Möglichkeit des Chiffrewerdens allen Daseins ... zeigt" (III 11). „Alle große Metaphysik" ist „ein artikuliertes Lesen der Chiffreschrift" (III 214). Zur Metaphysik zu werden ist aber für das Philosophieren notwendig. „Solange der Mensch sich über sein Dasein zu erheben vermag, wird ... das Philosophieren zum Aufschwung in der Metaphysik drängen" (I 33).

Die Aufgabe der Metaphysik wird von Jaspers in doppelter Richtung bestimmt. Zum einen ist sie das „Suchen der Transzendenz" (I 73), zum andern „das philosophische Denken in bezug auf Transzendenz" (III 11). Genau betrachtet ist jedoch die Metaphysik ein vorläufiges Tun. Denn „die Wirklichkeit der Transzendenz geht auf keine Weise in den metaphysischen Gedanken ein" (III 10). Zudem ist die der Metaphysik zugrundeliegende Erfahrung bei Jaspers wiederum nur die Sache des je Einzelnen mit seiner subjektiven Sichtweise. „Die metaphysische Erfahrung entbehrt jeder Nachprüfbarkeit, die sie zu einer gültigen für jedermann machen könnte" (III 130).

Mit dem Hinweis auf die Metaphysik hat Jaspers die Dimension der philosophisch-theologischen Problematik erreicht. Es kommt unter dem jetzt gewonnenen Aspekt nicht mehr nur auf Existenz und Freiheit an. Entscheidend ist vielmehr deren Verweis auf Transzendenz. „Philosophieren hat nicht Existenz zum letzten Ziel; es drängt über Existenz hinaus, diese in der Transzendenz wieder vergehen zu lassen" (I 27). Die Transzendenz aber ist — wie zu Beginn dieses Paragraphen dargelegt worden ist — synonym mit Gott. Daher kann Jaspers nun sagen: „Der ganz auf sich Stehende erfährt angesichts der Transzendenz am entschiedensten jene Notwendigkeit, die ihn ganz in die Hand seines Gottes legt" (II 200). „Die bleibende Aufgabe des Philosophierens ist: ... Selbst werden dadurch, daß wir Gottes gewiß werden" (G 146).

6. Der philosophische Glaube

Noch aber steht das Problem der Vergewisserung der philosophischen Aussagen von Jaspers über die Transzendenz und über Gott aus. Hier nun kommt der philosophische Glaube, auf den schon oben hingewiesen worden ist, zu seiner eigentlichen Bedeutung. Dort war davon die Rede,

---

[2] Jaspers schreibt sowohl „Chiffre" wie „Chiffer"; bei den Zitaten im obigen Text ist die jeweilige Schreibweise beibehalten worden.

daß für Jaspers die Erfahrung der Freiheit und des Selbstseins letztlich eine Sache des Glaubens ist. Jetzt zeigt sich: Seinem eigensten Wesen nach richtet sich der philosophische Glaube auf die durch Freiheit und Selbstsein hindurch offenbarwerdende Transzendenz. „Eigentlicher Glaube ... ist der Akt der Existenz, in der Transzendenz in ihrer Wirklichkeit bewußt wird" (G 22). Eben darum kommt es im Philosophieren von Jaspers entscheidend auf den „Glauben an die Transzendenz" an (III 25). Denn — so wird nun mit aller Eindeutigkeit formuliert — „Philosophie ist ... Ausdruck der Unbedingtheit eines Glaubens" (I 256). Dementsprechend nennt Jaspers „den philosophischen Glauben" auch das „Fundament" seines „Denkens" (G 11).

Die Frage ist nun, woher dieser philosophische Glaube als die Erfahrung der Transzendenz seine Gewißheit erhält. Denn daß es eine „Gewißheit des Seins der Transzendenz" gibt (II 264), ist für Jaspers unbestreitbar. Der philosophische Glaube soll seiner selbst unbedingt sicher sein; denn der Mensch philosophiert, um „sich seines Glaubens zu vergewissern" (III 255). „Glaube ist ... die Gewißheit, die mich führt" (GO 49).

Wie aber kann es zu einer „Glaubensvergewisserung" kommen (GO 142)? Als erstes ist in diesem Zusammenhang zu beachten, daß sich Jaspers ausdrücklich dagegen wendet, es handle sich um eine Gewißheit von der Art, wie sie durch geschichtliche Offenbarung zustande kommt. „In der Tat beruft sich Philosophie auf keine Offenbarung". Den Grund dafür sieht Jaspers darin, daß der Offenbarungsglaube nur dem zuteil wird, den in der jeweiligen geschichtlichen Situation das offenbarende Wort trifft, daß es dagegen im Philosophieren um einen Glauben geht, „der dem Menschen als Menschen zukommt" (G 28). So gilt denn: „Im Philosophieren spricht sich ein Glaube ohne jede Offenbarung aus" (I, VII).

Andererseits hat die Gewißheit des philosophischen Glaubens, wie ihn Jaspers versteht, auch nicht den Charakter wissenschaftlicher Beweisbarkeit. „Glaube ist weder durch Argumente zu erzwingen noch durch Faktizität zu beweisen" (I 246); man kann ihn „nicht beweisen ... wie wissenschaftliche Erkenntnis von endlichen Dingen" (G 12). „Ein bewiesener Gott ist kein Gott" (G 35). Darum gehört zum philosophischen Glauben eine „vollkommene objektive Ungewißheit" (II 281).

Das besagt jedoch nicht, daß der philosophische Glaube im Sinne von Jaspers dem Wissen feindselig oder abweisend gegenüberstünde. Er ist „keineswegs als das Irrationale zu fassen". „Der philosophische Glaube, der Glaube des denkenden Menschen" ist vielmehr „im Bunde mit dem Wissen" (G 13 f.). Denn „ist es ... auch sinnlos, Glauben rational beweisen zu wollen, so ist es doch sinnvoll, ihn in Gedankenbewegungen rational zu entwickeln und hell zum Bewußtsein zu bringen" (I 303).

Darum bringt Jaspers den philosophischen Glauben in eine enge Verbindung mit der Vernunft. „Der philosophische Glaube hat als unerläßliches Moment die Vernunft". Das kann auch nicht anders sein; denn „das, wodurch wir eigentlich philosophisch leben, heißt Vernunft". Was Jaspers unter Vernunft versteht, wird deutlich, wenn man diese vom Verstande absetzt. Während dieser trennt und scheidet, gilt von der Vernunft, daß sie sich auf das Ganze der Wahrheit richtet und so verhindert, daß sich der Denkende in partikulare Wahrheiten abschließt. „Vernunft verwehrt es, sich zu fixieren in irgendeinem Sinn von Wahrheit, der nicht alle Wahrheit in sich schließt". So gilt denn: „Vernunft ist nie ohne Verstand, aber ist unendlich viel mehr als Verstand" (G 43).

Aber freilich: Auch auf dem Wege der Vernunft, so positiv Jaspers diese wertet, kann das Problem der Gewißheit des philosophischen Glaubens nicht gelöst werden. Denn „durch Nachdenken über Gott wird . . . Gottes Sein nur immer fragwürdiger" (II 314). Darum gilt: „In der Philosophie ist das Höchste die Vernunft, die doch für sich allein nichts ist" (GO 127). Ja, die Transzendenz wird letztlich nur in einer Absage an die Vernunft erfahren. „Das Denken kann seinen letzten transzendierenden Schritt nur in einem Sichselbstaufheben vollziehen" (III 38). „Das Denken der Transzendenz" muß „ganz und gar scheitern" (GO 395).

So gilt denn schließlich vom philosophischen Glauben trotz seines Bundes mit Wissen und Vernunft, daß er nichtwissender Glaube ist. Denn es gibt „kein direktes Wissen von Gott" (G 38). Der philosophische Glaube hat vielmehr „den Charakter des Schwebenden . . . — ich weiß nicht, ob und was ich glaube" (G 22). „Der philosophische Glaube sieht sich preisgegeben, ungesichert, ungeborgen" (G 25). Ja, noch mehr: „Das Wissen im Philosophieren ist von der Eigentümlichkeit, daß im Entscheidenden gewußt wird dadurch, daß nicht gewußt wird" (I 324). Es gibt letztlich nur ein „Wissen des Nichtwissens" (I 134).

Nun soll aber auch „das Nichtwissen der Ausdruck existentieller Beziehung zur Gottheit" sein (III 124). Doch welchen Charakter kann eine solche nichtwissende Beziehung tragen? Ein Hinweis darauf findet sich, wenn Jaspers schreibt, es gebe die Möglichkeit, „den Grund . . . zu spüren" (II 258), oder wenn er sagt, „daß im Nichtmehrdenkenkönnen das Sein der Transzendenz fühlbar wird" (II 263). Können aber, wo es um Gewißheit geht, Fühlen und Spüren in ihrer Vagheit das Wissen ersetzen?

Ebensowenig ist ein weiteres Moment, das Jaspers für die Gewißheit des philosophischen Glaubens anführt, wirklich stichhaltig. Er meint nämlich, diese Gewißheit bewähre sich in der Existenz. „Gewißheit" entspringt aus „der Erfahrung des Sichbewährens des Glaubenden" (I 303). „Glauben vollzieht sich, indem es sich bewährt als die Kraft der Existenz" (II 281). Doch was kann nicht alles der Existenz Kraft verleihen? Hier steht das Bewußtsein, daß es eine Transzendenz gibt, grundsätzlich auf der gleichen Ebene wie irgendwelche Illusionen. Daß man glaubt, in den Lebensproblemen Hilfe zu erfahren, kann auf keinen Fall eine Gewähr für die Existenz einer helfenden Transzendenz bieten.

So bleibt der philosophische Glaube, wie ihn Jaspers versteht, ungesichert und ungewiß. Das spricht Jaspers selber aus, indem er ihn als ein Wagnis bezeichnet. „Der Charakter der Glaubensgewißheit" ist „Wagnis" (G 128). Entsprechend beginnt das Vorwort zu den drei Bänden „Philosophie" mit dem programmatischen Satz: „Philosophie" ist „das Wagnis, in den unbetretbaren Grund menschlicher Selbstgewißheit zu treten". Im selben Zusammenhang wird jedoch deutlich, daß es sich auch hier wiederum nur um eine für den Einzelnen gültige Gewißheit handelt. Denn — so lautet das vollständige Zitat —: „Philosophie, das Wagnis, in den unbetretbaren Grund menschlicher Selbstgewißheit zu treten, müßte als Lehre der für jedermann einsichtigen Wahrheit in die Irre gehen" (I, VII). Auch hier also gibt es keine Verbindlichkeit, die über die subjektive Verpflichtung hinausgeht.

Eben das gleiche drückt sich darin aus, daß Jaspers den Glauben als einen Sprung bezeichnet. Man kann sich seiner nicht vorgängig versichern; man muß den „Sprung zur Transzendenz" (II 440) riskieren. Ein Sprung aber mag für den, der ihn wagt, verbindlich sein. Den andern Menschen kann er, wie dies Jaspers in der Tat selber zugibt, nur in der Aufforderung nahegebracht werden, selber den Sprung zu tun. Dazu müssen diese anderen jedoch von sich aus bereit sein. Darum gilt vom philosophischen Glauben: er ist „appellierend an den, der auf demselben Wege ist" (I, VII).

Das besagt für die Philosophische Theologie: Jaspers vermag ihr keine ausreichende Basis zu verschaffen. Sie soll im philosophischen Glauben gründen. Aber „der Glaube ist als Ursprung unbegründbar" (II 279). So kann Jaspers letztlich nur seinen philosophischen Glauben verkünden. Begründendes Denken dagegen reicht nicht in diesen vorgängigen Bereich hinab. „Glaube ist der Grund vor aller Erkenntnis" (GO 50). „Eine Gewißheit vom Sein Gottes ... ist Voraussetzung, nicht Ergebnis des Philosophierens" (G 35). „Man muß ... von Gott ausgehen, um zu Gott zu kommen" (S 189). Das aber heißt: Eine höchst subjektive Gotteserfahrung bildet die ausschließliche Basis der Philosophischen Theologie von Jaspers. Es gibt in ihr keine aus dem Denken zu gewinnende Vergewisserung. Das einzige, was bleibt, ist die Aufforderung, an die Transzendenz, an Gott, zu glauben.

1. Die Situation der Gegenwart

In ausdrücklicher Absetzung von Jaspers — bei aller Anerkennung der Bemühungen dieses Denkers — versucht Gerhard Krüger [1], die Philosophische Theologie zu erneuern. Er geht dabei von der allgemeinen geistigen Situation der Gegenwart aus, die von seinem Blickpunkt aus durch eine durchgängige Fraglichkeit gekennzeichnet ist. Diese zeigt sich insbesondere in den Bereichen der Fragen nach der Wirklichkeit der Welt, nach dem Sinn des Daseins und nach der Möglichkeit der Wahrheit. Es ist „fraglich, ob unseren Ansichten von der Welt überhaupt etwas Wirkliches entspricht" (G 13), ob man „einen Sinn des Daseins" finden kann (G 84), ja, „ob es überhaupt Wahrheit gibt" (G 10). Diese dreifache Problematik aber führt zu „ausweglosen Schwierigkeiten" (G 84). Denn die dabei aufbrechenden „Aporien" sind, wenigstens auf dem Boden des gegenwärtigen Philosophierens, „konstitutiv unlösbare Probleme" (G 140).

Den Grund für all diese Fraglichkeiten der gegenwärtigen Situation erblickt Krüger in der Tatsache, daß das geschichtliche Denken überhand genommen hat. Denn „in der Geschichtlichkeit menschlichen Lebens konzentriert sich für uns alle Fragwürdigkeit überhaupt" (F 104). Alles wird als geschichtlich bedingt und damit als wandelbar verstanden. „Die Veränderlichkeit" hat „den Sieg über die feststehenden Wesenszüge des Menschen davongetragen". Für das moderne historische Denken gibt es in der Geschichte im Grunde nur den unaufhörlichen Wechsel. „Die Macht der Geschichte hat gleichsam das ganze Wesen des Menschen verzehrt", und dies so sehr, „daß nichts mehr selbstverständlich ist, nichts mehr feststeht ... Die Geschichtlichkeit des Lebens ist extrem geworden" (G 5). Anscheinend unumschränkt herrscht „der historische Relativismus" (G 271).

In dieser totalen Vergeschichtlichung des modernen Geistes sieht Krüger ein großes Verhängnis. Es gibt „nichts Festes und Bleibendes mehr". „Alle bisherigen Begriffe vom Leben versagen". Das „Leben hat keinen bleibenden Sinn mehr". So wird „unsere Zeit zu einer höchst fragwürdigen Zeit" (G 5 f.). Denn „das eigentlich Fragwürdige an der Geschichte" ist ihr „Mangel an eindeutiger Wahrheit" (G 234). Daher „die ermüdende

---

[1] Folgende Schriften von Gerhard Krüger sind herangezogen worden: Grundfragen der Philosophie, Geschichte, Wahrheit, Wissenschaft, Frankfurt/Main 1958 (zit. als „G"); Freiheit und Weltverwaltung, Aufsätze zur Philosophie der Geschichte, Freiburg/München 1958 (zit. als „F").

Skepsis, die aus dem Anblick der geschichtlichen Hinfälligkeit alles dessen folgt, was einmal als ewig und unverbrüchlich gegolten hat" (G 6).

Krüger gräbt dem tiefer nach und entdeckt, daß hinter der universalen Vergeschichtlichung die Idee der totalen Souveränität des menschlichen Denkens steht. Denn jene allgemeine Wandelbarkeit kann ja nur stattfinden, wenn die Geschichte so verstanden wird, daß sie allein aus der Selbstherrlichkeit des Menschen entspringt. Diese zeigt sich überhaupt als Grundcharakter des modernen Selbstverständnisses. Der Mensch hat sich, seit dem Beginn der Neuzeit, vor allem aber seit der Französischen Revolution, in wachsendem Maße von allen Bindungen losgemacht. Er meint am Ende, allein aus der Souveränität seines Willens heraus sein geschichtliches Dasein gestalten zu können. Er versteht sich als „selbstschöpferisch" (F 108), als „von seiner Freiheit bestimmt und getragen" (G 262). Es gibt für ihn nur „die souveräne Freiheit der Vernunft" (G 129).

Die totale Vergeschichtlichung und Versubjektivierung des Denkens wird vor allem im Hinblick auf die Möglichkeit der Erfassung von Wahrheit verhängnisvoll, sofern „der Anblick der unaufhörlichen Wandlungen des Lebens unvermeidlich den Zweifel erregt, ob es überhaupt Wahrheit gibt" (G 10). Jedenfalls kann Wahrheit dann nur so viel wie „Menschen- und Zeitgemäßheit" bedeuten. Wenn aber alle Wirklichkeit nur Sache der je verschiedenen geschichtlichen Auslegung wäre, „dann würde Wahrheit zur völlig freien willkürlichen Schöpfung des Menschen". Dann aber „versänke alles Denken in Anarchie". „Wenn alles nur das ist, wofür wir es halten wollen, dann verschwindet jeder Unterschied zwischen Wirklichkeit und Wahn" (G 21 f.).

Das betrifft insbesondere die Möglichkeit, über die Wirklichkeit der Welt etwas Wahres zu wissen und auszusagen. Zum modernen souveränen Bewußtsein gehört der „Begriff vom Denken als einem spontanen Hervorbringen von Vorstellungen" (G 87). Dagegen wird das Ansichsein des Wirklichen als zweifelhaft empfunden. Es herrscht ein grundsätzliches „Mißtrauen gegen das gegebene Seiende" (F 224). „Das Verhängnis des modernen Denkens besteht darin, daß der Denkende alles Seiende zu seinem verfügbaren Objekt macht" (G 262). Diese Denkweise nimmt an, „daß alles Seiende für uns nur insoweit ist, als wir Menschen uns in der Geschichte dafür entscheiden, es als seiend zu verstehen" (F 108). Kurz: „Die Welt ist hinter dem immer geschichtlichen, wandelbaren Weltbild des Menschen verschwunden" (G 233).

Angesichts dieses verhängnisvollen Abgleitens in die völlige Vergeschichtlichung, die universale Subjektivierung und den totalen Verlust gesicherter Wahrheit stellt Krüger die Frage nach einem die Wandlungen Überdauernden, an sich Seienden und Wahren. Er fragt: „Kann man im menschlichen Leben die Dauer entbehren" (G 6)? „Ist es wirklich wahr,

... daß der Mensch von Grund auf geschichtlich lebt? daß er kein bleibendes Wesen und keine feststehende Bestimmung hat, sondern sich immer wandelt und sich selbst den Sinn seines Daseins schöpferisch vorzeichnet" (G 9)? Und weiter: „Wie sollen wir je zu einer reinen, ‚absoluten' Wahrheit kommen? ... Gibt es überhaupt eine solche Wahrheit" (G 11)?

2. Die ontische Wahrheit

Der im vorigen Abschnitt geschilderten geistigen Lage der Gegenwart will Krüger nicht ausweichen. Er betont die Notwendigkeit, „daß wir in die gegebene, für uns alle unausweichliche Situation des modernen Denkens eintreten und sie in ihrer ganzen Aporie ehrlich zuende denken" (G 128). Und doch sucht er nach einem Ausweg. Er behauptet, man müsse sich „grundsätzlich von der modernen Denkweise abwenden" (G 140). Ja, er unterstreicht die „Notwendigkeit, das moderne Denken endlich ganz in Frage zu stellen" (G 220).

Der in dieser Richtung unternommene Versuch Krügers beginnt mit dem entscheidenden Problem, mit der Frage nach der Wahrheit. Abgelehnt wird der Wahrheitsbegriff des modernen Denkens. „Wahrheit kann niemals als Schöpfung einer schrankenlosen Freiheit verstanden werden". Demgegenüber weist Krüger auf einen anderen Wahrheitsbegriff hin. Entgegen jenem relativistischen und subjektivistischen Verständnis von Wahrheit gilt es, „alle Wahrheit ... als Sachgemäßheit verstehen zu lernen" (G 21 f.). Damit ist die Wendung zu einem objektiven Wahrheitsbegriff vollzogen; es geht um die „ontische Wahrheit" (G 38). Krüger liegt alles daran, diesen Wahrheitsbegriff der modernen Fragwürdigkeit der Wahrheit entgegenzustellen.

Die ontische Wahrheit, die Wahrheit als Sachgemäßheit, findet Krüger zunächst in den unmittelbaren Lebensvollzügen; es gibt eine „Wahrheit der Lebenserfahrung". Von ihr gilt: „An dem Wissen des praktischen Lebens können wir nicht grundsätzlich zweifeln, ohne in eine ganz absurde Lage zu kommen" (G 31 f.). Die unmittelbare Lebenserfahrung hat den Charakter einer „Begegnung mit dem gegebenen Wesen der Sache" (G 242). In ihr wird die Welt und werden die Dinge nicht als zweifelhaft, sondern als unbezweifelt gewiß gegeben angesehen. Die „Welt, auf die wir uns im Alltag mit unerschütterlicher Sicherheit verlassen, ist ... in ihrer ursprünglichen Strukturiertheit der abbildliche Ausdruck für das wirkliche Wesen der Dinge" (G 245 f.). Dinge und Welt werden also in dieser Sicht ohne weiteres als seiend verstanden. Denn es ist Tatsache, daß auch „der moderne Mensch als Mensch nicht umhin kann, den Bestand

einer Weltordnung unabhängig von uns immer wieder naiv vorauszusetzen" (G 139).

Darüber hinaus glaubt Krüger, den Begriff der Wahrheit als Sachgemäßheit auch im Vorgehen der Geisteswissenschaften entdecken zu
können. Diese haben, bei all ihrem „Relativismus" (G 207), „eine andere,
vielleicht unmoderne, aber wahre Idee der Wissenschaftlichkeit" (G 38):
daß sie nämlich auf „gegebene geistige Anschauungen" angewiesen sind
und daß sie in den „Quellen" eine ihnen eigentümliche Sache besitzen
(G 198). Aber auch die Naturwissenschaften kommen ohne einen solchen
objektiven Wahrheitsbegriff nicht aus. Sie weisen auf eine „vorwissen-
schaftliche Wahrheit" zurück (G 32). In den Geisteswissenschaften wie
in den Naturwissenschaften ist also „das Thema der Wissenschaft schon
vorwissenschaftlich gegeben"; „der Forscher sichert nur, was er als Mensch
ursprünglich erfährt". Krüger spricht daher von einer „ursprünglichen
Sacherfahrung" der Wissenschaft (G 35) und behauptet: Diese „steht und
fällt" mit dem Begriff der „Wahrheit ... als Sachgemäßheit" (G 23).

Aus beiden Beispielen, dem Alltagswissen wie dem wissenschaftlichen
Erkennen, zieht Krüger den Schluß, „daß es eine unmittelbare Begegnung
mit der Sache gibt" (G 12), „daß die Dinge als Seiendes an sich da sind"
(G 263), daß wir „die wirkliche Welt und ihre Ordnung als etwas ein-
sichtig Gegebenes voraussetzen müssen" (F 8). Und zwar ist das, wie
Krüger es sieht, die Bedingung selbst für das moderne Denken. Es gehört
zum recht verstandenen „Vollzuge des spontanen Denkens", daß es „sich
nicht selbst ermöglichen und beherrschen kann, daß es den Grund seiner
Möglichkeit und Bestimmtheit vielmehr im Seienden vorfinden muß".
„Das Licht der Vernunft stammt nicht aus uns selbst, sondern aus dem
Seienden, welches uns erleuchtet" (G 262 f.).

Ebenso wie Krüger feststellt, daß es inmitten aller Wandelbarkeit
doch eine bleibende Wahrheit als Wirklichkeit der Welt gibt, nimmt er
auch ein bleibendes Wesen des Menschen an. Es gibt „unser Sein ... als
etwas vor aller Willkür Gegebenes, Wirkliches" (G 21). „Denn in gewisser
Hinsicht bleibt sich das menschliche Leben immer gleich" (G 1). Darum
fordert Krüger, man müsse „versuchen, trotz aller Skepsis der Gegenwart
über die Geschichtlichkeit hinaus wieder nach der bleibenden Natur des
Menschen ... zu fragen" (G 10). Diese, so meint er, zeige sich schon bei
der Geschichtsbetrachtung des gegenwärtigen Menschen. „Der moderne
Philosoph ... muß ... in irgend einer Weise einen festen Standort haben;
und wenn dieser Standort die Vernunft sein soll, dann muß er in irgend
einer Weise voraussetzen dürfen, er selbst, mit seinem Denken, habe im
bleibenden vernünftigen Wesen des Menschen Fuß gefaßt" (G 50).

Die von Krüger aufgezeigten Tatbestände sind unbestreitbar. Die Frage
ist jedoch, ob auch der Schluß, den er daraus zieht, haltbar ist. Es ist

richtig, daß der Mensch im Alltag und in seiner wissenschaftlichen Betätigung eine an sich seiende Welt voraussetzt. Aber die Frage ist doch gerade, ob er das mit Recht tut. Jedenfalls wirft die Philosophie eben dieses Problem auf, und das umso dringlicher, je mehr sie sich als radikales Fragen versteht. Der Rückgriff auf das unmittelbare Wissen von einer gegebenen, an sich seienden Welt löst das Problem der Realität der Wirklichkeit nur durch einen Gewaltstreich, nämlich durch ein willentliches Übersehen der Problematik, die sich im neuzeitlichen und modernen Denken entfaltet hat. Mag der Mensch im Alltag seiner Welt noch so sicher sein, mag er in den Wissenschaften eine bestehende Wirklichkeit voraussetzen, — es bleibt doch fraglich, ob sich diese Annahmen vor dem Ansturm des radikalen Fragens halten. So gewinnt Krüger seine Position nicht so, wie er es selber postuliert: im Zuendedenken des modernen kritischen Denkens, sondern dadurch, daß er dieses unkritisch überspringt.

Das zeigt sich auch daran, daß Krüger es unternimmt, aus seiner Zeit und aus deren Denken hinauszutreten und in gewissen Graden die antike Weltsicht und Menschenauffassung wieder aufzunehmen. Denn „das Problem der Wahrheit ist unlösbar, solange wir uns auf die moderne Philosophie beschränken". Dieser gegenüber zeigt „die antike Philosophie einen grundsätzlich gangbaren Weg" (G 207 f.). Zwar räumt Krüger die Möglichkeit ein, daß „die Griechen eine ganz andere Weise des Menschseins gehabt haben als wir" (G 43). Darum ist „uns die Einsicht in den Kosmos so einfach, so ungestört wie bei den Griechen nicht mehr möglich". Zudem sieht Krüger ein, daß — wie sich noch genauer zeigen wird — die Entdeckung des Ich, wie sie erst durch das Christentum herbeigeführt worden ist, nicht wieder rückgängig gemacht werden kann. Aber er meint doch, es müsse möglich sein, ein unverlierbares Erbe der Antike auch in der Gegenwart zu bewahren: eben jene Auffassung von der objektiven Wirklichkeit der Welt und von dem bleibenden Wesen des Menschen. Denn „die Griechen" haben „eine entscheidende Sicht auf das Ganze gehabt...., die wir inzwischen zu unserem Unheil eingebüßt haben" (G 88). Sie besaßen noch die „Offenheit des Blickes für den gegebenen Kosmos" (G 209). Und eben das will Krüger der totalen Versubjektivierung und Vergeschichtlichung des gegenwärtigen Denkens entgegensetzen.

Das Entscheidende dabei ist, daß im antiken Denken die Rezeptivität den Vorrang vor der Spontaneität hat, während „das moderne Denken ... nicht rezeptiv, sondern spontan" ist (G 86). „Wir neigen .. dazu, in dem Verhältnis zwischen uns und dem Wirklichen uns selbst den Vorrang, eine maßgebende Initiative zuzuschreiben". Demgegenüber fühlen sich „die Griechen ... gegenüber den Dingen von Haus aus nicht beherrschend, sondern empfangen" (G 74). Für sie ist „das Denken ... eine

Form der Rezeptivität" (G 85). Das zeigt sich darin, daß es von ihnen als „unmittelbare Einsicht" verstanden wird (G 87): als „das geistige Verweilen, bei dem man, durch den Anblick der Sache gefesselt, ihr hingegeben ist", als „das stillstehende, betrachtende oder intuitive Sich-Vertiefen in die beteiligten Dinge selbst, die Einsicht in das, was sie sind, in ihr Wesen" (G 92). Eben das nun, so meint Krüger, muß der moderne Mensch von den Griechen wieder lernen. „Für uns kommt ... viel darauf an, daß wir Natur und Welt wieder so verstehen lernen, wie sie sich dem rezeptiven, einsehenden Denken der Griechen erschlossen haben" (G 90).

Hier gilt jedoch das gleiche, was oben schon kritisch eingewandt worden ist. Nachdem einmal entdeckt worden ist, daß am Prozeß des Erkennens die Spontaneität des menschlichen Geistes wesentlich beteiligt ist, läßt sich der antike Gedanke der Rezeptivität nicht ohne weiteres wieder aufnehmen. Auch Krüger selber, obwohl er den Versuch dazu macht, ist doch an diesem Punkte skeptisch. Er fragt, „ob die Rezeptivität der antiken Einsicht für uns noch wiederholbar ist ... Haben wir nicht mit der Erfahrung von Freiheit und Geschichte die verhängnisvolle Entdeckung gemacht, wie wenig eindeutig jene Stellung des Menschen im Kosmos ist, wie sehr es dabei auf seine eigene Stellungnahme, auf seinen Standpunkt ankommt? Ist dadurch nicht auch die Eindeutigkeit des Kosmos und mit der Eindeutigkeit seine Gegebenheit selbst in Frage gestellt" (G 124)? In der Tat: Der Hinweis auf die antike Rezeptivität hilft in der gegenwärtigen Situation, wenn man sie nicht einfach überspringen, sondern ihre Aporien austragen will, nicht weiter.

3. Die metaphysische Grunderfahrung

Was über die ontische Wahrheit ausgemacht ist, wird von Krüger für die Problematik der Metaphysik fruchtbar gemacht. Denn auch sie ist in der Gegenwart in einer verhängnisvollen Situation, die daraus entstanden ist, „daß man an aller Metaphysik positivistisch verzweifelte" (G 207). Demgegenüber liegt Krüger alles daran, die Metaphysik wieder zur Geltung zu bringen. Als ihre Themen nennt er — wenn man die philosophisch-theologische Problematik vorläufig ausläßt — das Ganze der Welt und den Sinn des menschlichen Daseins. Auch hier wendet Krüger den gleichen Wahrheitsbegriff an, wie er ihn für den Alltag und für die Wissenschaften herausgearbeitet hat: „Wahrheit ist Sachgemäßheit, und wir müssen auch beim Sinn des menschlichen Lebens und bei der Weltganzheit den wirklichen Sinn und die wirkliche Welt zu finden suchen" (G 22).

Will man an diesem Punkte weiterkommen, dann kommt es darauf an, daß eine Erfahrung aufgespürt werde, die gesicherte Aussagen über die genannten metaphysischen Themen ermöglicht: eine „metaphysische Grunderfahrung" (G 88). Krüger fragt demgemäß, ob die „Metaphysik ... eine menschliche Erfahrung von Sinn und Welt hat und ob sie imstande ist, das in dieser Erfahrung Begegnende methodisch zu sichern. Wenn ihr das gelingt, ... dann ist das, was sie sagen kann, Aussage über etwas Wirkliches, über den wahren Sinn und die wahre Welt" (G 37).

Die gesuchte metaphysische Erfahrung müßte „eine geistige Erfahrung von dem uns umgebenden, uns selbst einbegreifenden Kosmos" sein. Auch hier verweist Krüger auf das antike Denken. Denn die genannte „Erfahrung fehlt dem modernen Geiste. Die Griechen aber haben sie gekannt; ihr ganzes philosophisches Bemühen dreht sich ... um das geistige Sehen oder Schauen dieses wirklichen Ganzen, in das sie sich selbst eingefügt fanden. Und eben dieses Schauen ... ist bei ihnen der Sinn und der Inhalt des Denkens". Es ist „Einsicht" (G 85), „ein abhängiges Hinnehmen des geistig Gegebenen" (F 172), „geistige Empfänglichkeit" (G 166). So kommt an dieser Stelle wieder der das antike Denken charakterisierende Vorrang der Rezeptivität vor der Spontaneität zum Vorschein. Aber freilich: Jenes „Schauen ... ist auch bei den Griechen eine Sache der seltenen, philosophischen Menschen, und es ist ... das Ergebnis eines höchsten geistigen Aufschwunges" (G 85).

Die geistige Einsicht wird von Krüger im Anschluß an Platon auch als „Erleuchtung" gedeutet. Eben darin drückt sich aufs deutlichste das Moment der Rezeptivität aus. „Daß wir überhaupt denken können, daß wir Vernunft haben, beruht darauf, daß uns etwas Erleuchtendes begegnet; es beruht also auf einer eigentümlichen geistigen Erfahrung, die aller sinnlichen Erfahrung vorausgeht" (G 263). Es „kann das Licht, kraft dessen wir überhaupt etwas verstehen können, nicht unser eigenes Werk sein, sondern es muß auf eine ,Erleuchtung' zurückgehen" (F 172). So kann Krüger von einer „Ermöglichung des Denkens durch das Erleuchtende" reden (G 262).

Er fordert nun, es müsse im Gegenzug gegen die moderne Spontaneität der Vernunft das antike erleuchtete Schauen wieder erneuert werden. Das griechische „Wissen um den Kosmos ist etwas Unvergängliches, Wahres, auf das wir noch heute zurückgehen können". Krüger sieht freilich, daß das nicht mehr unmittelbar möglich ist. Die „Befangenheit" der Griechen „im Kosmos ist ihr einmaliger Irrtum, der durch den Gang der Geschichte unwiederholbar geworden ist. Die inzwischen entdeckte Möglichkeit und Wirklichkeit des seiner selbst bewußten Ich hat eine Art von Wahrheit, die jede Rückkehr unmöglich macht" (G 110). Vielleicht versteht man Krüger recht, wenn man angesichts so widersprechender Aussagen seine Meinung dahin deutet, daß es darauf ankomme, das griechische Wissen um das Weltganze in einer verwandelten Form zu erneuern. Darüber jedoch gibt Krüger keine genaueren Hinweise.

Überhaupt wäre es erforderlich gewesen, die Möglichkeit und Notwendigkeit einer solchen erleuchteten Einsicht aus der Sache heraus zu begründen. Das jedoch geschieht bei Krüger nicht. Seine metaphysische Grunderfahrung ist somit ein ungegründetes, nur aus der Geschichte übernommenes Postulat. Darin aber liegt der entscheidende Mangel seiner Konzeption, auch im Hinblick auf die Philosophische Theologie, die er daraus ableitet.

4. Entwurf einer Philosophischen Theologie

Von dem — in sich selber problematischen — Rückgang auf die antike Einsicht findet Krüger den Übergang zu der philosophisch-theologischen Problematik. Den Ausgangspunkt bildet für ihn „der religiöse Charakter des antiken Denkens". „Ganz offenbar ist der Weltbegriff, aber auch schon der Naturbegriff der Griechen theologisch geartet". Dieses theologische Moment muß freilich in seiner spezifisch griechischen Bedeutung gesehen werden. Im Unterschied zum Christentum, bei dem die Theologie „übernatürlich" ist, bedeutet bei den Griechen „Theologie eine natürliche Gotteserkenntnis, die jeder Mensch an sich haben kann und die nicht von besonderen geschichtlichen Offenbarungen Gottes handelt, sondern ausschließlich von Gott als ewigem Weltgrunde" (G 101). Etwa im vorsokratischen Denken ist Gott „Ur-Sache", „das Wirkende, dem Wesen und Dasein alles Seienden zuzuschreiben ist", das „Urseiende" (G 95), „beherrschender Anfang" des Kosmos (G 101), und zwar im Sinne eines „anfänglich Seienden" (G 94), nämlich „als das Bleibende, in allem Wechsel Beharrende" (G 96). Was so für die Vorsokratiker gilt, betrifft nach der Meinung Krügers grundsätzlich auch die ganze folgende griechische Philosophie, mit Ausnahme etwa der Sophisten. „So kann man sagen, daß die Geschichte der griechischen Philosophie wirklich ein Streit um die Existenz und noch mehr um das wahre Wesen des göttlichen Weltgrundes gewesen ist... In ihrer positiven, den Primat der Einsicht voll bejahenden Richtung ist die griechische Philosophie geradezu eine natürliche Theologie. Die griechische Lehre vom Kosmos ist eine theologische Metaphysik" (G 104).

Krüger will freilich nicht bei dem antiken Gottesbegriff stehenbleiben. Er sieht dessen Unzulänglichkeit, die in einem grundsätzlichen Mangel des griechischen Denkens überhaupt besteht: daß es das Ich, die Innensphäre des Menschen, noch nicht entdeckt hat. „In dieser Unfähigkeit der Antike, das Denken selbstbewußt zu verstehen, liegt ein durchgehendes Verhängnis ihrer metaphysischen Theologie" (G 122). Dieses Versäumnis ist in der christlichen Philosophie, vor allem seit Augustinus, nachgeholt worden. „Die antiken Philosophen haben alle ... noch nicht die eigentliche Freiheit, die Spontaneität gesehen" (G 119). Eben das nun haben das Christentum und die christliche Philosophie entdeckt. „Da wir heute im Ich etwas unleugbar Wahres anerkennen müssen, eine Wirklichkeit, die wir als unser eigenstes Selbst ... vorfinden, so müssen wir in dieser Entdeckung der christlichen Philosophie einen wesentlichen Schritt zur Annäherung an die Wahrheit selbst erkennen, um so mehr, als die christliche Philosophie noch nicht, wie die moderne Philosophie, den Kosmos vergessen hat" (G 117).

Gilt es nun, so ohne weiteres die christliche Sicht zu erneuern? Krüger lehnt das ab. „Diese Philosophie hat die von ihr entdeckten Möglichkeiten der natürlichen Einsicht gar nicht ausgeschöpft, weil sie statt das Natürliche natürlich zuende zu denken, im Philosophieren immer vorsätzlich ... den christlichen Glauben zu Hilfe rief. Nachdem sie selbst gerade das volle Wesen menschlicher Selbständigkeit aufgedeckt hat, hat sie dennoch diese Selbständigkeit in ihrem eigenen, natürlichen Bereich unter die Vormundschaft der christlichen Autorität gestellt" (G 125). Eben darum kann das christliche Denken nicht als solches übernommen werden. „Wir können ... nicht ... zur christlichen Philosophie zurückkehren. Ihre Entdeckung des Ich innerhalb des Kosmos weist uns zwar auf eine entscheidende Möglichkeit unseres Denkens hin, aber die verhängnisvolle Preisgabe der damit entdeckten Freiheit des Denkens dürfen wir nicht wiederholen" (G 127). Krüger lehnt daher konsequenterweise eine christliche Philosophie ab. „Das Christentum ist Glaubenssache; es ist nach seiner eigenen Meinung etwas Übernatürliches, Geoffenbartes; seine Wissenschaft ist ... nicht philosophisch. Ist eine christliche Philosophie wirklich christlich, dann hört sie auf, Philosophie zu sein ... Bleibt sie aber wirklich Philosophie, dann beruft sie sich ausschließlich auf menschliche Einsicht, und dann ist zunächst einmal nicht abzusehen, was an ihr besonders christlich sein soll" (G 112). So gilt denn: „Die Philosophie darf nicht in die Gefahr kommen, ein sacrificium intellectus zu bringen". „Eine theologische Metaphysik ... darf nur aus der vollen, ernstlichen Bejahung des natürlichen Denkens hervorgehen" (G 128). „Kein Philosoph, gleichviel ob er persönlich Christ ist oder nicht, kann deshalb verantworten, bei seiner Forschung irgend eine andere Erkenntnisquelle als die menschliche Vernunft vorauszusetzen" (G 48).

Das heißt aber nicht, daß die Philosophie auf den Gottesgedanken verzichten, daß sie sich dem „Atheismus der modernen Aufklärung" anschließen müßte (G 128). Krüger verneint das mit aller Entschiedenheit. Gerade die natürliche Vernunft, so meint er, führe mit Notwendigkeit zur Idee Gottes. Um das aufzuzeigen, knüpft er wiederum an die Tradition an. Wie schon im ontologischen Bereich für ihn alles darauf ankommt, gegenüber der modernen Subjektivität die unbefangene Sicht auf die Wirklichkeit der Welt wiederzugewinnen, so auch im Bereich des Gottesproblems. Auch hier ist auf die Griechen zurückzugreifen und einzusehen, daß die objektive Wirklichkeit nicht ohne einen ersten Ursprung gedacht werden kann. So vermag im Rückgang auf die Antike Gott wieder als Weltgrund, als „die göttliche Wirklichkeit" zu erscheinen (F 227). Dann aber kann auch die Philosophie wieder werden, was sie bei den Griechen war: „eine natürliche Theologische Metaphysik" (G 124).

Doch das reicht nicht aus, wenn man bedenkt, daß unter dem Einfluß des Christentums die ausschließliche Orientierung auf den Kosmos aufgegeben und das Ich als weitere Dimension der Wirklichkeit entdeckt worden ist. Wenn man diesen Gedanken in den Bereich der natürlichen Vernunft aufnimmt und das seiner selbst bewußte Ich als wesentliches Ingredienz der Wirklichkeit ansieht, dann kann auch der Gottesbegriff genauer gefaßt werden; dann muß man auch dem Weltgrund die Ichhaftigkeit zusprechen. Dann wird „der ewige Weltgrund ein ewiges, göttliches Selbst" (G 266).

Mehr freilich wagt Krüger nicht zu sagen. „Wir werden das Wesen Gottes . . . niemals so ‚einsehen' können, daß wir es durchschauen". Man wird „nur sagen können, sein inneres Wesen sei unsagbar; wie Gott in sich sei, weiß nur er selbst". Aber das Dasein Gottes als eines Selbst kann eingesehen werden. „Wir Menschen erfahren . . . im Bewußtsein des erleuchtenden Seins vor Gott, daß er da ist und daß er in einer positiv nicht einzusehenden Weise ein ewiges Selbst ist" (G 267 f.).

Was darüber hinaus von Krüger noch gesagt werden kann, betrifft nur das Verhältnis des göttlichen Selbst zur Welt und zum Menschen. Gott ist „ein einziges, allbeherrschendes Seiendes . . ., von dem der ganze Aufbau der Welt nach Wesen und Dasein einheitlich abhängt" (F 91). „Die Welt und die Zeit sind in Gott begründet". Wir Menschen aber erfahren, daß wir ihm „unser zeitliches Selbst . . . innerhalb der zeitlichen Welt zu verdanken haben" und „daß uns die Gegenwart Gottes buchstäblich ins Dasein ruft" (G 268 f.).

Mit diesem philosophisch-theologischen Gottesgedanken, so meint Krüger, sei jener „historische Relativismus", von dem als der Situation der Gegenwart er ausgegangen ist, „im Prinzip überwunden". „Die Historie" hat „in Gott einen absoluten Maßstab" (G 271). Damit aber steht der Philosophierende „auf einem ungeschichtlichen, ‚absoluten' Standort". „Es ist eben nicht wahr, daß wir mit all unserem Denken nur ‚Kinder unserer Zeit' sind". „Wir geschichtlichen Menschen" sind „trotz aller Geschichtlichkeit nicht in unserer Zeit gefangen". Wir können viel-

mehr „über die Grenzen" unserer „geschichtlichen Situation" hinaus-
dringen (G 279 f.). Das aber ist nur möglich, „wenn es Seiendes gibt, das
uns durch sein Sein prinzipiell überlegen ist" (F 227). Denn „nur in der
Gegenwart Gottes" ist „uns das Weltganze als Ganzes und mit unserer
Stellung in diesem Ganzen der Sinn unseres Daseins gegeben" (G 268).

5. Kritische Bemerkungen

Bisher hat sich nur gezeigt, daß Krüger zu seiner philosophisch-
theologischen Position durch den — nicht zureichend ausgewiesenen —
Rückgang auf die Antike und das christliche Denken kommt. Die Frage
ist aber, ob er die Einführung des Gottesbegriffs in das philosophische
Denken auch aus der Sache heraus begründen kann. Drei Begründungsversuche lassen sich aus seinen Aussagen herausarbeiten.

Unabhängig von der von ihm ausführlich diskutierten ontologischen
Problematik greift Krüger als erstes auf die Moralität des Menschen —
im Kantischen Sinne — zurück. Er meint, eine „innere Gebundenheit
unseres Denkens" feststellen zu können, die „absolut" ist. Sie trägt sitt-
lichen Charakter; Krüger redet daher von dem „Faktum der moralischen
Gebundenheit" (G 258 f.). Der Mensch muß sich in all seiner Freiheit
als einer ethischen Verpflichtung unterworfen denken. „Echter moralischer
Gehorsam ist ein geforderter Dienst, den die Freiheit frei übernimmt".
Das vollzieht sich fern jeder Zufälligkeit; es ist „etwas in unserem
bleibenden Menschsein Gegebenes" (G 260).

Ebenso wie Kant gelangt Krüger von da aus zur Annahme einer
„religiösen Gebundenheit" (G 261); er postuliert „eine moralische und
religiöse Bindung an die Weltordnung und an ihren göttlichen Grund"
(G 129). Von jener „inneren Gebundenheit" behauptet er sogar, daß in
ihr „allein uns die wirkliche Einsicht in das Dasein Gottes aufgehen
kann". Konkret verweist er auf das „Gewissen", in dem wir „den Anspruch erfahren, in dem uns Gott selbst erleuchtend begegnet" (G 266 f.).

Diese ganze Argumentationsreihe wird von Krüger jedoch ohne jede
Begründung mitgeteilt. Weder wird die moralische Bindung aus dem
Wesen des Menschen abgeleitet, noch wird gezeigt, warum dieses moralische Faktum und warum das Gewissen einer religiösen Deutung bedür-
fen, inwiefern also in ihnen Hinweise auf das Dasein Gottes liegen. Die
vom Gebiet des Moralischen aus versuchte Begründung der Philosophischen Theologie, wie sie Krüger in Andeutungen unternimmt, kann auf
keine Weise befriedigen.

In einem zweiten Begründungsversuch für die Annahme des Daseins
Gottes geht er von den Phänomen der „zeitlichen Dauer" aus: daß das

Seiende sich trotz der Bedrohung durch das Nichtsein im Sein hält. Krüger fährt fort: „Das, was der äußeren Dauer als das Innere zugrunde liegt, ist nun offenbar die Kraft, mit der das Seiende dem Untergang widersteht". Von da aus wird in raschem Zuge der Übergang zum ewigen Sein Gottes vollzogen. Wir müssen „einsehen, daß alles Zeitliche, das nur vorübergehend dauert, nicht sein könnte, wenn ihm nicht in und mit der Zeit, in der es entsteht und dauert, seine Kraft und Selbstheit, also sein Wesen, erst zufielen, und wir werden als den Grund dieses Zu-falls, daß zeitliche Wesen überhaupt da sind und Wesen haben, offenbar nicht wieder ein zeitliches Seiendes erfragen dürfen, sondern ein außerzeitliches, ewiges" (G 265 f.). Damit ist der philosophisch-theologische Horizont erreicht. Denn „Gott" ist „als erster, in sich unbegreiflicher Grund alles Zeitlichen da" (G 269).

Den gleichen Zusammenhang glaubt Krüger im Dasein des Menschen sehen zu können, insbesondere im Blick auf den Tod. „Wir erfahren es in der inneren Einsicht, daß unser Menschsein vergeht und verzweifelt in sich zusammensinkt". Auch hier wieder wird rasch auf Gott geschlossen. Untergang und Verzweiflung sind das Letzte, „wenn wir wirklich ohne Gott ... bestehen sollen; und wir können es positiv erfahren, daß wir als Menschen immer nur da sind und innerlich immer wieder neu erstehen in dem Maße, wie uns ... das Dasein Gottes aufgeht" (G 267).

Beide Male geht es also darum, daß aus der Zeitlichkeit bzw. aus der Vergänglichkeit auf die Existenz eines Ewigen geschlossen wird. Beidemale aber wird dieser Schluß nicht ausgewiesen. Es könnte ja auch sein, daß Zeitlichkeit und Vergänglichkeit wirklich das Letzte wären, was man über die Wirklichkeit der Dinge und über das Dasein des Menschen aussagen kann. Solange diese Möglichkeit nicht ausdrücklich widerlegt ist, bleibt die These Krügers eine bloße unbegründete Behauptung.

Sein dritter Begründungsversuch für das Dasein Gottes richtet sich darauf, daß dieser als ein Selbst verstanden werden soll. Krüger greift, um das zu erweisen, auf den Gedanken der Gradualität des Seins zurück. Er geht von einer „Abstufung" aus, „in der uns das Seiende innerhalb der Welt gegeben ist": „die Unterschiede zwischen der unbelebten, der pflanzlichen, der tierischen und der menschlichen Art des Seins. Die so bezeichneten Bereiche des Seienden unterscheiden sich durch die Höhe, d. h. die Vollkommenheit ...; sie sind Seinsstufen" (G 265).

Von da aus will Krüger zum Wesen Gottes als eines geistigen Selbst gelangen. „Wenn wir ... die Stufung des Seins erst einmal zu Gesicht bekommen haben, dann werden wir das innere Wesen des Seins — die Kraft, das Fürsichsein, das Selbstsein — primär von den höheren Stufen aus verstehen müssen, also von der Kraft aus, mit der der Mensch ein fürsichseiendes Selbst ist, mit der er als inneres Ich in der Zeit dauert, und wir werden das niedere Seiende als eine unvollkommenere Weise solchen inneren Selbstseins verstehen dürfen". „Das Faktum der Seinsstufen in der zeitlichen Welt führt uns also zur Frage nach einem ewigen geistigen Selbst, das der vollkommene seiende Grund alles unvollkommenen Seienden, der Grund der durch das Sein geeinigten Welt ist" (G 265 f.).

Hier wird der Gedanke Krügers jedoch aufs äußerste problematisch. Schon daß die Differenzierungen der verschiedenen Seinsarten in der Welt sich eindeutig nach niedriger und höher gliedern, ist fraglich; daß der Mensch das höchste irdische Lebewesen ist, mag zwar aus seiner eigenen Perspektive richtig sein; er könnte jedoch auch, wie die moderne Biologie behauptet, ein Mängelwesen sein. Noch fragwürdiger aber ist, wenn Krüger aus der Gradualität des Seins auf die Geistigkeit und Selbstheit Gottes schließt. Man könnte mit dem gleichen Recht Gott, wenn man sein Dasein überhaupt annehmen will, als den naturhaften Ursprung verstehen, aus dem heraus sich schließlich der Mensch entwickelt. Denn es ist keineswegs selbstverständlich, „daß das unvollkommen Seiende hervorgeht aus dem vollkommen Seienden" (G 267). Auch hier also ist der Begründungsversuch Krügers nicht einsichtig.

Er scheint sich übrigens über die Unzulänglichkeit seiner Begründungsversuche im klaren zu sein. Jedenfalls will er es vermeiden, seine „ontologische Einsicht in das Dasein Gottes" als „einen ‚kosmologischen' Gottesbeweis" zu verstehen. So bleibt ihm schließlich nichts übrig, als den Grund seiner Annahme Gottes in einer „Erleuchtung" zu suchen. Daß ein „göttlicher, selbsthafter Weltgrund" existiert, wird durch „die erleuchtende Grunderfahrung" bezeugt (G 266 f.). Der Mensch erfährt in „der wahren religiösen Erleuchtung" (F 177) Gottes „notwendiges, unwandelbares Dasein" (G 267). Die Berufung auf Erleuchtung aber ist das schlechteste aller philosophischen Argumente. So zeigt sich denn, daß auch Krügers mit so viel Zuversicht begonnener Versuch einer Erneuerung der Philosophischen Theologie scheitert.

VIERTER TEIL
PHILOSOPHIEREN UND SINNPROBLEMATIK

1. Kapitel
Aspekte des Philosophierens

§ 114. Das radikale Fragen als philosophischer Ausgangspunkt

1. Rückblick

Die bisherigen Ausführungen in diesem Buche waren vorwiegend von historischer oder kritisch-analytischer Art. Jetzt kommt es darauf an, die Konsequenzen aus den Ergebnissen der Untersuchungen zu ziehen und zu sehen, ob und wie heute überhaupt noch Philosophische Theologie getrieben werden kann.

Im I. und II. Teil ist die Geschichte der Philosophischen Theologie in ihren Grundzügen und in ihren wesentlichen Gestaltungen ausgelegt worden. Der I. Teil hat den Aufstieg der Philosophischen Theologie von ihren Anfängen bei den Griechen bis zu ihrem Höhepunkt bei Hegel dargestellt. Dabei hat sich überall gezeigt, daß in den Ansatz der jeweiligen Philosophischen Theologie unausgewiesene Voraussetzungen eingegangen sind: etwa das Durchwaltetsein der Welt vom Göttlichen, oder die Geschöpflichkeit des Menschen, oder die Zugehörigkeit des Selbst zu einer übersinnlichen Welt, oder eine unmittelbare Möglichkeit, sich vom Endlichen zum Unendlichen emporzuschwingen. Diese Voraussetzungen haben die jeweils gegebene Antwort auf die Frage nach der Möglichkeit einer Philosophischen Theologie sowie deren konkreten Entwurf ermöglicht. Am deutlichsten ist dieser Sachverhalt bei den eingehender behandelten Philosophen, bei Kant, Schleiermacher, Fichte, Schelling und Hegel hervorgetreten.

Der II. Teil hat sodann den Verfall der Philosophischen Theologie in der Zeit nach Hegel geschildert. Es hat sich gezeigt: Schon bei diesem Denker finden sich Risse im systematischen Gebäude. Besonders deutlich ist sodann der Zusammenbruch des metaphysisch-theologischen Denkens bei Feuerbach, Marx, Nietzsche und Heidegger ans Licht gekommen. Und doch hat sich herausgestellt: Auch da noch, insbesondere bei Nietzsche und Heidegger, drängt sich am Ende eine wenn auch vage Form metaphysischen und philosophisch-theologischen Denkens ein.

Zum gleichen Ergebnis haben die Analysen des III. Teiles geführt. In der Darstellung der Auseinandersetzungen protestantischer und katholischer Theologen mit dem Problem der Möglichkeit einer Philosophischen Theologie, wie sie im 1. Kapitel ausgelegt worden sind, hat sich gezeigt, daß überall der Glaube als die selbstverständliche Basis vorausgesetzt wird. Wird andererseits, wie im 2. Kapitel ausgeführt worden ist, von theologischer oder philosophischer Seite aus heute der Versuch unternommen, Philosophische Theologie zu treiben, dann wird auch hier — wenigstens bei den eingangs behandelten Denkern — von nicht mehr ausgewiesenen, glaubensmäßigen Voraussetzungen ausgegangen, sei es vom christlichen, sei es von einem philosophischen Glauben aus.

2. Philosophieren als radikales Fragen

Fragt man nun nach dem Ergebnis aller bisherigen Erörterungen, dann wird offenkundig: Was allein sich als stichhaltig durchgehalten hat, ist das Philosophieren, verstanden als radikales Fragen. Es ist bisher freilich im wesentlichen in seiner kritischen Funktion aufgetreten. Aber eben damit hat es aufdecken können, daß überall von ungegründeten Voraussetzungen ausgegangen wird. Diese können jedoch von einem sich als radikales Fragen verstehenden Philosophieren nicht akzeptiert werden. Daß und warum aber das Philosophieren in der Gegenwart den Charakter des radikalen Fragens tragen muß, ist im 2. Kapitel der Einleitung dargelegt worden. Insofern ist die Entwicklung, wie sie in den drei bisher dargestellten Teilen vorgeführt worden ist, eine Art von indirekter Bestätigung für diese Begriffsbestimmung der Philosophie. So läßt sich denn jetzt sagen: Heute kann nicht anders philosophiert werden als in der Weise des radikalen Fragens.

Das Philosophieren als radikales Fragen muß deshalb auch den Ausgangspunkt für alles folgende bilden. Die Frage wird sein, ob man, von ihm ausgehend, nicht nur die bisher aufgetretenen Versuche Philosophischer Theologie, sondern grundsätzlich alle philosophisch-theologische Problematik überhaupt ablehnen und damit die Philosophiegeschichte von fast zweieinhalb Jahrtausenden in ihrem wesentlichen Grundzug verwerfen muß. Oder gibt es doch eine Möglichkeit, gerade im Ausgang vom radikalen Fragen die überlieferte Problematik, wenn auch in verwandelter Form, wieder aufzunehmen? Kurz: Das Problem, vor das sich die weiteren Untersuchungen gestellt sehen, lautet: Ist Philosophische Theologie heute möglich, und wie ist sie möglich?

Die zum Ende des vorigen Paragraphen aufgeworfene Frage verlangt, daß das Wesen des Philosophierens als des radikalen Fragens über das in der Einleitung zu diesem Buche Gesagte hinaus weiter verdeutlicht werde. Denn dieses philosophische Vorgehen hat sich in den Analysen des I. und II. Teiles als äußerst bedrohlich gezeigt. Das Philosophieren als radikales Fragen, alle positiven Antworten zerstörend, führt offenbar an den Nullpunkt, von dem aus es kein Weiterschreiten gibt. Davor aber muß zurückschrecken, wer sachhaltig denken will. Aber steht es mit dem Philosophieren wirklich so, daß es am Nullpunkt, den es, wenn es ehrlich ist, notgedrungen immer wieder erreicht, stehen bleiben muß?

Diese Frage soll zunächst in der Weise erörtert werden, daß das Verhältnis des Philosophierens als des radikalen Fragens zu einigen historischen und aktuellen Strömungen dargestellt wird. Als erster solcher Vergleichspunkt bietet sich um seiner Nähe zu der Radikalität des Fragens willen der Skeptizismus an.

Man könnte nämlich dem bisherigen Vorgehen in diesem Buche einen eben in seiner Radikalität unfruchtbaren Skeptizismus vorwerfen. Nun gibt es einen weiten Begriff von Skepsis, dem gemäß alles philosophische Fragen, ja jede wissenschaftliche Untersuchung skeptisch sein muß. Der Ausdruck „Skepsis" leitet sich ja von dem griechischen Wort „sképtesthai" „hinschauen" ab. In diesem Sinne ist das Philosophieren immer, ob es sich nun als radikales Fragen versteht oder nicht, eine Weise von Skepsis.

In einem engeren Sinne werden die Ausdrücke „Skepsis" und „Skeptizismus" im Blick auf gewisse Richtungen innerhalb der Geschichte der Philosophie verwendet. In ihnen erhält jenes allgemeine Hinsehen den Charakter der Prüfung, und zwar mit dem Ergebnis, daß im philosophischen Nachdenken keine Wahrheit gefunden werden kann. Diese Strömung reicht von gewissen Sophisten und von der Mittleren Akademie über Montaigne, Pascal und Hume bis hin zu Änesidemus-Schulze und Nietzsche. Aber es finden sich skeptische Elemente auch bei manchen Philosophen, die man nicht ohne weiteres als Skeptiker bezeichnen kann: etwa im Denken des Sokrates oder in bestimmten Weisen des mittelalterlichen Philosophierens, oder bei Descartes, oder bei Kant, oder bei Hegel. Auch in der Gegenwart wird das Denken weithin von skeptischen Tendenzen durchzogen. Wird nun dieser Skeptizismus nicht als bloßes Teilmoment des Philosophierens, sondern als dessen ausschließliche Bestimmung genommen, dann zeigt sich als sein Charakteristikum, daß er die Möglichkeit leugnet, auf dem Wege des Philosophierens zu unangreifbarer Wahrheit zu gelangen. Daher folgern die Skeptiker mehr oder minder entschlossen, man müsse sich überhaupt des philosophischen Urteils über

Wahrheit und Falschheit enthalten. Das aber besagt: Sie verzichten auf ein echtes Fragen, das doch seinem Sinne nach auf gültige Antwort aus sein muß.

Ist nun das Philosophieren als radikales Fragen, wie es hier postuliert wird, ein Skeptizismus? Ja, indem jede sich als Wahrheit anbietende Behauptung daraufhin untersucht wird, ob sie stichhaltig ist, oder ob sie auf unausgewiesenen Voraussetzungen beruht. Nein, sofern ihr Skeptizismus sich nicht zu dem Dogma versteift, es gebe überhaupt keine Möglichkeit der Erfassung von Wahrheit und Gewißheit. Deshalb ist der dem radikalen Fragen eigene Skeptizismus zwar kritisch gegen jede sich als Wahrheit aufspielende Aussage, aber doch frei für die Möglichkeit von Wahrheit überhaupt. Das geht auch daraus hervor, daß sich das radikale Fragen weiterhin als Philosophieren versteht; zu diesem aber als der Liebe zur Weisheit, die in diesem Falle mit der Wahrheit identisch ist, gehört wesensmäßig das Fragen nach dieser. So kann man das Philosophieren im Sinne des radikalen Fragens zurecht als Skeptizismus, aber als einen offenen Skeptizismus bezeichnen.

§ 116. Philosophieren als offener Atheismus

1. Der Begriff des Atheismus

Der im Vorangehenden postulierte offene Skeptizismus des Philosophierens muß sich auch auf das zentrale Thema dieses Buches erstrecken: auf die Philosophische Theologie. In dieser Hinsicht scheint er sich als Atheismus ausprägen zu wollen. Daher ist jetzt zu untersuchen, ob und in welchem Sinne das Philosophieren als radikales Fragen atheistisch ist.

Nun steckt im Begriff des Atheismus, wie er sich in der Geschichte der Philosophie darstellt, eine Doppeldeutigkeit. Zunächst freilich scheint es, als könne man eine einheitliche Wesensbestimmung geben. Ihr gemäß wäre der Atheismus, als philosophischer, diejenige Gesamtsicht der Wirklichkeit, die ohne die Annahme oder Voraussetzung eines Gottes auskommt oder auszukommen meint. Doch dieser Begriff ist rein formal. Es kommt alles darauf an, wie der Gott verstanden wird, der jeweils geleugnet wird. Unter diesem Gesichtspunkt haben sich in der Geschichte der Philosophie insbesondere zwei Hauptformen des philosophischen Atheismus herausgebildet: der eingeschränkte und der extreme Atheismus.

2. Der eingeschränkte Atheismus

In der ersten der beiden Hauptformen ist der Gott, der abgewiesen wird, ausschließlich der persönliche Gott im Sinne des Christentums. Unter diesem Aspekt erscheint z. B. jede pantheistische Philosophie, unbeschadet dessen, daß sie von der Gottheit redet, als atheistisch. So wird denn auch dem neuzeitlichen philosophischen Denken oftmals der Vorwurf des Atheismus gemacht. Das berühmteste Beispiel dafür ist Spinoza, der — wie im ersten Bande gezeigt worden ist — Gott als die eine und einzige Substanz versteht, die alles Seiende in sich befaßt, und der von daher zu einer Leugnung der Persönlichkeit Gottes kommen muß. Ein weiteres Beispiel ist der frühe Fichte, der — wie ebenfalls im ersten Bande dargelegt worden ist — als Atheist bekämpft wird, weil er Gott nicht als persönliches Wesen, sondern als unpersönliche göttliche Weltordnung begreifen zu müssen glaubt. Schließlich wird sogar von Hegel — wie sich gleichfalls im ersten Bande gezeigt hat — gelegentlich behauptet, sein Pantheismus sei im Grunde Atheismus.

Dieser Atheismus ist insofern als eingeschränkt zu bezeichnen, als ihm die Ablehnung nur des christlichen Gottes eigen ist. Genau betrachtet ist es daher nicht angemessen, auf diese Position den Begriff des Atheismus anzuwenden. Zwar wird der persönliche Gott abgewiesen, nicht aber der Gedanke Gottes überhaupt. Ein solches Denken wäre nur dann wirklich Atheismus, wenn die christliche Weise, von Gott zu reden, die einzig mögliche und die einzig wahre wäre. Tatsächlich jedoch wird — wie sich in den beiden ersten Teilen dieses Buches gezeigt hat — in der Philosophie in weit reicherer und umfassenderer Weise von Gott gesprochen, und dies mit dem Anspruch auf Wahrheit. So konnten denn auch im I. Teil sowohl Spinoza wie Fichte wie Hegel unter dem Gesichtspunkt der Philosophischen Theologie dargestellt werden. Der vielbekämpfte eingeschränkte Atheismus ist somit nur ein Pseudoatheismus.

Wie sich das Philosophieren zu ihm verhält, geht bereits aus dem bisherigen hervor. Vor allem im III. Teil dieses Buches ist in der Auseinandersetzung mit christlichen Theologen deutlich geworden, daß ein redliches Philosophieren, das sich darum müht, alle Voraussetzungen zu vermeiden, auch nicht den Gedanken eines persönlichen Gottes an den Anfang setzen darf. Es muß sich vielmehr im Beginn auf den Standpunkt des eingeschränkten Atheismus stellen, nicht freilich in der Absicht, ihn als solchen unreflektiert festzuhalten, sondern um seinen eigenen Ansatz nicht mit Unausgewiesenheiten zu belasten. In diesem Sinne ist schon in der Einleitung das Philosophieren als achristlich gekennzeichnet worden.

3. Der extreme Atheismus

Neben dem eingeschränkten Atheismus, der zu Unrecht den Namen Atheismus trägt, gibt es einen extremen Atheismus, dem erst eigentlich diese Bezeichnung zukommt. Er leugnet nicht nur den persönlichen Gott, sondern überhaupt irgend ein Seiendes vom Charakter des Göttlichen. Er wendet sich nicht bloß gegen den christlichen Theismus mit seinem Absolutheitsanspruch, sondern auch gegen jede Form der Philosophischen Theologie, also überhaupt gegen jeden — mythologischen, theologischen oder philosophischen — Versuch, die Wirklichkeit von einem Prinzip her zu deuten, das außer ihr liegt. Dieser Atheismus ist für die Philosophische Theologie die eigentliche Gefahr, sofern er ihr überhaupt das Recht und die Möglichkeit bestreitet, von Gott zu reden.

Der extreme Atheismus hat eine lange Geschichte. Schon in der Antike finden sich Zeugnisse darüber. Er entsteht da, wo die Ablösung vom Mythos, wie sie das frühe Philosophieren vollzieht, radikalisiert und in eine völlige Negation verwandelt wird. So wird von dem Sophisten Prodikos berichtet, er und einige andere hätten den Zunamen „átheoi" erhalten. Ja, Prodikos soll sogar eine Erklärung für die natürliche Entstehung des Gottesglaubens versucht haben und soll gesagt haben, „das, was nährt und nützt, werde als Götter angenommen und verehrt"[1]. In diesen Zusammenhang gehört auch der Sophist Kritias, der behauptet haben soll, „das Göttliche" habe erst „ein schlauer und gedankenkluger Mann ... eingeführt", und zwar um den Gesetzen des Staates mehr Nachdruck zu verleihen[2].

In der Neuzeit tritt der Atheismus stärker hervor. Schon bei Descartes zeigt sich — wie im I. Band dargestellt worden ist —, daß die das Mittelalter charakterisierende Selbstverständlichkeit des Wissens um Gott und um die Geschöpflichkeit des Menschen erschüttert zu werden beginnt. Das hängt mit der grundlegenden Blickwendung der beginnenden Neuzeit zusammen: mit der Ablösung des Aspektes von Gott her durch den Aspekt vom Menschen her. Descartes selber kann sich freilich noch in eine ihm ausweisbar erscheinende Gottesgewißheit retten. Atheismus im eigentlichen Sinne beginnt dagegen — vorerst als vereinzelter Gedanke — bei einigen Philosophen der Aufklärung. In diesem Sinne läßt etwa Diderot die Natur zum Menschen sprechen: „Vergebens, o Abergläubischer, suchst du dein Glück jenseits der Grenzen der Welt, in die ich dich gestellt habe. Wage es, dich vom Joch der Religion, meiner übermütigen Nebenbuhlerin,

---

[1] Diels/Kranz, Die Fragmente der Vorsokratiker, Berlin 1951/2, Bd. II, 84 B 5.

[2] Diels/Kranz, a. a. O. Bd. II, 88 B 25.

die meine Rechte verkennt, zu befreien; verzichte auf die Götter, die sich meine Gestalt angemaßt haben, und kehre zu meinen Gesetzen zurück"[3]. Noch radikaler spricht sich Holbach aus, wenn er die Vorstellungen von Gott als „für das menschliche Geschlecht schädliche Chimären" bezeichnet[4]. Das sind gleichsam Vorboten des extremen Atheismus. Im 19. Jahrhundert dagegen beginnt dieser zu einer verbreiteten Weltanschauung zu werden. Beispiele dafür sind im I. Bande dieses Buches gegeben worden. Feuerbach will bewußt „Atheist" sein, und er behauptet, sein „Atheismus" sei „nur der zum Bewußtsein gebrachte, ehrliche, unumwundene, ausgesprochene, unbewußte und tatsächliche Atheismus der modernen Menschheit und Wissenschaft"[5]. Marx schließt sich dem an. Die Religion ist für ihn nur eine „Form und Daseinsweise der Entfremdung des menschlichen Wesens"[6]. Nietzsche schließlich lehnt jede Deutung der Wirklichkeit von einem Gott her radikal ab. „Es gibt keinen Gott"; an der Zeit ist „der unbedingte redliche Atheismus", welcher „sich die Lüge im Glauben an Gott verbietet"; „Gott ist tot"[7]. Eben dieser Atheismus nun bestimmt weithin das Selbstverständnis des modernen Menschen.

Mit dem Atheismus in der geschilderten extremen Form hat sich die Untersuchung der Möglichkeit einer Philosophischen Theologie im gegenwärtigen Zeitalter auseinanderzusetzen. Dabei wird das Philosophieren dem Atheismus einen Schritt weit entgegenkommen müssen. Sofern es nämlich als radikales Fragen keine Voraussetzungen in seinen Ansatz aufnehmen kann, kann es auch nicht von vornherein die Existenz eines Gottes annehmen. Insofern ist es in seinem Ursprung atheistisch.

Nun ist aber der oben an einigen Beispielen dargestellte extreme Atheismus nicht bloß dadurch gekennzeichnet, daß er auf die Voraussetzung eines Gottes verzichtet, sondern er stellt mit größerer oder geringerer Entschiedenheit die Behauptung auf, es gebe keinen Gott. Im I. Bande sind die von den einzelnen Denkern dafür angegebenen Gründe auf ihre Stichhaltigkeit hin geprüft worden. Dabei hat sich ergeben, daß die Argumente zwar ausreichen, die Annahme eines Gottes fragwürdig erscheinen zu lassen, daß sie aber die Nichtexistenz eines Gottes nicht schlüssig erweisen können. Wird diese gleichwohl als Wahrheit bezeichnet, dann kommt es zu einem dogmatischen Atheismus. Vor einem solchen aber muß sich das Philosophieren ebenso hüten wie vor der entgegen-

[3] Supplément au voyage de Bougainville, Œuvres (Assézat) 1875 ff., II 199 ff.; zit. nach E. Cassirer, Die Philosophie der Aufklärung, Tübingen 1932, S. 179.

[4] Système de la nature, II, 11, S. 320; zit. nach R. Eisler, Wörterbuch der philosophischen Begriffe, Berlin 1927, Bd. I, S. 129.

[5] Bd. I, S. 404.

[6] Bd. I, S. 411.

[7] Bd. I, S. 434 und 438.

gesetzten Position. Insofern ist es zwar atheistisch, aber es hält sich dafür frei, ob sich ihm im Fortgange seines radikalen Fragens die Notwendigkeit aufdrängt, einen Gott anzunehmen, oder ob dies nicht geschieht. So kann man das Philosophieren als einen offenen Atheismus bezeichnen.

§ 117. Philosophieren als offener Nihilismus

1. Der Begriff des Nihilismus

Schwerer noch als die Kennzeichnungen des Philosophierens als eines offenen Skeptizismus und eines offenen Atheismus wiegt — wenigstens in der öffentlichen Meinung — der Vorwurf, es handle sich bei einem Denken, das sich als radikales Fragen versteht, um einen ausgesprochenen Nihilismus. Denn dieser Ausdruck ist zu einer Art von Schreckgespenst geworden. In der Tat scheint das radikale Fragen insofern dem Nihilismus nahe zu stehen, als mit ihm das Ende eines sachgegründeten Philosophierens heraufzuziehen scheint. Was unter den Hammerschlägen des radikalen Fragens bleibt, ist — nichts. Alles verliert den Halt und die Gewißheit, die es für sich beansprucht. Alle Sicherheit des Wissens um das Gegründetsein der Welt und des Menschen in einer beständigen Wahrheit geht unter. Ist also das Philosophieren, verstanden als radikales Fragen, nicht in der Tat der reinste Nihilismus? Ist der Nihilismus nicht die eigenste und notwendige Konsequenz eines solchen Denkens?

Es erübrigt sich an dieser Stelle, die verschlungene Geschichte des Begriffs des Nihilismus nachzuzeichnen. Vor allem seine nicht eigentlich philosophischen Bedeutungen können beiseitegelassen werden: frühe theologische Verwendungen bei Augustinus und in der Scholastik, der politische Gebrauch in der russischen Literatur des 19. Jahrhunderts, die dichterische und ästhetische Verwendung bei Jean Paul und einigen Romantikern. Zu seiner wesentlichen philosophischen Bedeutung ist der Begriff des Nihilismus jedenfalls — nach einem nachher zu besprechenden Vorspiel bei Jacobi — erst durch Nietzsche gekommen und hat dann, in dessen Gefolge, bei Heidegger eine zentrale Bedeutung für den Gesamtentwurf des seinsgeschichtlichen Denkens erhalten. Was bei Nietzsche und bei Heidegger Nihilismus heißt und wie sich beide, jeder auf seine Weise, damit auseinandersetzen, ist im ersten Bande dieses Buches ausführlich erörtert worden. In der Gegenwart ist der Ausdruck „Nihilismus" — abgesehen von den wenigen, die sich ernsthaft damit befassen — weitgehend zum Schlagwort herabgesetzt worden, mit dem man den Gegner tödlich zu treffen hofft.

Im Unterschied zu den Ausführungen des II. Teiles werden im Problem des Nihilismus, wie es im folgenden behandelt werden soll, die geschichtsphilosophischen Aspekte außeracht gelassen: also daß der Nihilismus, wie Nietzsche behauptet, als das, was unsere gesamte Kultur bestimmt, jetzt heraufzieht, oder daß er, wie Heidegger sagt, den Grundzug der abendländischen Geschichte darstellt, der auch noch unser heutiges technisches Zeitalter kennzeichnet. Es kommt vielmehr jetzt darauf an, den Nihilismus als eine mögliche philosophische Haltung zu betrachten und dabei zu untersuchen, wie sich das im Thema stehende Philosophieren als radikales Fragen zu ihm verhält.

Nun gibt es zwei Problemkreise, in denen sich der Nihilismus entfalten kann: das Problem des Seins und das Problem des Sinnes. Bricht in diese Bereiche der Nihilismus ein, so kommt es zu den beiden Thesen: Es gibt kein Sein, und: Es gibt keinen Sinn. Man könnte die beiden Weisen des Nihilismus auch mit den Formeln bezeichnen: Mit der Wirklichkeit ist es nichts, und: An der Wirklichkeit ist nichts. Sie sollen im folgenden als der ontologische, das Sein betreffende, und der noologische, den Sinn betreffende Nihilismus unterschieden werden.

In der philosophisch-theologischen Problematik treffen beide Weisen des Nihilismus zusammen. Denn der Gott der Philosophen ist in der Tradition sowohl der Schöpfer und Erhalter alles Seienden bzw. der Ursprung alles Seins, wie auch der Urgrund und Stifter alles Sinnes. Man muß deshalb, wenn man nach der Bedeutung des Nihilismus für die Philosophische Theologie fragt, die Untersuchung in beiden Richtungen, der ontologischen wie der noologischen, durchführen.

2. Die Wahrheitsproblematik im Nihilismus

Noch an einem zweiten Punkte schließen sich die beiden Richtungen des Nihilismus zusammen: im Problem der Wahrheit. In beiden wird bezweifelt, ob das, was über Sein und Sinn gedacht und gesagt wird, wahr ist. Ja, im ausgeprägten Nihilismus wird sogar die Unwahrheit all dessen behauptet. Die eine These lautet: Im Sein liegt keine Wahrheit; es gibt in Wahrheit kein Sein. Die andere These besagt: Im Sinn liegt keine Wahrheit; es gibt in Wahrheit keinen Sinn. Und das heißt generell: Es gibt überhaupt keine Wahrheit. Insofern fällt der Nihilismus im Bereich der Wahrheit mit dem dogmatischen Skeptizismus zusammen, wie er im Paragraphen 115 erörtert worden ist.

Vor allem Nietzsche hat immer wieder auf den Nihilismus im Bereich der Wahrheitsproblematik hingewiesen. Davon ist im II. Teil dieses Buches ausführlich die Rede gewesen. „Der Glaube, daß es gar keine

Wahrheit gibt", ist „der Nihilisten-Glaube"[1]. Nietzsche selber erhebt dann freilich den Anspruch, doch eine wahre Weltsicht aufzeigen zu können: die Welt als den Kampf der um die Herrschaft streitenden Willen zur Macht. Insofern bleibt sein Nihilismus inkonsequent. Der radikale Nihilismus dagegen leugnet jegliche Möglichkeit einer wahren Weltbetrachtung. Wahrheit ist unerfaßbar; Wahrheit gibt es nicht; allein das Nichts von Wahrheit ist die wahre Wahrheit.

Indem das aber positiv behauptet wird, wird der Nihilismus im Bereich der Wahrheitsproblematik dogmatisch. Das Philosophieren im Sinne des radikalen Fragens kann sich jedoch aus seinem Wesen heraus nicht auf eine dogmatische Position, und sei es die der reinen Negativität, versteifen. Weder darf es behaupten, es gebe selbstverständlich Wahrheit, noch darf es die Möglichkeit von Wahrheit von vornherein leugnen. Es ist vielmehr seine Intention, unablässig nach Wahrheit zu suchen, auch wenn unter der Radikalität seines Fragens die überlieferten und als sicher geltenden Wahrheiten immer wieder zusammenbrechen. So ist das Philosophieren, wie es hier verstanden wird, nihilistisch, indem es ständig die Wahrheit ins Schweben bringt und damit die sich als wahr ausgebenden Behauptungen in den Abgrund des Nichts versenkt. Aber in seinem Nihilismus hält es sich dennoch für die Möglichkeit von Wahrheit frei. Insofern kann man es als offenen Nihilismus bezeichnen.

3. Der ontologische Nihilismus

Das gleiche gilt für die beiden Sonderformen des Nihilismus, den ontologischen und den noologischen. Was zunächst den ontologischen Nihilismus betrifft, so hat zum erstenmal Friedrich Heinrich Jacobi den Terminus in diesem Sinne gebraucht. In einem 1799 verfaßten öffentlichen Sendschreiben „Jacobi an Fichte" wird dessen idealistische Deutung der Wirklichkeit als nihilistisch bezeichnet; es ist der „Idealismus, den ich Nihilismus schelte"[2]. Jacobi meint damit diejenige Gesamtauffassung, der gemäß das einzige Wirkliche das Ich ist, während alle anderen sogenannten Seienden nur Vorstellungen dieses Ich, also nicht selbständig seiend und somit nichtig sind.

Damit ist in der Tat die Grundtendenz des frühen Fichte getroffen[3]. Auch später noch, im zweiten Buch seiner „Bestimmung des Menschen",

[1] Bd. I, S. 439.
[2] Friedrich Heinrich Jacobi, Werke, Darmstadt 1968, Bd. III, S. 44.
[3] Vgl. Wilhelm Weischedel, Der Aufbruch der Freiheit zur Gemeinschaft, Studien zur Philosophie des jungen Fichte, Leipzig 1939, vor allem S. 36 ff.

162

herausgegeben 1800, findet sich diese Position des reinen Idealismus dargestellt, freilich so, daß im dritten Buch die Möglichkeiten der Überwindung dieses Standpunktes — durch die moralische Verbindlichkeit und das Gewissen — als die eigentliche Wahrheit bestimmt werden. Das zweite Buch jedoch, unter dem Titel „Wissen", beschreibt erst einmal die Konsequenzen, auf die eine Philosophie stoßen muß, die rein auf der Tatsache des Selbstbewußtseins beruht; ihr muß am Ende auch das Ich fraglich werden. „Ich weiß überall von keinem Sein, und auch nicht von meinem eigenen. Es ist kein Sein — Ich selbst weiß überhaupt nicht, und bin nicht. Bilder sind: sie sind das Einzige, was da ist, und sie wissen von sich, nach Weise der Bilder: — Bilder, die vorüberschweben, ohne daß etwas sei, dem sie vorüberschweben; die durch Bilder von den Bildern zusammenhängen, Bilder, ohne etwas in ihnen Abgebildetes, ohne Bedeutung und Zweck. Ich selbst bin eins dieser Bilder; ja, ich bin selbst dies nicht, sondern nur ein verworrenes Bild von den Bildern. — Alle Realität verwandelt sich in einen wunderbaren Traum, ohne ein Leben, von welchem geträumt wird, und ohne einen Geist, dem da träumt; in einen Traum, der in einem Traume von sich selbst zusammenhängt"[4].

Der aus der Polemik Jacobis und aus Fichtes eigener Darstellung sich ergebende Begriff des ontologischen Nihilismus läuft also auf eine völlige Leugnung aller Wirklichkeit hinaus. Alles hat seine Realität nur im Ich. Aber das Ich selber, wenn es sich fassen will, entzieht sich seinem eigenen Zugriff und wird ein leeres Kreisen in sich selbst, nichtig und weder einer Welt noch seiner selbst gewiß. Es ist, zusammen mit der Welt, — nichts. Wo der Mensch vermeint, etwas greifen zu können, und sei es auch nur sein eigenes Selbst, da greift er ins Nichts. All sein geistiges Tun besteht unter diesem Aspekt in der öden Wiederholung des immer gleichen Hinabstürzens alles Wirklichen in den Abgrund des einzigen wahrhaft „Wirklichen": des Nichts.

Wie verhält sich nun das Philosophieren als radikales Fragen zu diesem ontologischen Nihilismus? Eins steht fest: Es kann sich keinesfalls von vornherein damit identifizieren. Zwar wird ihm alles fraglich: das Sein der Welt ebenso wie das Sein des Ich. Der entscheidende Unterschied aber ist: All das erscheint ihm nicht als nichtig, sondern eben als fraglich. Die Behauptung, es sei mit der Welt und dem Ich nichts, ist aus dem Gesichtspunkt des radikalen Fragens bereits eine dogmatische Setzung. Solche sich als absolut ausgebenden Thesen werden jedoch, wo das Philosophieren sich als radikales Fragen versteht, aufgelöst: die positiven Setzungen ebenso wie die negativen. Es könnte zwar sein, daß Welt und Ich sich als

---

[4] Joh. Gottl. Fichte, Werke, hrsg. v. F. Medicus, Leipzig o. J., Bd. III, S. 341.

nichtig herausstellen; aber das wird nicht als Behauptung ausgesprochen, sondern als Frage, freilich als Frage von höchster Dringlichkeit. So ist auch unter dem Aspekt des Ontologischen das Philosophieren als radikales Fragen zwar ein Nihilismus, aber ein offener Nihilismus.

4. Der noologische Nihilismus

Von unmittelbarerer Bedeutung als der ontologische Nihilismus ist für das gegenwärtige Dasein des Menschen der noologische Nihilismus. Für ihn ist charakteristisch, daß er jeden Sinn leugnet und demgemäß die absolute Sinnlosigkeit behauptet. Die Versuchung, diese Position einzunehmen, taucht in mehr oder minder hoher Bewußtheit als äußerste Möglichkeit vor jedem auf, der überhaupt einmal über den Sinn des Daseins nachgedacht hat. Denn im Problem des noologischen Nihilismus geht es um die Möglichkeit oder Unmöglichkeit einer sinnhaften Existenz bis in die konkreten Bezüge des Lebens hinein. Von da aus entfalten sich die diesem Standpunkt eigentümlichen Fragen: Welchen Sinn hat dieses oder jenes Tun? Welchen Sinn hat das Dasein des Menschen überhaupt? Welchen Sinn hat das Sein der Welt? Gibt es einen absoluten Sinn in oder über aller Wirklichkeit? All diese Probleme erhalten im noologischen Nihilismus eine rein negative, dogmatische Beantwortung: Es gibt keinen solchen Sinn; die Sinnlosigkeit ist das Letzte.

Diesen Nihilismus hat, wie im II. Teil dargelegt worden ist, vor allem Nietzsche mit großer Überzeugungskraft vertreten. Was hier als Sinn bezeichnet wird, nennt er die Werte. Dementsprechend ist der Nihilismus durch den Verlust aller Werte, ja durch den „Glauben an die absolute Wertlosigkeit" gekennzeichnet. Von da aus kommt es zum „Glauben an die absolute ... Sinnlosigkeit"; „alles hat keinen Sinn" [5].

Muß sich das Philosophieren dieser dogmatischen These von der durchgängigen Sinnlosigkeit anschließen? Keinesfalls. Zwar fragt es radikal, indem es jeden sich anbietenden Sinn aufs genaueste daraufhin untersucht, ob er haltbar ist oder nicht. Aber es leugnet nicht von vornherein die Möglichkeit, zur Erkenntnis eines Sinnes zu gelangen. Es hält sich für möglicherweise begegnende Sinnhaftigkeit frei. Insofern kann das Philosophieren als radikales Fragen auch im Zusammenhang der noologischen Problematik als offener Nihilismus bezeichnet werden [6].

[5] Bd. I, S. 439 f.

[6] Für seinen Gedanken des Philosophierens als eines offenen Nihilismus verdankt der Verfasser wesentliche Anregungen dem Aufsatz „Zarathustras Schatten hat lange Beine ..." von Wolfgang Müller-Lauter, in dem dieser sich mit

Damit ist freilich das Problem von Sinn, Sinnhaftigkeit und Sinnlosigkeit noch nicht entschieden. Ja, es ist, insbesondere in seiner philosophisch-theologischen Bedeutung, überhaupt noch nicht ernstlich in Angriff genommen. Das Sinnproblem muß daher im folgenden Kapitel eigens als solches aufgeworfen werden, zumal sich an diesem Punkte aufs schärfste die Frage nach der Möglichkeit einer Philosophischen Theologie im Zeitalter des Nihilismus stellt.

2. Kapitel
Das Philosophieren zwischen Sinngewißheit und Nihilismus

§ 118. Der formale Begriff des Sinnes

1. Sinn als Verstehbarkeit

Am Ende des vorigen Kapitels hat sich die Notwendigkeit ergeben, das Verhältnis des Philosophierens als des radikalen Fragens zur Sinnproblematik genauer ins Auge zu fassen. Das nun macht erforderlich, daß zuvor der Begriff des Sinnes geklärt werde. Denn wenn auch vielfältig von ihm Gebrauch gemacht wird, ist er doch einer der am wenigsten erhellten, ja einer der mißbrauchtesten philosophischen Begriffe. Daher soll er im folgenden zunächst in seinem formalen Wesen ausgelegt werden. Sodann soll auf dieser Basis die Problematik von Sinn, Sinnhaftigkeit und Sinnlosigkeit erörtert werden.

einer Veröffentlichung des Verfassers zu der Frage des Nihilismus auseinandersetzt. Der Beitrag von Müller-Lauter ist zusammen mit einigen anderen kritischen Stimmen sowie den dieses Problem betreffenden Aufsätzen des Verfassers erschienen in: Philosophische Theologie im Schatten des Nihilismus, hrsg. v. J. Salaquarda, Berlin 1971. Müller-Lauter arbeitet — im Anschluß an Dostojewski — einen Begriff des Nihilismus heraus, der über den Nietzsches hinausgeht. Auch „das Nichts wird fraglich"; denn „die Dialektik des Nihilismus ... muß auch noch diese letzte Verabsolutierung negieren" (95 f.). So kommt es zu einer äußersten Form des Nihilismus, dem „Nihilismus der Fraglichkeit" (98), der auch Nichts und Sinnlosigkeit in den Wirbel des Fraglichwerdens hineinzieht. Nun findet Müller-Lauter in den bisherigen Veröffentlichungen des Verfassers zu dieser Frage einen Widerspruch, sofern zwar einerseits jene Fraglichkeit, die Sein und Nichts in die Schwebe bringt, andererseits aber auch das Nichts und die Sinnlosigkeit als das Letzte angesetzt werden. Dieser berechtigten Kritik suchen die oben gegebene Darstellung des offenen Nihilismus sowie die Ausführungen des folgenden Kapitels über Sinn und Sinnlosigkeit Rechnung zu tragen.

165

Üblicherweise wird der Begriff des Sinnes im Zusammenhang der Selbstbesinnung der Geisteswissenschaften gegenüber den Naturwissenschaften diskutiert. Diese stellen fest, wie ein Gegenstand ist und wie sich die Vorgänge an ihm und in ihm abspielen; sie erklären, indem sie das Festgestellte auf seine Ursachen zurückführen. Die Geisteswissenschaften dagegen beginnen zwar auch mit Feststellungen, und sie fragen ebenfalls nach den sie verursachenden Momenten. Aber damit ist ihre Fragestellung nicht erschöpft. Sie wollen darüber hinaus das Festgestellte und in seiner Ursächlichkeit Erklärte verstehen. Was dabei verstanden werden soll, ist eben der Sinn: der Sinn einer Buchstabenfolge, der Sinn des Opfers im jüdischen Kultus, der Sinn des Übergangs Cäsars über den Rubikon, der Sinn einer Dichtung Goethes.

Von daher wird es möglich, ein erstes Wesensmoment im Begriff des Sinnes herauszuheben. Sinnhaft ist demnach das im Verstehen Verstandene bzw. Verstehbare; Sinn heißt soviel wie Verstehbarkeit. Und zwar erstreckt sich diese Bedeutung von Sinn weiter als bloß auf die Gegenstände der Geisteswissenschaften. Auch den Sinn eines Naturvorganges kann ich verstehend zu begreifen suchen, etwa den Sinn der Verpuppung der Schmetterlingsraupe oder den Sinn des Naturgeschehens überhaupt. Ebenso geht es dem Menschen in seinem alltäglichen Dasein darum, den Sinn einer Geste, eines Satzes, einer Handlung zu verstehen. Überall also bedeutet Sinn im ersten und weitesten Aspekt soviel wie Verstehbarkeit. Als sinnlos dagegen erscheint das, was man nicht versteht oder nicht verstehen kann.

2. Die gemeinte Objektivität des Sinnes

Weitere Momente im Begriff des Sinnes ergeben sich aus einer genaueren Beobachtung des Sprachgebrauchs. Wenn man sagt, eine Sache oder ein Vorgang seien sinnhaft, dann ist damit gemeint: Es kommt ihnen Sinn zu. Der Ort, an dem der Sinn beheimatet ist, ist also die Sache selber. Das führt zu einem zweiten Wesensmoment im Begriff des Sinnes: Sinn wird verstanden als objektiver Sinn; er liegt im Verstehbaren; er wird von diesem her entgegengenommen. Im Betrachten der Sache geht dem Betrachter deren immanenter Sinn auf. Die Buchstabenfolge wird sinnhaft genannt, weil in ihr ein wenn auch zunächst verborgener Sinn ruht. Ähnliches gilt von den anderen genannten Beispielen. Überall ist das Verstehen darauf aus, den in der Sache liegenden Sinn herauszuheben. Darum auch redet die Sprache von Sinnhaftigkeit, was so viel bedeutet wie: Sinn haben; der Sinn haftet am Sinnhaften. In dieser Hinsicht kann man von einer gemeinten Objektivität des Sinnes sprechen.

Natürlich wird damit nicht apodiktisch behauptet, es gebe objektiv in den Dingen und in der Welt einen Sinn. Darüber zu entscheiden ist die Untersuchung noch längst nicht weit genug fortgeschritten. Die Aussage über die gemeinte Objektivität des Sinnes bleibt innerhalb der Perspektive und der Intention des Verstehens, also im phänomenologischen Aspekt. In diesem aber wird der Sinn als in der Sache liegend angesehen, mag sich die Annahme von Sinn überhaupt als gültig erweisen oder nicht.

Dem Satz von der gemeinten Objektivität des Sinnes scheint zu widersprechen, daß es ja doch auch die Phänomene des Sinnverleihens, des Sinnschaffens und des Sinnstiftens durch den Menschen gibt. Hier liegt doch offenbar der Sinn als Deutung durch den Sinnstiftenden ursprünglich gerade nicht in der Sache, sondern im Subjekt, das sich der Sache zuwendet und ihr allererst den Sinn gibt. Gleichwohl bleibt auch hier das genannte zweite Wesensmoment im Begriff des Sinnes in Geltung. Denn zum ersten zeigt sich: Wenn man einer Sache Sinn verleiht, dann ist damit gemeint, daß dieser nun der Sache selber zukomme. Wer einer zunächst als sinnlos erscheinenden Handlung einen Sinn gibt, der versteht dies so, daß dieser Sinn die Handlung selber betrifft. Zum zweiten erhebt sich die Frage, von woher denn das sinnverleihende Subjekt selber den Sinn hat, den es gibt, und ob es ihn nicht seinerseits als entgegengenommenen und damit in einer Sache liegenden weitergibt. Wenn man in einen als sinnlos erscheinenden Traum Sinn hineinlegt, dann geschieht das von den Existenzmöglichkeiten des wachen, bewußten oder unbewußten Daseins her, die in sich selber als sinnhaft betrachtet werden. Man kann also einer Sache nur dann Sinn verleihen, wenn man dabei auf ein als objektiv sinnhaft Vermeintes blickt. So bestätigt auch das scheinbar widerstreitende Faktum der Sinngebung durch den Menschen die These von der gemeinten Objektivität des Sinnes.

3. Die Verweisung des Sinnhaften auf ein Sinngebendes

Das zuletzt Erörterte kann die Untersuchung des Begriffs des Sinnes einen Schritt weiterführen. Im Sinnstiften liegt, daß ein scheinbar Sinnloses im Blick auf ein anderes als sinnhaft Vermeintes Sinn erhält. Dieser Bezug auf ein anderes gilt in einem weiteren und allgemeineren Verstande. Er tritt deutlich hervor, wenn man darauf achtet, daß die Ausdrücke „Sinn" und „Bedeutung" in enger Verbindung miteinander stehen. Eine Buchstabenfolge hat Sinn, heißt so viel wie: Sie hat eine Bedeutung, sie bedeutet etwas. Diese Feststellung läßt ein drittes Wesensmoment im Begriff des Sinnes hervortreten. Bedeuten besagt ja: auf etwas deuten, von dem her Bedeutung und Sinn kommen. Die Buchstabenfolge deutet auf etwas, das sie sinnhaft macht: das in ihr symbolisierte Wort. Das Opfer im Kultus findet seinen Sinn in etwas, worauf es hinweist: im Gesamtzusammenhang der jüdischen Religiosität. Das gleiche gilt für Cäsars Übergang über den Rubikon; er erhält seinen Sinn aus der politischen Konzeption des Feldherrn. Schließlich erfährt auch das Gedicht Goethes seinen Sinn von einem Sinnverleihenden her: etwa aus der darin sich ausdrückenden Weltsicht des Dichters. Immer also ist es ein anderes, ein Sinnverleihendes und Sinnstiftendes, das dem Sinnhaften den Sinn gibt und auf das das Sinnhafte, um sinnhaft sein zu können, deuten muß.

Dieses andere nun ist der eigentliche Sinn im Sinnhaften. Wenn man also von Sinn und Bedeutung redet, muß man immer auch von etwas sprechen, was nicht das Sinnhafte selber, sondern das ist, was dieses zum Sinnhaften macht. Das Sinnhafte hat den Sinn; das andere, worauf es deutet, ist der Sinn.

4. Sinn als rechtfertigender und fraglosmachender Grund

Genauer kann der Sinn dem Sinnhaften gegenüber als das dessen Sinnhaftigkeit rechtfertigende Prinzip gefaßt werden. Daß man die Buchstabenfolge als sinnhaft ansieht, rechtfertigt sich daraus, daß ihr das Wort, auf das sie deutet, Sinn gibt. Das gleiche gilt für die anderen genannten Beispiele. Das Dasein überhaupt, wenn es sinnhaft sein soll, muß von einem sinngebenden Sinn her gerechtfertigt werden. Sinn ist also Rechtfertigung des Sinnhaften.

Rechtfertigung des Sinnhaften durch den Sinn bedeutet, daß das sinnhaft Werdende der Fraglichkeit enthoben wird. Wird die Buchstabenfolge fraglich, dann wird sie dieser ihrer Fraglichkeit entnommen, wenn man sich vergegenwärtigt, was ihre Bedeutung, ihr Sinn ist. Wird das kultische Opfer fraglich, so verliert es seine Fraglichkeit, wenn man sich die jüdische Religiosität als das Sinngebende vor Augen hält. Ebenso steht es mit Cäsars Übergang über den Rubikon und mit dem Gedicht Goethes. Überall bedeutet Sinn soviel wie Enthebung aus der Fraglichkeit.

Der Sinn als das Rechtfertigende und Fraglosmachende kann auch als der Grund des Sinnhaften bezeichnet werden. Grund besagt hier nicht so viel wie Ursache. Die Ursache der Buchstabenfolge liegt etwa in der Tätigkeit des Schreibens; den Grund ihrer Sinnhaftigkeit aber bildet die Bedeutung des Wortes, auf das sie deutet. Die Ursache des Übergangs Cäsars über den Rubikon liegt in mannigfachen politischen und militärischen Voraussetzungen; den Grund seiner Sinnhaftigkeit dagegen bildet die politische Konzeption Cäsars. Grund bedeutet also hier: das, von woher es kommt, daß etwas sinnhaft ist. In diesem Verstande ist der Sinn Grund und, wenn man die beiden eben genannten Begriffsbestimmungen hinzunimmt, rechtfertigender und fraglosmachender Grund. Das ist das vierte Wesensmoment im Begriff des Sinnes.

5. Die Sinnkette

Forscht man dem Phänomen des Sinngebens eindringlicher nach, dann zeigt sich: Das Sinngebende muß selber sinnhaft sein, um dem Sinnhaften, das in ihm seinen Sinn findet, Sinn verleihen zu können. Wenn das Wort, auf das die Buchstabenfolge deutet, nicht selber sinnhaft ist, bleibt auch die Buchstabenfolge sinnlos. Wenn in der jüdischen Religiosität kein Sinn steckt, wird auch das Opfer sinnlos. Wenn Cäsars politische Konzeption nicht sinnhaft ist, wird auch sein Übergang über den Rubikon sinnlos. Wenn schließlich Goethes Weltsicht nicht selber Sinn hat, wird auch das einzelne Gedicht nicht sinnhaft sein. Das Sinngebende also, der Sinn, muß selber in einem vorzüglichen Maße sinnhaft sein.

Dabei kann jedoch der Gedanke nicht stehen bleiben. Die Sinnhaftigkeit ist zwar auf eine höhere Ebene gerückt. Aber hier entsteht die gleiche Problematik wie bei dem anfänglich als sinnhaft Betrachteten. Es erhebt sich nämlich die Frage, ob denn der sinnverleihende Sinn selber gegründet sinnhaft ist; denn nur dann könnte er einsichtig Sinn geben. Hier nun zeigt sich: Auch der sinnverleihende Sinn muß seine Sinnhaftigkeit von etwas anderem her haben, auf das er deutet. Das Wort, das der Buchstabenfolge den Sinn gibt, ist selber nur sinnhaft, wenn die Sprache, in der es gesprochen wird, sinnhaft ist. Die jüdische Religiosität, die dem Opfer den Sinn verleiht, ist selber nur sinnhaft, wenn Religion überhaupt sinnhaft ist. Auch der sinnverleihende Sinn steht somit unter der Notwendigkeit, seine Sinnhaftigkeit zu rechtfertigen und fraglos zu machen.

Auch damit ist die Sinnverweisung nicht an ihr Ende gekommen. Denn auch die Sprache und die Religion, auch die politische Konzeption und die Weltsicht müssen ihre Sinnhaftigkeit rechtfertigen. So kommt es, ausgehend von dem einzelnen Sinnhaften, zu einer Kette der Verweisungen auf ein jeweils höheres sinngebendes Sinnhaftes. Das aktuelle Tun eines Menschen etwa wird sinnhaft aus seinem Arbeitsplan, dieser aus seinem Lebensplan, dieser wiederum aus dem Sinn des menschlichen Daseins als solchen. Und auch bei diesem erhebt sich die Frage nach seiner Sinnhaftigkeit. Wenn es also überhaupt Sinnhaftes gibt, dann steht dieses innerhalb eines umfassenden Sinnzusammenhanges, in dem jedes einzelne Sinnhafte seine Sinnhaftigkeit von einem je höheren Sinnhaften her erhält. Das

169

Verstehen von Sinn aber vollzieht sich so, daß es sich gleichsam an der Kette der Sinnverweisungen und Bedeutungen entlangtastet, um einen immer umfassenderen Sinn zu finden.

Betrachtet man die Sinnkette genauer, dann zeigen sich an ihr zwei wesentliche Bestimmungen. Die eine liegt in dem Tatbestand, daß sie eine eindeutige Richtung der Begründung besitzt: vom Sinngebenden zum Sinnhaften hin. Dieser Zusammenhang ist nicht umkehrbar. Der Sinn der Überschreitung des Rubikon durch Cäsar gründet in dessen politischer Konzeption; nicht aber erhält umgekehrt diese von jener her ihre Bedeutung. Das gleiche gilt für die weiteren Glieder dieser Sinnkette. Überall ruht das Begründete auf dem Gründenden.

Die zweite wesentliche Bestimmung der Sinnkette besagt, daß sie in der Richtung vom Sinnhaften zum Sinngebenden expansiven Charakter trägt. Das Sinngebende ist jeweils das Umfassende. Cäsars politische Konzeption gibt nicht nur dem Übergang über den Rubikon den Sinn, sondern auch vielen anderen politischen und militärischen Aktionen. Immer also gründet ein Mannigfaltiges von Sinnhaftem in einem einzigen übergeordneten Sinn.

Faßt man zusammen, so ergibt sich als fünftes Wesensmoment im Begriff des Sinnes das Phänomen der Sinnkette mit ihrer unumkehrbaren und expansiven Richtung.

6. Definition des Sinnes

Die fünf herausgehobenen Wesensmomente im Begriff des Sinnes können nun in die Form einer beschreibenden Definition gebracht werden. Sinn ist demnach das, was in der Weise des rechtfertigenden und fraglosmachenden Gründens an einem als sinnhaft Bezeichneten — als dessen objektiv vermeinter Sinn — haftet, was ihm seine Bedeutung als sein Deuten auf eben jenes Sinngebende verleiht und es so verstehbar macht; Sinn stellt sich immer in einer in der Richtung vom Sinngebenden zum Sinnhaften unumkehrbaren und in der Richtung vom Sinnhaften zum Sinngebenden expansiven Sinnkette dar.

§ 119. Das Problem eines unbedingten Sinnes

Die Darstellung des formalen Wesens des Sinnbegriffes ist noch nicht auf das philosophisch-theologische Problem im Bereich der Frage nach dem Sinn gestoßen. Die Heraushebung dieses Problems kann an die zuletzt geschilderten Wesensmomente der Unumkehrbarkeit und des expan-

170

siven Charakters der Sinnkette anschließen. Wenn diese eine eindeutige Richtung hat und wenn in ihr das je höhere Sinngebende immer auch das umfassendere ist, muß dann nicht schließlich ein umgreifender Sinn angenommen werden, in dem alles Sinnhafte auf den verschiedenen Stufen seiner Sinnhaftigkeit gründet?

Dieser wichtige Zusammenhang soll sich an den — freilich in abgekürzter Weise anzuführenden — Beispielen bestätigen, die auch die bisherige Untersuchung geleitet haben. Die Buchstabenfolge findet ihren Sinn in dem Wort, dieses im Gesamtzusammenhang der Sprache, diese in dem Bedürfnis des Menschen, sich mitzuteilen, dieses im Wesen des Daseins des Menschen und dieses schließlich im Wesen des Daseins überhaupt. Das kultische Opfer erhält Sinn im Zusammenhang der jüdischen Religiosität, diese im religiösen Bedürfnis des Menschen, dieses im Wesen des menschlichen Daseins und dieses wiederum im Wesen des Daseins überhaupt. Der Übergang Cäsars über den Rubikon bekommt Sinn in dessen politischer Konzeption, diese im Politischen überhaupt als dem, was das Zusammenleben der Menschen ermöglicht, dieses im Wesen des Daseins des Menschen und dieses wiederum im Wesen des Daseins überhaupt. Das Gedicht Goethes wird sinnhaft im Zusammenhang von dessen Weltsicht, diese gründet in der Notwendigkeit des Menschen, eine Weltsicht zu besitzen, diese im Wesen des Daseins des Menschen und dieses wiederum im Wesen des Daseins überhaupt.

Die Beispiele zeigen, daß aller Einzelsinn im Zusammenhang der Sinnkette letztlich an einem umfassenden Gesamtsinn hängt. Dabei muß freilich vorerst offen bleiben, ob das in den Beispielen genannte Dasein überhaupt diesen Gesamtsinn darstellt, oder ob man darüber hinaus auch für das Dasein überhaupt nach einem Grund seiner Sinnhaftigkeit fragen muß. Jedenfalls aber ist so viel deutlich: Über Sinnhaftigkeit oder Sinnlosigkeit des Einzelnen läßt sich nicht von diesem her, sondern lediglich von einem möglichen umfassenden Sinn her begründet urteilen. Nur wenn es einen solchen Gesamtsinn gibt, ist auch das einzelne Sinnhafte in seiner Sinnhaftigkeit gerechtfertigt. Man kann diesen Zusammenhang als den Grundsatz der Rückstrahlung des umfassenden Sinnes auf die Einzelsinne formulieren.

Das besagt natürlich nicht, daß jedem Menschen in seinem täglichen Dasein dieser Zusammenhang von Einzelsinn und umfassendem Sinn bewußt wäre. Es kann durchaus sein, daß ein Mensch — wie sich im nächsten Paragraphen deutlicher zeigen wird — nie anders als im unmittelbaren Gefühl der Sinnhaftigkeit seines Tuns lebt. Wenn aber einmal die philosophische Frage nach dem Sinn dieses Tuns erwacht ist, kann sie nirgends haltmachen als bei einem umfassenden Sinn. Dann auch bricht die Frage nach einem solchen in jeder Besinnung auf die konkrete Situation auf. Der

Philosophierende hat nicht mehr die Naivität des Lebens im Bewußtsein der Sinnhaftigkeit. Immer wieder wird er dazu getrieben, diese infrage zu stellen, solange, bis er vor dem Problem eines umfassenden Sinnes steht. Immer wieder wird er vor die unheimlichen Fragen gestellt: Ist dieses mein Tun sinnhaft? Ist mein Dasein sinnhaft? Ist das Dasein überhaupt sinnhaft?

Was nun den umfassenden Sinn als solchen angeht, so muß er zwar, um anderem Sinn verleihen zu können, selber sinnhaft sein. Sofern er aber wirklich umfassend ist, kann seine Sinnhaftigkeit nicht, wie die eines jeden anderen Sinnhaften, in einem höheren Sinnhaften gründen, auf das er deutete und von dem her er seine Sinnhaftigkeit erhielte. Er müßte also — gesetzt, es gäbe ihn — seinen Grund und seine Bedeutung in sich selber tragen. Insofern kann man ihn als den unbedingten Sinn bezeichnen; denn unbedingt sein besagt ja: seinen Grund nicht in einem anderen Bedingenden haben. So kommt die genauere Betrachtung des umfassenden Sinnes zu dem Grundsatz der Notwendigkeit eines unbedingten Sinnes zur Ermöglichung von bedingtem Sinn.

Hier muß ein mögliches Mißverständnis beseitigt werden. Es geht an dieser Stelle der Untersuchung ganz und gar nicht darum, einen unbedingten Sinn zu postulieren oder gar dogmatisch anzunehmen. Es handelt sich einzig und allein um die Feststellung, daß, wenn es überhaupt etwas gegründet Sinnhaftes geben soll, damit implicite ein unbedingter Sinn gesetzt ist. Ob es aber einen solchen gibt, steht noch dahin. Es könnte auch sein, daß für eine genauere Nachforschung die Sinnlosigkeit das Letzte wäre. Dann würde sich nach dem oben angeführten Grundsatz der Rückstrahlung auch alles Einzelne, das man als sinnhaft vermeinen könnte, als sinnlos erweisen. Wo also die Frage nach der Sinnhaftigkeit des Einzelnen ernstlich gestellt wird, da kann sie nur entweder bei einem unbedingten Sinn oder bei der absoluten Sinnlosigkeit enden.

Noch ein zweites Mißverständnis gilt es abzuwehren. Man hat oft gemeint, auf dem Wege über die unmittelbar empfundene Sinnhaftigkeit unseres Daseins und die von daher nahegelegte Verweisung auf einen gründenden unbedingten Sinn eine Art von Gottesbeweis führen zu können, etwa so: Es gibt Sinnhaftes; zu dessen Wesen gehört es, auf einen unbedingten Sinn zu deuten; also gibt es einen solchen, und er ist gleich Gott. Ein solcher Pseudobeweis kann jedoch auf keine Weise die Absicht der Analyse des Sinnproblems auf die Voraussetzung eines unbedingten Sinnes hin sein. Ein solcher wird ja nur hypothetisch gesetzt; es wird nur gesagt: Wenn das Einzelne wirklich sinnhaft sein soll, dann bedarf es der Gründung in einem unbedingten Sinn. Damit ist jedoch über dessen Wahrheit oder Unwahrheit noch nichts ausgesagt.

Gibt es — so ist also nun zu fragen — einen unbedingten Sinn? Wie könnte der Philosophierende sich gültig davon überzeugen? Schon wenn von einer Gültigkeit für den Philosophierenden gesprochen wird, werden bestimmte Weisen der Annahme eines unbedingten Sinnes ausgeschlossen. So vor allem der religiöse Glaube, der behauptet, in Gott den unbedingten Sinn zu finden. Aber — wie schon des öfteren gesagt worden ist — der Glaube kann nicht in die Voraussetzungen eines ernstlichen Philosophierens eingehen, sofern dieses sich als radikales Fragen versteht und darum seine Voraussetzungen, auch etwaige glaubensmäßige, zu untergraben bemüht sein muß.

Nun gibt es jedoch einen Tatbestand, der offenbar nicht den Charakter einer solchen eigens angenommenen Voraussetzung hat und der in der Konsequenz dennoch auf einen unbedingten Sinn hinzuweisen scheint. Es ist das Faktum, daß sich der Mensch ständig als in sinnhaften Zusammenhängen existierend weiß. Es gibt im Dasein des Menschen eine Art von unmittelbarer und selbstverständlicher Sinngewißheit; von dem, was er tut und treibt, ist er von vornherein, noch vor aller Reflexion, überzeugt, es sei sinnvoll. Er glaubt, daß es mit ihm und mit seiner Welt grundsätzlich richtig steht. Überdies müht er sich im schlichten Dasein, noch ehe er eine ausdrückliche ethische Besinnung anstellt, darum, sinnvoll zu handeln.

In diesem Zusammenhang wird nun die im vorigen Paragraphen dargestellte Verweisung des einzelnen Sinnhaften auf einen unbedingten Sinn bedeutsam. Man kann offenbar den Schluß ziehen: Wenn es einzelnes selbstverständlich Sinnhaftes gibt, dann ist damit auch ein unbedingter Sinn gegeben. Indem der Mensch dies oder jenes tut, und zwar im Wissen darum oder im Gefühl, es sei sinnhaft, setzt er eben damit um der Sinnkette willen einen unbedingten Sinn des menschlichen Daseins und der Wirklichkeit überhaupt voraus. Das braucht nicht ausdrücklich in das Bewußtsein des Handelnden einzugehen. Dieser wird gegebenenfalls in höchste Verlegenheit geraten, wenn er angeben soll, worin denn nun dieser von ihm stillschweigend vorausgesetzte Sinn bestehe. Aber daß es einen solchen gibt, ist ihm in seinem Tun selber und noch vor aller Reflexion ganz selbstverständlich gewiß. Die bloße Tatsache der unmittelbaren Sinngewißheit scheint somit die Annahme eines unbedingten Sinnes zu rechtfertigen.

Doch in diese Welt der befriedeten Sinnhaftigkeit bricht immer wieder das Sinnlose ein. Und zwar gelegentlich mit solcher Gewalt, daß keiner sich ihm zu entziehen vermag. Es kann sich in großen Geschehnissen äußern: in Naturkatastrophen, in Gewalttaten und Morden, in Kriegen. Jedem tritt es überdies in der Unausweichlichkeit des Sterbens entgegen.

Das Sinnlose kann aber auch fast unmerklich im Alltag aufbrechen, wenn einem das gewohnheitsmäßig Getane plötzlich sinnlos erscheint, wenn sich eine fahle Leere über den Alltag breitet. Von solchen Erfahrungen ausgehend wird die Besinnung auf die Frage nach dem Sinn des Daseins gelenkt, und es mag dem, der diesen bedenkt, so vorkommen, als sei im Grunde alles sinnlos. Aber selbst wenn er sich nicht zu einer so extremen Position gedrängt fühlt, wird ihm seine unmittelbare Sinngewißheit doch aufs äußerste fraglich erscheinen.

Das gleiche geschieht, in nun völlig bewußter Form, wenn sich das Philosophieren, vielleicht aufgestachelt von Ereignissen, wie sie eben geschildert worden sind, jener befriedeten Sinngewißheit zuwendet. Es kann diese auf keine Weise so belassen, wie sie sich selber versteht. Das Philosophieren reißt ja aus aller Unmittelbarkeit heraus; es zerbricht alle Selbstverständlichkeiten. Sofern es nun seinem Wesen nach sich auf das Ganze richtet, wird es sich nicht damit begnügen können, einzelnes Sinnloses festzustellen. Es dringt vielmehr zur Einsicht in die Fraglichkeit eben dieses Ganzen vor. Unter diesem Aspekt wird nun problematisch, ob jenes unmittelbare Vertrauen in die Sinnhaftigkeit wirklich gegründet ist. Das aber könnte es — nach dem im vorigen Paragraphen Ausgeführten — nur sein, wenn es in einem umfassenden Sinn gründete. Doch eben indem das Philosophieren radikal fragt, wird ihm ein solcher unbedingter Sinn fraglich. So zwingt es den Menschen dazu, aus seiner Unmittelbarkeit herauszutreten und die Fraglichkeit der unmittelbaren Sinngewißheit samt deren Voraussetzung, der Annahme eines unbedingten Sinnes, auf sich zu nehmen. Der Weg über die unmittelbare Sinngewißheit zu einem unbedingten Sinn führt also nicht zum Ziel.

§ 121. Unerweisbarkeit und Unwiderlegbarkeit des dogmatischen Nihilismus

1. Die Unerweisbarkeit

In der Situation des Scheiterns der unmittelbaren Sinngewißheit kann es geschehen, daß sich der Denkende entschlossen auf die entgegengesetzte Position stellt. Er leugnet nun ausdrücklich allen Sinn und insbesondere allen unbedingten Sinn. Er nimmt an, daß er in seiner unmittelbaren Sinngewißheit einer Täuschung unterlegen ist, daß es nur eine wohltätige Illusion war, was ihn an Sinn glauben ließ. Indem sich diese seine Ansicht befestigt, wird er schließlich zu der These des im Paragraphen 117 dargestellten dogmatischen Nihilismus gelangen: Alles ist sinnlos; es gibt überall keinen Sinn.

Dieser dogmatische Nihilismus ist freilich ebensowenig beweisbar wie die ihm entgegenstehende These von der Existenz eines unbedingten Sinnes. Keine noch so radikal ansetzende Skepsis kann ein positives Argument für die Notwendigkeit seiner Annahme ersinnen, das ihn zu einer gesicherten und gegründeten weltanschaulichen Position machen könnte. Es könnte höchstens ein indirekter Beweis geführt werden, nämlich aus der Nichtexistenz eines unbedingten Sinnes. Aber das würde voraussetzen, daß diese Nichtexistenz selber gültig erwiesen wäre. Im vorstehenden konnten jedoch keine solchen positiven dogmatischen, sondern nur hypothetische Aussagen gemacht werden. Es hat sich nur gezeigt: Soweit die bisherigen Fragemöglichkeiten reichen, läßt sich kein gegründeter unbedingter Sinn finden. Das aber reicht für den Beweis der Behauptung eines dogmatischen Nihilismus nicht aus. Im Wesen des Philosophierens als eines offenen Nihilismus, wie es im Paragraphen 117 dargestellt worden ist, liegt es ja, daß es sich auch für die Möglichkeit, im weiteren Fortgang seines Nachdenkens doch noch auf Sinnhaftigkeit und unbedingten Sinn zu stoßen, freihalten muß. Wenn aber so die Verneinung eines unbedingten Sinnes nicht definitiv ist, dann bildet sie auch kein Argument für die definitive dogmatische These von der absoluten Sinnlosigkeit. Eben als dogmatischer also läßt sich der Nihilismus nicht erweisen.

2. Die Unwiderlegbarkeit

Ebensowenig jedoch läßt sich der dogmatische Nihilismus theoretisch widerlegen. Es gibt keine rationalen Beweisgründe, die ihn an der Wurzel treffen und vernichten könnten. Eine zureichende Widerlegung könnte ja wiederum nur auf eine indirekte Weise geschehen: daß nämlich die ihn niederschlagende Existenz eines unbedingten Sinnes erwiesen würde. Dazu jedoch bieten die bisherigen Überlegungen keine zureichende Handhabe. Wenn er aber unwiderlegbar ist, dann bleibt der dogmatische Nihilismus eine wenn auch extreme Möglichkeit des Denkens. Es kann nicht ausgeschlossen werden, daß es in der Tat keinen unbedingten Sinn gibt und daß darum die These von der absoluten Sinnlosigkeit das letzte Wort ist.

Am wenigsten kann der dogmatische Nihilismus dadurch widerlegt werden, daß man das bekannte Argument gegen die Skeptiker auf das Problem von Sinn und Sinnlosigkeit anwendet. Es würde dann lauten: Der Nihilist behauptet, es gebe keinen Sinn und keinen unbedingten Sinn. Damit will er aber doch eine sinnhafte Aussage machen. Also widerspricht er sich selber und setzt eben mit diesem Selbstwiderspruch Sinn. Eine solche Argumentation wird jedoch dem Selbstverständnis eines radikalen

175

dogmatischen Nihilismus nicht gerecht. Dieser wird auch die Behauptung, daß es keinen Sinn gibt, noch in den Gedanken der durchgängigen Sinnlosigkeit aufnehmen und wird sagen: Alles ist sinnlos, selbst die Tatsache, daß dieser Satz ausgesprochen wird. Es ist also unmöglich, durch derartige Sophismen aus der nihilistischen These die Behauptung der Sinnhaftigkeit herauszuklauben. Es bleibt, auch von daher gesehen, bei der Unwiderlegbarkeit des dogmatischen Nihilismus.

Darum trifft ihn auch ein weiteres Argument nicht. Man könnte behaupten: Wenn es keinen theoretischen Beweisgrund gegen den dogmatischen Nihilismus gibt, dann vielleicht einen praktischen: daß man nämlich in dieser Haltung der Annahme einer absoluten Sinnlosigkeit nicht leben könne. Der Mensch setzt ja, wie im vorigen Paragraphen gezeigt worden ist, in seinem unmittelbaren Dasein ständig Sinn voraus. Kann er also überhaupt existieren, wenn ihm aller Sinn zerstört, aller Boden unter den Füßen weggezogen wird? Ist dann nicht die einzig konsequente praktische Form, in der der dogmatische Nihilismus gelebt werden kann, paradoxerweise der Selbstmord? Aber bedeutet dieser als letzte Konsequenz des Nihilismus nicht zugleich dessen Widerlegung? Kann der Nihilismus die Wahrheit sein, wenn er das Leben und damit zugleich sich selbst zerstört?

Doch diese Argumentation ist nicht zwingend. Wird in solcher Weise der Selbstmord als Beweis gegen den dogmatischen Nihilismus gebraucht, dann geschieht das, weil das Leben verabsolutiert wird. Dahinter steckt die These: Es kommt alles darauf an, sich am Leben zu erhalten; was dem widerstreitet, muß falsch sein; wer dem zuwider handelt, ist im Unrecht. Eine solche Verabsolutierung wird aber — wie alles Absolute — vom dogmatischen Nihilismus gerade verworfen. Es gibt für ihn nichts, was unbedingten Sinn hätte — auch nicht das Leben. So ist der Selbstmord kein durchschlagendes Argument gegen den dogmatischen Nihilismus.

Noch von einem zweiten Punkte her läßt sich das Argument von der Widerlegbarkeit des dogmatischen Nihilismus durch die Möglichkeit des Selbstmordes bestreiten. Man könnte sagen: Der Selbstmord ist eine Tat, die auf einem Entschluß beruht. Der Mensch, der vor der Möglichkeit des Auslöschens seines Daseins durch sich selber steht, hat sich von der absoluten Sinnlosigkeit überzeugt. Er will nun diese seine verzweifelte Einsicht in die Existenz hineinschwingen und sich darin ausweiten lassen. Also entschließt er sich, das Dasein, das sich ihm in seinem ganzen Umfang als sinnlos erwiesen hat, in einem einmaligen und unwiderruflichen Tun wegzuwerfen. Aber als solche Tat und als solcher Entschluß muß ihm der Selbstmord als sinnhaft erscheinen; dieser ist gleichsam die letzte sinnhafte Tat vor dem Abgrund der totalen Sinnlosigkeit. Doch eben wenn diese total ist, liegt der Selbstmord nicht in der Konsequenz des dogmatischen Nihilismus; dieser kann nichts Sinnhaftes und also auch nicht die Sinnhaftigkeit des letzten Schrittes in das Nichts anerkennen. Auch von daher also kann die Möglichkeit des Selbstmordes nicht als Gegenbeweis gegen den dogmatischen Nihilismus dienen [1].

3. Die nihilistische Existenz

Wie aber wird der dogmatische Nihilist sein Leben gestalten, wenn ihm der Ausweg in den Selbstmord versperrt ist? Er ist davon überzeugt, daß das Dasein im ganzen sinnlos ist. Wenn er diese seine Einsicht nicht nur ästhetisch genießt, sondern sich ihr wahrhaft stellt, dann muß er die sinnlose Existenz auf sich nehmen, mit all den Konsequenzen, die sich daraus ergeben, also auch mit der Folgerung, daß er einzelne Akte vollzieht, die doch unmittelbar Sinnhaftigkeit zu implizieren scheinen. Das aber wird er nur so können, daß er in einer Art von selbstironischer Haltung sich darüber erhebt. Er wird sich darüber verwundern, daß andere in diesem sinnlosen Dasein Sinn erblicken. Er selbst aber wird in der ihm eigenen Weise existieren: im Bewußtsein der totalen Sinnlosigkeit des menschlichen Daseins und aller Wirklichkeit, und doch das Spiel des Lebens ironisch mitspielend.

Eine andere Existenzmöglichkeit des dogmatischen Nihilisten ist der Trotz. Wenn es denn schon keinen Sinn gibt, dann will ihn der Nihilist aus eigener Kraft schaffen. Er läßt also den Gedanken der Fragwürdigkeit alles Sinnes sich nicht ausschwingen, sondern beendet ihn dadurch, daß er inmitten der Sinnlosigkeit eine Insel selbst erbauten Sinnes errichtet. Doch wenn er konsequent ist, muß er einsehen, daß auch dieser selbstgeschaffene Sinn der allgemeinen Sinnlosigkeit verfällt. Die Frage ist doch: Wie kann selber Sinnloses — wie das Dasein des Sinn entwerfenden Nihilisten — dem Sinnlosen Sinn verleihen? So bleibt diese Haltung in sich widersprüchlich.

Diesen beiden Haltungen gegenüber gilt es, den unsere Gegenwart bestimmenden Nihilismus philosophisch auszustehen. Überwindung des Nihilismus kann nicht bedeuten, daß man ihn zu widerlegen versucht. Es kann aber auch nicht besagen, daß man vor ihm die Augen schließt. Überwindung des Nihilismus heißt: eine Haltung finden, in der ihm sein Recht geschieht, ohne daß man ihm verfiele. Man muß also den Nihilismus seines dogmatischen Charakters entkleiden; man muß ihn als eine extreme Möglichkeit in die allgemeine Fraglichkeit, von der das Philosophieren als

[1] Zum Problem des Selbstmordes vgl. den nächsten Paragraphen.

radikales Fragen ausgeht, aufnehmen. Man muß ihn, wie dies im Paragraphen 117 ausgeführt worden ist, als offenen Nihilismus denken.

§ 122. Der Grundentschluß zum Philosophieren

1. Die Existenz im radikalen Fragen

Blickt man auf die beiden letzten Paragraphen zurück, dann zeigt sich: Im Ganzen der Sinnproblematik kann keine extreme Entscheidung getroffen werden. Weder läßt sich ein unbedingter Sinn gültig erweisen, noch die absolute Sinnlosigkeit. Aber es gilt auch das Umgekehrte: Weder läßt sich die absolute Sinnlosigkeit schlüssig widerlegen, noch die Annahme eines unbedingten Sinnes. Im Hinblick auf die Sinnfrage muß demnach alles vorerst in der Schwebe bleiben.

Ist das aber nicht der Bankerott des Philosophierens? Müßte man in dieser Situation nicht zu anderen Lösungen greifen: zu einem Ausschweifen in die dogmatisch-nihilistische Position oder zu einem ungegründeten und darum ebenso dogmatischen Glauben an Sinn und unbedingten Sinn? Doch beide Auswege müssen, wo es um das Philosophieren als radikales Fragen geht, vermieden werden. Dieses darf sich in keinerlei dogmatische Position flüchten, weder im positiven noch im negativen Sinne. Eben in der Schwebe zwischen den beiden extremen Möglichkeiten eines unbedingten Sinnes und einer absoluten Sinnlosigkeit wird es wahrhaft zu sich selbst gebracht. Die Möglichkeit eines solchen Schwebens liegt eben im Fragen. Darum verharrt das Philosophieren im Fragen und legt sich auf keine Antwort fest. Aber es schneidet die Möglichkeit einer Antwort auch nicht einfach ab. Es läßt sie offen und hält sich frei für sie. Es steht die Spannung zwischen unbedingtem Sinn und absoluter Sinnlosigkeit fragend aus.

So sich im Schweben zu halten ist freilich eine gewagte und gefährliche Sache. Der Philosophierende tritt damit aus jeglicher Bergung heraus. Weil es eine ungeheure Anstrengung kostet, das Schweben im unablässigen Fragen auszustehen, wird er immer wieder von den Verlockungen des Ausgleitens in die dogmatische Setzung eines Sinnes und eines unbedingten Sinnes oder in die ironische oder trotzige Annahme der absoluten Sinnlosigkeit verführt. Denn alles im Bewußtsein drängt doch auf Gewißheit und Unfraglichkeit. Es scheint daher fast unmöglich, sich ständig im Fragen zu halten und in der aufgehobenen Gewißheit zu existieren. So hat die Radikalität des Fragens angesichts ihrer Gefährlichkeit einen tödlichen Ernst; wer sich ihr verschrieben hat, steht immer in der Nähe zum Untergang im Verlieren seiner selbst.

Doch wer wahrhaft philosophiert, muß diesen gefährlichen Standort im radikalen Fragen einzunehmen wagen, der im Grunde kein Standort, sondern ein Schweben zwischen den verführerischen extremen Standorten ist: zwischen dem Zurücksinken in die doch unterhöhlte Unmittelbarkeit der naiven Sinngewißheit mit ihrer Voraussetzung eines unbedingten Sinnes und dem Sich-fest-Machen in der dogmatischen Überzeugung von einer absoluten Sinnlosigkeit. Das Schweben ist darum kein ruhiges In-der-Schwebe-Sein, sondern ein unruhiges Sich-Halten im Fragen, das doch immer wieder sich selbst entfliehen will. Keiner, der sich diesem Fragen zugewandt hat, kann sich glücklich befriedigt dort ansiedeln; denn Fragen-müssen ist eine Last. Und doch verschafft es seltsamerweise dem Philosophierenden, wenn es ihm gelingt, auszuharren, eine tiefere Ruhe und eine wesentlichere Befriedung, so sehr, daß von da aus gesehen die Vordergründigkeit der extremen Positionen als eine wenn auch verborgene Unruhe erscheint: als die Unruhe dessen, der nicht zu seiner eigentlichen Bestimmung gelangt ist.

Aber freilich: Der Philosophierende muß die Unmittelbarkeit seines Daseins opfern. Denn sein Existieren wird in seinem ganzen Umkreis durch das Ernstnehmen der radikalen Fraglichkeit bestimmt. Damit entfernt sich der Philosophierende von der Wirklichkeit. Es legt sich ihm gleichsam ein Schleier über alles Bestehende, gewoben aus nichts anderem als aus dem Gedanken der Fraglichkeit. Das gilt natürlich nur unter der Voraussetzung, daß er seinen Grundgedanken in die Existenz zurückschlagen läßt und nicht inkonsequent in der Diskrepanz zwischen Denken und Existieren stehen bleibt.

Und doch ist die Radikalität des Fragens nichts, was dem Menschen als solchem fremd wäre. Sie ist vielmehr die Radikalisierung eines Geschehens, das das Wesen des Menschen ausmacht: eben des Fragens. Der Mensch — wie auch immer im einzelnen sein Sein bestimmt werden mag — ist ein Wesen der Distanz, der Abständigkeit von anderem Seienden, von anderen seinesgleichen und sogar von sich selber. Das Erkennen hebt bei einem Abstand vom Erkannten an; der Erkennende setzt sich von dem zu Erkennenden ab. Das Wollen im Gegensatz zum Getriebenwerden ermöglicht sich durch eine Distanz zu dem Gewollten: daß es ihn nicht beherrsche, sondern daß er des Gewollten Herr sei. Das gleiche gilt für das Handeln, sofern der Handelnde in der Abständigkeit von seinem Tun über dessen Zweck und Ziel reflektieren kann. Selbst die Sprache ist eine Weise der Distanzierung; denn das unbenannte Seiende ist das nah Bedrängende und darin allzu Mächtige.

Diese Distanzierung, die das Dasein des Menschen durchgängig bestimmt, vollzieht sich eben in der Weise des Fragens und des Fraglichmachens. Schon die Benennung eines Dinges oder eines Vorganges in der

Sprache ist Antwort auf die Frage, was denn dieses Ding oder dieser Vorgang ist. Das Handeln erwächst aus der Frage, was zu tun ist und welche Mittel dazu dienlich sind. Das Wollen entspringt aus der Frage, wie man sich entscheiden soll, angesichts der vielfältigen Bedrängung durch Ansprüche, Triebe, Forderungen, Wünsche. Das Erkennen schließlich wurzelt in der Frage, was denn das ist, was sich zeigt. Die Distanz des Menschen konstituiert sich also ursprünglich im Fragen. Der Mensch ist das fragende Wesen schlechthin, und seine Geschichte vollzieht sich im Medium des immer weiter fortschreitenden und jede Antwort überbietenden Fragens. Das aber besagt: Das Philosophieren ist nichts anderes als die Radikalisierung eines grundlegenden Wesensmomentes des Menschseins.

2. Das Wesen des philosophischen Grundentschlusses

Daß es von dem das Dasein des Menschen überhaupt bestimmenden Fragen zum ausdrücklichen Fragen des Philosophierens kommt, ist freilich nicht selbstverständlich. Um die Haltung des ständigen radikalen Fragens einzunehmen und durchzustehen, bedarf es eines Entschlusses. Er soll der philosophische Grundentschluß genannt werden. Er ist eine Entscheidung des Menschen zum Philosophieren und damit im Grunde ein Entschluß des Philosophierens zu sich selbst. Dieses macht sich selbst — eben im Entschluß — zum Boden seiner selbst. Das ist aber auch die einzige Weise, wie sich der Mensch angemessen zu der im radikalen Fragen aufbrechenden Fraglichkeit von allem verhalten kann. Er muß die Verwegenheit besitzen, sich dieser Fraglichkeit auszusetzen, entschlossen, alles infrage zu stellen und sich im absoluten Wagnis aufzuhalten.

Weil das von eminenter Schwierigkeit ist, drohen der philosophische Grundentschluß und die in ihm wurzelnde Existenzweise des Philosophierenden ständig in die behagliche Haltung dessen hinabzusinken, der ohne Reflexion über die Fraglichkeit von allem hinweggleitet. Eben darum bedarf es des ausdrücklichen Entschlusses als eines besonderen Aufschwungs zum Philosophieren. Dieser kann jedoch nicht ein für allemal vollzogen werden, sondern muß sich in immer neuer Entscheidung verwirklichen. Das setzt voraus, daß auch der philosophische Grundentschluß selber es sich gefallen lassen muß, immer wieder infrage gestellt zu werden. Wäre es anders, so wäre er nicht der Grundentschluß zum radikalen Fragen; denn dieses muß sich, will es sich nicht selber abschneiden, auch gegen sich selber wenden. Das Feuer des radikalen Fragens, in dem alles Unfragliche verbrennt, muß sich selber am Ende verzehren. Alles also, selbst das Fragen, muß in den Wirbel des in sich kreisenden Fraglichmachens hineingerissen werden. Aus der totalen Selbstfraglichkeit aber kann das

Philosophieren sich immer wieder nur durch den Aufschwung zu sich selber gewinnen.

Mit der Nichtselbstverständlichkeit des philosophischen Grundentschlusses ist auch gegeben, daß er nicht als unausweichlich dargetan werden kann. Das Philosophieren entspringt nicht aus einer aufweisbaren und nachweisbaren Notwendigkeit. Der Grundentschluß ist lediglich eine Forderung an den Menschen, die das Philosophieren als eine besondere menschliche Möglichkeit erhebt. Aber muß es das Philosophieren und muß es den philosophischen Menschen unbedingt geben? Durchaus nicht. Es steht jedem frei, eine andere als die philosophische Existenzmöglichkeit zu ergreifen. Daß diese sein soll, läßt sich nicht erweisen. Hier — im Bereich des Ursprungs alles Philosophierens — liegt also eine Grenze für alle Nachweisbarkeit. Das bestimmt den ganzen hier untersuchten Zusammenhang, auch den im folgenden zu unternehmenden Versuch, auf der Basis des Wesens des Philosophierens eine mögliche Philosophische Theologie zu entwerfen. Diese hat deshalb nicht die Notwendigkeit, wie sie etwa naturwissenschaftlichen Erkenntnissen zukommt. Und dies eben darum, weil in der Wurzel des Philosophierens ein Aufschwung und ein Grundentschluß am Werk sind.

Entspringt der Grundentschluß nicht einer Notwendigkeit, dann heißt das, positiv gesprochen: Er erwächst aus der Freiheit. Freiheit bedeutet hier zunächst die Möglichkeit, unter verschiedenen Existenzmöglichkeiten zu wählen. Man kann sich also durchaus dazu entschließen, bestimmte dogmatische Positionen, etwa die des Glaubens oder die des Nihilismus, zu beziehen. Keine Notwendigkeit hindert daran. Aber man kann auch den Grundentschluß zum Philosophieren fassen, eben aus Freiheit. Und doch stehen diese verschiedenen Verwirklichungen der Freiheit nicht auf der gleichen Ebene. Indem der Mensch sich zum Philosophieren als dem radikalen Fragen entschließt, versagt er sich allen Bindungen außer der an sich selber, während sich die anderen genannten Entscheidungen dogmatisch festlegen. Insofern ist hier die Freiheit, nun verstanden als Sein aus sich selber heraus, in einer wesentlicheren Form wirksam. Freiheit freilich und damit nicht Notwendigkeit bleibt immer das Charakteristikum des Ursprungs des Grundentschlusses zum Philosophieren.

Wenn aber so das Philosophieren in einem freien Grundentschluß wurzelt, dann könnte man einwenden, es sei doch nicht weit her mit der im Paragraphen 6 des ersten Bandes geforderten Voraussetzungslosigkeit der Philosophie; denn der Grundentschluß ist doch offenbar deren Voraussetzung. Doch muß genauer untersucht werden, was hier Voraussetzung bedeutet. Vorausgesetzt ist nicht irgend eine inhaltliche, dogmatische Behauptung, wie sie etwa die Voraussetzungen des Glaubens oder des Nihilismus bilden; vorausgesetzt ist überhaupt keine inhaltliche These und keine sachhaltige Wahrheit. Vorausgesetzt ist lediglich das Philosophieren selber; es wird vorne hin gesetzt; es ist die erste Setzung. Das ist die geringst mögliche Annahme. Überdies handelt es sich um die Selbstvoraussetzung des Philosophierens. Es stellt sich selbst aus Freiheit an seinen Beginn. Das aber ist der radikalste und ehrlichste Ansatz, der sich finden läßt. Das ist die voraussetzungsloseste „Voraussetzung".

3. Grundentschluß und Selbstmord

Der philosophische Grundentschluß zeigt seine Dringlichkeit insbesondere angesichts der bleibenden Möglichkeit des Selbstmordes, von der im vorigen Paragraphen die Rede war. Dabei muß zunächst festgehalten werden: Der Selbstmord ist eine echte philosophische Versuchung. Das gilt auch und gerade für ein Philosophieren in radikaler Fraglichkeit, wie es hier entwickelt wird. Wenn alle Antworten immer wieder fraglich werden, droht sich eine eigentümliche Lähmung über das Bewußtsein zu verbreiten; alles wird fahl. Das ganze Dasein erhält eine düstere und freudlose Färbung. Daher sieht sich, wer ernstlich philosophiert, früher oder später vor die Frage gestellt, ob er denn dieses ringsum fragliche Dasein noch aushalten kann und will. Eben in diesem Augenblick taucht die Möglichkeit des Selbstmordes auf. Entspringt dieser aus der Verzweiflung an einer möglichen Existenz im radikalen Fragen, dann stellt er die reinste Form des Selbstmordes dar, weil man nicht über dieses oder jenes Mißlingen, sondern darüber verzweifelt, daß das Dasein nicht aufgeht und daß das letzte Wort die Fraglichkeit ist. Wer in dieser Situation sich das Leben nimmt, der tut es aus höchster Bewußtheit und in wahrer Freiheit; ihm ist daher auch der letzte Respekt nicht zu verwehren. Ja, es scheint, als sei er der Philosoph schlechthin, als sei ein solcher Selbstmord die gemäße Überhöhung des fragenden Daseins; denn er macht wirklich Ernst mit dem Fehlen aller Sinngewißheit und damit doch offenbar auch aller Basis für ein sinnhaftes Philosophieren.

Doch diese Schlußfolgerung kann nicht durchschlagen, und zwar deshalb nicht, weil der Selbstmord nicht eine beliebige Tat wie andere ist, sondern weil ihm in einem absoluten Sinne der Charakter der Unwiderruflichkeit zukommt. Mit ihm entscheidet sich der Denkende definitiv für die Bejahung der Sinnlosigkeit, während es doch nach dem Gesagten darauf ankäme, sich, so schwer dies auch sein mag, in der offenen Fraglichkeit zu halten, also auch den Selbstmord noch fraglich zu machen. Mit seiner praktischen Bejahung wird dieser zu einer Tat des dogmatischen Nihilismus. So aber wird er dem philosophischen Postulat nicht gerecht, daß die Spannung zwischen unbedingtem Sinn und absoluter Sinnlosigkeit philosophierend auszuhalten, nicht aber nach der einen oder der anderen Seite hin endgültig zu entscheiden ist.

Ein weiteres kommt hinzu. Mit dem Selbstmord schneidet sich das Philosophieren seine eigene existentielle Möglichkeit ab. Aber kann es wirklich wollen, daß es in dieser Weise durch einen gewaltsamen und gewollten Eingriff zuende gehe, statt sich aus sich heraus zu vollenden? Freilich: Auch der natürliche Tod bringt einen solchen gewaltsamen Abbruch mit sich; ihn muß ja auch der Philosophierende hinnehmen. Die Frage ist ja aber auch nur, ob er ihn aus seiner philosophischen Verpflichtung heraus wollen kann und darf. Ist der Wille zum selbstgewählten Tode mit dem Entschluß, immer weiter zu fragen, vereinbar? Liegt nicht unter diesem Aspekt im Selbstmord eine wenn auch höchst sublime Flucht vor dem Aushalten der Fraglichkeit, das im philosophischen Grundentschluß ergriffen ist? Ist er freilich Flucht, so ist er die tapferste aller Fluchten.

FÜNFTER TEIL
GRUNDLEGUNG DER PHILOSOPHISCHEN THEOLOGIE

1. Kapitel
Die philosophische Grunderfahrung

§ 123. Die Aufgabe der Entfaltung des philosophischen Grundentschlusses

Die Untersuchung ist an einem entscheidenden Punkte angelangt. Was Philosophieren bedeutet, ist — nach Ansätzen in der Einleitung — im IV. Teil ausführlich dargelegt worden. Doch das Ergebnis scheint für das Vorhaben, den Grund für eine Philosophische Theologie zu legen, nicht günstig zu sein. Philosophieren ist radikales Fragen. In die Radikalität dieses Fragens aber werden, so scheint es, alle positiven Ansätze verschlungen. Das Philosophieren hält sich im Schweben zwischen den extremen Standorten. Doch wie soll es dann einen gesicherten Stand als Basis für eine Philosophische Theologie gewinnen? Zumal sich ja im 2. Kapitel des III. Teiles gezeigt hat, wie fragwürdig die heute unternommenen Versuche Philosophischer Theologie sind. Die Absicht, eine solche zu begründen, scheint so schon im Ansatz zum Scheitern verurteilt zu sein. Die Antwort auf die Frage nach der Möglichkeit einer Philosophischen Theologie ist offenbar nur die Einsicht in deren Unmöglichkeit.

Doch vielleicht ist dieser Schluß voreilig. Noch ist ja nicht zureichend danach gefragt worden, was denn jener Grundentschluß zum Philosophieren, mit dem der IV. Teil endete, an Konsequenzen mit sich bringt. Es könnte sein, daß mit ihm noch mehr gesetzt ist als das bisher Entwickelte: sein Charakter als Entschluß zum radikalen Fragen und sein Ursprung aus der Freiheit. So kommt es denn darauf an, den philosophischen Grundentschluß erst einmal voll zu entfalten, und zwar im ständigen Hinblick auf das Problem der Möglichkeit einer Philosophischen Theologie.

Dabei muß mit äußerster Sorgfalt vorgegangen werden, und die Aufgabe muß in einem strengen Sinne verstanden werden. Der alleinige Ausgangspunkt für alles Weitere und damit das ausschließliche Fundament für die gesuchte Philosophische Theologie darf nur der philosophische Grundentschluß als die erste und grundlegende Setzung sein. Lediglich das in diesem sich selber setzende radikale Fragen kann die Voraussetzung für alle folgenden Bestimmungen bilden. Keine Behauptung darf aufgestellt werden, die sich nicht im Durchgang durch das radikale Fragen bewährt. Nur dann kann man hoffen, Aussagen zur Philosophischen Theologie — wenn es denn überhaupt zu solchen kommt — gesichert machen zu können. Nur dann wird deren philosophischer Charakter gewahrt. Denn Philosophische Theologie heute ist nur möglich auf der Basis des Grundentschlusses zum radikalen Fragen.

§ 124. Das radikale Fragen und die philosophische Grunderfahrung

1. Das Fragen als Erfahrung

Alles also, was im folgenden zu entwickeln ist, soll aus dem Wesen des radikalen Fragens und des philosophischen Grundentschlusses, in dem jenes sich zum Grunde seiner selbst macht, hervorgehen. Das macht es erforderlich, das Philosophieren als das radikale Fragen noch eingehender als bisher auszulegen.

Fragen ist ein Vorgang, und dies im strengen Sinne des Wortes. Wer philosophiert, geht fragend vor; sein Fragen selber ist dieses Vorgehen. Darin liegt nicht nur, daß man von etwas herkommt, sondern auch — und in besonderem Maße — daß man zu etwas hin vorgeht, auf etwas zugeht, auf etwas aus ist. Man fragt ja, um etwas zu wissen zu bekommen. Fragen ist also gleichsam eine Fahrt, in der einer auf Kundschaft auszieht. Als solche Fahrt ist es — wiederum im strengen Wortsinne — ein Gang des Erfahrens und also Erfahrung. Das ist keine etymologische Spielerei, sondern geht aus dem Wesen des Fragens hervor. Fragend macht man Erfahrungen, oder genauer: Das Fragen selber ist Erfahrung. Das gilt auch für das radikale Fragen, sofern es Fragen ist; es ist vom Wesen her Erfahren.

2. Die radikale Fraglichkeit

Was ist nun das Erfahrene der Erfahrung des Fragens? Fragen kann man dies oder das, und je nach dem, was gefragt wird, bestimmt sich auch, was dabei erfahren wird. Wenn man fragt, ob der Mond aufgegangen ist, dann wird die Anwesenheit oder Abwesenheit dieses Gestirns erfahren. So steht es auch bei dem Philosophieren als dem radikalen Fragen. Das dabei Erfahrene läßt sich aus der Erfahrung des radikalen Fragens selber heraus bestimmen; es besitzt wesensmäßig ein ganz bestimmtes Erfahrenes. Dieses muß also aus dem radikalen Fragen selber entnommen werden.

Nun richtet sich das radikale Fragen, wie im Paragraphen 5 des ersten Bandes dargelegt worden ist, eben in seiner Radikalität auf alles; es macht alles fraglich. Demgemäß ist das Erfahrene des radikalen Fragens die Fraglichkeit von allem. Unter dem Zugriff des Philosophierens stürzt alles in den Abgrund der radikalen Fraglichkeit hinab. Alles: das heißt auch: das eigene Selbst. Der Fragende selber wird fraglich, und zwar gerade in seinem radikalen Fragen. Nur wer jemals in diese sich gegen sich selber kehrende Frage verstrickt worden ist, weiß von den Schrecknissen, in die der Fragende dabei gerät. Es ist, als sei ihm nun endgültig aller Boden unter den Füßen weggezogen, als löse sich alles ins bloße Schweben auf. Eben das macht es, daß die Erfahrung des radikalen Fragens den Menschen nicht gleichgültig läßt; sie bringt Beklemmung und Bedrängnis, Verwirrung und Verstörung mit sich.

Im vorstehenden ist die Fraglichkeit daraufhin betrachtet worden, daß sie das Ergebnis des Fragens ist. Sie spielt aber noch eine andere — und für den vorliegenden Zusammenhang bedeutsamere — Rolle. Diese zeigt sich, wenn man überlegt, wie denn überhaupt ein Fragen in Gang kommen kann. Das geschieht offenbar so, daß für den, der fragt, etwas fraglich geworden ist; eben das bringt ihn ins Fragen. Wer danach fragt, was das für ein Ding ist, das da vor ihm liegt, dem ist dieses Ding fraglich geworden. Wer danach fragt, welchen Beruf er ergreifen soll, dem ist die Gestaltung seines Lebens fraglich geworden. Die Fraglichkeit ist also nicht bloß das Resultat des Fragens, sondern, ursprünglicher noch, der Anlaß, der Anstoß zu diesem. Sie muß erfahren sein, damit es zum Fragen kommt. So ist sie diesem gegenüber vorgängig.

Das gilt in betontem Sinne für das radikale Fragen. Damit es als radikales in Gang kommen kann, muß ihm eine radikale Fraglichkeit, die Fraglichkeit von allem, vorhergehen. Wie aber kann die radikale Fraglichkeit die Voraussetzung des radikalen Fragens bilden? Doch offenbar nur so, daß auch sie — wie das dem konkreten und einzelnen Fragen Vorhergehende — erfahren wird. Radikales Fragen wird also durch eine Erfahrung der radikalen Fraglichkeit möglich.

Das Fragen — und damit auch das radikale Fragen — ist also kein rein willkürliches Tun des Menschen. Es beginnt nicht unvermittelt, etwa mit dem spontanen und ohne Veranlassung gefaßten Entschluß: Ich will wissen, was es mit diesem Ding oder mit meinem Beruf auf sich hat, oder, bezogen auf das radikale Fragen: Ich will ab heute philosophieren. Die Frage ist vielmehr jeweils Antwort auf eine Herausforderung. Die Fraglichkeit des Dinges oder des Berufes kann den Menschen zum Fragen bringen, das die gemäße Haltung der Fraglichkeit gegenüber ist. Entsprechend ist auch das radikale Fragen Antwort auf eine Herausforderung. Wodurch aber kann ein solches in der Freiheit des Grundentschlusses sich verwirklichendes radikales Fragen ursprünglich herausgefordert werden? Durch nichts anderes als durch eine ihm vorhergehende Erfahrung der radikalen Fraglichkeit. Denn in dieser ist die Alternative eingeschlossen: sie entweder in der Verwirklichung des Philosophierens zu ergreifen oder sie durch andere Existenzmöglichkeiten zu beantworten.

Mit dem Verweis auf die Erfahrung der radikalen Fraglichkeit ist die Untersuchung eine Stufe tiefer gerückt. Darum muß es im folgenden vornehmlich um die Auslegung dieser vorgängigen Erfahrung gehen. Nun könnte man einwenden, mit ihrer Einführung sei eine Voraussetzung für das Philosophieren gemacht worden, das doch — nach den Darlegungen im Paragraphen 6 des ersten Bandes und nach allem seither Ausgeführten — in dem Sinne voraussetzungslos sein soll, daß es alle möglichen Voraussetzungen kritisch unterläuft und auflöst. Liegt also in der jetzt behaupteten Gründung des Wesens des Philosophierens in einer Erfahrung der radikalen Fraglichkeit nicht ein Widerspruch? Man muß jedoch beachten, was jeweils im Begriff der Voraussetzung gedacht ist. Das kann entweder eine bestimmte sachhaltige Behauptung sein; dann tritt die Notwendigkeit einer Abweisung aller Voraussetzungen ins Spiel. Oder die Voraussetzung hat — wie im vorliegenden Fall — bloß die Bedeutung des Anstoßes; dann muß man dem Philosophieren eine solche zusprechen. Als konkretes verwirklicht es sich ja nicht ohne Anlaß. Vielmehr ist es — wie alles menschliche Tun — in den Kontext des Daseins des Menschen hineingestellt. Hier entspringt es in einer bestimmten Situation. Sie ist, als die Situation der radikalen Fraglichkeit, die genuine Vorsituation des radikalen Fragens.[1]

---

[1] An dieser Stelle gilt es, sich mit einem kritischen Einwand von Wolfgang Müller-Lauter auseinanderzusetzen, den dieser in seinem Aufsatz „Zarathustras Schatten hat lange Beine ..." erhebt (vgl. § 117, Anm. 6). Müller-Lauter schreibt dort: „Weischedels These von der Vorgängigkeit der Fraglichkeit vor dem Fragen läßt sich eine andere entgegenstellen: daß das Fragen allererst die Fraglichkeit konstituiere ... Die Fraglichkeit reicht dann immer so weit wie die vorgängige Fraglichmachung". Freilich gibt Müller-Lauter, wie er selber betont, keine „ausführliche Rechtfertigung der Gegenthese". Eine solche müßte etwa an der Erfahrung des Todes als einer vorzüglichen Weise der Erfahrung der Fraglichkeit zeigen, daß auch sie aus dem Fragen erwächst. Das aber dürfte schwerlich gelingen. Solange also nicht erwiesen ist, daß die Subjektivität des Fragens das absolute Prius im ganzen Frageprozeß ist, glaubt der Verfasser, um des Phänomens willen an dem oben dargestellten Gedanken der dem radikalen Fragen gegenüber vorgängigen Erfahrung der radikalen Fraglichkeit festhalten zu müssen. Zumal Müller-Lauter selber sagt: „Die Erfahrung der Fraglichkeit im Sinne Weischedels ist die Erfahrung, die die Philosophie nur in einer nihilistischen Spätphase machen kann, hier aber, getrieben von der nihilistischen Dialektik,

3. Die philosophische Grunderfahrung und die Freiheit

Die Erfahrung der radikalen Fraglichkeit, die dem radikalen Fragen vorhergeht und es in sein Wesen bringt, kann als die philosophische Grunderfahrung bezeichnet werden. Was hier der Ausdruck „Grund" bedeutet, wird im Paragraphen 126 genauer interpretiert werden. Mit welchem Recht aber wird sie p h i l o s o p h i s c h e Grunderfahrung genannt? Sie ist ja, wie die Ausführungen im folgenden Paragraphen zeigen werden, nicht aus sich selber heraus philosophisch. Diesen Charakter erhält sie vielmehr nur daraus, daß sie der Anstoß für das Philosophieren sein kann. Doch das wird sie nicht aus Notwendigkeit. Man kann die Fraglichkeit, und zwar im radikalen Sinne, auch erfahren, ohne daß man in seinem Denken das radikale Fragen in Gang setzte. Philosophische Grunderfahrung ist die Erfahrung der radikalen Fraglichkeit nur im Rückblick von dem dadurch möglicherweise veranlaßten Philosophieren her. Dieses kann sich lebendig nur verwirklichen, wenn es von der Erfahrung der radikalen Fraglichkeit einen Anstoß erhält. Infolgedessen ist diese, aber eben nur aus der Perspektive des radikalen Fragens, die philosophische Grunderfahrung.

Hier jedoch entsteht ein Problem. Im Paragraphen 122 ist darauf hingewiesen worden, daß das Philosophieren nur aus sich selber entspringt, daß es eine Sache der Freiheit des Grundentschlusses ist. Jetzt dagegen wird offenbar mit der Erfahrung der radikalen Fraglichkeit doch noch eine andere Voraussetzung als die Freiheit eingeführt. Man muß jedoch zwischen einer Voraussetzung als Ursprung und einer Voraussetzung als Anlaß unterscheiden. Achtet man auf den Ursprung, dann gilt: Das Philosophieren entspringt aus dem freien Grundentschluß. Bedenkt man dagegen den Anstoß, dann zeigt sich: Dieser liegt in der zuvor erfahrenen radikalen Fraglichkeit. Durch sie kommt das Philosophieren allererst in Gang, durch sie wird die Situation eröffnet, in der es sich aus sich selber heraus in Freiheit verwirklichen kann.

Die Freiheit im Ursprung des Philosophierens ist nicht Beliebigkeit, vages Können; ihr Wesen wird vielmehr von der Grunderfahrung her bestimmt. In dieser wird sie als die Möglichkeit erfahren, das Philosophieren zu ergreifen, und das heißt zugleich als die Alternative: auf die Erfahrung der radikalen Fraglichkeit so zu antworten, daß man sie in das radikale Fragen verwandelt, oder aber sie ohne diese Konsequenz zu lassen und andere Reaktionsweisen zu wählen. Die Vorsituation des

machen m u ß " (108 f.). Dem ist zuzustimmen; es handelt sich ja im Ganzen des vorliegenden Entwurfs eben um eine Philosophische Theologie im Zeitalter des Nihilismus.

radikalen Fragens läßt also das Ja oder Nein offen. Sie kennt keine Nötigung. Sie erzwingt nichts. Aber sie läßt den Erfahrenden auch nicht gleichgültig. Sie geht ihn an. Sie fordert ihn auf, Stellung zu nehmen. So verweist sie ihn in seine Freiheit, in der er im Grundentschluß das radikale Fragen als ausgezeichnete Existenzmöglichkeit ergreifen kann.

Insofern ist die Grunderfahrung nicht richtungslos. Vielmehr liegt in ihr eine bestimmte Intention. Denn die Möglichkeiten, die sie eröffnet, sind nicht gleichgewichtig. Die radikale Fraglichkeit wird ja so erfahren, daß sie dazu auffordert, sie als solche zu ergreifen. Darin liegt bereits ein bestimmter Anspruch an die Freiheit. Dem Charakter der Fraglichkeit als solcher entspricht es, daß, eher als andere Möglichkeiten, das radikale Fragen ergriffen wird. Das Philosophieren ist aus der innersten Tendenz der Grunderfahrung heraus deren genuine Erfüllung. Alle anderen Antworten aber — die Gleichgültigkeit, der extreme Nihilismus, der Glaube — werden dem Wesen der Grunderfahrung als einer Erfahrung der radikalen Fraglichkeit nicht gerecht.

§ 125. Erfahrungen der Fraglichkeit

Bisher war von der philosophischen Grunderfahrung nur insofern die Rede, als sie die Vorsituation zu dem in Freiheit zu ergreifenden Philosophieren als dem radikalen Fragen bildet. Noch aber ist sie in dem, was sie von sich selber her ist, nicht ans Licht getreten. So muß denn die Frage gestellt werden, wo und wie sie sich im Dasein des Menschen ereignet[1]. Es wird sich zeigen: Die Erfahrung der radikalen Fraglichkeit erscheint in einzelnen konkreten Erfahrungen von Fraglichkeit, deren einige im folgenden beispielhaft genannt werden sollen. Wichtig dabei ist, daß diese nicht erwiesen, sondern nur aufgewiesen werden können; das entspricht ihrem Charakter als Erfahrungen. Sie werden demgemäß auch erst im Nachvollzug einsichtig.

Als erstes Beispiel sei auf die Erfahrung verwiesen, die man macht, wenn einem etwas mißlingt: in der Beziehung zu anderen Menschen, im Beruf, in irgendeinem Tun, das man sich vorgenommen hat. Diese einzelne Erfahrung kann vorübergehen, ohne wesentliche Spuren zu hinterlassen. Es kann aber auch geschehen, daß sie zum Anlaß für grundsätz-

---

[1] In die Ausführungen dieses Paragraphen sowie in einzelne Teile der folgenden Paragraphen sind Darlegungen des Verfassers aus früheren Veröffentlichungen eingegangen; vgl. vor allem: Helmut Gollwitzer und Wilhelm Weischedel, Denken und Glauben, Stuttgart 1965.

lichere Fragen und Einsichten wird. Man entdeckt dann: Wenn einem
diese Sache mißlingen konnte oder vielleicht sogar mißlingen mußte, dann
kann doch offenbar bei einem selber etwas nicht stimmen. Von diesem
Ereignis her weiß man also: Mit dem eigenen Dasein ist etwas nicht in
Ordnung. Vermutlich war dieses eigene Dasein, auch wenn es einem vorher nicht so deutlich bewußt geworden ist, schon immer nicht in Ordnung.
So stößt man auf eine grundlegende Unstimmigkeit im Dasein. Sie bricht
zwar aktuell gerade anläßlich dieser bestimmten Erfahrung auf. Aber
sie weitet sich zu der Einsicht aus, daß die Unstimmigkeit das ganze
Dasein durchherrscht. Wenn man sich nun grundsätzlich darüber besinnt,
was das für die Erkenntnis des Wesens des Menschen bedeutet, dann
kann man zu dem Schluß kommen: Der Mensch ist überhaupt ein unstimmiges Wesen. In und mit der Erfahrung der einzelnen Unstimmigkeit erfährt man so die Unstimmigkeit des menschlichen Daseins als
solchem.

Man kann in der Reflexion auf diese Erfahrung noch einen Schritt
weiter gehen. Die Unstimmigkeit, wie sie bisher ausgelegt worden ist,
geht auf das Handeln in der Welt. Was also eigentlich nicht in Ordnung
ist, ist das Eingefügtsein in die Welt, das In-der-Welt-Sein. Wenn sich
aber dieses als unstimmig erweist, dann doch offenbar auch die Welt,
in der man sich befindet. Die Unstimmigkeit betrifft also nicht bloß das
isolierte Dasein des Menschen, sondern auch und vorzüglich dessen Eingebettetsein in das Seiende im ganzen und damit dieses Seiende im ganzen
selber; denn wenn dieses ein Unstimmiges umfaßt, dann kann es mit
ihm nicht in jeder Hinsicht stimmen, dann zeigt es sich selber als unstimmig. So gelangt man, ausgehend von einer einzelnen konkreten Erfahrung,
in kontinuierlichen Schritten bis hin zur Einsicht in die Unstimmigkeit
des Seienden im ganzen. Das aber ist eben die radikale Fraglichkeit.

Ein zweites Beispiel kann die Erfahrung bilden, die man macht, wenn
ein Mensch, von dem man glaubte, sich auf ihn verlassen zu können,
einen verrät. Das ist nicht selten. In manchen Augenblicken könnte man
versucht sein zu sagen: Der Verrat ist das Gewöhnliche im Dasein des
Menschen: Verrat aus Tücke, Verrat aus Feigheit, aus Angst, aus Egoismus,
oder einfach Verrat aus Gedankenlosigkeit. Wiederum kann es geschehen,
daß diese Erfahrung sich ins Ganze hinein ausweitet. Dieser Verrat dieses
bestimmten Menschen und sodann die ständige Erfahrung von Verrat
lassen das Miteinander mit andern Menschen als zutiefst fraglich erscheinen. Von dieser Fraglichkeit wird man sich selber nicht ausnehmen
können. Wer ehrlich ist, entdeckt an sich selbst, wie er sich immer wieder
in Verrat verstrickt: manchmal unvermeidlich, manchmal aber auch wider
besseres Wissen und mit eigener Zustimmung. Man muß sich also selber
in das unter dem Gesichtspunkt des Verrates fraglich werdende Mitein-

ander mit hineinnehmen. Und man kommt schließlich dazu festzustellen: Unter Menschen gibt es offenbar wenig Verläßlichkeit.

Auch hier kann sich die Erfahrung der Fraglichkeit weiter ausbreiten. Denn nun kann zur Frage werden, was das überhaupt für eine Welt ist, in der so viel an Verrat vorkommt und in der das Miteinander so durchgängig vom Verrat her verdorben ist. Die Welt selber als das Gesamt der Wirklichkeit, zu der das Miteinander gehört, gerät in den Wirbel der Fraglichkeit. Die Erfahrung, die am einzelnen Geschehen gemacht wird, endet so mit der Einsicht in die radikale Fraglichkeit.

In den beiden bisher besprochenen Beispielen war das unmittelbar Erfahrene ein einzelnes Vorkommnis: das Mißlingen einer Absicht oder der geschehende Verrat; erst in der Besinnung darauf weitete sich die Erfahrung zur Einsicht in die radikale Fraglichkeit aus. Diese kann sich dem Menschen aber auch mit elementarer Gewalt unmittelbar vor Augen stellen. Das geschieht etwa in der Erfahrung des Todes eines anderen Menschen oder in eigener äußerster Todesgefahr. Wenn der, der eben noch da war, nun plötzlich nicht mehr da ist, wenn das Dasein, das vielleicht noch voll von Verheißungen war, nun von einem auf den andern Augenblick nicht mehr ist, wenn man selber vor der Möglichkeit des Nichts der eigenen Existenz steht, dann wird man mit voller Wucht von der Erfahrung der Fraglichkeit überfallen. Und diese Erfahrung wird sich nicht auf das menschliche Dasein beschränken. Von der Erfahrung des Todes her wird auch der Blick auf die Wirklichkeit der Welt mitbestimmt. Die auch vordem schon gemachte Erfahrung der Vergänglichkeit alles Seienden erhält nun ihre eigentliche Schärfe, und dies so sehr, daß am Ende Tod und Vergänglichkeit als der Grundzug des Seienden im ganzen erscheinen. Die Wirklichkeit als solche und in ihrem ganzen Umfang wird zutiefst fraglich. Denn was hat ein Dasein für einen Sinn, an dessen unausweichlichem Abschluß der Tod steht? Was hat eine Welt für einen Sinn, in der Ende und Abbruch das zuletzt Triumphierende sind? Was hat das Sein für einen Sinn, wenn es unwiderruflich in das Nichtsein hinein untergehen muß? Die Erfahrung des Sterbens und der Vergänglichkeit ist also, unmittelbar als diese Erfahrung genommen und vor aller Theorie über Tod und Untergang, eine genuine Erfahrung der Fraglichkeit des menschlichen Daseins und der Wirklichkeit als ganzer: der Fraglichkeit als radikaler.

Die Einsicht in die Fraglichkeit von allem kann, was die bisher angeführten Beispiele zeigen, von einer bestimmten Erfahrung ausgehen. Es kann aber auch geschehen, daß einen die radikale Fraglichkeit ohne irgendeinen konkreten Anlaß ganz unmittelbar überkommt, etwa in jener merkwürdigen Stimmung der Fahlheit und Fadheit, die einen von Zeit zu Zeit überfallen kann: in der Langeweile. Damit ist nicht das vulgäre Phänomen gemeint, daß es einem langweilig ist. Das Wesen der tieferen Langeweile besteht vielmehr darin, daß das gewohnte Tun und Treiben den Menschen nicht mehr auszufüllen vermag. Pascal hat es als den „ennui" beschrieben. Ist der Mensch in dieser Erfahrung befangen, dann scheint ihm alles stillzustehen; selbst die Zeit scheint nicht mehr vorwärts zu schreiten. Eben darum spricht man ja von der langen Weile. Dieses unheimlich lautlose Anhalten ist es, was bedrängt. Man hofft auf irgendein vielleicht rein illusionäres Ereignis, das die Wende bringen könnte, das die Zeit wieder in Gang setzte und die Fahlheit plötzlich in die Lust am Dasein zurückverwandelte. Die Langeweile erstreckt sich aber nicht bloß auf die Zeit, sondern auch auf das Sein. In ihr sinkt alles, das eigene Dasein wie das dieses umgebende Seiende, in eine seltsam stumpfe Gleichgültigkeit hinab. Das sonst so dichte und gegenwärtige Sein der Dinge wird durchsichtig. Aller Bestand löst sich auf. Auch man selber gerät in ein eigentümliches Schweben. Eben in diesen Aspekten, die die Welt und man selber in der Langeweile bieten, wird offenkundig, wie fraglich dies alles, das Ganze des Seienden einschließlich des eigenen Daseins, in seinem Sein ist. In der Langeweile wird man unmittelbar mit der radikalen Fraglichkeit konfrontiert.

Die Erfahrung der radikalen Fraglichkeit kann aber auch an große und entscheidende Ereignisse anknüpfen, die gleichsam mit einem Schlage alles in den Wirbel der Fraglichkeit hinabreißen. Von dieser Art ist etwa der Ausbruch eines Krieges. Wer dergleichen miterlebt hat, weiß, wie einem der Boden unter den Füßen zu schwanken beginnt, wie man Mühe hat, sich der Wirklichkeit eines solchen Geschehens und der Wirklichkeit der Welt, in der so etwas möglich ist, zu vergewissern. Oder Auschwitz. Angesichts dessen begreift man nicht mehr, daß jemand behaupten kann, das menschliche Dasein sei eine im ganzen fraglose Angelegenheit. Man entdeckt, und nun definitiv, daß das Miteinander eine höchst problematische Sache ist, ja daß eine Wirklichkeit, in der dergleichen möglich ist, daß eine Weltverfassung, deren ultima ratio der Völkermord ist, radikal fraglich ist. So gerät man auch hier in die philosophische Grunderfahrung.

In einer ganz anderen, einer lautlosen Weise kann man die Erfahrung der Fraglichkeit machen, wenn man etwa einen sommerlichen Mittag erlebt. Da kann das geschehen, was die Griechen die Erscheinung des Gottes Pan nannten, was aber über die Antike hinaus eine gültige Erfahrung ist. Es ist die Stunde, in der, mehr als sonst irgendwann, es sei denn in der Tiefe der Mitternacht, alles rätselhaft wird. Rätselhaft wird, daß der Baum, den man vor sich sieht, so ist, wie er ist, ja daß er überhaupt ist. Rätselhaft wird das Sein des Menschen, der vorübergeht. Rätselhaft wird, daß man selber existiert als der, der dies alles sieht und empfindet. Rätselhaft wird endlich, daß überhaupt etwas ist. Alles scheint auf eine stille Weise ins Unwirkliche hinabzuleiten. In einer solchen Stunde der Mittagsstille, in der man sich aus der Welt der reißenden Zeit herausgehoben fühlt, vollzieht sich eine unmittelbare Erfahrung der schwebenden Fraglichkeit alles Wirklichen.

Die Abgründigkeit der Wirklichkeit kann auch erfahren werden, wenn sich zwischen dem anderen Menschen und einem selbst jene seltsame Ferne auftut, in die wohl jeder, dem es um ein intensives Sein mit dem anderen zu tun ist, je und dann geraten kann. In dieser Erfahrung ist einem, als seien die anderen und als sei der bestimmte andere aus der Nähe, in der man sie bisher vermeint hatte, unmerklich hinweggeglitten; plötzlich gibt es nicht mehr, was einen bis dahin getragen hatte: vertraute Nähe, die Wärme des unmittelbaren Einsseins. Alles Verläßliche ist versunken. Und indem sich einem der andere entfernt und entwirklicht, wird man sich selber auf eine merkwürdige Weise fern und unwirklich. Es ist, als sei die Welt, in der man sich bis dahin so sicher bewegt hatte, untergegangen und als versänke man selber ins Bodenlose. Aus dieser Erfahrung aber erhebt sich die Einsicht in die Fraglichkeit der Wirklichkeit.

Auf der Ebene des Denkens kann eine Erfahrung der radikalen Fraglichkeit stattfinden, wenn man sich etwa die Frage stellt, was denn unsere Welt als ganze ist. Wie weit erstreckt sie sich? Wo ist ihr Ende? Denn ein Ende muß sie doch offenbar haben. Aber was ist dann außerhalb ihrer? Oder gibt es gar kein solches „Außerhalb“? Versucht man, die Unendlichkeit zu denken, in die man die Welt eingebettet vermutet, dann gerät das Nachdenken in den vollständigsten Schwindel. Die Fraglichkeit von allem tritt einem unmittelbar vor das Auge.

Schließlich soll noch als letztes Beispiel für die Erfahrung der radikalen Fraglichkeit das angeführt werden, was dem Menschen hier und da widerfahren kann, wenn er sich der schlichten Betrachtung eines Dinges hingibt, einer Betrachtung, in der er lediglich darauf achtet, was es bedeutet, daß dieses Ding i s t. Das wird dem Betrachtenden, je mehr er sich darüber besinnt, umso rätselhafter vorkommen. Eben damit tritt er an die Schwelle der Grunderfahrung der Fraglichkeit. Was in seinem Sein rätselhaft erscheint, das zeigt damit an, daß es auch nicht sein könnte, und so wird sein Sein fraglich. Umfassender und eindringlicher läßt sich das gleiche im Hinblick auf die Dinge überhaupt, die Welt im ganzen, erfahren: wenn einen Augenblicke überkommen, in denen die Dinge versinken, die Welt durchscheinend wird und man sich geängstet fragt, ob denn diese Dinge und diese Welt wirklich sind und ob man selber inmitten dieser verschwindenden Wirklichkeit faktisch existiert. Der Blick auf das reine Sein der Dinge, der Welt und des Selbst endet so in der Erfahrung der Möglichkeit des Nichts, und diese Erfahrung vollzieht sich nicht als kühles Raisonnement des Verstandes, sondern als innere Erschütterung. Hier taucht am reinsten die Fraglichkeit von allem auf.

1. Die Grunderfahrung als Erfahrung

Was sind nun die charakteristischen Merkmale der im vorigen Paragraphen beispielhaft angeführten Erfahrungen der Fraglichkeit? Was kennzeichnet die philosophische Grunderfahrung in ihrem Wesen?

Das erste, was dabei zu bedenken ist, ist ihr Charakter als Erfahrung. Dieser Ausdruck wird hier in einem weiten Sinne verwendet. Erfahrung beschränkt sich nicht auf die sinnliche Wahrnehmung. Sie umfaßt auch menschliche und zwischenmenschliche Begebenheiten, wie sie in den Beispielen des Mißlingens und des Verrates, des Krieges und des Todes geschildert worden sind. Auch stimmungsmäßige Erlebnisse, wie die Langeweile, die Mittagsstille oder die Ferne zum Mitmenschen betreffen diesen Zusammenhang. Schließlich gehören auch Ergebnisse des Denkens, wie sie sich bei der Besinnung auf die Vergänglichkeit, bei der Reflexion über die Unendlichkeit oder beim Nachdenken über die Bedeutung des „ist" einstellen, in diesen Umkreis. Mögen diese Erfahrungen im einzelnen mehr oder minder sinnlich vermittelt sein: die sinnliche Gegebenheit ist doch nicht ihre entscheidende Bestimmung. Wesentlich vielmehr ist, daß sie Weisen sind, wie dem Menschen sein eigenes Dasein und die Existenz der Mitmenschen und der Welt entgegentreten und wie ihm darin Wirklichkeit begegnet. Eben das macht sie zu Erfahrungen.

Daß sie aber den Charakter von Erfahrungen tragen, ist von entscheidender Bedeutung. Es handelt sich nicht um theoretisch und abstrakt entworfene Existenzmöglichkeiten. Vielmehr haben sie, eben als Erfahrungen, konkreten Charakter: Jeder kann sie machen und macht auch in der Tat je und dann die eine oder die andere.

2. Die Unmittelbarkeit der Grunderfahrung

Jede der genannten Erfahrungen hat ihr primär Erfahrenes: das Mißlingen und den Verrat, den Tod und die Vergänglichkeit, die Öde und den Krieg, die Mittagsstille, die Ferne zum Mitmenschen und zu sich selbst, die Unendlichkeit, das betrachtete Ding. Aber es ist für diese Art von Erfahrungen charakteristisch, daß sie sich nicht in ihrem nächst Erfahrenen erschöpfen. Man kann freilich dabei auch stehenbleiben. Aber dann mißachtet man den in der jeweiligen Erfahrung selber liegenden Richtungssinn. Die Erfahrungen von einzelnem Fraglichen weisen über sich hinaus, und zwar, wie sich gezeigt hat, bis hin zu der äußersten Erfahrung, der der radikalen Fraglichkeit. Erst darin erfüllt sich ihre eigenste

Intention. Erst damit werden sie wahrhaft zu philosophischen Grunderfahrungen.

Das gilt es noch genauer auszuführen. Wenn ein Plan scheitert, wenn man verraten wird, wenn man mit Tod und Vergänglichkeit konfrontiert wird, wenn einen die Stimmung der tieferen Langeweile überfällt, wenn man den Ausbruch eines Krieges erlebt, wenn man in der Stunde des Mittags das Entsinken der Welt erfährt, wenn einem die Ferne zu sich selber und zu den anderen widerfährt, wenn man vor der Unendlichkeit schaudert, wenn einem das „ist" eines Seienden rätselhaft wird, und wenn man dann dem nachdenkt, was dabei im Grunde geschieht, dann wird man entdecken: Überall tritt einem am Ende die Fraglichkeit alles Seins und alles Sinnes entgegen. Wer die Erfahrung eines einzelnen Mißlingens oder eines einzelnen Verrates wirklich sich ausschwingen läßt, wer sie im Zusammenhang des Seienden im ganzen bedenkt, dem wird sie zur Eirsicht in die Fraglichkeit der Wirklichkeit überhaupt. Die Erfahrung ein s einzelnen Todesfalles und die Beobachtung eines einzelnen Vergänglichen können Tod und Vergänglichkeit als Grundzüge der Wirklichkeit offenbar machen. Überall weitet sich die Erfahrung, wenn man sich ihrer inneren Aufforderung, ihr nachzusinnen, nicht entzieht, ins Allgemeine und Grundsätzliche aus. Sie wird zur Begegnung mit der durchgängigen, die Welt überhaupt einschließlich des eigenen Daseins bestimmenden und durchherrschenden radikalen Fraglichkeit.

Das zuletzt Gesagte legt die Vermutung nahe, es handle sich bei der Grunderfahrung der radikalen Fraglichkeit um eine vermittelte Erfahrung, vermittelt nämlich durch die genannten einzelnen Erfahrungen von Fraglichkeit. Gleichwohl kommt der Grunderfahrung eine eigentümliche Weise der Unmittelbarkeit zu, die im folgenden so entwickelt werden soll, daß zunächst der Begriff der Unmittelbarkeit als solcher entfaltet wird.

Das erste ist, daß der Begriff der Unmittelbarkeit nicht abstrakt gefaßt werden darf. Denn in einem strengen Sinne des Wortes gibt es im Dasein des Menschen überhaupt keine Unmittelbarkeit. Selbst die scheinbar unmittelbarste Erfahrung, etwa daß man an eine Tischkante stößt, zeigt sich dem genaueren Zusehen als mannigfaltig vermittelt; um sich als angestoßen erfahren zu können, muß man vorher schon eine Fülle von anderen Erfahrungen gemacht haben. Der Mensch tritt — außer vielleicht im Augenblick der Geburt — nie als isoliertes Ich, sondern immer schon als ein vielfältig vermitteltes Wesen in seine Erfahrungen ein. Das gilt auch für die Erfahrungen der Fraglichkeit, wie sie im vorigen Paragraphen beschrieben worden sind. Etwa die Erfahrung des Todes oder des Mißlingens oder des Verrates kann nur machen, wer überhaupt schon Daseinserfahrungen gemacht hat und diese in seine aktuelle Erfahrung einbringen kann. Umso mehr ist die mit diesen Erfahrungen mitgegebene Grunderfahrung vermittelt. Wollte man also auf dem reinen und abstrakten Begriff der Unmittelbarkeit bestehen, dann wäre nicht nur die Grunderfahrung, sondern auch schon jede der geschilderten Erfahrungen von Fraglichkeit vermittelt, und zwar darum, weil es dann überhaupt keine Unmittelbarkeit gäbe.

Nun unterscheidet man jedoch im konkreten Dasein durchaus Unmittelbarkeit und Vermitteltheit. Als Beispiel diene die Begegnung mit einem anderen Menschen. Man nennt sie unmittelbar, wenn man dem anderen von Angesicht zu Angesicht gegenübersteht; man bezeichnet sie als vermittelt, wenn von jenem nur berichtet wird, sei es durch andere Menschen, sei es durch schriftliche Zeugnisse. Im abstrakten Sinn des Begriffes ist auch jene erste Weise der Begegnung nicht unmittelbar; denn auch in die Begegnung von Angesicht zu Angesicht gehen sowohl der andere wie man selber als vielfältig vermittelte Wesen ein. Gleichwohl kann man hier zurecht von Unmittelbarkeit sprechen. Denn die Vermittlung betrifft die Partner der Begegnung je für sich; die Begegnung selber aber als die Beziehung zwischen den beiden Partnern kann zwar als durch sie vermittelt angesehen werden, sie besitzt trotzdem eine eigentümliche Art von Unmittelbarkeit. Die beiden stehen sich durch nichts Fremdes vermittelt, also eben unmittelbar gegenüber. Das gleiche gilt für das Anstoßen an einen Tisch. Auch hier werden der Anstoßende und der Tisch miteinander vermittelt, aber so, daß dies in einer unmittelbaren Weise, nämlich wiederum als durch nichts Fremdes vermittelt geschieht. In diesem Sinne kann man von einer konkreten im Gegensatz zu jener abstrakten Unmittelbarkeit sprechen.

Was macht es nun aus, daß man in diesem Falle von einer unmittelbaren Begegnung, einem unmittelbaren Anstoßen, reden kann? Offenbar ist dafür entscheidend, daß der andere Mensch oder das andere Ding wirklich da, wirklich anwesend ist. Unmittelbar nennt man also eine Begegnung oder ein Angestoßenwerden dann, wenn die beiden jeweiligen Partner dieser Geschehnisse füreinander präsent sind. Mittelbar dagegen sind Begegnung und Angestoßenwerden, wenn die beiden für einander nicht selber präsent sind, sondern nur durch ein — freilich selber präsentes — Mittel, also etwa bei der Begegnung durch einen Bericht von dem anderen Menschen oder beim Angestoßenwerden durch einen verbindenden Gegenstand vergegenwärtigt werden. Unmittelbarkeit im konkreten Sinne bedeutet somit Anwesenheit, Präsenz.

Von diesem geklärten Begriff der konkreten Unmittelbarkeit her muß sich nun entscheiden lassen, ob den Erfahrungen der Fraglichkeit, wie sie im vorigen Paragraphen geschildert worden sind, Unmittelbarkeit zukommt. Auf den nächsten Anblick sieht es so aus, als ob sie keine unmittelbaren Erfahrungen sein könnten. Die Fraglichkeit wird ja von einem anderen her erfahren, etwa in den beiden ersten der angeführten Beispiele vom konkreten Geschehen von Mißlingen und Verrat her. Sie ist also durch unmittelbare Erfahrungen vermittelt. Doch eine solche Aufspaltung in zwei Erfahrungen, deren eine die andere vermittelt, trifft den Sachverhalt nicht. Denn die Erfahrung der Fraglichkeit ist keine eigenständige Erfahrung. Man erfährt sie vielmehr in und mit der Erfahrung des fraglich Werdenden: im Beispiel in der Erfahrung des Daseins in Mißlingen und Verrat; diese tragen unmittelbar das Moment der Fraglichkeit an sich. Diese ist also davon nicht getrennt, sondern sie ist das Wie solcher Geschehnisse. Indem man diese unmittelbar erfährt, erfährt man ineins damit und in gleicher Weise unmittelbar ihr Wie, ihre Fraglichkeit. Diese ist also in der Erfahrung jener Geschehnisse präsent und insofern selbst unmittelbar erfahren.

Nun ist aber die philosophische Grunderfahrung nicht einfachhin Erfahrung von Fraglichkeit, sondern Erfahrung der Fraglichkeit im ganzen, der radikalen Fraglichkeit. Hier erhebt sich eine neue Schwierigkeit. In jener Erfahrung des Mißlingens ist ja zunächst nur das völlige Gelingen des Daseins fraglich, in jener Erfahrung des Verrates nur das Bestimmtsein des Miteinander durch Treue. Immer also zeigt sich nur ein einzelnes Moment des Ganzen als fraglich. Das gilt selbst für die letzte der geschilderten Erfahrungen, die des „ist" eines Dinges; hier wird offenbar nur das einzelne Ding in seinem Sein fraglich. Es scheint also, als gelange man zur Feststellung der durchgängigen Fraglichkeit, der Fraglichkeit im ganzen, erst durch einen die einzelne Erfahrung ausweitenden Schluß, also auf vermitteltem Wege. Das aber würde besagen: Die Erfahrung der Fraglichkeit im ganzen ist keine unmittelbare Erfahrung; sie ist nur vermittelt gegenwärtig, nämlich im Durchgang durch die allein unmittelbar präsente Erfahrung eines je einzelnen fraglichen Seins oder Geschehens.

Hier hilft auch nicht weiter, wenn man hinzunimmt, daß es ja nicht bei den einzelnen Erfahrungen des Mißlingens oder des Verrates bleibt. Andere Erfahrungen von der gleichen Art treten hinzu. Überdies erfährt man die Fraglichkeit auch in anderen Bereichen des Daseins, von denen einige im vorigen Paragraphen genannt worden sind. So summieren sich im Laufe des Lebens die Erfahrungen der Fraglichkeit. Aber freilich: Eine wirklich unmittelbare Erfahrung der Fraglichkeit im ganzen läßt sich allein von daher nicht gewinnen. Auf dem Wege der Anhäufung einzelner Erfahrungen von Fraglichkeit kann man nur dahin gelangen, zu sagen: Es scheint nach allen immerzu sich wiederholenden derartigen Geschehnissen so zu sein, daß alles, was immer man erfährt, fraglich ist.

Das liegt daran, daß es auf dem Wege der Summierung von Einzelereignissen immer wieder nur zu der oben erwähnten abstrakten Betrachtungsweise kommt, in der die Erfahrung der radikalen Fraglichkeit als ein von der Erfahrung einzelner Fraglichkeiten getrenntes Geschehen verstanden wird. In der Tat aber ereignet es sich in der Erfahrung solcher einzelner Fraglichkeiten, wie sich schon bei deren Darstellung im vorigen Paragraphen gezeigt hat, daß sie sich von sich selber her bis zur Fraglichkeit von allem ausweiten. Ein einzelnes Geschehen von Mißlingen oder Verrat, wenn man es sich ausschwingen läßt, kann die ganze Wirklichkeit als fraglich erscheinen lassen. Noch mehr ist das bei der Erfahrung des Todes der Fall. Hier zeigt sich mit unübersehbarer Deutlichkeit, daß, ineins mit dem Anblick des Sterbens, alle Wirklichkeit als fraglich erscheint. Das gleiche läßt sich an den anderen Erfahrungen von Fraglichkeit zeigen. Überall ist in der Anwesenheit des einzelnen Geschehens die Fraglichkeit von allem so präsent, daß sie sich nur noch für den Gedanken entfalten muß. Das aber besagt: Man wird mit der radikalen Fraglichkeit unmittelbar konfrontiert, in jenem oben dargelegten konkreten Begriff der Unmittelbarkeit. Überall ist die Fraglichkeit von allem wirklich anwesend. So kann also von der philosophischen Grunderfahrung zurecht gesagt werden: Sie wird nicht auf dem Wege eines Schlusses gewonnen, sondern sie trägt an sich selber den Charakter der Unmittelbarkeit.

3. Die Grundhaftigkeit der Grunderfahrung

Was aber besagt es, daß die Erfahrung der radikalen Fraglichkeit als G r u n d erfahrung bezeichnet wird? Das hat einen dreifachen Sinn. Das erste ist, daß sie nicht auf andere Erfahrungen zurückzuführen ist. Das gilt schon für die im vorigen Paragraphen genannten Einzelerfahrungen von Fraglichkeit. Mißlingen und Verrat, Tod und Vergänglichkeit, Öde und Krieg, Mittagsstille, Ferne zum Mitmenschen und zu sich selber, Unendlichkeit, betrachtetes Ding: all das wird in unmittelbaren Erfahrungen ergriffen, die nicht von anderen ableitbar sind. Das gilt in noch entscheidenderer Weise von der Grunderfahrung als solcher, der Erfahrung der Fraglichkeit von allem. Sie ist von ihrem Wesen her nicht überholbar durch andere, unmittelbarere und grundlegendere Erfahrungen. Wo die Fraglichkeit radikal erfahren wird, gibt es nichts, was noch fraglicher sein könne. So ist die philosophische Grunderfahrung eine letzte Erfahrung.

In einer zweiten Hinsicht zeigt sich die Grundhaftigkeit der Grunderfahrung darin, daß sie das menschliche Dasein vom Grunde her bestimmt. Man könnte freilich einwenden, in einer Schilderung von Erfahrungen der Fraglichkeit, wie sie im vorigen Paragraphen gegeben worden ist, sei nur ein einseitiger Aspekt der Wirklichkeit herausgehoben und zu deren Wesen erklärt worden. Immer wird offenbar nur die negative, die trübe Seite des Daseins berücksichtigt. Aber es gibt doch auch das andere: dem Mißlingen gegenüber die Erfahrung des Gelingens, dem Verrat gegenüber die Erfahrung der Treue, Tod und Vergänglichkeit gegenüber die Erfahrung des beglückenden Lebens und der — wenn auch relativen — Dauer, der Öde gegenüber, wie sie in der Langeweile aufbricht, den erfüllten Augenblick, dem Krieg gegenüber die Epochen friedlichen Zusammenlebens, der Mittagsstille gegenüber das Aufgehen in den Forderungen des Tages, der Ferne gegenüber die Nähe zum Mitmenschen und das Einverständnis mit sich selber, dem Schaudern vor der Unendlichkeit gegenüber die stille Bescheidung im Endlichen, der Fragilität des „ist" gegenüber die Erfahrung einer gewissen Beständigkeit des Seienden. Das alles ist unbestreitbar. Und doch besagt es nichts gegen das oben Ausgeführte. Es wird ja nicht behauptet, daß es in der Welt nur Mißlingen und Verrat und all die anderen negativen Erfahrungen gebe; das wäre eine von den Phänomenen her nicht zu rechtfertigende Verallgemeinerung. Gesagt wird vielmehr nur: Eine Welt, in der es Mißlingen — und dabei so vielfältiges Mißlingen — und Verrat — und dabei so mannigfachen Verrat — gibt und in der immer wieder die anderen Erfahrungen der Fraglichkeit gemacht werden, eine solche Welt ist in sich selber höchst fraglich. Wenn man das auf so unausweichliche Art erfährt, kann man dem scheinbar Unfraglichen nicht mehr voll vertrauen. Damit man von einer Holzplastik sagen kann: da ist der Wurm drin, muß ja auch nicht das ganze Holz aufgefressen sein; es genügt, wenn sich hier und da Bohrgänge finden. Die „heile" Welt wird nicht erst dann zu einer unheilen, wenn sie völlig aus Unheil besteht, sondern schon dann, wenn hier und da Unheil in ihr auftritt. Daß das aber mit unserer Welt der Fall ist, ist eine durchgängige und unbestreitbare Erfahrung. So ist die Erfahrung der Fraglichkeit und vor allem die mit dieser mitgegebene Grunderfahrung der radikalen Fraglichkeit kein beliebiges Ereignis, sondern eine Erfahrung, die mit dem Menschsein überhaupt verbunden ist. Der Mensch ist — das zeigen die Beispiele — das in die Fraglichkeit versetzte Wesen. Eben insofern ist die Erfahrung der Fraglichkeit von allem eine Grunderfahrung.

Zum dritten ist die Grunderfahrung der radikalen Fraglichkeit auch insofern G r u n d erfahrung, als sie den Grund für das Philosophieren legt. Sie ist die Situation, aus der dieses erwachsen kann. Freilich: Das Philosophieren entspringt, wie oben schon gesagt, nicht mit Notwendigkeit aus der Grunderfahrung. Man kann diese auch machen, ohne sich ins Philosophieren gedrängt zu wissen. Aber wenn Philosophieren geschieht, dann eben auf dem Grunde der Grunderfahrung der radikalen Fraglichkeit. Dann ist es die Erfüllung der in der Grunderfahrung liegenden Intention.

Dann folgt es dem Richtungssinn der Aufforderung, die in der Grunderfahrung liegt.

Die Erfahrung der radikalen Fraglichkeit ist nun auch die einzige wahrhaft philosophische Grunderfahrung. Sie allein ist es, die das Philosophieren seinem Wesen nach, nämlich als radikales Fragen hervortreibt. Demgegenüber zeigt die Geschichte der Philosophischen Theologie, wie sie im ersten Bande in ihren Grundzügen dargestellt worden ist, eine Fülle von philosophischen und metaphysischen Erfahrungen als Wurzeln der jeweiligen philosophisch-theologischen Konzeptionen. All das muß hinter sich lassen, wem das Philosophieren in seinem reinen Wesen, eben als radikales Fragen, zur Aufgabe geworden ist. Von hier und nur von hier aus können, wenn überhaupt, gegründete Aussagen im Felde der Philosophischen Theologie erwartet werden.

4. Selbstberichtigung

An diesem Punkte muß der Verfasser sich selber berichtigen. Er hat in einem früheren Aufsatz mit dem Titel: „Zum Problem der metaphysischen Erfahrung"[1] dargelegt, man müsse zwei verschiedene Weisen der dem Philosophieren zugrundeliegenden Erfahrung unterscheiden. Die eine soll die Voraussetzung des metaphysischen Fragens bilden. Sie wird dargestellt als „das Geschehen, in dem in einer bedrängenden Weise das im alltäglichen Umgang zunächst selbstverständlich hingenommene Seiende — die Dinge ebenso wie wir selber — fragwürdig wird, und zwar so, daß dabei zum Problem wird, ob und was es ist und worin sein Sein gründet" (107). Das ist nichts anderes als die jetzt geschilderte Grunderfahrung der radikalen Fraglichkeit.

Nun meinte der Verfasser damals, dem eine zweite Grunderfahrung hinzufügen zu müssen. „Die bloße Erfahrung der Fraglichkeit des Seienden reicht ... nicht aus, um daraufhin Aussagen über Sein und Seinsgrund machen zu können. Sie muß durch jene zweite Stufe metaphysischer Erfahrung ergänzt werden, auf der Sein und Seinsgrund selber, so wie sie im Seienden anwesend sind, erfahren werden" (107). Diese zweite Stufe der philosophischen Erfahrung sollte es sein, die die metaphysischen Antworten ermöglicht.

Sie ist in dem jetzt vorliegenden Versuch einer Grundlegung der Philosophischen Theologie beiseite gelassen worden. Die Frage ist, ob das zurecht geschehen ist. Es sieht ja — vorläufig wenigstens — so aus, als lasse

[1] Wilhelm Weischedel, Zum Problem der metaphysischen Erfahrung, in: Wirklichkeit und Wirklichkeiten, Berlin 1960.

die bloße Erfahrung der radikalen Fraglichkeit das Philosophieren im Ergebnislosen enden: in der Antwortlosigkeit, in der Leere des öden, immer sich wiederholenden Fragens. Aber selbst wenn das der Fall wäre, läge darin keine Rechtfertigung dafür, daß man weitere Erfahrungen hinzunehmen müßte. Im Philosophieren ist die Ergebnislosigkeit eines Ansatzes kein Einwand dagegen, daß er nur so und nicht anders gemacht werden kann.

Ein zweites kommt hinzu. Den Ansatz für das Philosophieren von Grunderfahrungen aus kann man ja nur dann mit Fug erweitern, wenn es von der Sache her notwendig ist. Die Sache aber ist das Philosophieren. Nun ist dieses im vorstehenden als radikales Fragen bestimmt worden. Um dieses in seinem Ursprung zu verstehen, reicht die Erfahrung der radikalen Fraglichkeit aus, und es sind daher keine weiteren erfahrungsmäßigen Voraussetzungen einzuführen, die — unausgewiesen — ein Positives an den Anfang setzten. Es muß also bei der Erfahrung der radikalen Fraglichkeit als der einzigen philosophischen Grunderfahrung bleiben.

5. Die Grunderfahrung als schwebende Erfahrung der Fraglichkeit von Sein und Sinn

Noch aber ist die Grunderfahrung nicht voll in dem, was sie der Sache nach bedeutet, ausgelegt worden. Es gilt, noch ein charakteristisches Moment an ihr hervorzuheben: daß sie nämlich eine schwebende Erfahrung ist. Schweben besagt: sich in der Mitte zwischen extremen Möglichkeiten halten. Eben das gehört zum Wesen der Grunderfahrung. Und zwar betrifft diese Bestimmung die beiden Bereiche, in denen auch schon in früheren Erörterungen das radikale Fragen angesiedelt worden ist: den Bereich des Seins und den Bereich des Sinnes.

Man wird freilich die im vorigen Paragraphen angeführten Beispiele nicht schematisch nach diesen beiden Richtungen der Fraglichkeit aufteilen können. Wo das Sein fraglich wird, wird immer zugleich auch der Sinn fraglich, und wo der Sinn fraglich wird, wird immer zugleich auch das Sein fraglich. Nur der vorherrschende Grundzug ist jeweils ein anderer. Unter diesem Gesichtspunkt läßt sich sagen, daß es in den Erfahrungen der Vergänglichkeit, der Langeweile, der Mittagsstille, der Ferne zum Mitmenschen und zur eigenen Existenz, der Unendlichkeit sowie des „ist" der Dinge vorzüglich um die Erfahrung der Fraglichkeit des Seins, in den Erfahrungen des Mißlingens, des Verrates, des Todes und des Kriegsausbruches vorzüglich um die Erfahrung der Fraglichkeit des Sinnes geht.

Was zunächst die Fraglichkeit in der Richtung auf das Problem des Seins angeht, so hat sich in der Beschreibung der Beispiele gezeigt, daß das Seiende im ganzen als fraglich erfahren wird. Damit kann nicht gemeint sein, daß man alles Seiende überschaute und nun dessen inne würde, daß es fraglich ist. Eine solche Überschau — das hat Kant gültig erwiesen — ist dem Menschen als endlichem Wesen versagt. Was fraglich wird, ist vielmehr das einzelne Seiende, aber freilich in seinem inneren Verweis auf das Seiende im ganzen und in seinem Eingebettetsein in dieses. Daran war gedacht, als zu Beginn des Paragraphen von der Ausweitung der Erfahrung der Fraglichkeit des einzelnen Seienden zur allgemeinen und durchgängigen Fraglichkeit die Rede war. So wird das „ist" des einzelnen Dinges fraglich und damit das „ist" überhaupt. So wird in der Langeweile jedes begegnende Seiende einschließlich des sich Langweilenden selber fraglich und damit wiederum das Seiende im ganzen. Ähnliches geschieht bei den anderen beispielhaft genannten Erfahrungen.

Was ist es nun, das am Seienden im ganzen fraglich wird? Ersichtlich dies, ob es überhaupt ist, also sein Sein. Im unmittelbaren Dasein lebt der Mensch in einer fraglosen Seinsgewißheit; daß die Dinge, die ihn umgeben, daß die Welt, in der er sich befindet, wahrhaft existieren, ist ihm unzweifelhaft gewiß, und ebenso, daß er selber existiert. Aber diese unmittelbare Seinsgewißheit geht in den Erfahrungen der Fraglichkeit unter. Das besagt nicht, daß in ihnen alles zunichte würde. Die Erfahrung der Fraglichkeit ist nicht die Erfahrung des Nichtseins, sondern lediglich die Erfahrung der Möglichkeit des Nichtseins. Nur so kann sie ihren schwebenden Charakter bewahren.

Man kann somit um der Erfahrung der Fraglichkeit willen zu keiner sicheren Aussage über das Seiende im ganzen gelangen. Der Gedanke kann sich weder im Sein noch im Nichtsein festmachen. Man kann nicht sagen: Die Welt ist; man kann aber auch nicht sagen: Die Welt ist nicht. Man kann nur sagen: Es ist fraglich, ob sie ist oder nicht ist. Alle Setzung, die positive gleichermaßen wie die negative, wird in dieser Erfahrung ins Schweben gebracht. Will man eine Aussage über Sein oder Nichtsein der Welt, zu der die Dinge ebenso gehören wie man selber, machen, so wird man in einer seltsam dialektischen Weise hin und her geworfen. Sagt man etwa: Die Welt ist, dann treibt die Erfahrung der Fraglichkeit sofort zu der entgegengesetzten Aussage: Sie ist möglicherweise nicht. Sagt man nun aber: Also ist überhaupt nichts, dann wird man wiederum auf das Gegenteil gestoßen: daß die Welt möglicherweise doch ist. Die Erfahrung der Fraglichkeit hat also das Eigentümliche an sich, daß sie weder im Sein noch im Nichtsein Wurzel schlagen kann. Sie bleibt im Schweben, und zwar darum, weil das, was in ihr erfahren wird, die fragliche Wirklichkeit, selber als schwebend zwischen Sein und Nichtsein begegnet. Alles „ist" wird erfahren als bedroht vom Nichtsein und doch nicht in das Nichtsein verschlungen; alles „nichts" wird erfahren als geheimnisvoll verbunden mit dem Sein. Die in der Erfahrung der Fraglichkeit erfahrene Wahrheit des Seienden ist somit — wie sich im nächsten Paragraphen noch deutlicher zeigen wird — das Schweben seiner Wirklichkeit. Der Ort des Seienden ist das Zwischen von Sein und Nichtsein.

Daher kann man auch sagen: In der Erfahrung der radikalen Fraglichkeit wird die Hinfälligkeit alles Seienden erfahren: daß sich die Welt in der Haltlosigkeit hält und im Sichhalten haltlos ist; daß sie ist und doch an das Nichtsein rührt; daß sie nichtig ist und doch an das Sein rührt; daß sie nicht in das Nichtsein verschlungen und doch von diesem her gefährdet ist; daß sie ständig vom Nichtsein bedroht ist und sich doch über dem Abgrund des Nichtseins hält; kurz: daß sie nicht schlechthin ist und doch nicht in das Nichtsein abstürzt. Das ist, wenn man so will, das Geheimnis der Fraglichkeit der Welt, inmitten deren der Mensch, selber fraglich, existiert.

Das gleiche gilt für die Problematik von Sinn und Sinnlosigkeit. Auch hier bewährt die Grunderfahrung ihren Charakter als Schweben. Erfahren werden weder Sinn noch Sinnlosigkeit rein für sich. Erfahren wird das Hin und Her zwischen beiden. Tritt Sinn vor den Blick, so wird er so ergriffen, daß er zugleich auf die Sinnlosigkeit verweist; wird Sinnlosigkeit erfahren, dann so, daß zugleich möglicher Sinn aufscheint. Kurz: Auch hier schwebt die Grunderfahrung zwischen beiden Extremen. Auch sie ist eine schwebende Erfahrung.

§ 127. *Wahrheit und Wirklichkeit der philosophischen Grunderfahrung*

1. Wahrheit und Wirklichkeit der Erfahrung

Was im vorigen Paragraphen über Unmittelbarkeit und Vermitteltheit ausgemacht worden ist, ist auch für die Frage nach der Wahrheit der philosophischen Grunderfahrung und nach der Wirklichkeit des in ihr Erfahrenen bedeutsam. Diese doppelte Frage ist im Grunde ein und dasselbe Problem; denn die Begriffe der Wahrheit und der Wirklichkeit hängen aufs engste zusammen. Eine Erfahrung ist dann wahr, wenn das in ihr Erfahrene wirklich ist. Umgekehrt kann etwas dann als wirklich angenommen werden, wenn die Erfahrung, in der es begegnet, wahr ist. Die Frage nach der Wahrheit und Wirklichkeit der Grunderfahrung muß aber aufgeworfen werden, wenn ein sicheres Fundament für eine Philosophische Theologie in der gegenwärtigen Situation gefunden werden soll.

Diese Frage kann jedoch nicht von außen gestellt werden, in dem Sinne, daß ein anderswoher genommener Begriff von Wahrheit und Wirklichkeit als Kriterium herangezogen wird. Das würde der hier gesuchten

Wahrheit und Wirklichkeit gerade einer Grunderfahrung nicht gerecht. Insbesondere wäre es, wie bereits betont, eine völlige Verkennung der Tatbestände, wenn man den Begriff der Erfahrung auf die sinnliche Wahrnehmung beschränkte und innerliche bzw. zwischenmenschliche Vorgänge, wie etwa das Erlebnis einer Liebe, oder auch die Erfahrung des Denkens, als „unverifizierbar" ausklammern wollte.

Was bedeuten nun im Hinblick auf die Erfahrung die Begriffe Wahrheit und Wirklichkeit? Wann sagt man, daß eine Erfahrung wahr ist? Offenbar im strengen Sinne dann, wenn das Erfahrene dieser Erfahrung unmittelbar präsent ist. Wahrheit einer Erfahrung ist Präsenthaben des Erfahrenen. Desgleichen sagt man von dem Erfahrenen, es sei wirklich, wenn es in der Erfahrung unmittelbar präsent ist. Wirklichkeit ist Selbstpräsenz der Sache selber in der Erfahrung von ihr. Die Begriffe von Wahrheit und Wirklichkeit bestimmen sich also beide aus dem Begriff der unmittelbaren Präsenz.

Dieses Moment reicht freilich nicht aus, um Wahrheit und Wirklichkeit des Erfahrenen auch tatsächlich zu gewährleisten. Es könnte ja sein, daß etwas als unmittelbar präsent und damit als wirklich vermeint wird, was in Wahrheit nicht präsent ist und sich somit auch nicht unbezweifelbar als wirklich kundgibt. Damit aber würde sich die Erfahrung von ihm als unwahr herausstellen. Die Frage ist also, was noch hinzukommen muß, damit eine Erfahrung gesichert als wahre Erfahrung und ein Wirkliches gesichert als wahrhaft Wirkliches erfaßt werden können.

Hier hilft eine Besinnung auf den Begriff der Erfahrung weiter. Diese ist ihrem Wesen nach Widerfahrnis. In ihr tritt etwas entgegen, begegnet etwas. Und zwar erfährt man in einer wahren Erfahrung das Begegnende so, daß es ohne eigenes Zutun des Erfahrenden diesem von sich selber her entgegentritt bzw. daß es dem Versuch, es beiseite zu schaffen, von sich selber her Widerstand leistet. Das entscheidende Moment ist also das „von sich selber her". Dem entspricht, daß man dem Erfahrenen gegenüber in Ohnmacht versetzt wird. Die Erfahrung kommt über einen, sie überfällt einen, man kann nicht anders erfahren, als man erfährt. Eben sofern dies geschieht, ist die Erfahrung wahre Erfahrung.

Das gleiche zeigt sich, wenn man den Sinn des Begriffes Wirklichkeit bedenkt. In diesem Ausdruck steckt das Moment des Wirkens. Das Wirkliche ist das Wirksame. Als wirklich wird somit in der Erfahrung etwas dann verstanden, wenn es auf jemanden wirkt, mag dies in einer aktiven Einwirkung bestehen oder im Widerstreben gegen das Zugehen auf dieses Wirkliche. Wirksamkeit aber setzt ihrerseits voraus, daß das Wirksame, eben sofern es wirksam ist, nicht von dem abhängt, dem die Wirkung widerfährt, sondern von sich selber her ist. So ist auch hier wieder das Moment des „von sich selber her" wesentlich.

Nunmehr läßt sich zusammenfassend formulieren: Eine Erfahrung bewährt sich dann als wahr, wenn das in ihr Erfahrene als von sich selber her wirksam erfahren wird. Ebenso bewährt sich ein Erfahrenes dann als wirklich, wenn es als von sich selber her wirksam erfahren wird. Denkt man dies im Zusammenhang mit dem oben erwähnten Moment der unmittelbaren Anwesenheit, dann gilt: Wahrheit und Wirklichkeit bewähren sich im Raum der Erfahrung darin, daß ein von sich selber her Wirksames in unmittelbarer Präsenz erfahren wird.

Nun kann es sein, daß sich dem einen das eine als wahr und wirklich aufdrängt, dem andern ein anderes. Das ist die crux im Problem der Begründung von Wahrheit und Wirklichkeit. Aus dieser Verlegenheit kann man nur dadurch herauskommen, daß man miteinander über Wahrheit und Wirklichkeit des jeweils im Thema stehenden Gegenstandes oder Gedankens diskutiert. Das ist freilich kein Allheilmittel. Es kann sein, daß sich im Dialog Übereinstimmung über das, was sich von sich selber her den Diskutierenden aufdrängt, herausstellt; dann hat man die gemeinsame Überzeugung von Wahrheit und Wirklichkeit erreicht. Es kann aber auch geschehen, daß man sich nicht einigt; dann muß jeder seiner Wahrheit folgen, weil sie sich ihm als Erfahrung von Wirklichkeit unabweislich darbietet; dann auch muß man den Schmerz der Trennung auf sich nehmen und die Zerrissenheit von Wahrheit und Wirklichkeit aushalten.

2. Die Wirklichkeit als Fraglichkeit

Das über Wahrheit und Wirklichkeit Entwickelte kommt der philosophischen Grunderfahrung und dem in ihr Erfahrenen in vorzüglichem Maße zu. Die Fraglichkeit von allem ist nicht nur, wie sich gezeigt hat, in den Erfahrungen von einzelnem Seienden oder einzelnem Geschehenden unmittelbar präsent, sondern sie drängt sich darin auch als von sich selber her wirksam dem Erfahrenden auf. Ihr gegenüber erfährt dieser, daß es nicht von seinem Zutun abhängt, ob und wie die Wirklichkeit fraglich wird. So begegnet in den Erfahrungen von Mißlingen und Verrat, von Tod und Vergänglichkeit sowie in den anderen genannten Beispielen die Fraglichkeit von allem als von sich selber her wirksam. Man kann also zurecht von der Wahrheit der Grunderfahrung und von der Wirklichkeit des in ihr Erfahrenen reden. Dem entspricht es, daß auch hier die eigene Ohnmacht erfahren wird. Ja, diese begegnet in einem extremen Sinne: als Erschrecken, als Beklemmung, als Niedergeschlagenwerden, als Auswegslosigkeit, als Verzweiflung.

Noch in einer weiteren Hinsicht zeigt sich, daß das Erfahrene dieser Grunderfahrung einen ausgezeichneten Grad von Wirksamkeit und damit von Wirklichkeit besitzt. Die in der Grunderfahrung erfahrene Fraglichkeit von allem unterläuft alles vermeintliche Wirkliche und stürzt es in sein Fraglichsein. Eben weil sie alles andere überholt, selber aber von keinem Erfahrenen mehr überholt werden kann, ist sie Grunderfahrung. In ihr erweist sich die Fraglichkeit als das einzige im Zusammenfall alles Wirklichen bleibende Wirkliche. Sie ist das, was die nächst vermeinte Wirklichkeit als fragliche Wirklichkeit erscheinen läßt und sich darin als wirklicher erweist denn jene. Man muß philosophierend in der Tat den ungeheuerlichen und paradoxen Satz wagen: Das Wesen der Wirklichkeit ist, tiefer betrachtet, die Fraglichkeit. Denn diese ist das einzige, was im Zusammenbruch alles fraglich werdenden sogenannten Wirklichen bleibt und sich durchhält, ja gerade darin zur Erscheinung kommt. Wenn aber diese These ernst genommen wird, dann schwinden alles Sichere und Zuverlässige, alles Gegründetsein und alle Geborgenheit dahin. Der Mensch in seiner Wirklichkeit ist dann der ausgesetzte Mensch: ausgesetzt nämlich dem unablässigen Auftauchen der radikalen Fraglichkeit.

2. Kapitel
Gott als das Vonwoher der Fraglichkeit

§ 128. Das Vonwoher der Fraglichkeit

1. Die Bedingung der Möglichkeit der Fraglichkeit

Was ist mit dem bisher über das radikale Fragen und die radikale Fraglichkeit Ausgemachten für das Problem erreicht, das im Mittelpunkt der Bemühungen dieses Buches steht: die Frage nach einer Philosophischen Theologie heute? Zugegeben: Die eigentliche Problemebene ist noch nicht betreten worden. Aber es sind die unumgänglichen Voraussetzungen erörtert worden, die, wenn überhaupt, ein angemessenes Reden von Gott in der gegenwärtigen geistigen Situation ermöglichen. An diesem Fundierungszusammenhang ist auch im folgenden streng festzuhalten. Immer besteht ja die Gefahr, daß der Gedanke, wenn er um das Problem Gottes kreist, ins Überschwengliche ausbricht. Darum gilt es, mit äußerster Behutsamkeit darauf zu achten, daß die bisher gewonnene Basis nicht verlassen wird, daß also nichts in den weiteren Ansatz eingeht, was sich nicht an der Erfahrung der radikalen Fraglichkeit ausweisen kann. Diese ist und bleibt die Grundlage für alles Weitere.

Jetzt aber ist ein weiterer, und zwar der entscheidende Schritt zu tun. Auch für ihn gilt: Die Richtung, in der er sich zu vollziehen hat, muß sich aus dem bisher Erörterten ergeben. Dem entspricht es, daß nunmehr ein

Moment näher zu betrachten ist, das auch bisher schon die Untersuchungen wesentlich mitbestimmt hat: das Verhältnis von radikalem Fragen und radikaler Fraglichkeit. Schon im Paragraphen 124 ist dargelegt worden, daß das Philosophieren als radikales Fragen von der radikalen Fraglichkeit herausgefordert wird. Überläßt man sich nun dem Intentionssinn dieser erfahrenen Fraglichkeit, dann muß man sie zum Gegenstand einer ausdrücklichen Frage machen. So wendet sich denn das radikale Fragen, herausgefordert von der radikalen Fraglichkeit, dieser zu und befragt sie.

Woraufhin muß die fragliche Wirklichkeit im radikalen Fragen befragt werden? Offenbar eben auf ihr Wesen als Fraglichkeit hin. Diese ist zwar festgestellt und erläutert, aber noch nicht eigentlich zum Verstehen gebracht worden. Wie sich die radikale Fraglichkeit begreifen läßt, soll im folgenden von drei Ausgangspunkten her erläutert werden.

Die Fraglichkeit ist im Paragraphen 126 als ein Schweben zwischen Sein und Nichtsein, zwischen Sinn und Sinnlosigkeit gekennzeichnet worden. Dieses Schweben hat sein Charakteristikum darin, daß sich keine Beständigkeit an ihm findet. Es hat sich ja gezeigt, daß der Gedanke, der die Fraglichkeit zu erfassen sucht, immer wieder von dem einen der beiden widerstreitenden Extreme zum entgegengesetzten getrieben wird. Das aber geschieht nicht aus eigener Vollmacht oder gar aus der Willkür des Denkens, sondern so, daß dieses von der Sache, also von der Fraglichkeit selber in ihrem Schweben herausgefordert wird. Bei dieser Feststellung kann sich jedoch das radikale Fragen nicht beruhigen. Es sucht nach „etwas", von dem her dieses ihm vorausgehende Schweben in Gang kommt und das es ermöglicht. Kurz: Es fragt hinter die Fraglichkeit in ihrer schwebenden Erscheinung zurück in den Bereich der Bedingung ihrer Möglichkeit.

Im Paragraphen 126 ist die radikale Fraglichkeit auch als Sich-Halten in der Haltlosigkeit beschrieben worden. Sein und Sinn sind ohne Halt und verfallen doch nicht dem Nichtsein und der Sinnlosigkeit. Wieder ergibt sich die gleiche Frage, wie sie angesichts des Schwebens zu stellen ist: Gibt es „etwas", das dieses Moment hervorruft? Auch hier also fragt der Gedanke hinter die Fraglichkeit in ihrem haltlosen Sich-Halten zurück in den Bereich der Bedingung ihrer Möglichkeit.

Schließlich läßt sich die radikale Fraglichkeit auch als Hinfälligkeit bezeichnen. Dieser Ausdruck bedeutet, daß die Wirklichkeit vom Absturz ins Nichtsein und in die Sinnlosigkeit bedroht ist und sich gleichwohl über dem Abgrund hält. Wie aber kommt es zu diesem Moment? Gibt es „etwas", das der Wirklichkeit den Charakter der Hinfälligkeit verleiht? So zeigt sich auch hier: Der Gedanke fragt hinter die Fraglichkeit in ihrer Hinfälligkeit zurück in den Bereich der Bedingung ihrer Möglichkeit.

Ist aber — so muß kritisch eingewendet werden — eine solche Frage nach der Bedingung der Möglichkeit überhaupt berechtigt, wenn sie in dem Felde gestellt wird, das jetzt zur Diskussion steht? In der Erscheinungswelt mag sie ihr Recht haben. Man fragt mit Grund, wodurch ein Ding zustande gekommen ist, woraus ein Geschehen entsprungen ist, worin eine Tat motiviert ist. Aber hier, an der äußersten Grenze der Erfahrung, wo die grundhafte radikale Fraglichkeit erfahren wird, könnte es sein, daß jene Frage ihre Bedeutung und ihre Kraft verliert.

Doch ist es für das Denken unausweichlich, die Frage nach der Bedingung der Möglichkeit auch in dem jetzt betretenen Bereich zu stellen. Dem Menschen kommt es ja darauf an, das, was ihn umgibt, die Welt und sich selber in dieser Welt, zu verstehen. Verstehen aber heißt: die Möglichkeit einer Sache einsehen. Das nun kann man im ausgesprochenen Sinne nur, wenn man die Bedingung für diese Möglichkeit begreift. Das gilt in besonderem Maße, wo es sich um einen so rätselvollen Sachverhalt handelt, wie es die durchgängige Fraglichkeit ist. Hier wird deshalb die Frage nach der Bedingung der Möglichkeit unvermeidlich. So ist sie eine durchaus legitime Frage.

Übrigens entspricht diese Frage in vollem Maße dem Wesen des Philosophierens als des radikalen Fragens. Dieses geht ja, dem Wortsinne nach, auf die radices, die Wurzeln, und damit eben gerade auf die Bedingungen der Möglichkeit. So ist auch unter diesem Gesichtspunkt die aufgeworfene Frage legitim.

Das gilt freilich nur so lange, als sie im strengen Sinne die Frage nach der Bedingung der Möglichkeit ist und damit auf die Sache, deren Möglichkeitsbedingung sie ist, bezogen bleibt. Jede Loslösung von der radikalen Fraglichkeit wäre ein Ausschweifen ins Phantastische und Unbewahrheitbare. Das aber muß mit äußerster Behutsamkeit vermieden werden.

2. Grund, Ursprung, Herkunft, Vonwoher

Der Ausdruck „Bedingung der Möglichkeit der Fraglichkeit", von dem bisher die Rede war, ist eine rein formale Bezeichnung. Der Gedanke möchte jedoch wissen, was der Sache nach gemeint ist. Das nun kann nur so aufgehellt werden, daß eine möglichst adäquate sprachliche Benennung gefunden wird. Sie muß der Tatsache Rechnung tragen, daß es sich um die Bedingung der Möglichkeit nicht irgendeines Seienden, sondern um die Bedingung der Möglichkeit der die Wirklichkeit als solche bestimmenden radikalen Fraglichkeit handelt. Darum kann es nicht um etwas seinerseits Abkünftiges gehen; denn alles einzelne Wirkliche erhält ja seine Fraglichkeit von der radikal fraglichen Wirklichkeit als solcher her. Bedingung der Möglichkeit muß also „etwas" sein, das ursprünglicher ist als die fragliche Wirklichkeit im ganzen.

Man könnte in dieser Hinsicht den Ausdruck „Grund" verwenden. Dabei müßte man diesen als das verstehen, was gründet und so das Gegründete ermöglicht. Dann könnte gesagt werden: Die radikale Fraglichkeit verweist, wenn sie im radikalen Fragen nach der Bedingung ihrer Möglichkeit befragt wird, auf einen Grund ihrer selbst.

Gegen die Bezeichnung der Bedingung der Möglichkeit der radikalen Fraglichkeit als Grund erheben sich jedoch Bedenken. Mißverständnisse liegen allzu nahe. Denn im Verhältnis von Grund und Gegründetem schwingt eine statische Bedeutung mit. Man könnte annehmen, mit der Rede von einem Grunde der Fraglichkeit verschreibe sich die Untersuchung einer substantiellen Metaphysik. Ihr gemäß träten sich gegenüber ein seiender Grund und ein seiendes Gegründetes. Demgegenüber gilt: Die Abwendung von aller dinglichen Metaphysik ist eine unumgängliche Notwendigkeit für das gegenwärtige Denken. Es muß daher mit Entschiedenheit betont werden: In der Frage nach der Bedingung der Möglichkeit der radikalen Fraglichkeit wird nicht nach einem seienden Grunde gefragt. Das geht schon aus den Ausführungen des vorigen Kapitels hervor. Indem an die Stelle des traditionell verstandenen Begriffs der Wirklichkeit der Begriff der Fraglichkeit des Wirklichen getreten ist, ist das Feld des substantiellen metaphysischen Seinsbegriffes verlassen. Dieser darf darum auch nicht auf dem Wege über den mißverständlichen Begriff des Grundes gleichsam durch eine Hintertür wieder eingelassen werden. Daher empfiehlt es sich, den Begriff des Grundes bei der näheren Kennzeichnung der Bedingung der Möglichkeit der radikalen Fraglichkeit beiseite zu lassen.

Der Verdacht, die Sprache könne unvermerkt in die Bezeichnung der Bedingung der Möglichkeit der Fraglichkeit ein statisches Verständnis einbringen, das der Sache nicht adäquat ist, liegt offenbar nicht so eindeutig nahe, wenn statt des Wortes „Grund" das Wort „Ursprung" verwendet wird. Ursprung ist das, was entspringen läßt, was also einen dynamischen Prozeß in Gang setzt und damit selber dynamisch zu denken ist.

Doch auch hier liegt eine Gefahr nahe: daß man nämlich den Ursprung als ein besonderes Seiendes von dem aus ihm Entspringenden als einem wiederum ihm gegenüber selbständigen Seienden trennt. Das Phänomen der radikalen Fraglichkeit gibt jedoch aus sich heraus keinen Anlaß, einen derartigen selbständigen Ursprung anzusetzen. Gefragt wird ja danach, wie es zur radikalen Fraglichkeit kommt; diese ist der bleibende Ausgangspunkt. Also kann deren Woher auch nur aus der Perspektive der

Fraglichkeit und also in strengem Zusammenhang mit dieser gedacht werden. So ist auch der Ausdruck „Ursprung" der Mißverständlichkeit ausgesetzt und somit nicht voll geeignet, die Bedingung der Möglichkeit der radikalen Fraglichkeit adäquat zu bezeichnen.

Das Moment des Entspringenlassens, das im Ausdruck „Ursprung" die wesentliche Beziehung zur radikalen Fraglichkeit kennzeichnet, kann vielleicht dadurch angemessen benannt werden, daß man es als die Herkunft bezeichnet. Damit ist die Verbindung mit dem, um dessen Herkunft es sich handelt, ausdrücklich im Wort mitgedacht. Bedingung der Möglichkeit hieße dann: Die fragliche Wirklichkeit verweist zu ihrer Ermöglichung auf ihre Herkunft.

Hier könnte sich jedoch allzuleicht der Gedanke einschleichen, es handle sich um die Herkunft der Weltwirklichkeit, diese im massiven Sinne des Wortes verstanden. Davon aber kann keinesfalls die Rede sein. Den Ausgangspunkt bildet alles andere als eine fraglose Gewißheit des Seins der Welt. Das einzige eigentlich Wirkliche ist ja nach den Erörterungen im Paragraphen 127 die Fraglichkeit des Wirklichen. Dementsprechend geht es hier, wenn der Ausdruck „Herkunft" verwendet wird, um die Herkunft der Fraglichkeit, des Schwebens zwischen Sein und Nichtsein, zwischen Sinn und Sinnlosigkeit: daß das Seiende ebenso ist wie nicht ist, ebenso Sinn hat wie sinnlos ist, dies aber nicht im Sinne einer Komposition aus zwei Elementen, sondern so, daß es dazwischen hin und her getrieben wird. Das aber besagt: Die Herkunft darf nicht als ein herkommendes Seiendes begriffen werden; sie muß vielmehr als ein Vorgang, ein processus und demnach verbal verstanden werden: als Herkommen des Schwebens.

Wollte man das Gemeinte exakt bezeichnen, dann käme es also darauf an, die Ausdrücke „Grund", „Ursprung" und „Herkunft" des Restes von substantiellem Charakter zu entkleiden. Die Frage ist dann, ob es ein Wort gibt, das den reinen Geschehenscharakter jenes „etwas" angemessen auszudrücken imstande ist. Das nun scheint der Fall zu sein, wenn man anstelle der drei Begriffe „Grund", „Ursprung" und „Herkunft" den Ausdruck „Vonwoher" gebraucht. Die Bedingung der Möglichkeit der radikalen Fraglichkeit wäre dann als ihr Vonwoher zu bestimmen. Trotz seiner substantivierten Form zeigt ja das Wort „Vonwoher" kein Seiendes an. Es deutet lediglich in eine Richtung hinein, von der her etwas geschieht. Es will nur sagen: Die radikale Fraglichkeit ist angegangen, ist hervorgerufen durch „etwas", über das man nichts anderes ausmachen kann, als daß es eben das Herkommende, das Angehende, das Hervorrufende und also das Vonwoher ist. Was es aber von sich selber her ist, abgesehen davon, daß es die radikale Fraglichkeit hervorruft, läßt sich vorerst nicht sagen. So scheint denn das Wort „Vonwoher" der adäquate

Ausdruck für das Gemeinte zu sein. Die Fraglichkeit von allem hat zur Bedingung ihrer Möglichkeit ein Vonwoher. Es ist das, was sie ins Schweben versetzt und im Schweben hält, was ihre haltlose Gehaltenheit ermöglicht und ihre Hinfälligkeit bedingt. Daher soll im folgenden nicht von Grund, nicht von Ursprung und nicht von Herkunft, sondern vom Vonwoher der radikalen Fraglichkeit die Rede sein.

§ 129. Die Frage nach dem Vonwoher als Spekulation

Die Frage nach dem Vonwoher der radikalen Fraglichkeit ist die Grundfrage des Philosophierens überhaupt. Denn diesem kann nichts daran liegen, einfachhin zu sagen, was ist, also die Fraglichkeit von allem bloß auszusprechen. Die philosophische Frage will vielmehr begreifen. Begreifen aber heißt: nach dem fragen, was das Festgestellte zu dem macht, was es ist, nach dem also, was Bedingung seiner Möglichkeit ist. Das aber besagt eben: die Frage nach seinem Vonwoher stellen.

Dieses Vonwoher ist das letzte, wohin die philosophische Frage in ihrem Rückgang hinter die Grunderfahrung der radikalen Fraglichkeit gelangen kann. Jeder Schritt weiter zurück in deren Ursprung müßte sich von ihr entfernen und ließe sich dann nicht mehr an ihr ausweisen. Insofern ist das Vonwoher ein Absolutes, wenn dieser Ausdruck in dem Sinne verstanden wird, daß er das bedeutet, was, soweit das menschliche Erkennen reicht, nicht mehr relativ auf anderes ihm Zugrundeliegendes ist; aber es ist auch das äußerste Absolute, zu dem man kommen kann.

Geht aber nicht schon der Hinweis auf ein Vonwoher der radikalen Fraglichkeit einen Schritt zu weit? Bis zum Ende des vorigen Kapitels war alles, was gesagt worden ist, an der Erfahrung ausweisbar. Die Frage ist nun, ob sich das mit den Ausführungen des vorangehenden Paragraphen über Bedingung der Möglichkeit, über Grund, Ursprung, Herkunft und Vonwoher geändert hat. Ist damit am Ende nicht doch die Spekulation an die Stelle der Erfahrung getreten? Doch was besagt überhaupt Spekulation?

Spekulation bedeutet ursprünglich nicht mehr als Schauen. Dieser weite und neutrale Begriff hat jedoch im Laufe der Geschichte der Philosophie eine engere und damit zugleich auch problematischere Bedeutung erlangt. Danach versteht man unter Spekulation das Schauen von nicht unmittelbar Wahrnehmbarem. In diesem Sinne, und zwar nun als das chakteristische Vorgehen der Philosophie überhaupt, wird das Wort etwa im Deutschen Idealismus in einem positiven Sinne verwendet. Einen pejorativen Sinn bekommt es dagegen, wenn man, wie dies nach dem Zusammenbruch der idealistischen Philosophie üblich geworden ist, den Ausdruck „bloße

Spekulation" gebraucht. Damit ist dann ein solches Schauen gemeint, das das Band zur Erfahrung völlig durchschnitten hat, ein bloßes Ausschweifen ins Übersinnliche, ein unbegründetes und darum leeres Denken.

In welchem Sinne kann man nun davon sprechen, daß die Frage nach dem Vonwoher spekulativ ist? Offenbar insofern, als das Vonwoher kein unmittelbarer Gegenstand der Erfahrung ist. Erfahren wird primär das fragliche Seiende im ganzen. Erfahren wird in sekundärer Weise, aber ineins mit jenem ersten Erfahrenen, die Fraglichkeit als solche. Dagegen das Vonwoher der Fraglichkeit ist nicht mehr unmittelbar erfahrbar; es wird als Bedingung der Möglichkeit vorausgesetzt. Insofern ist der Gebrauch dieses Begriffes Spekulation.

Ist das Reden von einem Vonwoher auch spekulativ im pejorativen Sinne? Dazu wäre nach der obigen Begriffsbestimmung notwendig, daß es den Bezug zur Erfahrung abschnitte. Das aber ist keineswegs der Fall. Gefragt wird nach dem Vonwoher der radikalen Fraglichkeit. Sein Wesen muß sich aus dieser als einer erfahrbaren ergeben. Das Vonwoher der Fraglichkeit kann also nur „etwas" sein, woraus diese in ihrem vollen Umfang verstehbar wird. Insofern ist der Zusammenhang mit der Erfahrung nicht abgerissen. Das aber besagt: Die Rede vom Vonwoher ist nicht spekulativ im pejorativen Sinne.[1]

---

[1] Mit dem oben Ausgeführten wird versucht, einem Einwand Wolfgang Müller-Lauters in seinem Aufsatz „Zarathustras Schatten hat lange Beine . . ." (vgl. § 117 Anm. 6) Rechnung zu tragen. Der Kritiker fragt: „Was nötigt, über diese Fraglichkeit zu deren Herkunft zurückzugehen, eine solche überhaupt anzunehmen — selbst wenn diese, jeder Fixierbarkeit entzogen, als verbal zu denkendes Herkommen bestimmt wird . . .?" Der Protest Müller-Lauters schließt mit den Sätzen: „So muß ich die Kritik, die Weischedel zu Recht gegen Jaspers und Heidegger erhebt — sie seien aus dem radikalen Fragen herausgesprungen —, gegen ihn selber wenden, wenn auch festgestellt werden muß, daß er länger im Fragen verharrt als die genannten Denker. Denn seine Annahme eines Vonwoher der Fraglichkeit ist eine Absolutsetzung, eine sublime zwar, aber doch eine Setzung, die in die Fraglichkeit zurückgenommen werden müßte" (110). Wenn Müller-Lauter demgegenüber betont, von einem „Vonwoher" könne man nur in dem Sinne reden, daß die Fraglichkeit aus einer geschichtlichen Situation herkommt, so ist das ohne Zweifel eine diskutable Position. Aber sie biegt die Problematik ins Philosophiehistorische ab. Dem Verfasser dagegen erscheint es notwendig, die systematisch-philosophischen Konsequenzen aus der Erfahrung der radikalen Fraglichkeit zu ziehen. Das aber kann nur so geschehen, daß in den Bereich der Bedingung der Möglichkeit hinabgefragt wird. Daß das eine legitime philosophische Aufgabe ist, ist oben dargelegt worden.

1. Die Auslegung des Satzes vom Grund

Den schärfsten Angriff gegen ein metaphysisches Hinterfragen der philosophischen Grunderfahrung hat in jüngster Zeit Martin Heidegger geführt. Das geschieht anläßlich dessen, daß er gegen die Verwendung des Begriffs des Grundes in der von ihm als Seinsdenken neu gefaßten Philosophie kämpft und behauptet, wollte man jenen Begriff gebrauchen, so läge darin ein Rückfall in die substantielle Metaphysik. Die wesentlichen Äußerungen zu diesem Problem finden sich in der Schrift „Der Satz vom Grund"[1], der die folgenden Zitate entnommen sind. Im vorliegenden Zusammenhang ist die Frage, ob auch die Rede von einem Vonwoher der Fraglichkeit diesem Verdikt unterworfen ist.

Heidegger geht davon aus, daß „der menschliche Verstand" ebenso wie „das menschliche Vorstellen" stets und überall nach Gründen Ausschau halten, „oft nur nach den nächstliegenden, bisweilen auch nach den weiter zurückliegenden Gründen, schließlich aber nach den ersten und letzten Gründen". Dieser Tatbestand spricht sich im Satz vom Grund aus. So gilt: „Unser Verhalten trägt überall dem Rechnung, was der Satz vom Grund sagt" (13 f.).

Dieser Satz ist von entscheidender Bedeutung auch für die Philosophische Theologie. Um das zu zeigen, zieht Heidegger Leibniz heran. Für diesen ist „das Wesensganze des Seienden bis zur prima causa, zu Gott . . ., vom principium rationis durchwaltet. Der Geltungsbereich des Satzes vom Grund umfängt alles Seiende bis zu seiner ersten seienden Ursache, diese mit eingeschlossen" (53). Das entspricht dem grundsätzlich metaphysischen Denken von Leibniz, das, wie Heidegger es deutet, eben als metaphysisches ausschließlich auf das Seiende gerichtet ist. „Weil . . . Leibniz und alle Metaphysik beim Satz vom Grund als einem Grundsatz über das Seiende stehenbleiben, verlangt das metaphysische Denken dem Grundsatz gemäß einen ersten Grund für das Sein: in einem Seienden, und zwar dem Seiendsten" (205).

Die metaphysisch verstandene Philosophische Theologie ist also aufs engste mit der Geltung des Satzes vom Grund verknüpft. Heidegger wendet sich daher dessen kritischer Betrachtung zu. Er erörtert zunächst, wie der Satz vom Grund, nach einer „langen Incubationszeit" (192), im neuzeitlichen Denken in seiner eigentlichen Bedeutung hervortritt. Das geschieht, wenn Leibniz ihn als das „principium reddendae rationis", als den „Grundsatz des zuzustellenden Grundes" formuliert (45). Der Satz

---

[1] Martin Heidegger, Der Satz vom Grund, Pfullingen 1957.

vom Grund drückt demgemäß das Postulat aus, daß für alles, was ist und geschieht, Gründe herbeigeschafft werden müssen. Das gilt insbesondere für die Neuzeit, sofern „der Satz vom Grund uns den Anspruch zuspricht, unter dem unser Zeitalter weltgeschichtlich steht" (178).

2. Grund und Sein

Nach alledem sieht es so aus, als sei die Unterwerfung unter den Satz vom Grund für den Menschen — in unausgesprochener Weise im ganzen abendländischen Denken, ausdrücklich in der Neuzeit — unentrinnbar. Heidegger wirft jedoch im Zusammenhang mit seiner im ersten Bande geschilderten umfassenden Kritik an der Metaphysik die Frage auf, ob dies notwendig so bleiben muß. Ob der „Anspruchscharakter des Grundes ... schlichthin zum Wesen des Grundes gehört, oder ob er nur die Weise betrifft, in der sich das Wesen des Grundes für ein bestimmtes Zeitalter zeigt, muß offenbleiben" (67). Das Problem ist also, ob man das, was Grund bedeutet, in einer andern Weise als in der durch den Satz vom Grund geprägten denken kann und am Ende gar — wenn anders es gilt, die Metaphysik zu überwinden — denken muß.

Heidegger zieht in diesem Zusammenhang eine Zeile aus einem Gedicht von Angelus Silesius heran: „„Die Ros ist ohn warum; sie blühet, weil sie blühet'" (70). Dieser Satz will sagen: „Damit die Rose blüht, braucht sie nicht die Zustellung der Gründe, darin ihr Blühen gründet" (72). Sie ist „ohne die fragende, den Grund eigens vorstellende Beziehung zum Grund" (78 f.).

„Gleichwohl ist die Rose niemals ohne Grund" (72). Sie ist zwar ohne „warum", aber nicht ohne „weil". Denn „„warum' und ,weil' bedeuten Verschiedenes" (70). „Das ,warum' nennt den Grund, der immer so gründet, daß er zugleich als Grund vorgestellt wird". „Das ,weil'" dagegen „weist das Blühen einfach auf es selbst zurück. Das Blühen gründet in ihm selbst, hat seinen Grund bei und in ihm selbst". Auch „das ,weil'" also „nennt den Grund, aber der Grund ist ... das einfache Blühen der Rose, ihr Rose-sein" (101 f.). Daraus geht hervor: der Grund der Rose und ihres Blühens ist das Sein der Rose.

Anders steht es mit dem Menschen. Im Unterschied zur Rose muß er, „um in den wesenhaften Möglichkeiten seines Daseins zu sein, darauf achten, was für ihn je die bestimmenden Gründe sind und wie sie es sind" (71). Doch Heidegger deutet auch an, „daß der Mensch im verborgensten Grunde seines Wesens erst dann wahrhaft ist, wenn er auf seine Weise so ist wie die Rose — ohne Warum" (73). Das einzusehen fordert freilich eine „Verwandlung des Denkens" (94), die vorerst noch als zukünftige

Möglichkeit bevorsteht. „Indessen müssen wir fragen: warum? Denn wir können aus dem gegenwärtigen Zeitalter nicht herausspringen, das vom Grundsatz des zuzustellenden zureichenden Grundes durchwaltet wird. Aber wir dürfen zugleich nicht davon ablassen, uns an das Weil zu halten, indem wir auf das Wort vom Sein als dem Grund hören" (208). Das wird durch jenen „Sprung des Denkens" (95) möglich, von dem schon im Paragraphen 93 des ersten Bandes die Rede war. „Der Sprung bringt das Denken aus dem Bereich des Satzes vom Grund als eines obersten Grundsatzes über das Seiende in ein Sagen, das vom Sein als solchem sagt" (107).

Entscheidend für die Frage, ob das Wesen des Grundes neu gedacht werden kann, ist also offenbar der Zusammenhang von Sein und Grund. Heidegger geht ihm daher eindringlicher nach. In dieser Absicht weist er noch einmal auf den Satz vom Grund zurück, und zwar auf die „Zuwendung des Anspruches des Satzes an uns" (105 f.). Er fragt nun: „Woher spricht dieser Anspruch des Grundes auf seine Zustellung" (57)? „Sind wir Menschen diejenigen, die ihr eigenes Vorstellen unter den Anspruch stellen, daß jeweils der Grund zugestellt werde? Oder stellt der Grund selber, von sich aus, als Grund solchen Anspruch an unser Vorstellen" (74)?

Die Antwort ergibt sich aus dem Ganzen des Denkens Heideggers, wie es im ersten Bande ausgelegt worden ist. Was in der Weise des Geschicks den Menschen bestimmt, ist das Sein. Es ist daher auch jenes gesuchte „Woher", aus dem heraus der Satz vom Grund spricht. Er „waltet im . . . Anspruch des Grundes auf Zustellung das Geschick des Seins". Wird „der Satz vom Grund" in diesem Horizont betrachtet, dann zeigt sich: Er ist „in Wahrheit ein Satz vom Sein" (101). So kann Heidegger schließlich zusammenfassend formulieren: Der Satz vom Grund ist als „Satz vom Sein . . . vom Seinsgeschick her bestimmt" (114).

Das aber besagt weiter, nun vom Sein her gedacht: Dieses ist in einer besonderen Weise Grund, vergleichbar der Art, wie das Rose-sein der Grund des Blühens der Rose ist. Um das zu zeigen, bedenkt Heidegger das „ist" in dem Satze: „„Nichts ist ohne Grund'". Er stellt dabei einen „Einklang von ‚ist' und ‚Grund'" fest (86). „Aus seiner Zusammengehörigkeit mit dem Sein als Sein empfängt der Grund sein Wesen" (92). Das aber heißt: „Zum Sein gehört dergleichen wie Grund . . . Sein west in sich als gründendes" (90). „Sein ist als Sein gründend" (92).

Wenn aber so das Sein der Ursprung des Satzes vom Grund ist, dann kann es selber nicht dessen Herrschaft unterliegen, wie es im abendländischen Denken geschieht. Das Sein selber ist vielmehr ohne Grund. Es ereignet sich, weil es sich ereignet — vergleichbar dem Rose-sein der Rose. „Insofern Sein als Grund west, hat es selber keinen Grund . . . Jede

Begründung und schon jeder Anschein von Begründbarkeit müßte das Sein zu etwas Seiendem herabsetzen. Sein bleibt als Sein grund-los" (185). „Sein als gründendes hat keinen Grund, spielt als der Ab-Grund jenes Spiel, das als Geschick uns Sein und Grund zuspielt" (188).

3. Sein und Vonwoher

Nunmehr gilt es, die eingangs dieses Paragraphen gestellte Frage wieder aufzunehmen: ob nämlich von Heideggers Einwänden gegen die unumschränkte Geltung des Satzes vom Grund her der Ausgriff auf ein Vonwoher der radikalen Fraglichkeit einen Rückfall in eine substantielle Metaphysik im traditionellen Sinne darstellt. Hier nun ist zunächst zu beachten, daß Heidegger in der Abweisung des Satzes vom Grund nicht auch das Wesen von Grund überhaupt verwirft. Sogar das Sein und gerade das Sein soll ja in einer besonderen Weise gründend sein. Von daher gesehen kann es nicht anstößig sein, trotz aller Vorbehalte gegen den Begriff des Grundes auch dem Vonwoher den Charakter des Grundes der radikalen Fraglichkeit zuzusprechen, wenn diesem nur, wie im Paragraphen 128 erörtert worden ist, die statische Bedeutung genommen wird.

Denn weder das Vonwoher der radikalen Fraglichkeit noch das Sein im Sinne Heideggers dürfen als ein höchstes Seiendes angesehen werden. Sie gehen vielmehr völlig im Vorgang des Gründens auf. In dieser Hinsicht ist bedeutsam, daß auch Heidegger im Blick auf das „Wesen" des Seins von dessen „Herkunft" (113), also von der „Wesensherkunft des Seins als solchem" (150) spricht. Wird auch das Vonwoher in diesem strengen Sinne als Herkunft in der Bedeutung von Herkommen verstanden, dann besteht kein Anlaß, von Heideggers Abweisung des Satzes vom Grund her auf die Rede von einem solchen Vonwoher zu verzichten.

§ 131. Das Vonwoher als Gott

Im Begriff des Vonwoher gipfeln also alle bisherigen Bemühungen dieses Buches um eine Philosophische Theologie in der Situation der Gegenwart. Daher muß dieser Begriff den Ausgangspunkt für alles folgende bilden. Er ist im vorstehenden in seiner Legitimität ausgewiesen worden. Es ist auch gezeigt worden, daß er das letzte Aussagbare in der Richtung auf die Frage nach der Bedingung der Möglichkeit der radikalen Fraglichkeit ist. Jetzt kann es sich also nur noch darum handeln, ihn nach den Aspekten, die er in philosophisch-theologischer Hinsicht bietet, zu entfalten.

Gleich zu Beginn soll die grundlegende These ausgesprochen werden: Das Vonwoher der radikalen Fraglichkeit ist der einzige Begriff, der in der Situation des offenen Nihilismus, wie sie im Paragraphen 117 dargestellt worden ist, noch verwendet werden kann, wenn von Gott geredet werden soll. Gott, das ist für den nachdenklichen Menschen der Gegenwart nicht mehr ein höchstes Seiendes; denn die Wirklichkeit im ganzen ist fraglich geworden. Gott, das ist für den nachdenklichen Menschen der Gegenwart nicht mehr ein absoluter Geist; denn die Geisthaftigkeit des letzten Prinzips ist im radikalen Fragen untergegangen. Gott, das ist für den nachdenklichen Menschen der Gegenwart nicht mehr eine absolute Person; denn die Personhaftigkeit des Absoluten ist im Feuer des radikalen Fragens verbrannt. Keiner der traditionellen Gottesbegriffe darf also unversehens mit ins Spiel kommen. Gott muß vielmehr ganz und allein von dem einzig Verbleibenden, der Fraglichkeit der Wirklichkeit, her betrachtet werden. Geschieht das aber, dann kann er nichts anderes als das Vonwoher der radikalen Fraglichkeit, des Schwebens aller Wirklichkeit zwischen Sein und Nichtsein, zwischen Sinn und Sinnlosigkeit, sein.

Man könnte fragen, warum überhaupt noch das Wort „Gott" verwendet wird und weshalb man es nicht bei dem Ausdruck „Vonwoher" beläßt. Dafür läßt sich in der Tat kein durchschlagender Grund angeben, der eine Notwendigkeit ausdrückte. Es wäre durchaus möglich, auf das Wort „Gott" zu verzichten, zumal dies schon Hegel — wie im Paragraphen 69 des ersten Bandes gezeigt worden ist — in der „Phänomenologie des Geistes" erwägt. Wenn gleichwohl noch von Gott gesprochen wird, so geschieht dies darum, weil die Enthüllung der Fraglichkeit der Wirklichkeit im Zusammenhang der philosophisch-theologischen Problematik steht, wie sie im ersten Bande dieses Buches in ihrem Aufstieg und ihrem Verfall dargestellt worden ist. Das Vonwoher der radikalen Fraglichkeit steht genau an der Stelle, an der im traditionellen Sprachgebrauch Gott steht: als — wie im Paragraphen 129 ausgeführt worden ist — das Letzte und Absolute, das von der Wirklichkeit ausgesagt werden kann. Das Wort „Vonwoher" trifft also in der einzigen heute noch möglichen Weise das, was in der ganzen Geschichte der Philosophie unter dem Ausdruck „Gott" gesucht worden ist. So kann man — in etwas verwegener Formulierung — sagen: Mit dem Wort „Vonwoher" ist die uns heute noch zugängliche Wahrheit des Ausdrucks „Gott" getroffen. Damit ist der im Zeitalter des Nihilismus einzig mögliche Begriff des Gottes der Philosophen ausgesprochen.

Kann nun das bisher Ausgeführte den Anspruch erheben, einen Gottesbeweis geliefert zu haben? Davon kann keine Rede sein, wenn man an die traditionellen Arten von Gottesbeweisen denkt, wie sie im I. Teil dieses Buches ausgelegt worden sind. Weder der reine Begriff Gottes noch die

Kontingenz der Welt noch die Ordnung in der Wirklichkeit führen zum Ziel. Überhaupt kann es nicht gelingen, mit dem Anspruch auf Wahrheit von Gott zu reden, wenn man meint, dies könne in der Weise eines auf unmittelbare begriffliche oder reale Gegebenheiten sich stützenden Schlusses geschehen; all diese Fakta sind ja fraglich geworden. Um noch heute vom Gott der Philosophen sprechen zu können, muß zunächst die radikale Fraglichkeit als die Wahrheit der Wirklichkeit erfaßt und im Grundentschluß übernommen sein, und es muß die Frage nach einem Vonwoher dieser radikalen Fraglichkeit in ihrer Legitimität aufgewiesen sein. Das nun ist in den bisherigen Überlegungen dieses Teiles geschehen. So kann im folgenden mit Fug, ohne daß dahinter die Anmaßung eines Gottesbeweises stünde, von Gott geredet werden.

Damit ist die Grundfrage des vorliegenden Buches beantwortet. Es kann auch heute, im Zeitalter des Nihilismus, eine Philosophische Theologie geben. Sie ist freilich nur möglich, wenn ihren Ausgangspunkt die radikale Fraglichkeit bildet und wenn sie von Gott ausschließlich im Sinne des Vonwoher dieser radikalen Fraglichkeit redet. Die Philosophische Theologie ist dann nicht ein mehr oder minder begründetes Lehrstück, das der allgemeinen Philosophie angegliedert wird. Sie ist vielmehr die Konsequenz und die Krönung des Philosophierens, weil sie aus diesem selber entspringt. Denn das Philosophieren wird, wenn es sein fragendes Wesen sich ausschwingen läßt, von sich selber her zur Philosophischen Theologie als der Theologie des Vonwoher.

3. Kapitel
Das Wesen des Vonwoher

§ 132. *Die philosophisch-theologische Sprache*

1. Sprache und Schweigen

Die Aufgabe ist nun, das Vonwoher — Gott — seinem Wesen nach auszulegen. Doch trifft der in dieser Richtung unternommene Versuch auf eine grundsätzliche Schwierigkeit. Das Vonwoher hat ersichtlich eine andere Weise des Seins als das, was von ihm her ermöglicht wird: die Wirklichkeit in ihrer radikalen Fraglichkeit. Diese ist in der geschilderten Weise der philosophischen Grunderfahrung zugänglich, das Vonwoher nicht. Nun ist aber unsere Sprache, und zwar die alltägliche ebenso wie die wissenschaftliche und die traditionelle philosophische, von der Erfahrung her gebildet. Wie kann sie dann angemessen ausdrücken, was einer nicht unmittelbar erfahrbaren Seinsebene angehört?

Diese Schwierigkeit bedenkend könnte man zu der Auffassung gelangen, man müsse überhaupt auf alles weitere Reden über Gott verzichten. Man könnte behaupten: Das Schweigen ist die einzig angemessene Weise, in der dem Vonwoher begegnet wird. Das ist eine respektable Haltung, wenn anders sie nicht bloßes gleichgültiges Aufsichberuhenlassen, sondern betroffenes und anerkennendes, also ehrfürchtiges Verstummen ist. Zudem wird, wie sich zeigen wird, am Ende nichts anderes übrig bleiben als zu schweigen. Gleichwohl widerspricht die Haltung des Schweigens den Intentionen des menschlichen Denkens. Dieses ist daraufhin angelegt, das, was ihm als Problem entgegentritt, zu durchdenken. Das aber ist ohne Sprache nicht möglich, mag es auch nur die innerlich gesprochene Sprache sein. Das Verstummen würde also das Wissen um das Vonwoher allzufrüh dem bloßen unartikulierten Gefühl überlassen. So kann man denn nicht umhin, der Versuchung zum Schweigen vorerst zu widerstehen und für die Beschreibung des Wesens des Vonwoher erst einmal nach sprachlichen Ausdrücken zu suchen.

Auf einem anderen Wege könnte man der Schwierigkeit, mit der alltäglichen oder der traditionellen philosophischen Sprache das Wesen des Vonwoher angemessen zu beschreiben, dadurch Herr werden, daß man, ohne Bezug zu den anderen Sprechweisen, eine gesonderte Sprache schüfe, also neue Worte bildete. Doch eine solche Sondersprache wäre entweder der Unverständlichkeit preisgegeben und trüge damit nichts zur Aufhellung des Vonwoher bei, oder sie müßte ihrerseits durch traditionelle Ausdrücke interpretiert werden, womit die Problematik nur an eine andere Stelle geschoben würde.

Grundsätzlich gilt also: Auch die Sprache muß, ebenso wie der Gedanke, an das Bekannte anknüpfen, um das noch Unbekannte verständlich zu machen. So wird es unumgänglich sein, bei der Frage nach dem Wesen des Vonwoher auf die Worte der gewohnten Sprache zurückzugreifen. Nur muß der Redende sich dabei stets bewußt bleiben, daß er ein von sich selber her nicht voll taugliches Werkzeug benutzt, und er muß sich mühen, genau zu bestimmen, in welcher Hinsicht die Worte der Umgangssprache und der traditionellen philosophischen Sprache die ihnen fremde und entrückte Sache treffen und inwieweit sie sie zugleich auch verfehlen. Die Aufgabe wird also sein, durchsichtig zu machen, in welcher Richtung die Art des Sprechens modifiziert werden muß, um dem Unterschied der Seinsebenen zwischen dem Vonwoher und dem Bereich des erfahrungsmäßig Feststellbaren gerecht zu werden.

2. Die schwebende Sprache

Das Geforderte läßt sich noch genauer bestimmen. Das Charakteristische der Wirklichkeit, wie sie im bisherigen gedeutet worden ist, ist, daß sie, als radikale Fraglichkeit, sich im Schweben hält. Dieses Moment des Schwebens muß sich auch im Wesen des Vonwoher finden, wenn anders dieses das Vonwoher der radikalen Fraglichkeit ist. In dem jetzt zur Diskussion stehenden Zusammenhang heißt das: Es müßte zur Kennzeichnung des Wesens des Vonwoher eine ihrerseits schwebende Sprache gefunden werden, die also nicht dies und das fixiert und sich auf Beständigkeit versteift, sondern die die gemeinte Sache — das Wesen des Vonwoher — im aufgehobenen Zustande des Schwebens bewahrt.

Daß die Rede von einem Vonwoher der radikalen Fraglichkeit einer eigenen, freilich nicht einer abgesonderten Sprache bedarf, ist nichts Befremdliches. Es geschieht auch sonst im menschlichen Dasein, daß gewisse jeweils neu entdeckte Erfahrungsbereiche — etwa Liebe oder Trauer oder Glück oder Verzweiflung — auch eine neue Sprache mit sich bringen. Der Liebende findet Worte, die ihm nie gekommen wären, wäre ihm nicht die Liebe widerfahren. So muß auch das Schweben des Vonwoher, wenn es ausgesprochen werden soll, sich in einer eigenen Sprache ausdrücken: eben in einer schwebenden Sprache.

Gewisse Elemente einer solchen legen sich schon im Blick auf die bisherigen Erörterungen nahe. So lassen sich im Anschluß an das im Paragraphen 128 Ausgeführte bei der Kennzeichnung der Bedingung der Möglichkeit der radikalen Fraglichkeit die dort angeführten Substantiva durch Verben ersetzen. Grund würde dann zu Gründen, Ursprung zu Entspringenlassen, Herkunft zu Herkommen. Dadurch würde das Statische, das mit dem Substantiv verbunden ist, in die Flüssigkeit, in den processus, in den Geschehenscharakter des Verbums aufgelöst. In die gleiche Richtung weist es, wenn zur Kennzeichnung eben derselben Bedingung der Möglichkeit ein Beziehungsbegriff herangezogen worden ist: der Begriff des Vonwoher. Bei ihm ist das Entscheidende nicht die substantivierte Form, sondern der Beziehungscharakter. In all dem kommt schon in gewisser Weise ein Schweben zum Ausdruck: Bestand wird zu Geschehen, getrenntes Sein zu Beziehung. Doch reichen diese Momente noch nicht aus. Es bedarf im Ganzen des Sprechens vom Vonwoher einer Übersetzung ins Schweben.

3. Analogie und Dialektik

Hier hilft die Heranziehung einer Verfahrensweise weiter, die auch in der bisherigen Geschichte der Philosophischen Theologie eine entscheidende Rolle gespielt hat, wenn es gegolten hat, angemessene Aussagen über das Wesen Gottes zu machen. Es ist das Verfahren der Analogie. Diese besagt der Wortbedeutung nach: Reden von etwas im Hinblick auf ein anderes. So spricht man analogisch, wenn man vom Sein Gottes im Hinblick auf das Sein des uns bekannten Seienden redet, oder wenn man Allmacht und Allgüte Gottes von den im menschlichen Bereich auftauchenden Phänomenen von Macht und Güte her bestimmt.

Ein solches analoges Reden bringt freilich eine Schwierigkeit mit sich. Zwar liegt es im Wesen der Analogie, daß zwischen den beiden analogen Gliedern irgendeine Übereinstimmung herrscht. Aber es kann sich dabei nicht um eine exakte begriffliche Identität handeln. Man kann zwischen dem Sein des Endlichen und dem Sein Gottes, zwischen Macht und Güte des Menschen und göttlicher Allmacht und Allgüte keine einfache Gleichung herstellen. Es ist also etwa unmöglich zu sagen: Der Mensch ist Geist; also muß auch Gott, von dem der Mensch herkommt, als Geist verstanden werden. Denn Sein, Macht, Güte, Geistigkeit bedeuten auf der Seinsebene, auf der Gott gedacht wird, etwas qualitativ anderes als auf der Seinsebene der Dinge und des Menschen. Die gleiche Schwierigkeit ergibt sich auch bei der Heranziehung des Verfahrens der Analogie zur Kennzeichnung des Wesens des Vonwoher. Auch hier ist das Entscheidende, daß — neben einer gewissen Ähnlichkeit, die überhaupt erst eine Analogie ermöglicht — der qualitative Unterschied zur Geltung gebracht wird: eben die Differenz der Seinsebenen.

Das kann auf drei Weisen geschehen. Um die erste zu verdeutlichen, kann man etwa heranziehen, daß in der traditionellen Anwendung der Analogie auf das Verhältnis Gottes zur Welt das eine der beiden analogen Glieder durch das Moment der Endlichkeit, das andere durch das Moment der Unendlichkeit gekennzeichnet wird. Unter diesen Umständen bedarf es, um zur Erkenntnis des Seins Gottes zu gelangen, der Erhebung von der Endlichkeit zur Unendlichkeit. Beispiele dafür sind im I. Teil anläßlich der Darstellung des Denkens Schellings und Hegels gegeben worden. Was also die Welt und der Mensch auf endliche Weise sind, das ist in dieser Form der Analogie Gott auf unendliche Weise. Dieses Vorgehen hat in der Tradition den Namen „via eminentiae" erhalten. Nun lassen sich, wie sich im Paragraphen 140 zeigen wird, die Ausdrücke „Endlichkeit" und „Unendlichkeit" bzw. „Zeitlichkeit" und „Ewigkeit" nicht ohne weiteres auf das Verhältnis der in ihrer Fraglichkeit erfahrbaren Wirklichkeit zu deren Vonwoher übertragen. Gleichwohl bedarf es auch hier dessen, daß das am Erfahrbaren Gefundene ins Überschwengliche gesteigert wird, um zu dem nicht mehr als solches erfahrbaren Vonwoher zu gelangen; das ist notwendig, wenn anders dieses das, was von ihm herkommt, eben als sein Vonwoher, überragt. So ist denn die via eminentiae auch bei der Bestimmung des Wesens des Vonwoher mit den genannten Einschränkungen anwendbar.

Eine zweite Weise der Analogie wird in der Tradition als via negationis bezeichnet. Das besagt nicht, daß dabei das Unendliche — Gott — negiert werde; das Unendliche ist als das Seiendste zugleich das schlechthin Positive. Die Verneinung bezieht sich vielmehr auf das endliche Seiende, dessen Endlichkeit negiert wird, um zum Unendlichen zu gelangen. Diese Negation nimmt auch dem Wort, das das Seiende meint, also der Sprache der gängigen Erfahrung, die Beständigkeit, die sich hartnäckig auf sich selber versteift. Im Zusammenhang der jetzt zur Diskussion stehenden Problematik ist es eben die sich gegen ihre Auflösung in die Fraglichkeit sträubende positive Erfahrung, die der Erfassung des Vonwoher entgegensteht und darum negiert werden muß. So wird die via negationis auch für die Frage nach dem Wesen des Vonwoher von Bedeutung. Die Philosophische Theologie des Vonwoher ist zugleich überschwengliche und negative Theologie.

Am deutlichsten wird sich das Schweben, das dem Begriff des Vonwoher zukommen muß, in einer dritten Weise der Analogie ausdrücken lassen: im dialektischen Reden. Dialektik ist Gegensatz und Widerspruch zweier Momente, die doch eben dadurch aneinander gebunden sind. Demgemäß wird ein Begriff sowohl gesetzt, und zwar als dem andern widerstreitend, wie auch, eben um dieses Widerstreites willen, zugleich negiert, und erst in dieser gedoppelten Bewegung kommt seine Wahrheit zum Vorschein. Derartiges geschieht etwa im mystischen Reden, wenn Gott zugleich als Nichtgott, wenn er als Sein und Nichts zugleich bezeichnet wird, so wie es im Paragraphen 30 des ersten Bandes bei der Darstellung des Denkens des Meisters Eckhart deutlich geworden ist. So wird sich denn auch im folgenden die Auslegung des Wesens des Vonwoher in einer solchen Dialektik von Aussage und Gegenaussage bewegen müssen, wenn anders das Vonwoher das ist, was die Fraglichkeit ermöglicht, die ihrerseits ein Sein ist, das doch ins Nichtsein abstürzt, und ein Nichtsein, das sich doch im Sein hält. Diese Dialektik unterscheidet sich allerdings von der Hegels, sofern sie die Differenz zwischen den entgegengesetzten Äußerungen festhält, ohne sie — wie Hegel dies vermöge der von ihm postulierten absoluten Gewißheit vermag — in die absolute Synthese aufzuheben. Nur wenn dies vermieden wird, bleibt die Sprache, wie es der Erfahrung der radikalen Fraglichkeit entspricht, im Schweben.

§ 133. *Das Vonwoher als Geheimnis*

1. Das Wesen des Geheimnisses

Auf den im vorigen Paragraphen geschilderten sprachlichen Wegen gilt es nun, das Vonwoher — Gott — seinem Wesen nach auszulegen, soweit es überhaupt dem menschlichen Erkennen zugänglich ist. Hier legt sich ein Begriff nahe, der, analog gebraucht, dazu dienen kann, gewisse Momente im Wesen des Vonwoher mehr als bisher aufzuhellen: der Begriff des Geheimnisses. Denn dieses Wort scheint vor anderen jenes Schweben auszudrücken, das dem Vonwoher eigen ist, sofern es das Vonwoher der radikalen Fraglichkeit als einer schwebenden ist. Die Aufgabe ist zunächst, deutlich zu machen, was die Sprache unter dem Ausdruck „Geheimnis" versteht, und sodann zu fragen, inwiefern dieser Begriff in besonderer Weise geeignet ist, Wesensmomente des Vonwoher zur Sprache zu bringen. Dabei werden diejenigen Momente im Wesen des Geheimnisses, die für die Analogie mit dem Vonwoher ohne Bedeutung sind, beiseite gelassen. Dazu gehört etwa, daß es verschiedene Arten von Trägern eines Geheimnisses geben kann: Der Mensch kann ein Geheimnis haben; das Geheimnis kann aber auch in einer Sache — im Blühen einer Rose, im Handeln eines Menschen, in der Natur als ganzer, im Weltgeschehen — liegen.

Das erste, noch äußerliche Moment im Wesen des Geheimnisses ist, daß es das Unverstehbare ist, das also, wohin der Verstand nicht ohne weiteres dringen kann. Als Geheimnis ist es dessen noch so bemühtem Zugriff verschlossen. Man weiß zwar: Da ist ein Geheimnis; aber man kann es, solange es Geheimnis bleibt, nicht ergründen. Erfaßt man dagegen das Geheimnis, dann verliert es seinen ihm eigentümlichen Charakter; dann wird es ein enträtseltes Gewußtes. Daher ist der häufig gebrauchte Ausdruck „offenes Geheimnis" eine contradictio in adiecto.

Ein zweites Moment im Wesen des Geheimnisses besteht darin, daß die ihm eigentümliche Dimension die Tiefe ist. Das zeigt sich, wenn man versucht, es zu ergründen. Dann tut sich gleichsam eine Schicht nach der anderen auf, bis zu dem Punkt, an dem man meint, nun sei es völlig enträtselt. Der Weg durch die Schichten hindurch aber geht in der Richtung auf die Tiefe. Doch um einem Geheimnis diese zuzusprechen, bedarf es nicht einer solchen allmählichen Entdeckung. Auch wenn es sich mit einem Schlage enthüllt, kann man sagen: Das Geheimnis ist in seiner ganzen Tiefe offenbar geworden.

Damit hängt ein drittes Moment im Wesen des Geheimnisses zusammen: daß es den, der es erfährt, in eine eigentümliche Unruhe versetzt. Sie zeigt sich, wenn man einem begegnet, der ein Geheimnis hat oder aus etwas ein

Geheimnis macht. Das gleiche findet da statt, wo ein Geheimnis in den Dingen liegt oder in diesen vermutet wird. Diese Unruhe kann sich zu einer merkwürdigen Beklemmung, ja sogar zur Angst vor dem Geheimnis steigern. Es ist die Angst vor der Rätselhaftigkeit der Wirklichkeit.

Aber Unruhe, Beklemmung und Angst haben viertens noch eine andere Seite. Sie ziehen den, der in sie gerät, auf eine eigentümliche Weise an. Denn die Tiefe des Geheimnisses hat etwas Verlockendes. Sie ruft dazu auf, dem Geheimnis nachzuspüren, auf alle Gefahr hin. Man kann dies das Moment der Faszination des Geheimnisses nennen.

Zum Wesen des Geheimnisses gehört fünftens, daß es nicht völlig verborgen ist. Wäre das der Fall, dann wäre es als Geheimnis überhaupt nicht erkennbar. Es besitzt also eine Seite der Offenbarkeit, in der es dem, der ihm begegnet, zugekehrt ist. Aber das ist auch immer nur die eine Seite. Denn zugleich muß die Verborgenheit bleiben; wäre das Geheimnis rein offenbar, so hörte es auf, Geheimnis zu sein. Es ist demnach durch ein Miteinander von Offenbarkeit und Verborgenheit gekennzeichnet.

Das sechste Moment im Wesen des Geheimnisses liegt darin, daß die Grenze zwischen Offenbarkeit und Verborgenheit nicht festliegt. Man kann an der Oberfläche eines Geheimnisses verweilen; man kann aber auch tiefer in dieses eindringen. Geschieht das, dann wird die Sphäre der Offenbarkeit größer, während der Bereich der Verborgenheit sich verringert. Es kann aber auch das Umgekehrte stattfinden: daß man meint, dem Grunde eines Geheimnisses nahe zu sein, und daß einem dann das lösende Wort wieder entgleitet. Dann ist es, als zöge sich das Geheimnis in sich selber zurück. Das zeigt, daß die Grenze zwischen Offenbarkeit und Verborgenheit eines Geheimnisses in mannigfachen Graden verschiebbar ist.

Als siebentes Moment im Wesen des Geheimnisses kann angeführt werden, daß es wesensmäßig nicht völlig zu enträtseln ist. Das besagt nicht, daß man Geheimnisse nicht auflösen könnte; das geschieht ja ständig im menschlichen Dasein. Aber wenn man für Augenblicke meint, hinter ein Geheimnis gekommen zu sein, dann zeigt sich zumeist, daß es sich nur verwandelt hat oder daß sich hinter ihm ein anderes, tieferes Geheimnis auftut. Solange das Geheimnis also Geheimnis bleibt, gehört die Unenträtselbarkeit zu seinem Wesen.

Schließlich kommt als achtes — und für die analoge Verwendung wichtigstes — Moment im Wesen des Geheimnisses jenes eigentümliche Schweben hinzu, das ihm eigen ist: daß es sich immer zu entziehen scheint und doch zugleich anzieht, daß es ungreifbar ist und doch zugleich zum Begreifen auffordert. Eben dieses Moment ist es, von dem der Versuch, den Ausdruck „Geheimnis" zur Kennzeichnung des Vonwoher der radikalen Fraglichkeit zu verwenden, seinen Ausgang nehmen kann.

2. Geheimnis und Vonwoher

Die Frage ist nun, ob der so entwickelte Wesensbegriff des Geheimnisses dieses Wort in der Tat tauglich macht, als analoger Ausdruck zur näheren Bestimmung des Wesens des Vonwoher zu dienen.

Das erste Moment, die Unverstehbarkeit, bietet in dieser Hinsicht keine besonderen Schwierigkeiten. Zum Wesen des Vonwoher gehört, daß es dem Menschen als das nicht von vornherein Begreifbare entgegentritt; denn das Vonwoher gehört — im Gegensatz zu der fraglichen Wirklichkeit — nicht dem Bereich der unmittelbaren Erfahrbarkeit an. So ist es in einem besonderen Maße unverstehbar und also Geheimnis.

Auch das zweite Moment im Wesen des Geheimnisses, die Tiefe, gehört zum Wesen des Vonwoher. Das zeigen aufs deutlichste die unzähligen Versuche theologischer und philosophischer Art, das Vonwoher — Gott — zu begreifen. Immer machen die Denker dabei die Erfahrung, daß sie, je mehr sie glauben, in das Wesen des Vonwoher eingedrungen zu sein, umso mehr vor neue Dunkelheiten gestellt werden. Eben darin drückt sich aus, daß die das Geheimnis charakterisierende Tiefe auch ein Wesensmoment des Vonwoher ist.

Ist das dritte Moment im Wesen des Geheimnisses die Beunruhigung, die Beklemmung und die Angst, so trifft auch das für die Begegnung mit dem Vonwoher zu. Dieses ist ja kein Phänomen unserer gewohnten und vertrauten Wirklichkeit. Es bricht in diese ein, und allzuleicht wirkt es sich darin aufstörend und beirrend aus. So wird denn auch — im philosophischen Bereich, in der Theologie und schließlich auch außerhalb derselben — das Vonwoher als ständige Beunruhigung empfunden.

Damit hängt die Faszination — das vierte Moment — zusammen. Die Beunruhigung führt ja im Regelfall nicht dazu, daß man die Frage nach dem Vonwoher aufgibt. Im Gegenteil: Der Mensch weiß sich immer wieder dazu gedrängt. Nicht nur, daß in der Geschichte der Philosophischen Theologie, wie sie im I. Teil dargestellt worden ist, ständig Versuche unternommen werden, im Denken Gott zu erreichen. Darüber hinaus wird auch außerhalb des philosophischen und theologischen Bereichs die Frage nach dem Vonwoher als ein nicht zu umgehendes Problem empfunden. So gehört denn die Faszination zu den Momenten, die es erlauben, den Begriff des Geheimnisses analog auf das Wesen des Vonwoher zu übertragen.

Zieht man weiter das fünfte Moment im Wesen des Geheimnisses heran, das Miteinander von Offenbarkeit und Verborgenheit, so ist kein Zweifel, daß es der Sache nach auch dem Vonwoher zukommt. Wäre dieses nicht zu einem Teil offenbar, dann käme man nicht dazu, überhaupt nach ihm zu fragen. Wäre es nicht zum andern Teil verborgen, dann wäre eine

Frage nach ihm überflüssig. Offen ist es nach der Seite seiner Erscheinung in der radikalen Fraglichkeit hin, verborgen als deren nicht unmittelbar erfahrbares Vonwoher.

Auch das sechste Moment im Wesen des Geheimnisses, die Verschiebbarkeit der Grenze zwischen Offenbarkeit und Verborgenheit, findet sich im Vonwoher. Denn wozu würden die unzähligen Bemühungen der Denker dienen, das Vonwoher zu begreifen, wenn es nicht gelänge, hier und da den Schleier ein wenig zu lüften, der vor ihm hängt? Doch ebenso gilt das Umgekehrte: Die Grenze kann sich auch, gerade im verzweifelten Versuch, das Vonwoher zu fassen, nach der anderen Richtung hin verschieben, so daß es in aller Bemühung, es zu enträtseln, nur immer rätselhafter wird.

Was sodann das siebente Moment im Wesen des Geheimnisses angeht, die Unenträtselbarkeit, so wird dadurch das Vonwoher in betontem Sinne charakterisiert. Nie noch hat einer sein Wesen völlig ergründen können. Nie noch ist einer an den Punkt gekommen, an dem er sagen konnte: Nun ist das Wesen des Vonwoher völlig gelichtet, nun sind die „Geheimnisse Gottes" endgültig offenbar. Immer also bleibt es bei einer letzten Unerhellbarkeit des Vonwoher.

Schließlich trifft achtens jener Begriff, dessentwegen überhaupt der Ausdruck „Geheimnis" zur Kennzeichnung des Wesens des Vonwoher herangezogen worden ist, der Begriff des Schwebens, das Vonwoher der radikalen Fraglichkeit in vorzüglichem Maße. Gerade dieses Moment gehört ja, wie sich in den Paragraphen 127 und 128 gezeigt hat, zu den ursprünglichen Charakteristika der philosophischen Grunderfahrung und damit auch des in ihr letztlich Erfahrenen, des Vonwoher.

So kann man denn zurecht den Begriff des Geheimnisses auf das Wesen des Vonwoher anwenden. Dieses ist in vielfacher Weise durch die Analogie mit dem Geheimnis getroffen: sofern es eine unverstehbare Tiefe besitzt, die das Denken zugleich beunruhigt und fasziniert, sofern in ihm Offenbarkeit und Verborgenheit so ins Spiel kommen, daß ihre Grenze verschiebbar ist, und sofern es, letztlich unenträtselbar, sich im Schweben hält. Das ist es, was der Blick auf die Wirklichkeit, wenn er diese als radikal fragliche versteht, als ihren äußersten Horizont erfassen kann. Er entdeckt dann: Die fragliche Wirklichkeit weist auf das Geheimnis zurück, das ihr Vonwoher ist.

Der Philosophischen Theologie in dem hier entworfenen Sinne liegt es ob, diesem Geheimnis nachzuspüren und nachzusinnen: nicht in der Zudringlichkeit der Neugier, sondern in der Ehrfurcht des unerbittlichen Fragens. Schließlich ist in diesem Zusammenhang noch auf die Tradition hinzuweisen, die, wie aus dem ersten Band hervorgeht, immer wieder Gott und die göttlichen Dinge oder das Sein als Geheimnis ausgelegt hat:

Origenes, Anselm, Richard von St. Victor, Nicolaus von Cues, Hegel, Heidegger.

Freilich: Der Begriff des Geheimnisses bleibt unzureichend, wenn es gilt, das volle Wesen des Vonwoher zum Ausdruck zu bringen. Er kann nur mit den Einschränkungen verwendet werden, die mit einem analogen Gebrauch verbunden sind: daß er die Sache ebenso trifft wie verfehlt. Zwar sind in ihm wesentliche Momente des Vonwoher ausgesprochen. Aber der Begriff des Geheimnisses ist noch zu unbestimmt. Vor allem insofern, als er zwar adäquat das Schweben im Vonwoher wiedergeben kann, aber dabei doch nicht ausdrückt, daß es sich um ein Schweben zwischen zwei Extremen handelt. So läßt er den Begriff des Vonwoher im Vagen verharren. Das aber fordert, daß, um zum vollständigen Begriff des Vonwoher zu gelangen, noch andere Analogien herangezogen werden.

§ 134. Das Vonwoher als deus absconditus

Wenn das Vonwoher der radikalen Fraglichkeit als das Geheimnis gekennzeichnet wird, könnte es naheliegen, den Begriff des deus absconditus, des verborgenen Gottes, heranzuziehen, der eine lange und ehrwürdige Geschichte besitzt. Er findet sich, wie der erste Band zeigt, der Sache nach schon bei Heraklit, dann aber ausdrücklich als Terminus bei Dionysios Areopagita, bei Augustinus, bei Eckhart, bei Nicolaus von Cues, und — in polemischer Wendung — bei Nietzsche. So könnte die Untersuchung hier — ebenso wie beim Begriff des Geheimnisses — an die philosophisch-theologische Tradition anknüpfen.

Allerdings ist es nicht ohne Bedenklichkeit, den Begriff des deus absconditus auf das Vonwoher anzuwenden. Denn dabei wird allzu leicht unterstellt, es gebe einen Gott als ein an sich seiendes Wesen, das noch überdies die Fähigkeit besitze, sich zu verbergen, wie es auch die Möglichkeit habe, sich zu offenbaren. Oder noch mehr: Gott wäre eine selbständige Person, der Verborgenheit und Offenbarkeit gleichsam als Seinsmöglichkeiten zukämen und die sich, unbegreiflich warum, selber in diese ihre Seinsweisen begäbe. In diesem Sinne hat etwa Luther den Begriff des deus absconditus gefaßt.

So aber kann das Vonwoher als das Geheimnis auf keine Weise verstanden werden, wenn man nicht in theologische Spekulationen geraten, sondern streng an der Perspektive von der radikalen Fraglichkeit her festhalten will. Dann kann man vom deus absconditus nur in der Weise reden, daß man sagt: Es gibt ein Vonwoher der radikalen Fraglichkeit, das uns als verborgenes und als Geheimnis erscheint. Was es aber von sich selber her sein mag, was also hinter Verborgenheit und Geheimnis steckt, das zu wissen ist dem menschlichen Erkennen versagt.

Will man also lediglich das Moment der Verborgenheit betonen und die Seinsweise des Verborgenen — des Vonwoher — ausdrücklich unbestimmt lassen, dann kann man ohne Gefahr den Begriff des deus absconditus verwenden. Dann aber bringt er kein neues Moment zu dem Begriff des Geheimnisses hinzu.

§ 135. Das Vonwoher als Vorgehen

Die bisher besprochenen Analogien — Geheimnis und deus absconditus — haben das Vonwoher nur in der Hinsicht betrachtet, daß es dem unmittelbaren Blick entzogen ist. Wäre das alles, wäre das Vonwoher ein absolutes Geheimnis und ein völlig verborgener „Gott", dann könnte man auch nicht anders als in jenen verhüllenden Worten von ihm reden; eine positive philosophisch-theologische Aussage wäre dagegen ausgeschlossen. Soll eine solche dennoch möglich sein, dann muß dem Vonwoher irgendeine Weise der Präsenz zukommen. Es muß erscheinen und sich darstellen.

Wo tritt nun das Vonwoher in seine Präsenz? Wo trifft es den nachdenklichen Menschen? Nicht in irgendwelchen religiösen oder mystischen Erlebnissen, sondern in der Erfahrung der fraglichen Wirklichkeit. Hier ist der Ort des Erscheinens des Vonwoher; denn dieses ist ja das Vonwoher der fraglichen Wirklichkeit und wird daher eben in dieser präsent. Wie aber muß das Vonwoher in seinem Wesen bestimmt werden, wenn man das Moment seines Erscheinens ins Auge faßt?

Der Ausdruck „Vonwoher" zeigt eine Richtung an, aus der her etwas kommt. Das Vonwoher kommt auf die fragliche Wirklichkeit zu, und zwar eben insofern, als es deren Fraglichkeit hervorruft. Das geschieht nicht dann und wann, als einmalige oder gelegentliche geschichtliche Offenbarung, sondern, sofern die Fraglichkeit das durchgängige Charakteristikum der Wirklichkeit ist und sofern sie vom Vonwoher hervorgerufen wird, ist dieses ständig schon auf die fragliche Wirklichkeit zugekommen und kommt ständig bei dieser an. Unter diesem Aspekt kann man das Vonwoher als ein Vorgehen bezeichnen. Dieser Ausdruck gehört mit zu den gesuchten analogen Begriffen. Das Vonwoher ist vom Wesen her Vorgehen, Vorgehen nämlich in die fragliche Wirklichkeit, diese in ihre Fraglichkeit bringend.

Ein solches Vorgehen und ein solches Präsentwerden hat den Charakter eines Geschehens. Es ereignet sich etwas mit dem Vonwoher und mit dem von ihm Hervorgerufenen. Das besagt: Das Vonwoher bleibt nicht in seine reine Geheimnishaftigkeit verborgen. Und doch behält es den Charakter des Geheimnisses. Denn es offenbart sich nicht als solches und unmittelbar — als die Tiefe des Geheimnisses. Es wird vielmehr — zum Teil — offenbar in der erfahrbaren Wirklichkeit als der Fraglichkeit. Zu seinem wesentlichen Teile bleibt es dagegen in sich, verschlossen in seine Verborgenheit, nur geahnt hinter seiner Offenbarkeit. Und auch wo es offenbar wird, geschieht dies durch die Fraglichkeit der Wirklichkeit hindurch.

Der Ausdruck „Vorgehen" eignet sich insbesondere deshalb zur Kennzeichnung des Vonwoher, weil damit jedes statische Mißverständnis ausgeschlossen ist. Denn das Vonwoher ist kein für sich abgeschlossen bestehendes Seiendes, dem außerdem noch als ein gleichsam äußerliches Moment die Seinsweise des Vorgehens zukäme. Auch wenn das Vonwoher nicht völlig in sein Vorgehen eingeht, sondern immer auch Geheimnis bleibt, ist es doch, sofern es vorgehend sich manifestiert, in diesem seinem Vorgehen selber das Vonwoher. Indem der Mensch durch die radikale Fraglichkeit hindurch das Vorgehen des Vonwoher begreift, steht er diesem als solchem gegenüber. Und nur als solches Vorgehen kann er es erfassen.

§ 136. Das Vonwoher als Mächtigkeit

Von dem im vorigen Paragraphen Erörterten aus kann man zu einem weiteren analogen Ausdruck gelangen: dem Begriff der Mächtigkeit. Wenn das Vonwoher in seinem Vorgehen alles in die Fraglichkeit wirft, dann muß es über dieses „alles", also über die ganze fragliche Wirklichkeit, mächtig sein. Damit ist es das schlechthin Mächtige.

Worin nun äußert sich das Mächtigsein des Vonwoher? Darin, daß es das Schweben der fraglichen Wirklichkeit erwirkt. Das offenbart sich in einer dreifachen Weise. Einmal führt die Mächtigkeit des Vonwoher das fragliche Wirkliche an den Rand des Nichtseins. Zum andern hält sie es im Ausgeliefertsein an das Nichtsein doch im Sein. In beidem bringt sie es — drittens — ins Schweben. Vor der Mächtigkeit des Vonwoher werden das Seiende und der Mensch, die sich auf sich selber gründen wollen, machtlos. Auf der anderen Seite aber wird das Nichtsein, wenn es sich als endgültig setzen will, gezwungen, sich in seiner Leere zu offenbaren, und genötigt, anzuerkennen: Es gibt ineins damit auch das sich über dem Abgrund haltende Sein. Diese beiden Geschehnisse aber sind nicht gesonderte Akte; sie sind im Schwebenlassen zusammengebunden, in dem sich schließlich am eindrücklichsten die Mächtigkeit des Vonwoher zeigt.

Daß das Vorgehen des Vonwoher den Charakter der Mächtigkeit besitzt, wird indirekt von seiten des davon Angegangenen darin erkennbar, daß dieses — alle Wirklichkeit — in die Ohnmacht versetzt wird. Ohne eigenes Zutun gerät vom Vonwoher aus das Seiende in die Ohnmacht, die sich in seiner Hinfälligkeit zeigt; ohne eigenes Zutun gerät vom Vonwoher aus der Mensch in die Ohnmacht, die sich in seinem Ausgeliefertsein an die Fraglichkeit und das Fragen kundtun. Ohnmacht aber setzt eine Mächtigkeit voraus, der gegenüber sie sich überhaupt erst als solche zeigen kann. So ist es gerade die Ohnmacht, die die Mächtigkeit des Vonwoher erweist.

Es kommt freilich alles darauf an, daß man nicht einem substantivischen Mißverständnis erliegt. Man darf sich unter der Mächtigkeit, von der die Rede ist, nicht ein mächtiges Seiendes, einen mächtigen Geist oder gar eine mächtige Person vorstellen: ein Wesen, das über aller Wirklichkeit herrscherlich thronte und über Sein und Nichtsein Macht hätte. Unter der Mächtigkeit des Vorgehens des Vonwoher wird vielmehr dieses Geschehen selber — verbal gedacht — verstanden: das Wirksamsein als mächtiges Wirksamsein. Allein diese Aussage läßt sich aus der Erfahrung der radikalen Fraglichkeit rechtfertigen.

Der Begriff der Mächtigkeit des Vonwoher darf auch nicht damit gleichgesetzt werden, daß in der christlichen und der vom Christentum bestimmten philosophisch-theologischen Tradition das Wirken Gottes als Macht und als Allmacht bezeichnet wird. Es geht hier nicht um ein mit einem unumschränkten Willen ausgestattetes Wesen, dem überdies noch die Macht zukommt, durchzusetzen, was es in seinem Willen beschlossen hat. Das alles sind bloße Deutungen und Interpretationen des hier gemeinten Phänomens. Was man verantwortlich sagen kann, ist nur: Von woher die radikale Fraglichkeit in allem Wirklichen kommt, das muß über diese fragliche Wirklichkeit in ihrer Gesamtheit Macht haben.

§ 137. *Das Vorgehen des Vonwoher als Erschüttern, als Im-Sein-halten*
und als Erwirken des Schwebens

1. Das Vorgehen des Vonwoher als Erschüttern

Der Begriff des mächtigen Vorgehens des Vonwoher ist noch zu formal, um das voll zu treffen, was von der radikalen Fraglichkeit der Wirklichkeit her gesichtet wird. Daher muß nun genauer bestimmt werden, in welcher Weise sich jenes Vorgehen vollzieht. Nach den Andeutungen im vorigen Paragraphen entfaltet es sich in einer dreifachen Weise. Das entspricht der Tatsache, daß auch die radikale Fraglichkeit, in die hinein das Vonwoher vorgeht, dreifach strukturiert ist. Sie hat sich im Paragraphen 126 als das Phänomen gezeigt, daß man, wenn man dem Seienden

das Sein zusprechen will, gezwungen wird, auch sein Nichtsein zu bedenken, und umgekehrt: daß man, wenn man das Nichtsein des Seienden ins
Auge faßt, darauf stößt, daß es sich doch auch im Sein hält. Beides wird
in der Weise vermittelt, daß das Seiende sich im Schweben hält. Kurz: Die
drei Momente in der radikalen Fraglichkeit sind das Sein, das Nichtsein
und das Schweben zwischen beiden. Das aber ist — wie in dem gleichen
Paragraphen ausgeführt worden ist — nichts, was sich der Mensch aus-
denkt oder was erst in dessen Fragen zustande kommt: jene Momente
sind vielmehr Bestimmungen der Wirklichkeit — der dinglichen wie der
menschlichen — selber. Ihnen gemäß läßt sich nun auch — in der Weise
der Analogie — das Wesen des Vorgehens des Vonwoher kennzeichnen.

Was ins Schweben gerät, ist das Seiende einschließlich des menschlichen
Daseins. Es tritt in dem eben beschriebenen Geschehen in einer doppelten
Weise auf. Einmal ist es das, was ins Nichtsein hinabsinkt, zum andern
das, was sich über dem Nichtsein hält. Zunächst gilt es, das eine der beiden
Momente zu betrachten: den Absturz in das Nichtsein. Die hier waltende
Grunderfahrung ist: Alles Feste, alles Beständige, alles, was sich in sich
selber zu halten vermeint, gerät ins Schwanken. Der Mensch ist zunächst
gewohnt, sich in einer selbstverständlichen und unerschütterten Sicherheit
innerhalb seiner Welt zu bewegen, und er meint deshalb, es sei unzweifelhaft, daß die Dinge sind und daß er selber ist. Wird dem aber ernstlich
nachgefragt, dann zeigt sich, daß alles höchst zweifelhaft ist. In Wahrheit
ist das Selbstverständliche unselbstverständlich, das Unerschütterte erschüttert, das Seiende dem Nichtsein ausgeliefert. Alles fällt, alles zerbricht, alles vergeht.

Betrachtet man diesen Tatbestand unter dem Gesichtspunkt, daß er
vom Vonwoher erwirkt wird, dann zeigt sich: Dieses erschüttert in seinem
Vorgehen das Bestehende. Es liefert das Seiende dem möglichen Nichtsein
aus. Es macht offenkundig, daß die Wirklichkeit der Dinge und des Selbst
keineswegs die ihr unmittelbar zugeschriebene Gewißheit und Sicherheit,
Festigkeit und Beständigkeit besitzt. Kurz: Das Vonwoher enthüllt, daß
die Wirklichkeit, wie im Paragraphen 127 dargelegt worden ist, die Fraglichkeit ist. So gehört zum Wesen des Vorgehens des Vonwoher als erstes
das Moment des Erschütterns.

2. Das Vorgehen des Vonwoher als Im-Sein-halten

Mit dem Ausdruck „erschüttern" ist nur das eine Moment im Vorgehen
des Vonwoher getroffen. Hinzu kommt ein zweites Moment, das sich
daraus ergibt, daß sich das fragliche Seiende einschließlich der menschlichen Existenz in all seinem Bedrohtsein durch das Nichtsein doch im

Sein hält, daß es nicht reines und bloßes Nichtsein ist, sondern ein wenn auch ständig gefährdetes Sein besitzt. Auch das muß in seiner Herkunft aus dem Vorgehen des Vonwoher bedacht werden.

Unter diesem Aspekt erscheint das Vorgehen des Vonwoher als Im-Sein-halten. Das ist nach dem Ausdruck „erschüttern" der zweite wichtige analoge Begriff zur Kennzeichnung des Vonwoher in seinem Vorgehen. Dieses verschafft dem vom Nichtsein bedrohten Seienden die Möglichkeit seines Seins. Sofern es das Sein des Seienden ermöglicht, kann man dieses Moment auch als das Ins-Sein-bringen des Seienden bezeichnen. Das darf jedoch nicht so gedacht werden, als ob das Vonwoher das Seiende — etwa im Sinne des christlichen Schöpfungsgedankens — schüfe und in ein selbständiges Sein setzte. Es gibt nicht auf der einen Seite ein schaffendes Prinzip, auf der anderen Seite ein Geschaffenes, beide voneinander getrennt. Das Vonwoher ist vielmehr im Sein als dem einen Moment der fraglichen Wirklichkeit — wie auch in deren anderen Momenten — anwesend. Und zwar ist es immer schon anwesend, sofern das Seiende ist und sich trotz der ständigen Bedrohung durch das Nichtsein im Sein hält. So ermöglicht das Vorgehen des Vonwoher allererst das Seiende als solches. Das Sein im fraglichen Seienden kommt erst durch die Präsenz des Vonwoher zustande, ja das Sein des Seienden als Seienden ist nichts anderes als diese Präsenz selber.

Es muß also aufs strengste vermieden werden, im Sinne der traditionellen Metaphysik ein Verhältnis der Kausalität oder der Teilhabe zwischen dem Seienden und dem Vonwoher anzunehmen, wobei das Vonwoher als das, was ins Sein bringt und im Sein hält, einfachhin mit dem Ausdruck „Gott" bezeichnet werden könnte. Dieser wäre dann das summum ens und alle anderen entia wären von ihm geschaffen oder seiner teilhaftig. Diese Gleichsetzung des Vonwoher als des das Wirkliche im Sein Haltenden mit dem Gott der Metaphysik würde jedoch das Wesentliche verfehlen, und zwar in einer doppelten Hinsicht. Einmal geht es nicht um einen rein seienden Gott im Sinne der Metaphysik, sondern um das Vonwoher in seinem Vorgehen, dem, wie sich im nächsten Paragraphen zeigen wird, das Sein nur als eines seiner Momente zugehört. Zum andern ist auch das Sein im fraglichen Seienden nicht jenes wenn auch kontingente, so doch im Grunde fraglos bestehende Sein der Dinge, von dem die traditionelle Metaphysik weithin ausgeht. Was vom Vonwoher erwirkt wird, ist nicht ein nur mit dem Prädikat des Seins ausgezeichnetes Seiendes, sondern das Ganze der Fraglichkeit der Wirklichkeit mit all ihren oben aufgewiesenen Momenten. Nur innerhalb des Gesamtzusammenhanges der Fraglichkeit kann man daher auch davon reden, daß das Sein des Wirklichen vom Vonwoher gehalten und ermöglicht wird. Es muß deshalb durch den Blick auf das andere Moment im Vorgehen des Vonwoher ergänzt werden, demgemäß auch die Nähe des Seienden zum Nichtsein durch das Erschüttern, das vom Vonwoher in seinem Vorgehen ausgeht, erwirkt wird.

Hier — wie in allen bisher behandelten Zusammenhängen — muß streng daran festgehalten werden, daß, wie im Paragraphen 126 dargelegt worden ist, der gängige Begriff des Seienden als eines wenn auch abhängigen und darin endlichen, so doch in sich beständigen abzuweisen ist. Das Seiende ist in Wahrheit nicht in der Weise gegeben, in der es zunächst vermeint wird: als das rein im Sein gehaltene und daher fraglos Seiende. Das ist nur eine Täuschung des alltäglichen Denkens, soweit es noch nicht die Erfahrung der radikalen Fraglichkeit gemacht hat. Ursprünglich und wesentlich ist dagegen das Seiende — gerade im Hinblick auf sein Sein — fraglich. Oder, wie an der oben angegebenen Stelle formuliert worden ist: Die Wirklichkeit ist die Fraglichkeit, und zwar die Wirklichkeit als ganze, ohne Ausnahme. Neben ihr gibt es nicht noch eine andere von der Fraglichkeit unberührte Sphäre der Wirklichkeit, die das reine Sein in sich trüge und die nur zufälligerweise fraglich werden könnte. Eben diese Aufhebung des Seins der Wirklichkeit in deren Fraglichkeit verhindert es, das Moment des Im-Sein-haltens im Vorgehen des Vonwoher zu isolieren und es als solches direkt oder indirekt mit „Gott" gleichzusetzen.

3. Das Vorgehen des Vonwoher als Erwirken des Schwebens

Aus diesem Grunde gilt es auch, die abstrakte Trennung des vom Vonwoher Erwirkten in Sein und Nichtsein aufzuheben. Was eigentlich erwirkt wird, ist das Schweben zwischen den beiden Extremen; denn eben das macht ja die Wirklichkeit aus. Das Seiende ist so wenig reines Sein wie es reines Nichtsein ist. Beides ist es nur im Modus der Fraglichkeit oder im Schweben. Auch und gerade dieses Moment muß aus dem Aspekt des Vonwoher begriffen werden. Dessen Vorgehen ist demnach dadurch bestimmt, daß es das Schweben des Seienden und des Menschen zwischen Sein und Nichtsein und darin eingeschlossen diese beiden Momente erwirkt. In diesem Sinne ist das Vorgehen des Vonwoher durch drei konstitutive Momente gekennzeichnet: Das Erschüttern, das Im-Sein-halten und das Erwirken des Schwebens.

§ 138. Das Vonwoher als Sein, als Nichtigkeit und als Schweben

1. Das Vonwoher als Sein

Im vorigen Paragraphen wurden Aussagen über die Momente des Vorgehens des Vonwoher gemacht, und zwar aus der Perspektive der radikalen Fraglichkeit. Wenn man also akzeptiert, daß den Ausgangspunkt der Philosophischen Theologie zurecht die radikale Fraglichkeit bildet, und wenn man zudem zugibt, daß die Frage nach deren Vonwoher legitim ist, dann ist es möglich, die Momente des Erschütterns, des Im-Sein-haltens und des Erwirkens des Schwebens als analoge Ausdrücke zur Kennzeichnung des Vorgehens des Vonwoher zu verwenden.

Jetzt jedoch stellt sich die Frage, ob nicht nur das Vorgehen des Vonwoher, sondern auch dieses selber durch analoge Bestimmungen gekennzeichnet werden kann, über die Momente des Geheimnisses und der Mächtigkeit hinaus, die in früheren Paragraphen dargelegt worden sind. Doch was ist das Vonwoher selber? Es erscheint ja doch nur in seinem Vorgehen. Es darf auch nicht von diesem seinem Vorgehen getrennt werden, so, als befände es sich gleichsam „hinter" seiner Erscheinung. Denn darüber, ob es ein solches Dahinter gibt oder nicht, läßt sich nichts aussagen, eben darum nicht, weil es ja zu seinem Wesen gehören würde, gerade das nicht Erscheinende und darum auch das nicht Erblickbare zu sein. So scheint es müßig zu sein, noch eigens nach dem Vonwoher selber zu fragen.

Gleichwohl ist die Frage danach nicht überflüssig. Denn man kann doch fragen, welchen Charakter das Vonwoher tragen muß, wenn es in der geschilderten Weise in seinem Vorgehen anwesend sein soll. Anders formuliert: Welche Strukturen müssen dem Vonwoher als dem in seinem Vorgehen Anwesenden zugesprochen werden, damit es möglich wird, daß es gerade so und nicht anders, nämlich in der im vorigen Paragraphen geschilderten Weise, vorgeht. In diesem Sinne läßt sich der Zusammenhang mit dem Ausgangspunkt, der radikalen Fraglichkeit, wahren und die Analogie mit allen Einschränkungen auch auf das Vonwoher selber anwenden.

Bei dieser Anwendung der Analogie ist jedoch äußerste Vorsicht geboten. Keinesfalls dürfen Analoga aus der Dingwelt herangezogen werden; das Vonwoher ist, wenigstens soweit der menschliche Geist es erfassen kann, kein Ding. Ebensowenig dürfen personale Kategorien verwendet werden; das Vonwoher ist, wenigstens soweit der menschliche Geist es erfassen kann, keine Person. Die Analogie darf nur auf die herausgearbeitete Grundverfassung der Weltwirklichkeit, also auf die Fraglichkeit, das Schweben zwischen Sein und Nichtsein, und auf die im vorigen Paragraphen dargestellten Momente des Vorgehens des Von-woher gestützt werden.

Im Vorgehen des Vonwoher wird das vom Nichtsein bedrohte und doch diesem gegenüber sich haltende Sein des Wirklichen ermöglicht. Nun wird man zurecht sagen können: Was Sein, wenn auch fragliches, er-möglicht, dem muß seinerseits so etwas wie Sein zugesprochen werden. Hätte das vorgehende Vonwoher nicht selber eine Art von Sein, dann könnte es auch nicht das Sein des Wirklichen hervorrufen und halten. So ist dem Vonwoher ein die Weltwirklichkeit in ihrem Sein haltendes und in ihr Sein bringendes Sein zuzuschreiben. Insofern — aber auch nur insofern — ist das erste der Momente des Vonwoher das Sein.

In der Anwendung des Seinsbegriffs auf das Vonwoher muß die Analogie auch in ihrer einschränkenden Bedeutung zur Geltung gebracht werden. Der Ausdruck „Sein" kann in bezug auf das Vonwoher nicht im gleichen Sinne gebraucht werden, in dem er für die Weltwirklichkeit ver-wendet wird. Genau gesprochen kann man sich vom Sein als dem ersten Moment des Vonwoher keinen zureichenden Begriff machen. Nur eines wird man sagen können: Das Im-Sein-halten, wie es dem Vonwoher zukommt, geschieht nach dem im Paragraphen 136 Ausgeführten in einer eigentümlichen Art von Mächtigkeit. Also kann und muß dem Vonwoher ebenfalls Mächtigkeit zugesprochen werden. Nimmt man das im vorigen Absatz Erörterte hinzu, dann kann man sagen: Zum Vonwoher gehört als eines seiner Momente das Sein schlechthin. Darin ist es über das Sein alles Wirklichen mächtig. Darin ist es mächtiges Sein.

Hier muß freilich, wie schon so oft, ein Mißverständnis abgewehrt werden. Wenn das Vonwoher als mächtiges Sein bezeichnet wird, dann könnte es naheliegen, in ihm das summum ens der traditionellen Meta-physik zu erblicken. Diese Gleichsetzung würde jedoch in die Irre führen. Was das Vonwoher in sich selber ist, ob es also den Charakter eines Seienden, nämlich des höchsten Seienden, besitzt, entzieht sich den Blicken des menschlichen Geistes. Erfaßbar ist nur, daß es mächtig und damit Sein ermöglichend vorgeht und daß ihm insofern selber Sein zukommt. So muß auch die philosophische Deutung an dieser Stelle stehenbleiben und kann das Sein des Vonwoher nur als mächtiges Vorgehen ins fragliche Wirkliche verstehen.

2. Das Vonwoher als Nichtigkeit

Doch nun muß, um eine einseitige analoge Aussage über das Vonwoher zu vermeiden, auch das andere Moment in der Weltwirklichkeit zum Aus-gangspunkt genommen werden: daß das Wirkliche ständig vom Absturz in das Nichtsein bedroht ist. Auch das — so hat sich im vorigen Paragraphen gezeigt — läßt sich auf das Vorgehen des Vonwoher zurückführen. Demgemäß muß auch das Vonwoher selber als das gekennzeichnet werden, von dem letztlich und erstlich der Absturz ausgeht: als der Abgrund für die Weltwirklichkeit. Es muß in ihm ein Moment angenommen werden, das sein Wirken als Abgrund ermöglicht: eine innere Abgründigkeit, ein mächtiges Nichtsein. Dieses Moment kann, da sein Ergebnis ein Nichtsein ist, mit dem Ausdruck „Nichtigkeit" bezeichnet werden und ist so neben dem Sein als zweites Moment im Wesen des Vonwoher anzusetzen.

Man könnte einwenden, die Annahme einer Nichtigkeit im Wesen des Vonwoher sei nicht notwendig. Denn das Nichtsein des Weltwirklichen könne auch und gerade aus der mächtigen Seinshaftigkeit des Vonwoher abgeleitet werden, die das sich aufblähende Seinwollen des welthaft Seienden zertrümmert. Das aber würde voraussetzen, daß dieses zunächst als selbständig seiend, und zwar im Gegensatz zum Vonwoher, gesetzt würde, um sodann durch dieses genichtet zu werden. Die Voraussetzung eines Seins des Wirklichen vor dem Vorgehen des Vonwoher widerspräche jedoch dessen Charakter als Ermöglichung des Seins des Wirklichen; dieses entspringt aus dem Vonwoher und kann daher nicht ursprünglich im Gegensatz zu diesem stehen. Daß das Weltwirkliche dennoch ein Nichtsein in sich trägt, muß deshalb einem eigenen Moment im Vorgehen des Vonwoher erwachsen. Dieses Moment aber weist seinerseits auf eine ursprüngliche Nichtigkeit im Wesen des Vonwoher selbst zurück.

Doch wiederum muß hier Vorsicht walten, damit nicht unversehens aus dem Moment der Nichtigkeit, das als Wesenselement dem Vonwoher zugesprochen wird, ein Seiendes werde: ein mächtiger Dämon gleichsam, der alles der Vernichtung preisgibt. Auch hier kommt alles darauf an, daß man das Vonwoher von seinem Vollzug her begreife. Es geht in seinem Moment der Nichtigkeit nichtend in die Weltwirklichkeit vor, die eben dadurch als das konstituiert wird, was sie ist: die ständig vom Nichtsein bedrohte. Eben in diesem Vorgehen des Vonwoher erweist sich die Nichtigkeit als eines von dessen Momenten. Aber das geschieht nur aus dem Blickpunkt von der radikalen Fraglichkeit her; diese muß auch hier der Ausgangspunkt sein: sie allein darf die Basis für analoge Aussagen auch über die Nichtigkeit im Wesen des Vonwoher bilden.

3. Das Vonwoher als Schweben

So ist die Untersuchung denn zu zwei ganz verschiedenen und einander strikt entgegengesetzten Aussagen über das Vonwoher gelangt, beide gewonnen im Ausgang von dessen Wirksamkeit als Vorgehen und letztlich basiert auf der Erfahrung der radikalen Fraglichkeit aller Wirklichkeit. Das Vonwoher ist Sein, und das Vonwoher ist Nichtigkeit. Beides jedoch kann der denkende Geist nicht unvermittelt nebeneinander stehen lassen. Aus der Perspektive, aus der allein er es erblicken kann, müßte sonst das Vonwoher — Gott — als in sich zerrissen erscheinen. Gibt es aber eine Vermittlung zwischen solcherart Widerstreitendem?

Die Möglichkeit einer solchen bietet sich dar, wenn man wiederum — mit aller Vorsicht — die Analogie heranzieht. Auch im Bereich der Weltwirklichkeit treten Sein und Nichtsein auf, sofern das Seiende, vom Nichtsein bedroht, sich doch über diesem im Sein hält. Das aber vermag es mit Hilfe des ihm eigentümlichen Schwebens, das den Charakter seiner Fraglichkeit ausmacht. Eine Art von solchem Schweben muß nun — gesetzt, die Analogie schweife nicht aus und bleibe sich ihrer Grenzen bewußt — auch dem Vonwoher zugesprochen werden. So kann man denn mit allen Vorbehalten sagen: Schwebend hält das Vonwoher seine beiden Momente, das Sein und die Nichtigkeit, zusammen. Das aber geschieht nicht im Sinne einer starren Synthesis, in der die Glieder von der Einheit verschlungen werden und in der die Gegensätze völlig untergehn; das widerspräche dem Wesen des Schwebens. Das Vonwoher ist vielmehr durch ein solches Schweben charakterisiert, in dem das ständige Auseinandertreten und sich Vereinen der beiden gegensätzlichen Momente seines Wesens sich vollziehen.

Hier jedoch ist zu bedenken, daß die Analogie ebensoviel Ähnlichkeit wie Verschiedenheit mit sich bringt. Das Schweben des Vonwoher und das Schweben des Weltwirklichen müssen sich ebenso unterscheiden, wie sie sich gleichen. Das Schweben des Weltwirklichen ist seine Fraglichkeit. Das Schweben des Vonwoher ist das, woraus diese Fraglichkeit entspringt, das, was in letzter Hinsicht fraglich macht. Da es die Bedingung der Möglichkeit für die umfassende Fraglichkeit ist, kann es selbst nicht mehr im gleichen Sinne, wie die Weltwirklichkeit, fraglich sein. Zwar kann der Mensch danach fragen — und dieses ganze Buch ist eine einzige Frage nach dem Vonwoher —. Ja, dieses kann auch dem, der es ergriffen hat, immer wieder fraglich werden. Aber in dem Augenblick, in dem er des Vonwoher auf dem in den vorangehenden Paragraphen angedeuteten Wege gewiß geworden ist, ist es für ihn das aller Fraglichkeit Entrückte, das Unfragliche über aller Fraglichkeit.

4. Der Gott der Philosophen

Das nun ist der Gott der Philosophen, wie heute noch von ihm gesprochen werden kann, nachdem seine vergangenen Auslegungen untergegangen sind. Er ist kein unmittelbarer Gott, aber auch kein erdachter Gott. Er ist das Vonwoher, dessen Begriff aus der Betrachtung der Weltwirklichkeit entspringt, wenn diese als seiend, als nichtseiend und als schwebend angesehen wird. Gott ist das Vonwoher dieser Momente der Weltwirklichkeit; er ist das Sein, die Nichtigkeit und das Schweben zwischen diesen beiden, alles freilich nur in einer analogen Anwendung der Begriffe. Soviel jedenfalls kann von ihm ausgesagt werden, wenn man dem Rechnung trägt, was das menschliche Denken erreichen kann. Und da im Schweben die beiden Momente des Seins und der Nichtigkeit mit inbegriffen und gehalten sind, kann man schließlich in einem Satze sagen: Der Gott der Philosophen — das Vonwoher — ist das absolute Schweben.

Das ist freilich wenig, wenn man sich vor Augen hält, was vergangene Jahrhunderte über Wesen und Walten Gottes aussagen zu können gemeint haben. Doch hier liegt eine Grenze für ein ausweisbares philosophisches Reden. Jenseits ihrer beginnt der Bereich der Unzugänglichkeit Gottes: die Region seiner Unsäglichkeit, seiner Unvordenklichkeit. Was man nun noch wissen kann, ist nur: Gott — das Vonwoher — ist vermutlich umfassender als das, was der menschliche Geist von ihm begreifen kann. So tritt am Ende an die Stelle des Redens das Schweigen.

§ 139. Das Vonwoher als unbedingte Sinnermöglichung und Sinnabgründigkeit

Zu dem Gesagten ist noch eine Ergänzung notwendig. Bisher ist das Vonwoher ausschließlich unter dem Gesichtspunkt betrachtet worden, daß es in seinem Vorgehen Sein, Nichtsein und Schweben des Seienden ermöglicht. Noch steht die andere Perspektive aus: daß es auch als das Vonwoher von Sinn und Sinnlosigkeit verstanden werden muß.

Im 2. Kapitel des IV. Teiles ist dargelegt worden, daß der Mensch in seinem unmittelbaren Dasein die Sinnhaftigkeit seines Tuns und Denkens als selbstverständlich voraussetzt. Zugleich wurde aber auch gezeigt, daß diese naive Sinnannahme sich dem näheren Nachdenken als höchst fragwürdig erweist. Das geht so weit, daß man dahin gelangen kann, die Sinnlosigkeit — im nihilistischen Verstande — als das letzte, das im radikalen Fragen aussagbar ist, anzusehen. An der angegebenen Stelle mußte das Problem von Sinn und Sinnlosigkeit offen bleiben. Jetzt ist es im Zusammenhang mit dem über das Vonwoher Ausgemachten erneut aufzunehmen.

Von Sinnhaftigkeit kann man, wie im Paragraphen 119 ausgeführt worden ist, konsequenterweise nur reden, wenn man ein letztes sinngebendes und sinnverleihendes Prinzip, einen unbedingten Sinn annimmt,

238

der die ganze Kette der Sinnzusammenhänge ermöglicht. Eine Weise des unbedingten Ermöglichens ist nun gefunden worden: das seinsermöglichende Vorgehen des Vonwoher. Im Blick darauf kann man behaupten: Was Sein ermöglicht, ermöglicht auch Sinn, denn eben wenn Sein vom Vonwoher ermöglicht wird, wird ihm im Blick auf dieses Sinn verliehen. Seinsermöglichend ist das Vonwoher also zugleich sinnermöglichend. So findet die Annahme der Sinnhaftigkeit ihre Rechtfertigung aus dem Gedanken des Vonwoher, wie sie umgekehrt auf dieses als auf die Bedingung ihrer Möglichkeit zurückverweist.

Doch das ist nicht alles. Es bleibt das Bedenken, daß alles sinnlos sein könnte. Wie aber ist das möglich, wenn es doch ein sinnermöglichendes Vonwoher gibt? Diese Frage zwingt dazu, das Vonwoher umfassender zu denken: daß es nämlich nicht nur sinnermöglichend, sondern auch sinnzerstörend vorgeht, daß es nicht nur Sinn verleiht, sondern auch in die Sinnlosigkeit abstürzen läßt. Eben das nun entspricht dem Wesen des Vonwoher in der Zwiespältigkeit seines Wesens als eines Schwebens zwischen Sein und Nichtigkeit. Denn die Sinnlosigkeit enthält ein Element des Nichtseins in sich, und eben darin verweist sie auf jene Nichtigkeit, die zum Wesen des Vonwoher gehört. So muß also das Vonwoher nicht bloß als unbedingte Sinnermöglichung, sondern auch als unbedingte Sinnabgründigkeit verstanden werden. Beide zusammen, Sinn und Sinnlosigkeit, deuten demnach auf das Vonwoher in der Doppelheit seiner Momente.

Daraus geht am Ende hervor, daß die Weltwirklichkeit — einschließlich des menschlichen Daseins — weder als eindeutig sinnhaft noch als eindeutig sinnlos erkannt werden kann. Sie ist und bleibt fraglich, sie ist und bleibt im Schweben; damit hat sich der denkende Mensch abzufinden. Aber die Einsicht in die nicht aufzuhebende Fraglichkeit ist nicht vergebens. Sie macht vielmehr offenbar: Das Schweben zwischen Sinn und Sinnlosigkeit gründet in der schwebenden Zwiespältigkeit des Vonwoher. So ist auch die Problematik von Sinn und Sinnlosigkeit ein möglicher Weg, um philosophisch-theologisch zu einem Begriff des Gottes der Philosophen zu gelangen, wie er dem Denken in der Zeit des Nihilismus entspricht.

§ 140. Ewigkeit oder Zeitlichkeit des Vonwoher

Zum Ende dieses Kapitels, das sich mit dem Wesen des Vonwoher befaßt, ist noch ein Problem zu erörtern, das in der Tradition der Philosophischen Theologie — wenn auch zumeist in höchst einseitiger Entscheidung — eine bedeutende Rolle spielt: die Frage nach Ewigkeit oder Zeitlichkeit des Vonwoher. Wie steht es in dieser Hinsicht mit dem im vorstehenden seinem Begriff nach entwickelten Gott der Philosophen? Muß er als ewig gedacht werden? Oder ist er der Zeitlichkeit unterworfen? Dieses Problem setzt die Vorfrage voraus, wo und wie das Denken auf etwas Unzeitliches, also auf etwas Ewiges stoßen könnte. Was zunächst die unmittelbar gegebene Weltwirklichkeit angeht, so zeigt sie sich so, daß man ihr nur Zeitlichkeit, nicht aber ewiges Sein zuschreiben kann. Es gehört ja mit zur Fraglichkeit des welthaft Wirklichen als eines Schwebens zwischen Sein und Nichtsein, daß es entsteht und vergeht, daß es endlich und also zeitlich ist. Dabei spielt für die zur Entscheidung stehende Frage keine Rolle, wie diese Zeitlichkeit zu denken ist: ob als In-der-Zeit Sein oder als In-sich-haben der Zeit.

Nun gehen allerdings die bisherigen Erörterungen zur Philosophischen Theologie über die Sphäre der Weltwirklichkeit hinaus und suchen deren Vonwoher vor Augen zu bringen. Hier nun liegt die Gefahr nahe, daß man ins bloß Spekulative ausschwärmt und dem Vonwoher, das ja den philosophisch verstandenen Gott bedeuten soll, das vornehme Prädikat der Ewigkeit zulegt. Dazu verführt insbesondere die immer noch herrschende platonische Tradition, dergemäß das eigentlich Seiende auch das Immerseiende, das Ewige sein muß. Die Frage ist, ob sich das von der philosophischen Grunderfahrung aus rechtfertigen läßt. Dabei können die Schwierigkeiten übergangen werden, die im Begriff des Ewigen liegen: ob es sich um eine unendliche Zeit oder um eine absolute Zeitlosigkeit oder um das stehende Jetzt handelt.

Was von der philosophischen Grunderfahrung her im Hinausgehen über die Weltwirklichkeit zunächst erblickt wird, ist nach dem im Paragraphen 135 Ausgemachten nicht das Vonwoher als solches, sondern dessen fraglichmachendes Vorgehen. Sofern sich dieses auf die zeitlich bestimmte Weltwirklichkeit richtet, ist es ein je und dann in der Zeit stattfindendes Geschehen. Fraglich wird heute dies, morgen jenes, und gestern war wieder ein anderes fraglich. Das Vorgehen vollzieht sich also im Modus der Zeitlichkeit. Nun reicht jedoch die Perspektive des menschlichen Geistes nicht weiter als bis zum Vorgehen des Vonwoher; denn nur dieses erscheint. Somit kann vom Menschen aus auch kein Ewiges erblickt werden. Aber berechtigt das schon dazu, dem Vonwoher selber die Ewigkeit abzusprechen?

Das muß in der Tat insoweit geschehen, als das Vorgehen der dem menschlichen Erkennen zugängliche Aspekt des Vonwoher selber ist. Es gibt ja ersichtlich nicht zunächst das Vonwoher und dann, als gleichsam zufällige Beigabe, sein Vorgehen. Das Vonwoher ist vielmehr selber sein Vorgehen. In der menschlichen Perspektive muß also auch das Vonwoher selbst als zeitlich gedacht werden. Denn es tritt jeweils als Geschehen des Vorgehens in die Erscheinung.

In diesem Zusammenhang gilt es jedoch, die Grenzen des menschlichen Erkennens zu bedenken. Ob das Vonwoher in sich selber vor all seiner vorgehenden Erscheinung west, muß offen bleiben. Zwar konnten im Paragraphen 138 einige analoge Momente seines inneren Wesens vermutet werden. Hier dagegen, im Problem von Zeitlichkeit und Ewigkeit, hilft die Analogie nicht weiter. Es könnte ja sein, daß deren Schranken gerade darin bestehen, daß in ihrer Anwendung auf das Vonwoher das Moment der Endlichkeit und Zeitlichkeit zurückgelassen werden muß. Dann hätte man ein Recht, eine Ewigkeit des Vonwoher anzunehmen, zumal man sich ein zeitliches und begrenztes Absolutes schwer vorstellen kann. Dann aber stößt man auf das bislang in der Tradition nicht gelöste metaphysische Problem einer Herkunft der Zeitlichkeit aus dem Ewigen.

Doch auch das Gegenteil ist zu bedenken. Im Paragraphen 138 ist das Vonwoher auf dem Wege der Analogie als ein Schweben zwischen Sein und Nichtigkeit bestimmt worden. Angesichts dessen erhebt sich die Frage, ob nicht im Phänomen des Schwebens als eines Hin und Her Zeitlichkeit steckt und ob nicht demgemäß diese auch dem Vonwoher zuzusprechen ist. Das aber wäre eine Überdehnung der Analogie des Schwebens des Vonwoher mit dem aus dem Bereich der Weltwirklichkeit geschöpften Begriff des Schwebens. Es ist richtig: Man kann sich in der Erfahrungswelt kein Schweben denken, das sich nicht in zeitlicher Abfolge abspielte. Aber es ist fraglich, ob man diesen Tatbestand auch auf eine dem Vorgehen vorauszusetzende Sphäre vor aller Erscheinung anwenden kann und darf. Man könnte sich — im Gedankenexperiment — auch ein Schweben vorstellen, das zur Ruhe gekommen ist, weil es die beiden widerstreitenden Momente wirklich versöhnt hat und sich darum nicht mehr zwischen ihnen hin und her treiben lassen muß. Solange diese Denkmöglichkeit nicht ausgeschlossen ist, läßt sich aus dem Begriff des Schwebens nicht mit Sicherheit auf eine Zeitlichkeit des Vonwoher schließen.

Faßt man die Vermutungen, die für eine Ewigkeit des Vonwoher sprechen, mit den Erwägungen zusammen, die dessen Zeitlichkeit nahelegen, dann wird der Schluß unvermeidlich: Die Frage nach Ewigkeit oder Zeitlichkeit des Vonwoher muß offen bleiben. Wie der Gott der Philosophen in sich selber ist, ob ewig oder zeitlich, gehört zu dessen am Ende des Paragraphen 138 erwähnter Unzugänglichkeit, Unsäglichkeit und Unvordenklichkeit.

4. Kapitel
Abgrenzungen

§ 141. Abgrenzung gegen den Gottesbegriff
der christlichen Theologie

Der in den beiden vorigen Kapiteln dargelegte Begriff Gottes als des Vonwoher steht an einer bestimmten Stelle im Gesamtgang der Geschichte des philosophisch-theologischen Gottesbegriffes: da nämlich, wo dieser sich unter den Gegebenheiten des Zeitalters des Nihilismus neu zu bilden bestrebt ist. Er ist also nicht ohne Zusammenhang mit dem, was in der Tradition über Gott gedacht und gesagt worden ist. Das bestätigt sich, wenn man von dem jetzt erreichten Ort aus auf die Geschichte der Philosophischen Theologie zurückblickt, wie sie in Aufstieg und Verfall den Grundzügen nach in den beiden ersten Teilen dieses Buches dargestellt worden ist.

Nun ist es nicht möglich, an allen einzelnen Punkten anzumerken, wo sich in dem vorliegenden Entwurf positive Berührungen mit geschichtlichen Gestaltungen oder kritische Absetzungen von solchen finden. Doch ist es um der Verdeutlichung der Sache willen unumgänglich, in dreifacher Hinsicht die Übereinstimmung ebenso wie die Unterschiede im Hinblick auf den Gottesbegriff ausdrücklich zu kennzeichnen: inbezug auf die traditionelle christliche Theologie, inbezug auf Hegel und inbezug auf Schelling. Die Gottesauffassung der beiden letzteren ist ja im I. Teil nicht ohne Grund ausführlich behandelt worden. Was ferner das Verhältnis zum christlichen Gottesbegriff betrifft, so durchzieht die Auseinandersetzung mit ihm alle Erörterungen dieses Buches.

Was den christlichen Gottesbegriff angeht, so kann ein Vergleich mit dem philosophisch-theologischen Begriff des Vonwoher nur in den gröbsten Zügen vorgenommen werden. Gott im christlichen Verstande ist in der Geschichte der Theologie so vielfältig und oftmals so widersprechend verstanden und ausgelegt worden, daß es schwierig ist, eine einheitliche Kennzeichnung zu finden. Es wird daher erforderlich sein, sich auf die hervorstechendsten und im allgemeinen überall im Bereich der christlichen Theologie anerkannten Momente zu beschränken. Dabei kann auf die Ausführungen im Paragraphen 105 verwiesen werden.

Unter diesen Einschränkungen scheint im Begriff Gottes eine gewisse Übereinstimmung zwischen seiner Bestimmung im christlichen Sinne und seiner Fassung als Vonwoher zu bestehen, und zwar insofern, als dieses, wie im Paragraphen 138 dargelegt worden ist, durch drei aufeinander bezogene Momente charakterisiert ist: Das Sein, die Nichtigkeit und das Schweben. Das mag daran erinnern, daß auch in der christlichen Theologie die Dreiheit eine entscheidende Rolle spielt: im Begriff der Trinität. Die Frage ist nun, ob man um dessentwillen berechtigt ist, eine besondere Nähe des Gedankens des Gottes der Philosophen, wie er im vorstehenden entwickelt worden ist, zu der christlichen Gottesidee festzustellen.

Bei genauerem Zusehen wird jedoch deutlich, daß sich die Übereinstimmung auf das formale Moment der dreifachen Strukturierung beschränkt. Wenn die christliche Theologie von Gott als dem Vater, dem Sohne und dem Heiligen Geiste spricht, dann meint sie ersichtlich etwas anderes, als was die Philosophische Theologie in der Idee des dreifach gegliederten Vonwoher denkt. Am ehesten könnte man noch im Gedanken des seinsermöglichenden Vorgehens des Vonwoher eine Parallele zum christlichen Schöpfergott erblicken. Doch auch da finden sich bereits Unterschiede; denn das ermöglichende Vorgehen, das in der fraglichen Wirklichkeit seine Anwesenheit findet, ist ersichtlich etwas anderes als das sich in sich selber haltende Erschaffen einer Welt als eines Anderen Gottes, mag diese Schöpfung nun nach dem Modell des handwerklichen Tuns oder des hervorbringenden Wortes gedacht sein. Eindeutig aber versagen die Parallelen bei dem zweiten Moment. Denn was hat das Vorgehen als Nichtigkeit mit dem Sohne Gottes zu tun, durch den die Welt geschaffen ist, der in die Welt kommt und der diese erlöst? Schließlich ist auch der selbst in der christlichen Theologie schwer zu definierende Begriff des Heiligen Geistes sicherlich etwas anderes als das im Vonwoher sich vollziehende Schweben zwischen Sein und Nichtigkeit. Schon im Blick auf das Problem der Trinität, bei dem eine gewisse Nähe vermutet werden könnte, setzt sich also der hier vorgelegte Entwurf einer Philosophischen Theologie aufs deutlichste von der christlichen Theologie ab.

Das zeigt sich in anderen Hinsichten noch eindeutiger. Wie immer man das Wesen Gottes im Sinne der christlichen Theologie bestimmen mag, eines scheint ihm charakteristisch zuzugehören: das Moment der Transzendenz. Nicht umsonst hat sich die christliche Theologie immer wieder gegen den Pantheismus gewehrt, auch wenn er in ihrem eigenen Bereich aufgetreten ist. Eine solche eindeutige Transzendenz kann jedoch dem Gott der Philosophischen Theologie, wenn er als das vorgehende Vonwoher begriffen wird, nicht zugeschrieben werden. Im vorigen Kapitel ist ausdrücklich darauf hingewiesen worden, daß über ein mögliches Sein Gottes in sich selber, ohne Bezug zur Weltwirklichkeit, schlechterdings nichts auszumachen ist. Der Gott der Philosophen ist die Fraglichkeit der Welt, betrachtet im Hinblick auf ihre Tiefe. Was er etwa in sich selber sein mag, das auszumachen überschreitet die Möglichkeiten des menschlichen Geistes. Es kann sein, daß das Vonwoher nichts mehr als sein Vorgehen als Weltwirklichkeit ist; es kann aber auch sein, daß auch noch eine verborgene innergöttliche Region zu vermuten ist. Diese Frage aber ist kein lösbares Problem; es gibt für eine besonnene Philosophische Theologie keine Möglichkeit, es von ihrem eigensten Ausgangspunkt her zu beantworten. Nur eine in keiner Erfahrung gegründete Spekulation könnte sich anmaßen, darüber gesicherte Auskunft geben zu können. Eben in dieser Bescheidung trennt sich der vorliegende philosophisch-theologische Entwurf aufs schärfste von der christlichen Theologie, wenn diese, auf den Glauben gestützt, von Gott als einem transzendenten Wesen reden zu können meint.

Aus dem gleichen Grunde verbieten sich für eine Philosophische Theologie in der Gegenwart auch weitere Aussagen über das Wesen Gottes, wie sie die christliche Theologie zu machen pflegt: etwa daß Gott Person oder daß er Geist sei. Darüber herrscht im christlichen Bereich Übereinstimmung, wenn man von gewissen mystischen Gedankengängen absieht, in denen diese Begriffe ihre Eindeutigkeit verlieren. Unter dem philosophisch-theologischen Aspekt jedoch könnte darüber nur dann etwas ausgesagt werden, wenn Gott — außerhalb des Glaubens, den das Philosophieren von seinem Wesen her nicht zugrundelegen kann — in personaler oder geistiger Weise begegnete. Doch dahin führt die Erfahrung der Fraglichkeit nicht. Solange also die Philosophische Theologie an ihrer Erfahrungsgrundlage festhält, muß sie sich alle weiteren Aussagen über Gott verbieten; damit aber gerät sie in einen unvereinbaren Gegensatz zur christlichen Theologie.

Ein weiterer entscheidender Unterschied liegt in der verschiedenen Bestimmung des Ortes, an dem der christliche Gott und der Gott der Philosophen erscheinen. Für das Christentum gibt es auf den ersten Blick viele solche Stätten der Offenbarung Gottes: die Propheten, die urchristlichen Zeugen, das Neue Testament, verbunden mit dem Alten Testament, gelegentlich auch Aussagen und Geschehnisse der späteren Kirche, sodann die Geschichte und schließlich, wenn man die umstrittene Stelle aus dem Römerbrief des Apostels Paulus (I 20) heranzieht, sogar die Natur. Die wesentliche Offenbarung jedoch, auf die alle anderen bezogen werden und durch die deren Offenbarungscharakter allererst seine Bestätigung erhält, geschieht in Jesus Christus: in seiner Verkündigung, seiner Menschwerdung, seinem Kreuzestod und seiner Auferstehung. Hier begegnet nach christlicher Auffassung Gott unmittelbar dem Menschen. Für eine solche direkte Offenbarung Gottes in einem Gottmenschen ist jedoch im Rahmen des philosophisch-theologischen Entwurfes, der im Begriff des Vonwoher gipfelt, schlechterdings kein Raum. Hier gibt es einen Zugang nur über die Erfassung der Fraglichkeit der Wirklichkeit, und wenn man von einer Offenbarung Gottes sprechen wollte, dann wäre diese ganz und ausschließlich das Vorgehen des Vonwoher in die fragliche Wirklichkeit.

Alles läuft also letztlich auf den Gegensatz der Grunderfahrungen hinaus, die der christlichen Theologie auf der einen, der Philosophischen Theologie auf der anderen Seite zugrundeliegen. Im christlichen Bereich ist die grundlegende Erfahrung das — wie immer unmittelbare oder vermittelte — persönliche Angesprochensein des Menschen durch den als Person gedachten Gott. In der Philosophischen Theologie, wie sie in diesem Buch entworfen wird, ist es die Erfahrung der Fraglichkeit der Weltwirklichkeit, die im Hinblick auf ein Vonwoher durchscheinend wird. Diese beiden Grunderfahrungen aber sind auf keine Weise miteinander in Einklang zu bringen. Es kann nur mit aller Entschiedenheit die unüberbrückbare Kluft zwischen beiden betont werden.

Das bedeutet freilich nicht, daß der Philosophische Theologe, wenn er sich von der Sache her gezwungen sieht, ganz anders als das Christentum über Gott zu reden, damit behaupten wolle, dieses verehre einen falschen Gott. Das wäre eine dogmatische und darum dem radikalen Fragen nicht adäquate Aussage. Der Philosophische Theologe sagt nur: Jenes Unzugängliche, Unsägliche und Unvordenkliche, als das er das Vonwoher schließlich stehen lassen muß, wird in der christlichen Theologie — in einer Kühnheit, die früheren unkritischeren Zeiten möglich gewesen sein mag, die aber heute höchst fragwürdig geworden ist — zu einem Zugänglichen, Säglichen und Vordenklichen gemacht.

Insofern kann man sagen, daß der philosophisch-theologische Begriff Gottes der christlichen Theologie gegenüber die Aufgabe hat, auf das aufmerksam zu machen, was allein verantwortlich über Gott gesagt werden kann, wenn man die Basis der allgemein zugänglichen Erfahrung nicht zugunsten des nur den Auserwählten vorbehaltenen Glaubens verläßt. Damit wird die christliche Position kritisch unterlaufen. Der Gott der christlichen Theologie ist unter diesem Gesichtspunkt nichts anderes als eine mythologische Fassung des reinen, nämlich des philosophischen Gottesbegriffes. Die christliche Theologie spricht das, was die Philosophische Theologie auf den Begriff zu bringen sich bemüht, in der Weise des Redens in Bildern aus. Damit aber entfernt sie sich von den ausweisbaren Grunderfahrungen, während die Philosophische Theologie bei der ursprünglichen Grunderfahrung bleibt. Die christliche Theologie ist aber darum nicht etwa Unwahrheit; sie ist jedoch die Wahrheit in ihrer vorläufigen Gestalt[1].

[1] Vgl. zu dieser Problematik: Helmut Gollwitzer und Wilhelm Weischedel, Denken und Glauben, Ein Streitgespräch, Stuttgart 1965.

1. Übereinstimmungen

Es ist kein Zweifel, daß unter den im vorigen Paragraphen dargestellten Gesichtspunkten die Philosophische Theologie des Vonwoher nicht auf die Seite des Christentums, sondern eher auf die Seite derjenigen gehört, die bisher schon Philosophische Theologie unter einem nicht unmittelbar christlichen Aspekt betrieben haben. Hier ist es vor allem Hegel, dem besondere Aufmerksamkeit zuzuwenden ist, da nach den Darlegungen im ersten Bande die vielfältigen philosophisch-theologischen Bemühungen in ihm ihren Höhepunkt finden. Keine Aussage im Felde der Philosophischen Theologie kann sich halten, wenn sie nicht durch eine kritische Auseinandersetzung mit Hegels Denken hindurchgegangen ist. Das besagt freilich nicht, daß sie bei diesem stehen bleiben müßte. So stellt sich denn die Aufgabe, zu zeigen, worin sich der vorliegende Entwurf mit der Philosophischen Theologie Hegels berührt und wo er sich von dieser abzusetzen gezwungen ist. Was die dabei vorausgesetzte Interpretation Hegels angeht, so wird auf die ausführliche Darstellung seiner Philosophischen Theologie im 9. Kapitel des I. Teiles verwiesen. Dort finden sich auch die Belege für die Gedanken Hegels, die für den Vergleich herangezogen werden.

Der erste Punkt der Übereinstimmung der Philosophischen Theologie Hegels mit der des Vonwoher liegt darin, daß in beiden angenommen wird, die sichtbare, greifbare und fühlbare Wirklichkeit — und zwar die äußere wie die innere — sei nicht alle Wirklichkeit, sondern sie weise auf etwas anderes zurück: auf den absoluten Geist bzw. auf das Vonwoher. Der absolute Geist umfaßt und durchdringt alles Wirkliche; das Vonwoher ist die Tiefe der Welt. So werden denn auch beide, sowohl der absolute Geist wie das Vonwoher, als das eigentlich Wirkliche in aller faktischen Wirklichkeit verstanden.

Daß damit in beiden Fällen — und beidemale im Unterschied zum christlichen Gottesbegriff — keine Transzendenz gemeint ist, macht den zweiten Punkt der Übereinstimmung aus. Der absolute Geist lebt nicht jenseits der Welt, sondern ist in der Wirklichkeit anwesend. Das gleiche gilt vom Vonwoher; es manifestiert sich in seinem Vorgehen in die fragliche Wirklichkeit.

Mit der universellen Präsenz des absoluten Geistes und des Vonwoher hängt drittens zusammen, daß in beiden Fällen keine positive Offenbarung Gottes erforderlich ist, wie sie das Christentum in seinem Gedanken des Gottmenschen für unabdingbar hält. Die Philosophische Theologie des Vonwoher löst sich davon völlig los. Hegel ist nicht ganz so eindeutig. Er ist der Auffassung, der absolute Geist offenbare sich in der Geschichte und innerhalb dieser in besonderer Weise in Jesus Christus. Aber auch für Hegel ist dies keine Aussage auf der höchsten philosophischen Ebene; zudem kommt von daher nicht, wie im Christentum, die eigentliche Beglaubigung.

Der vierte Punkt der Übereinstimmung zwischen der Philosophischen Theologie Hegels und der des Vonwoher liegt darin, daß beide Theologien eine Art von unmittelbarer Berührung mit jenem eigentlich Wirklichen kennen. So wie Hegel es sieht, hat der Philosophierende zwar eine vielfältig — durch Natur und endliche Geistessphäre — vermittelte Beziehung zum absoluten Geiste; aber durch alle Vermittlungen zieht sich doch als unmittelbares Moment die Erhebung des Geistes vom Endlichen zum Unendlichen hindurch. An vergleichbarer Stelle steht in der Philosophischen Theologie des Vonwoher der Gedanke der philosophischen Grunderfahrung, in der durch alles fragliche Wirkliche hindurch das Vorgehen des Vonwoher ergriffen werden kann.

2. Unterschiede

Neben diesen Übereinstimmungen finden sich zwischen der Philosophischen Theologie Hegels und der des Vonwoher auch entscheidende Unterschiede. Deren erster betrifft den Ausgangspunkt in der Erfahrung. Die Wirklichkeit, bei der Hegel einsetzt, ist schon charakteristisch umgedeutet: Sie ist allein die Wirklichkeit des Geistes; auch die Natur ist im Grund von geistiger Art. Das entspricht der idealistischen Grundposition Hegels. Hier nun ist die Philosophische Theologie des Vonwoher von Anfang an offener. Sie nimmt in gleicher Weise die geistige wie die natürliche Wirklichkeit in ihren Ansatz auf, ohne deren Unterschiede zu verwischen oder die eine durch die andere zu deuten. Sie macht also die idealistische Grundvoraussetzung Hegels nicht mit.

Noch ein zweites Moment innerhalb der Unterschiede zwischen der Philosophischen Theologie Hegels und der des Vonwoher betrifft den Ausgangspunkt. Hegel setzt bei der — geistig verstandenen — Wirklichkeit als solcher ein. Von dieser aus beginnt für ihn die Erhebung zum absoluten Geiste. Die Philosophische Theologie des Vonwoher dagegen setzt ursprünglicher an: nicht bei der Wirklichkeit als solcher, sondern bei dieser als Fraglichkeit. Sie nimmt — was Hegel in seiner Zeit noch nicht in solchem Maße zu tun sich genötigt sah — die Wirklichkeit in ihrer im Zeitalter des Nihilismus voll offenbar gewordenen Fraglichkeit zum Ausgangspunkt. Sofern sie also das Faktum der nächsten Gegebenheit der

Wirklichkeit unterläuft, ist sie von Anfang an radikaler als die Philosophische Theologie Hegels.

Auch der dritte Punkt, an dem sich die Philosophische Theologie Hegels von der des Vonwoher unterscheidet, betrifft die Erfahrungsgrundlagen. Hegel meint, mit Hilfe der Erhebung der Vernunft vom Endlichen zum Unendlichen gelangen zu können; er hält es also für möglich, daß der menschliche Geist in die Region des Ewigen einzudringen vermöge. Dieser wird überdies ein Insichsein zugeschrieben, das bestimmte dialektische Strukturen zeigt, wie sie die Logik Hegels entwickelt. Hier ist die Philosophische Theologie des Vonwoher bescheidener und kritischer. Sie redet bloß vom Vorgehen des Vonwoher, läßt dagegen dessen inneres Wesen — abgesehen von den im Vorgehen sich bekundenden Momenten und von gewissen daraus abzuleitenden analogen Bestimmungen — unangetastet; zudem läßt sie offen, ob eine solche Region des Ansichseins des Vonwoher als ewig zu charakterisieren ist.

Die Philosophische Theologie des Vonwoher unterscheidet sich viertens insofern von der Hegels, als dieser, ausgehend von seiner rein geistigen Auffassung der Wirklichkeit, auch das ermöglichende Prinzip als reinen Geist versteht. Gott ist der Begriff, die Idee, der absolute Geist. Die Philosophische Theologie des Vonwoher dagegen vermeidet solche einseitigen inhaltlichen Charakterisierungen. Sie entgeht damit den Versuchungen einer zu weit ausgedehnten Analogie. Zwar leugnet sie nicht, daß in der Wirklichkeit auch geistige Phänomene vorkommen und daß sie ihren Ursprung im Vonwoher haben. Aber sie bestreitet die Rechtmäßigkeit, diese auf dem Wege der Analogie als Eigenschaften Gottes zu deduzieren; denn sie betreffen nur einen Teil der Wirklichkeit, nicht diese als ganze in ihrer Fraglichkeit; das aber kann allein den genuinen Ausgangspunkt für alle Analogien bilden.

Der fünfte Punkt innerhalb der Unterschiede zwischen der Philosophischen Theologie Hegels und der des Vonwoher betrifft die Frage einer Ableitung der Weltwirklichkeit aus dem obersten Prinzip. Hegel macht den Versuch, aus der dialektischen Struktur des absoluten Geistes die ganze Weltwirklichkeit in ihrer strukturellen Vielfalt zu erklären. Die Philosophische Theologie des Vonwoher dagegen begnügt sich damit, zu sagen, daß alles Wirkliche im Vorgehen des Vonwoher ermöglicht wird, ohne nun im einzelnen die Weise dieser Ermöglichung und die Strukturen des Ermöglichten festlegen zu wollen. An diesem Punkte versucht Hegel mehr zu leisten und ist kühner in seinem Entwurf, während die Theologie des Vonwoher für sich die größere Besonnenheit in Anspruch nehmen darf.

248

§ 143. *Abgrenzung gegen Schellings Gottesbegriff*

1. Übereinstimmungen

Am nächsten scheint die Philosophische Theologie des Vonwoher der Philosophischen Theologie Schellings zu stehen. Denn wie jene in ihrem Grundprinzip die Momente des Seins, der Nichtigkeit und des Schwebens denkt, so findet sich bei Schelling im Begriff Gottes die Unterscheidung in Existenz, Grund der Existenz und Ungrund. Diese auffällige Verwandtschaft muß, zusammen mit den sonstigen Übereinstimmungen und Unterschieden, genauer untersucht werden. Dabei wird die ausführliche Darstellung der Philosophischen Theologie Schellings im 8. Kapitel des I. Teiles zugrunde gelegt.

Die Übereinstimmungen der Philosophischen Theologie des Vonwoher mit der Schellings lassen sich kurz darstellen; sie entsprechen großenteils den Übereinstimmungen mit der Philosophischen Theologie Hegels. Auch hier ist das erste, daß der sichtbaren, greifbaren und fühlbaren Wirklichkeit eine andere, eigentliche Wirklichkeit gegenübergestellt wird: die des Absoluten oder Gottes bei Schelling, die des Vonwoher in der unter diesem Gesichtspunkt konzipierten Philosophischen Theologie. Das zweite ist, daß auch bei Schelling dies nicht im Sinne einer Transzendenz Gottes verstanden wird; auch sein Absolutes ist in der Wirklichkeit anwesend, nicht anders als das Vonwoher in seinem Vorgehen. Drittens wird auch hier — anders freilich dann beim späten Schelling — eine positive Offenbarung Gottes nicht als erforderlich angesehen. Zum vierten gibt es — in formaler Hinsicht vergleichbar der Grunderfahrung in der Philosophischen Theologie des Vonwoher — eine unmittelbare Erfahrung: die intellektuelle Anschauung bzw. die Ekstase. Fünftens — und hier im Gegensatz zu Hegel — stimmen die Philosophische Theologie Schellings und die des Vonwoher auch darin überein, daß das oberste Prinzip nicht einseitig als Geist verstanden wird.

2. Unterschiede

Wie inbezug auf Hegel, so sind auch inbezug auf Schelling die Unterschiede zur Philosophie des Vonwoher erheblicher als die Übereinstimmungen. Sie betreffen — nicht anders als bei Hegel — schon den Ausgangspunkt. Das erste ist, daß auch hier die Wirklichkeit als solche in den Ansatz aufgenommen wird, nicht, wie in der Philosophischen Theologie des Vonwoher, in radikalerer Weise die Wirklichkeit in ihrer Fraglichkeit. Das zweite ist, daß das, was Schelling in der intellektuellen Anschauung bzw. in der Ekstase zu erreichen versucht, wie bei Hegel eine ewige, der Zeit enthobene Sphäre ist, während die Philosophische Theologie des Vonwoher die Frage nach einer solchen Region des Immerseienden offen läßt. Das dritte ist, daß die von Schelling vorgenommene innergöttliche Scheidung in Existenz, Grund der Existenz und Ungrund nicht mit der Trennung in Sein, Nichtigkeit und Schweben übereinstimmt, wie sie die Philosophische Theologie des Vonwoher in diesem zu finden meint. Schon darin liegt ein entscheidender Unterschied, daß Existenz bei Schelling so viel wie geistige Existenz bedeutet und daß der Grund der Existenz die Natur in Gott ist, daß also diese innergöttlichen Momente positive Bestimmungen erhalten. Viertens schließlich unterscheiden sich die Philosophische Theologie des Vonwoher und Schellings auch darin, daß dieser die Weltwirklichkeit in ihren Strukturen aus dem absoluten Prinzip abzuleiten versucht, worauf die Philosophische Theologie des Vonwoher aus Gründen der Begrenztheit des menschlichen Erkennens verzichtet.

5. Kapitel
Folgerungen

§ 144. Der philosophisch-theologische Aspekt auf die Weltwirklichkeit

In einem letzten Kapitel sind nun noch die Folgerungen zu erörtern, zu denen eine Philosophische Theologie, wie sie in diesem Buch entworfen worden ist, führt, wenn man sie mit einigen Wirklichkeitsbereichen in Beziehung setzt. Zunächst geht es um die welthafte Wirklichkeit. Die Frage ist, in welchem Aspekt diese erscheint, wenn sie in dem nunmehr entwickelten Sinne philosophisch-theologisch betrachtet wird.

Nun kann im Zusammenhang mit der die ganze Untersuchung leitenden Bestimmung des Philosophierens als des radikalen Fragens der Begriff der Wirklichkeit nicht im naiven Sinne gebraucht werden. Nach dem im Paragraphen 127 Ausgeführten ist Wirklichkeit nicht selbstverständliches Bestehen, sondern Fraglichkeit. Jede Weltbetrachtung, die nicht diese erfahrene Fraglichkeit alles Seienden zugrunde legt, bleibt an der Oberfläche, ist bloßer Reflex eines nicht zureichend gedachten Daseins und Soseins der Wirklichkeit im menschlichen Wahrnehmen und Erkennen. Wenn also jetzt die Weltwirklichkeit dargestellt werden soll, wie sie im Horizont des vom radikalen Fragen ausgehenden philosophisch-theologischen Gedankens erscheint, dann muß sie eben als die radikal fragliche verstanden werden.

Als solche tritt sie im philosophisch-theologischen Gedanken unter den Aspekt des Vorgehens des Vonwoher. Denn aus diesem entspringt sie. Das Vonwoher tritt, vorgehend und darin die fragliche Wirklichkeit ermöglichend, in die Erscheinung. Und umgekehrt, von der fraglichen Weltwirklichkeit her betrachtet: Diese hat eine Tiefe, und eben diese Tiefe ist ihr Verweis auf das als Welt vorgehende Vonwoher.

Das bedeutet freilich nicht, daß nun der Schöpfungsgedanke im christlichen Sinne restituiert würde. Das Vonwoher bringt nicht, wie es diesem entsprechen würde, ein anderes, als es selbst ist, in eine selbständige Existenz. Das Vonwoher selber geht ermöglichend vor und ist in solchem Vorgehen in dem Ermöglichten anwesend. Das aber ist nicht die Weise, wie der christlich verstandene Gott sich zur Welt verhält.

Inmitten dieser vom Vonwoher aus fraglichen und eben in ihrer Fraglichkeit ermöglichten Weltwirklichkeit fragt der Mensch, und zwar konkret, im Alltag, in den Wissenschaften und zutiefst im philosophischen Denken. Daß er die Weltwirklichkeit als fraglich versteht, verschafft ihm, wie im Paragraphen 124 gezeigt worden ist, die Distanz zu ihr, die überhaupt erst das Fragen ermöglicht. Daß er die Weltwirklichkeit in ihrer Fraglichkeit als Verweis auf das Vonwoher erfährt, gibt ihm darüber hinaus eine absolute Distanz zu ihr. Denn nun kann er sich durch die fragliche Weltwirklichkeit hindurch und diese hinter sich lassend zu dem in ihr vorgehenden und sie ermöglichenden Vonwoher selber verhalten. So vermag er aus aller Befangenheit in welthafte Verstrickungen hinauszutreten.

Die absolute Distanz allein verschafft dem Menschen ein wirklich freies und selbständiges Dasein: daß er nicht im Bestehenden befangen bleibt, sondern, dieses philosophisch-theologisch in seiner Fraglichkeit vom Vonwoher aus erfassend, sich von der Welt löst, um, in der Beziehung zum Vonwoher sich haltend, der Welt gegenüber er selbst zu sein. So ermöglicht die philosophisch-theologisch erfahrene Fraglichkeit der Weltwirklichkeit die wesenhafte Freiheit des Menschen.

Doch die Haltung der distanzierten Freiheit ist nicht alles, was sich für den Menschen in seinem Verhältnis zur Weltwirklichkeit aus dem philosophisch-theologischen Gesichtspunkt ergibt. Das läßt sich des genaueren im Hinblick auf die drei Momente im Vonwoher und in der Weltwirklichkeit verdeutlichen. Das erste Moment ist das Sein. Wird es bloß als Moment im welthaft Wirklichen genommen, dann zeigt sich sofort, daß diese Sicht unter dem philosophisch-theologischen Aspekt unzureichend ist. Das Sein des welthaft Wirklichen, gerade in dessen Fraglichkeit, muß vielmehr als durchscheinend verstanden werden, so nämlich, daß es das Moment des Seins im Vonwoher und in dessen Vorgehen zur Erscheinung bringt. Sein im welthaften Sinne ist, tiefer betrachtet, die

Manifestation des Seins des Vonwoher. Wer die Welt unter dem Aspekt des Vonwoher betrachtet, der kann sie nicht mehr als bloßes Aggregat vorhandener Dinge ansehen, auch nicht nur als einen gesetzmäßigen Zusammenhang. Er muß vielmehr in und mit aller Erfahrung der Welt und weltlicher Dinge diese zugleich als vom Vonwoher ermöglicht begreifen.

Aus dieser Einsicht erwächst die Aufforderung zu einer bestimmten Haltung des Menschen. Ist die fragliche Wirklichkeit Erscheinung des Vonwoher, dann verlangt sie von dem sie betrachtenden und in ihr sich betätigenden Menschen, daß sie als solche respektiert werde. Wer die Dinge nicht als bloß vorhandenes Seiendes ansieht und behandelt, wer erfährt, daß sie eben in ihrem fraglichen Sein ein anderes durchscheinen lassen, wer ihnen also philosophisch-theologisch begegnet, der wird sie nicht als einen Bereich der Verfügbarkeit verstehen, in dem man schalten und walten kann, wie man will. Er wird sie als sein Gegenüber, dessen Sein der gleichen Wurzel entspringt wie das seines eigenen Daseins, achten. Das gilt insbesondere im Blick auf die neuzeitliche Tendenz auf universelle Machbarkeit und Beherrschbarkeit. Der nackten Vorhandenheit gegenüber wird der Mensch anmaßend; der Tiefe der Welt gegenüber wird er bescheiden und demütig.

Mit dem bisherigen ist nur das eine Moment im Wesen der Wirklichkeit und des Vonwoher in Betracht gezogen worden: das Sein. Doch zum vollen Wesen des Vonwoher gehört ja auch die Nichtigkeit, wie ja auch erst die Nichtigkeit die Weltwirklichkeit zu der fraglichen macht, als die sie erfahren wird. Auch hier kommt es unter dem philosophisch-theologischen Aspekt zu einem Durchscheinen. Aber durchscheinend wird nun nicht das Sein des Wirklichen inbezug auf das Sein des Vonwoher, sondern gerade die Nichtigkeit, die jedem Seienden als Moment zukommt: sein zufälliges Entstehen und Werden, sein Verfallensein an Untergang und Tod. Sie bringen, philosophisch-theologisch betrachtet, das zweite der Wesensmomente im Vonwoher, eben dessen Nichtigkeit, zur Erscheinung.

Das verlangt, den Respekt vor dem Sein des Seienden, das das Vonwoher durchscheinen läßt, auch auf das faktische Geschehen der Nichtigkeit, also auf Untergang und Tod auszudehnen; denn auch diese bringen ja das Vonwoher in einem seiner Momente zur Erscheinung. Damit wird es unmöglich, sich an das Bestehende anzukrallen. Man muß einsehen: Gerade unter dem Aspekt der inneren Nichtigkeit im Vonwoher ist das scheinbar Gesicherte ungesichert, das scheinbar Feste schwankend, das Seiende in sich selber unzuverlässig, das Bestehende brüchig. Der Mensch muß deshalb den Illusionen des Vertrauens auf das Sein der Dinge entsagen. Daß das Seiende zerbricht und vergeht, muß dem Menschen aber nicht nur ein Objekt seiner Einsicht, sondern auch ein Gegenstand der

Achtung sein, die er dem Vonwoher schuldet. Er darf dem Tode nicht nur in der Geste der Abwehr gegenüberstehen; im Innersten muß er ihn ebenso bejahen wie das Leben. Nur so tut er dem Respekt vor dem Vonwoher Genüge.

Noch ein drittes ist zu bedenken. In der Weltwirklichkeit sind Sein und Nichtsein dergestalt miteinander in Einklang gebracht, daß das welthaft Seiende sich im Schweben befindet: Es ist weder rein seiend noch rein nichtseiend, sondern es existiert im Zwischen dieser beiden Möglichkeiten. Auch damit verweist die Weltwirklichkeit auf das Vonwoher, in dem das gleiche geschieht: daß sich die beiden Momente des Seins und der Nichtigkeit miteinander verbinden. So läßt das Schweben, das die Existenz der faktischen Welt trotz des Zwiespaltes von Sein und Nichtsein bestimmt, durchscheinend ein anderes, das Vonwoher in dem diesem eigentümlichen Schweben erscheinen.

Auch das fordert vom Menschen unter dem philosophisch-theologischen Aspekt eine bestimmte Haltung. Er darf sich auf keine der beiden Seiten einseitig versteifen. Er darf weder bloß dem Seienden in seinem Bestehen verfallen, noch sich rein auf Untergang und Tod festlegen. Die gemäße Haltung des Menschen dem im Schweben erscheinenden Vonwoher gegenüber ist die Mitte, freilich keine starre, sondern eben eine schwebende Mitte. Das besagt für das faktische Verhalten: Es läßt sich nicht ein für allemal und in theoretischer Reflexion ausmachen, welches Seiende in seinem Bestehen unterstützt und welches dem Untergang preisgegeben werden soll. Was konkret zu tun ist, läßt sich nur im Augenblick entscheiden. Die grundsätzliche Forderung aber bleibt: Vonnöten ist eine schwebende Haltung, die dem einen ebenso sein Recht läßt wie dem anderen, dem Bestehen ebenso wie dem Untergang.

§ 145. *Der philosophisch-theologische Aspekt auf den Menschen*

Innerhalb der Weltwirklichkeit hat der Mensch, wie der vorige Paragraph gezeigt hat, besondere Aufgaben. Das verdeutlicht sich, wenn eigens nach der Art gefragt wird, wie der Mensch erscheint, wenn er unter dem philosophisch-theologischen Gesichtspunkt betrachtet wird.

Im Paragraphen 122 ist der Mensch als das fragende Wesen gekennzeichnet worden. Sein wesenhafter Charakterzug des Fragens vollendet sich im Philosophieren als dem radikalen Fragen. Dieses ist im Paragraphen 124 dahingehend bestimmt worden, daß es aus der Erfahrung der radikalen Fraglichkeit, von dieser herausgefordert, entspringt: nicht notwendig, sondern in Freiheit, aber doch als die gemäße Antwort auf die erfahrene radikale Fraglichkeit. Es geht also von der Fraglichkeit her ein mächtiger Anstoß auf den Menschen aus, der in früheren Zusammenhängen nicht seine endgültige Deutung finden konnte. Jetzt muß, unter dem inzwischen erreichten philosophisch-theologischen Aspekt, erneut nach einer Begründung dafür gesucht werden.

Was jener Aufforderung ihren Nachdruck verleiht, kann nichts anderes sein, als was in der radikalen Fraglichkeit als deren Ermöglichendes und Erschütterndes in Erscheinung tritt: das Vonwoher in seinem Vorgehen. Indem es die Wirklichkeit als fraglich erscheinen läßt, verlangt es, daß der Mensch darauf antworte. Das aber geschieht im Fragen und vorzüglich im philosophischen, dem radikalen Fragen. Aus dem Vonwoher entspringt also das fragende und radikal fragende Wesen des Menschen. Das Vonwoher kann dementsprechend als Ruf in die Frage und in die radikale Frage gekennzeichnet werden. Und das erstreckt sich vom Fragen im weitesten und allgemeinsten Sinne bis hin zum philosophisch-theologischen Fragen nach dem Vonwoher selber.

Wenn das Vonwoher als Ruf in die Frage bezeichnet wird, dann darf das nicht im christlichen Sinne als persönliche Anrede Gottes an den Menschen verstanden werden. Der Ruf vollzieht sich ganz und ausschließlich durch die Erfahrung der Fraglichkeit der Weltwirklichkeit und des eigenen Selbst hindurch. Der Ruf des Vonwoher in die Frage ist nichts anderes als dessen Vorgehen in die Fraglichkeit, die das Fragen hervorruft.

Eben in dieser Weise, als Ruf in die Frage, ist das Vonwoher das, was überhaupt die fragende Existenz ermöglicht. Ginge es nicht als fragliche Wirklichkeit vor, dann gäbe es niemals Fragen oder gar radikales Fragen. So kann man dem Vonwoher zuletzt auch die Gewährung der fragenden Existenz zusprechen. Sofern weiterhin diese die wahre Existenz des Menschen ist, sofern dieser umso eigentlicher Mensch ist, je mehr er Fragender ist, insofern kann man auch sagen: Das Vonwoher ermöglicht es dem Menschen, im wesentlichen Sinne er selbst zu sein und in seiner Wahrheit zu existieren.

Nun ist das Fragenkönnen, wie in den Paragraphen 122 und 124 ausgeführt worden ist, das signum der menschlichen Freiheit. Nur wenn der Mensch fragend in Distanz zur Weltwirklichkeit und zu sich selber steht, ist er wahrhaft frei. So kann man den Ruf in die Frage auch als Ruf in die Freiheit bezeichnen. Von ihm her ist der Mensch das in seine Freiheit gerufene Wesen.

Zuletzt ist noch darauf zu achten, daß sich der Mensch, wenn er philosophisch-theologisch betrachtet wird, auch zum Vonwoher selber verhält. Indem er von diesem, vermittelt durch die Erfahrung der Fraglichkeit der Wirklichkeit, ins Fragen gerufen ist, ist er zugleich vor das Vonwoher gerufen. Wer sich von diesem in seine wesenhafte Existenz gebracht weiß, der wird das Rufende auch zum Gegenstand des ehrfürchtigen Denkens machen. Er wird so existieren, daß er sich ständig bewußt ist: Er steht in der Verantwortung vor dem Rufenden.

In solcher Verehrung des Vonwoher aber geschieht ein Tieferes. Der Mensch ist letztlich aufgefordert, das philosophisch-theologische Fragen, das Fragen nach dem Vonwoher selber, zu verwirklichen. Ist er dazu aufgerufen, dann heißt das: ein solches Fragen muß in der Intention des Vonwoher selber liegen. Indem der Mensch in das Geheimnis des Vonwoher hineinfragt, fragt dieses nach sich selber. So kann der Mensch, der sich philosophisch-theologisch verhält, sich als die Sprache Gottes verstehen. Das ist seine äußerste menschliche Möglichkeit.

§ 146. *Die philosophisch-theologische Haltung*

1. Offenheit

In den beiden letzten Paragraphen ist an mehreren Stellen von der Haltung des Menschen die Rede gewesen, wie sie sich aus dem philosophisch-theologischen Aspekt ergibt. Das muß nun noch durch Angabe der beiden Grundbestimmungen dieser Haltung ergänzt werden. Die erste ist die Offenheit, die zweite das abschiedliche Dasein.

Zum Fragen gehört als Voraussetzung die Offenheit. Daß einem etwas fraglich werde, dazu ist erforderlich, daß man sich dem öffne. Nun ist der Mensch zum Fragen und zum radikalen Fragen vom Vonwoher aufgerufen. So erhält die Offenheit unter dem philosophisch-theologischen Aspekt eine unbedingte Begründung. Sie wird zu einem unabdingbaren Postulat für den, der sich vor dem Vonwoher verantwortlich weiß.

Das führt zu mancherlei Konsequenzen für das konkrete Dasein. Die wichtigste ist, daß in der Offenheit die Bereitschaft zum Gespräch wurzelt. Wer sich in sich selber verschließt, handelt wider seine philosophisch-theologische Verpflichtung. Ein Gespräch aber ist nicht ohne die Respektierung des Partners möglich. So wird auch die Achtung vor dem andern unter dem leitenden Gesichtspunkt zu einem Postulat. Man darf sich nicht auf die eigene Meinung versteifen, sondern muß stets auch auf den andern hören. Das ist das vornehmlichste Gebot für das Miteinanderleben der Menschen. Es gilt nicht nur für den privaten Bereich, sondern auch für das öffentliche Leben, bis hinein in die politische Sphäre.

Die Offenheit reicht aber noch in eine tiefere Dimension hinab. Offen zu sein gilt es gerade auch insofern, als man sich für die Fraglichkeit aller Wirklichkeit öffnet, um in ihr und durch sie hindurch dem darin anwesenden Vonwoher zu begegnen. Darin erfüllt sich die philosophisch-theologische Existenz. Offenheit ist zuletzt Offenheit für das Vonwoher.

2. Abschied

Die vielfältigen Ausprägungen der Haltung, wie sie unter dem philosophisch-theologischen Gesichtspunkt erforderlich werden, lassen sich schließlich in einer Grundhaltung zusammenfassen, die „Abschied" genannt werden kann. Abschied bedeutet: auf Sicherungen verzichten, es wagen, sich ins Ungewisse zu begeben. Abschied bedeutet: der Welt, in der man existiert, nicht über sich Gewalt einräumen, sondern ihr, der fraglichen, gegenüber Distanz gewinnen. Abschied bedeutet: sich auch von sich selber distanzieren, nicht sich auf sich selbst versteifen, dem Eigensinn absagen, den Mut zur Selbstaufgabe in sich erwecken. Abschied bedeutet so: im ganzen Felde des konkreten Daseins seine Freiheit erringen und bewahren.

Diese Haltung ergibt sich in ihrer Notwendigkeit schon aus dem Gedanken des Philosophierens als des radikalen Fragens, das aus der Erfahrung der radikalen Fraglichkeit erwächst. Wenn alles fraglich ist, dann kann man sich an nichts mehr halten, als wäre es ein Gewisses und Beständiges. Wenn ferner die Fraglichkeit ein Schweben zwischen Sein und Nichtsein ist, dann ist gerade die abschiedliche Haltung erforderlich, weil sie selber den Charakter des Schwebens trägt. Sie begibt sich nicht in die scheinbaren Selbstverständlichkeiten des Seins, sie widersteht aber auch den Verlockungen des Nichtseins; zwischen beiden hält sie sich in der Schwebe.

Erst diese Haltung des Abschieds gibt auch die rechte Gelassenheit den Dingen und den wechselvollen Schickungen des Daseins gegenüber. Erst in der ruhigen Stetigkeit der Gelassenheit findet der Mensch zu sich selber und zu seiner wesenhaften Freiheit.

Die abschiedliche Haltung fordert jedoch nicht, daß man darauf verzichte zu wirken. Aber wer zu ihr gefunden hat, der wird sich nicht verbohrt und fanatisch für das eine und gegen das andere einsetzen; denn er weiß um die Fraglichkeit von allem, auch von allen Standpunkten. Die hier entspringende Gelassenheit gibt dann aber auch die Kraft zum wesentlichen Handeln und zur Absage an den vergewaltigenden Willen. Sie auch ermöglicht die Sachlichkeit im Tun, die darauf verzichtet, ständig nur auf sich zu starren, und die sich den andern Menschen und den Dingen und Verhältnissen offen zuwendet.

Entscheidend ist, daß die abschiedliche Haltung kein willkürlich aufgestelltes Postulat ist, sondern daß sie sich aus dem philosophisch-theologichen Grundgedanken ergibt. Sofern sie sich angesichts der radikalen Fraglichkeit verwirklicht, waltet auch in ihr und gerade in ihr das Vorgehen des Vonwoher. Dieses läßt sich so als Ruf in den Abschied, als Aufruf zu abschiedlicher Existenz kennzeichnen.

In letzter Tiefe heißt Abschied schließlich: darauf verzichten, vom Vonwoher mehr wissen zu wollen, als daß es das nur in einigen wenigen Schritten analogisch erhellbare Geheimnis ist. Damit freilich offenbart die hier entwickelte Philosophische Theologie die Armut ihres Wesens, verglichen mit Glanz und Größe Philosophischer Theologien der vergangenen Jahrhunderte. Aber solche Armut ist vermutlich das Schicksal des Denkens, wenn es im Zeitalter des Nihilismus und der radikalen Fraglichkeit sich doch noch dem Gott zuwendet. Das letzte Wort der hier versuchten Philosophischen Theologie lautet daher: Gott, das Vonwoher, ist Geheimnis, und der Mensch hat es abschiedlich als Geheimnis zu wahren.

PERSONENREGISTER

SACHREGISTER

Ausschließlichkeitsanspruch s. Absolutheitsanspruch
außerweltlich 73. 124 f. s. auch Gottes
Außerweltlichkeit; Jenseits
Ausweglosigkeit 205
Autonomie 35. 108. s. auch Selbständigkeit; Selbstherrlichkeit; Souveränität
Autorität 4. 11. 14. 18. 22. 39 f. 47.
50. 58. 94. 108. 148

Bedeutung 167 f. 170. 172
Bedingung der Möglichkeit 206—212.
216. 220. 239
Bedrängnis 186
Begegnung 13—15. 21. 36—38. 56 f.
73 f. 80. 113. 142 f. 196. 204. 225. s.
auch Glaube als Begegnung
Begrenzung, Begrenztheit, Gegrenztheit
28. 65. s. auch Grenze
Begriff, begreifbar 13. 65. 73. 211.
224 f. s. auch Erkenntnis; Gott als
Begriff
Bejahung 8. 38 f. 46. 70. 100—103.
s. auch Glaube als assertio
Beisichsein 63 f.
Bekenntnis 39 f. s. auch Glaubensbe-
kenntnis
Beklemmung s. Angst
Bergung s. Geborgenheit
Beständigkeit, Bestehen 207. 253
Beunruhigung s. Unruhe
Beweis, Erweis 25. 39 f. 83. 85. 123.
137. s. auch Gottesbeweis; Unaus-
gewiesenheit; Unwiderlegbarkeit
Bewußtsein 88 f. 119. 121. 127 f. s.
auch Geist; Gottesbewußtsein; Welt-
bewußtsein
Bibel, Heilige Schrift 9. 14 f. 36. 56.
58. 79—81. 105 f. s. auch Altes Te-
stament; Neues Testament; Gottes
Wort
Bild 163. 245. s. auch Zeichen
Biologie 76. 152
Botschaft, christliche, göttliche, Bot-
schaft des Glaubens, Kerygma 13.

17 f. 20 f. 23 f. 26 f. 51. 55. 57.
83. 86. 93. 104. 106—108. 110. s.
auch Grundbescheid; Verkündigung;
Zeugnis

Chiffre 128. 135 f.
Christentum, christlich 3. 7 f. 15. 17.
24. 28—30. 36 f. 39. 48 f. 52. 59. 75.
80 f. 85. 92. 105. 109 f. 118. 144.
147—149. 157 f. 230. 232. 244—247.
251. s. auch achristlich; Botschaft,
christliche; Glaube, christlicher; Gott,
christlich; Gottes Offenbarung; Gott
als Person; Offenbarung, christliche;
Philosophie, christliche; Theologie,
christliche; urchristlich
Christologie 107. s. auch Jesus Christus

Dank 120
Dasein 10. 18. 29—33. 41. 44. 55. 57.
65. 69—71. 74. 80. 117. 127. 135.
140. 142. 145. 150. 164. 171—174.
176. 189 f. 192. 194 f. 199. 239.
256. s. auch Existenz; Gottes Dasein
Daseinsanalyse 30
Daseinsverständnis 27
Dauer 50. 141. 150 f. 199
Deitas 126. s. auch Gottes Gottheit
Denken 4. 11. 16—19. 24. 26. 30. 55 f.
64 f. 75. 110. 124. 128. 137—144.
146—150. 175. 179. 188. 193 f. 204.
207. 212—215. 219. 225. 237 f. 240 f.
251. 254. 257. s. auch Geist; Seinsdenken
deus absconditus s. Gottes Verborgenheit
Deutscher Idealismus 211. s. auch
Idealismus
Dialektik 23. 165. 187. 202. 220. 222.
248
Dialog, Gespräch 8. 18. 205. 255
Ding 43 f. 65. 115. 126. 142—145.
167. 179 f. 186. 192—194. 196—198.
200—202. 208 f. 221. 224. 231 f. 234.
252. 256. s. auch Seiendes

expansiv 170
Ewigkeit, das Ewige, Zeitlosigkeit 55.
104 f. 112. 114. 141. 151. 221. 240 f.
248. 250. s. auch Gottes Ewigkeit;
immerseiend; überzeitlich; unzeitlich

Falschheit 156
Faszination 224—226
Feigheit 23
Ferne 193—195. 198 f. 201. s. auch
Distanz
Flucht 183
Frage, Fraglichkeit, fraglich, Infragestellung 15—18. 26—29. 33—35. 37
bis 42. 59 f. 62—64. 69. 76. 79 f. 94.
96 f. 100. 109—111. 128—131. 137.
140. 142. 156. 163—165. 168. 172.
174. 177—180. 182 f. 185—203. 205
bis 213. 217 f. 222. 225 f. 228—235.
237. 239 f. 243—255. s. auch Zweifel
Fragen, radikales, philosophisches, radikale Fraglichkeit 1—3. 17. 19. 33
bis 35. 40 f. 58 f. 79 f. 99 f. 128 f.
144. 153—156. 159—165. 173. 178
bis 182. 184—195. 197—201. 203.
206—212. 216—218. 220. 222—224.
226 f. 229—231. 233 f. 236—238.
245. 250. 253—257. s. auch Unfraglichkeit; Warum; Zweifel
Fraglosigkeit 15. 168—170. 192. 210.
233
Fragwürdigkeit 1 f. 9. 27 f. 33. 67.
109. 129. 138. 140. 142. 159. 177.
184
Freiheit 7. 31—33. 46. 58. 65. 71. 76.
131—137. 141 f. 145. 148. 150. 178.
181 f. 184. 186. 188 f. 251. 253 f.
256. s. auch Gottes Freiheit; Wahl
friedlich 199 s. auch Krieg
Fühlen s. Gefühl
Fürsichsein 151
Fürwahrhalten s. Glaube als Fürwahrhalten
Fundamentalontologie 29
Fundamentaltheologie s. Theologie als
Fundamentaltheologie

Gebendes s. Schenkendes
Gebet s. Anbetung
Geborgenheit, Bergung 79 f. 178. 206.
s. auch ungeborgen
Gefordertsein 28
Gefühl 138. 219
Gegebensein 134 f.
Gegensatz 222. s. auch Widerspruch
Gegenüber 78. 252. s. auch Gott als
Gegenüber
Gegenwart, Gegenwärtigkeit 1. 3. 14 f.
21. 34. 37 f. 85. 102. 140. 142—145.
149. 154 f. 159. 164. 177. 203. 206.
209. 215—217. 244. s. auch Ge-
schichte
Gegrenztheit s. Begrenzung
Gegründetsein 42
Gehaltenheit 211
Geheimnis 43. 54. 203. 224. 227 f. 234.
s. auch Gottes Verborgenheit; Gott
als Geheimnis; Seinsgeheimnis; Ver-
borgenheit
Gehorsam 32. 150
Geist 43. 45. 64—69. 71. 73 f. 87. 90.
106. 112. 114. 117—120. 123—125.
127. 140. 143. 145 f 163. 221. 234 f.
237 f. 240. 243. 247 f. s. auch Be-
wußtsein; Denken; Einsicht; Er-
kenntnis; Gott als Geist; Selbstbe-
wußtsein; Vernunft; Verstand; Wis-
sen
Geist, absoluter, s. Gott als absoluter
Geist
Geist, Heiliger, s. Heiliger Geist
Geisteswissenschaft 129. 143. 166
Gelassenheit 256
Gelichtetheit 63. 68 f.
Gelingen 199. s. auch Mißlingen
Gemeinschaft, Gesellschaft 91. 120. s.
auch Miteinander
Geschaffenheit, Geschaffensein s. Schöp-
fung
Geschehen 228. 230
Geschenktsein 134 f.
Geschichte, Geschichtlichkeit, historisch
1. 8. 13. 15. 21. 30 f. 36 f. 49 f. 53

Gottesbeweis 12 f. 77. 112. 114 f. 121.
127. 152. 172. 217. s. auch Gottes
Dasein; Gottes Unbeweisbarkeit
Gottesbewußtsein 7. 28 f. 124 f. s.
auch Glaube, christlicher und philosophischer; Gotteserkenntnis
Gotteserfahrung 29. 118. 131. 139. s.
auch Erfahrung, metaphysische;
Glaube, christlicher und philosophischer; Gotteserkenntnis
Gotteserkenntnis, christliche, Offenba-
rungserkenntnis 7. 12—16. 25 f.
28 f. 38 f. 41. 43 f. 57. 71. 81.
86. 92. 110. s. auch Glaube, christlicher; Gottesbewußtsein; Wissen
von Gott
Gotteserkenntnis, natürliche 5—7. 9.
11. 25. 28. 34. 39. 41. 43 f. 57. 67.
86. 92. 147. 221. s. auch Erkenntnis;
Glaube, philosophischer; Wissen von
Gott; Gottesverständnis
Gottesgewißheit 91 f. 103. 158. s. auch
Gott als Wahrheit
Gottesleugnung 39. 103. s. auch Atheis-
mus
Gottessehnsucht 7. s. auch Gottsucher
Gottesverhältnis s. Gottbezogenheit
Gottesverständnis 7. s. auch Gottes-
erkenntnis, christliche und philoso-
phische
Gottlosigkeit 37. s. auch Atheismus
Gottmensch s. Jesus Christus
Gottsucher 112. s. auch Gottessehn-
sucht
Gradualität 64. 151 f. s. auch Seins-
stufen
Grenze 65 f. 73. 93. 117. 128—132.
150. 224. 226. 241. s. auch Begrenzt-
heit; Endlichkeit
Grenzsituation 95. 129 f.
Griechen s. Antike
Grund 89 f. 110. 168—170. 172. 188.
198. 208—211. 213—216. 220. s.
auch Gegründetsein; Gott als Grund;
Kausalität; Seinsgrund; Sinngrund;
Ursache; Ursprung

Grundbescheid 20. s. auch Botschaft,
christliche
Grundentschluß 178. 180—185. 188 f.
218. s. auch Entschluß
Grunderfahrung 41. 94. 129. 145 bis
147. 152. 184 f. 188 f. 192—201. 203
bis 206. 211. 213. 218. 226. 231. 240.
245. 247. 249. s. auch Erfahrung,
metaphysische
Güte 221. s. auch Gottes Allgüte

Haltlosigkeit 41. 203. 207. 211. s. auch
Sich-halten
Haltung 19. 52. 177. 180. 252 f.
256
Handlung, handeln 65. 69. 129. 133.
166 f. 173. 179 f. 223. 256. s. auch
Tat
Heiliger Geist 6 f. 11 f. 24. 45. 50.
53 f. 243. s. auch Trinität
Heiligkeit 49 f. 54. s. auch Gottes
Heiligkeit
Herausforderung 186 f.
Herkunft, Herkommen 208. 210—212.
216. 220. 232. 241. s. auch Gott als
Herkunft
Heteronomie 108
Hinfälligkeit 203. 207. 211. 230. s.
auch Endlichkeit
Hören, Hörer, horchen 60 f. 71. 74 f.
81. 86
Hoffnung 23 f. 120
Hypothese, hypothetisch 116. 175. s.
auch Voraussetzung

Ich 128. 144. 146—149. 151. 162 f.
195. s. auch Mensch; Selbst
Idee 10. 112 f. 125 f. s. auch Gott als
Idee
Idealismus 162 f. 247. s. auch Deutscher Idealismus
Illusion 23. 29. 40. 139. 174. 192.
252. s. auch Irrtum; Täuschung
immerseiend 240. 250. s. auch Ewigkeit; Gottes Ewigkeit
Individuum 111 f. s. auch Mensch

Inkarnation, inkarniert, Menschwerdung 78. 107. 244. s. auch Jesus Christus
innergöttlich 53. s. auch Trinität
Insichreflektiertheit 63 f.
Insichsein 248
Insichselberständigkeit 65
Inspiration 4. 49. 92
Instanz, Maßstab 4. 22. 25 f. 58. 81. 108. 121
intellectus s. Einsicht
Intentionalität 120. s. auch Phänomenologie
Intuition, intuitiv 92. 145. s. auch Einsicht; Schauen
ironisch 177 f.
irrational 137
Irrglaube s. Unglaube
Irrtum 49 f. 128. s. auch Illusion
Israel 82 f. 85. s. auch jüdisch

Jenseits 25. 71. 130. s. auch außerweltlich
Jetzt 240. s. auch Augenblick
jüdisch 166. 168 f. 171. s. auch Israel

Katholizismus 24 f. 42. 45. 49. 52. 54. s. auch Theologie, katholische
Kausalität 232. s. auch Grund
Kerygma s. Botschaft, christliche
Kirche 4. 7. 14—16. 23. 43. 45 f. 49 bis 52. 54. 56—58. 110. 244
konkret 113. 186. 194. 196. 255 f.
Kontingenz, kontingent 69. 114. 218. 232. s. auch Zufall
Kosmos s. Welt
Kraft 124. 151
Krieg 173. 192. 194 f. 198 f. 201. s. auch friedlich
Kriterium 4. 9. 11. 37. 45. 48—50. 109. 121. 203
Kritik 18. 144. 150. 154
Kultur 55. 87 f. 90. 161
Kultus 166. 168. 171

Langeweile 191 f. 194 f. 199. 201 f.

Laterankonzil, Fünftes 45
Leben, Lebensmöglichkeit 19 f. 22 f. 55. 76. 79 f. 87. 100. 103. 122—125. 139 f. 142 f. 145. s. auch Vitalität
Lebensbewährung 22. 33
Lebenserfahrung 142. s. auch Erfahrung
Lebewesen 152
Leere 95
Lehre von Gott s. Theologie, christliche
Licht, natürliches, Licht der Vernunft, lumen naturale 3. 25. 43—45. 47 f. s. auch Gewißheit
Liebe, Liebender 22. 204. 220. s. auch Nächstenliebe
Logik 248
Logos 94. 106—108. s. auch Jesus Christus
Lüge 159
lumen naturale s. Licht, natürliches

Macht, mächtig 101. 124. 221. s. auch Seinsmächtigkeit
Macht Gottes s. Gottes Allmacht
Maßstab s. Instanz
Mensch, Menschheit 4—9. 11—15. 18 bis 21. 25—30. 33. 35. 41. 43—45. 49. 52—57. 60 f. 63—74. 76—81. 86—88. 90. 94—96. 99. 102 f. 106. 110—114. 116. 118—126. 129—135. 137. 139—153. 158—160. 163 f. 166 f. 169. 171. 173 f. 176 f. 179 f. 187. 189—192. 194—196. 198 f. 202 f. 206. 211. 214. 220 f. 223—225. 228—231. 233—235. 237—241. 243 bis 245. 248. 250—256. s. auch Anthropologie; Dasein; Existenz; Ich; Individuum; Mitmensch; Selbst; Subjekt; Vernunftwesen
Menschwerdung s. Inkarnation
Metaphysik 45. 60—65. 67. 74 f. 98 f. 101. 105—108. 111. 113—117. 119. 123—126. 135 f. 145—147. 200. 209. 213 f. 216. 232. 235. 241. s. auch Geschichte der Philosophischen Theologie; Philosophische Theologie; Spekulation

Mißlingen 189—191. 194 f. 197—199.
201. 205. s. auch Gelingen
Miteinander 54. 190—192. 197. 255.
s. auch Gemeinschaft; Mitmensch
Mitmensch 193 f. 196. 198 f. 201. s.
auch Mensch; Miteinander
Mittagsstille 192—195. 198 f. 201
Mittelalter 3. 43. 155. 158. s. auch
Scholastik
modern 140—146. 148 f. 159. s. auch
Neuzeit
Möglichkeit 72. 95
Moralität, moralisch 150. 163. s. auch
ethisch
Mut 103. 256
Mythos, mythologisch 127. 158. 245.
s. auch Antike
mystisch 222. 228. 244. s. auch Ekstase;
Theologie, überschwengliche; via
eminentiae

Nächstenliebe 22. s. auch Liebe
Nähe 199
Natur 3—7. 9. 12. 28. 32. 44 f. 48.
51. 53. 75. 85 f. 118 f. 124 f. 129.
145. 147—149. 152. 158. 166. 223.
244. 247. s. auch Gott als Natur;
Licht, natürliches; Theologie, natür-
liche; übernatürlich
Naturwissenschaft 143. 166. 181
Negation, negativ, Verneinung, Ver-
nichtung 68. 73. 98. 100 f. 103.
158. 162—164. 199. 200. s. auch
Nichts
Neues Testament 15. 57. 244. s. auch
Bibel
Neutralität 10. 13. 15. 25 f. 38 f.
Neuzeit 3. 141. 144. 157 f. 213 f. 252.
s. auch modern
Nichtdenken s. Nichtwissen
Nichts, Nichtsein, Nichtigkeit 28. 64.
95. 97 f. 101 f. 104. 115. 125. 130 f.
151. 162 f. 165. 177. 191. 193. 202 f.
207. 210. 217. 222. 229—241. 252 f.
256. s. auch Gott als Nichtigkeit;
Negation; Nihilismus

Nichtwissen, Nichtdenken 131. 138. s.
auch Wissen, nichtwissendes
Niedergeschlagenwerden 205
Nihilismus 2. 34. 130. 160—165. 174
bis 178. 181 f. 187—189. 217 f. 237
bis 239. 242. 247. 257. s. auch Atheismus; Nichts; Nullpunkt; Überwindung des Nihilismus
noologisch 161 f. 164
Notwendigkeit 24. 67. 69. 117. 136.
181. 199. 253
Nullpunkt 155. s. auch Nihilismus

Objektivität, objektiv 39. 48. 80. 106.
133. 142. 143 f. 149. 166 f. 170
Offenbarung, christliche 7. 9. 14. 24 bis
27. 29 f. 37. 41—44. 47—49. 61. 68.
70—72. 81. 83. 85—88. 92. 94. 107
bis 110. 118. 137. 148. 227—229.
247. s. auch Christentum; Gottes
Offenbarung; Theologie, christliche
Offenbarung, philosophische 117 f. s.
auch Offenheit; Philosophische Theologie
Offenbarungserkenntnis s. Glaubenserkenntnis
Offenbarungsglaube s. Glaube, christlicher
Offenbarungstheologie s. Theologie,
christliche
Offenheit, Offenbarkeit 13. 64 f. 71.
77. 144. 155 f. 160. 164. 178. 217.
224. 255. s. auch Gottes Offenbarung; Offenbarung, christliche und
philosophische; Weltoffenheit
Ohnmacht 28. 124. 204 f. 230
Orthodoxie, lutherische 3
ontisch 142. 145. s. auch Seiendes
Ontologie 30. 62. 94 f. 98. 101. 105
bis 107. 140. 149 f. 152. 161—164.
s. auch Sein
Opfer 166. 168 f. 171

Pantheismus 157. 243. s. auch Gottes
Werden

Paradox, Paradoxie 54. 92. 100. 102
bis 104. 206. s. auch Unenträtselbarkeit
Passivität 41
Person, Personalismus, Personhaftigkeit 5 f. 39 f. 59. 103. 111—113.
117. 120 f. 123—125. 234. s. auch
Gott als Person; Mensch; überpersönlich
Phänomenologie, phänomenologisch 87.
111 f. 117. 120 f. 167. s. auch Intentionalität
Phantasie 6. 77 f.
Philosophie, Philosoph, philosophisch,
philosophieren 1—3. 8—11. 16—20.
22. 24. 27. 29—33. 37. 39. 42 f. 45 f.
51 f. 57—60. 62. 70 f. 74—77. 79.
87—91. 93—100. 104—111. 113 f.
117—119. 127—130. 132—134. 136
bis 140. 144. 146. 148—150. 152 bis
165. 171—175. 177—189. 192. 194 f.
197. 199—201. 203. 205—208. 211
bis 213. 217—219. 225 f. 235. 237
bis 241. 243—245. 247. 250 f. 253 f.
256. s. auch Glaube, philosophischer;
Geschichte der Philosophie; Gott,
philosophischer; Metaphysik; Offenbarung, philosophische; Philosophische Theologie; Religionsphilosophie
Philosophie, christliche 59. 75. 107 f.
126. 148. s. auch Christentum; Theologie, christliche
Philosophische Theologie, Metaphysische Theologie, Philosophische
Gotteslehre, Philosophische Gotteserkenntnis, Theologische Metaphysik
1—11. 13. 16. 18. 24—40. 42—44.
51. 57. 59—63. 67 f. 70. 75. 79. 86 f.
91. 93—100. 106. 108—111. 113 bis
119. 123. 125—128. 131—134. 136.
139 f. 145. 147—154. 156—159. 161.
165. 170. 181. 184 f. 188. 200. 203.
206. 213. 216—218. 220. 222. 225
bis 228. 230. 234. 239 f. 242—257.
s. auch Geschichte der Philosophie;
Glaube, philosophischer; Gott, phi-

losophischer; Gott der Metaphysik;
Gott der Philosophen; Gott über
Gott; Offenbarung, philosophische;
Religionsphilosophie; Theologie, na-
türliche
Philosophie, patristische 43
politisch 255 s. auch Staat
positiv 163
positivistisch 145
praeambula fidei 25. 32. 51
Präsenz s. Anwesenheit
Protestantismus 48. 51. s. auch Theo-
logie, protestantische
Pseudoatheismus 157
Psychologie 23

Radikalismus 28
ratio, rationell s. Vernunft
Realität, real s. Wirklichkeit
Recht 91
Rechtfertigung 30. 168—170
Reden von Gott s. Theologie, christliche
Relativität 36. 87. 108. 115. 140.
142 f. 149. 211
Religion, Religiosität 2. 7 f. 27—29.
37. 48—50. 55. 60. 87 f. 90 f. 105 f.
108. 111. 114. 118 f. 121. 134. 147.
150. 152. 158 f. 168 f. 171. 173. 228.
s. auch Akt, religiöser
Religionsphilosophie, religionsphiloso-
phisch 60 f. 68. 70 f. 74 f. 87 f. 91
bis 93. 96. 123. s. auch Philosophische
Theologie
Reue 120
Rezeptivität 77 f. 102. 120. 140. 145 f.
Ruhe 179. s. auch Unruhe

Sache, Sachlichkeit 166 f. 219. 223. 256
Satanologie 4. s. auch Teufel
Schauen 146. 211 f. s. auch Anschau-
ung; Intuition
Scheitern 1. 129. 131. 134. 138. 184
Schenkendes, Gebendes 135
Schicksal, Schickung, Geschick 82. 95.
104 f. 109. 215 f. 256 f. s. auch Seins-
geschick

Schock 94—98

Schöpfung, Geschöpflichkeit, Geschaffenheit 6. 13. 25. 43. 46. 53. 68. 70. 232. 243. 251. s. auch Geschöpf; Gott als Schöpfer

Scholastik 3. 45. 160. s. auch Mittelalter

Schuld 95. 129. s. auch Sünde

Schwebe, Schweben 133. 138. 178 f. 184. 186. 192 f. 201—203. 207. 210 f. 217. 220. 229. 231. 233 f. 237. 239. 241. 253. 256. s. auch Gott als Schweben

Schweigen 218 f. 238. s. auch Gottes Schweigen

Seiendes 25. 61—65. 67 f. 70. 72. 90. 94. 96. 98. 112. 115 f. 121. 125. 131. 141—143. 147. 150—152. 157 f. 161 f. 190—192. 195. 199 f. 202 f. 205. 208—210. 212 f. 215. 221. 229 bis 233. 236—238. 240. 252 f. s. auch Ding; Gott als Seiendes; ontisch

Sein 5. 10. 55. 61—70. 72 f. 89. 94 bis 99. 101 f. 104 f. 107 f. 115 f. 123 f. 127. 129. 131. 133 137 f. 141. 143. 150—152. 161. 163—165. 179. 181. 191—195. 197. 199—203. 207. 209 f. 213—221. 226 f. 229—237. 239 bis 241. 253. 256. s. auch Gott als Sein; ontologisch; Substanz; Wesen; Wirklichkeit

Sein-Selbst s. Gott als Sein-Selbst

Seinsdenken 213

Seinsgeheimnis 98

Seinsgeschick, seinsgeschichtlich 160. 215. s. auch Geschichte; Schicksal

Seinsgewißheit 202

Seinsgrund 64. s. auch Gott als Grund

Seinsmächtigkeit 64. 73. s. auch Macht

Seinsstufen 151 f. s. auch Gradualität

Selbst, Selbstheit, Selbstsein, Selbstwerden, selbst 28. 101. 130. 132 bis 137. 148. 151—153. 163. 186. 193. 196. 198—200. 202. 204 f. 208. 231. 254. s. auch Existenz; Ich; Mensch

Selbständigkeit 148. s. auch Autonomie

Selbstaufhebung 138

Selbstbeobachtung s. Selbstverständnis

Selbstbesitz 63

Selbstbewußtsein 124 f. 163. s. auch Geist

Selbstherrlichkeit 141. s. auch Autonomie

Selbstmord 69. 176 f. 182 f.

Selbstüberwindung 22

Selbstverständnis, Selbstbeobachtung 27. 32 f. 81. 141

Sich-halten 179. 203. 207. s. auch Haltlosigkeit

Sich-verlassen s. Glaube als Vertrauen

Sinn, Sinnhaftigkeit 2. 75. 79—81. 86. 88—90. 92. 95 f. 100—102. 104 bis 106. 109. 122. 140. 142. 145 f. 150. 153. 161. 164—178. 182. 191. 195. 201. 203. 207. 210. 217. 238 f.

Sinn, umgreifender, umfassender 171 f. 174

Sinn, unbedingter 89 f. 92. 170. 172 bis 176. 178 f. 182. 238

Sinnabgründigkeit 238 f.

Sinnentwerfen 177

Sinnermöglichung 238

Sinngebung 167. 169—171

Sinngewißheit 165. 173 f. 179. 182

Sinngrund 89 f.

Sinnkette 169—171. 173. 239

Sinnlichkeit, Sinnenwelt, sinnlich 47. 65. 72. 146. 194. 204. s. auch Wahrnehmung

Sinnlosigkeit 2. 89 f. 95. 100—104. 122. 164—167. 172—179. 182. 203. 207. 210. 217. 238 f.

Sinnschaffen 167

Sinnstiften 167 f.

Sinnverleihen 105. 167—169

Sinnversagen 105

Sinnverweisung 169 f.

Sinnzusammenhang 89. 169. 239

sittlich 112. 150. s. auch ethisch

Situation 187

Skandalon 53

273